全国教育科学规划国家一般课题“体育与健康课程实施策略的研究”
（立项批准号：BLA140066）

体育与健康课程实施策略的研究

张细谦 等 著

北京体育大学出版社

策划编辑：吴　珂
责任编辑：吴　珂
责任校对：韩培付
版式设计：李　鹤

图书在版编目（CIP）数据

体育与健康课程实施策略的研究 / 张细谦等著. --
北京：北京体育大学出版社，2021.10
ISBN 978-7-5644-3431-1

Ⅰ.①体… Ⅱ.①张… Ⅲ.①体育课－教学研究－中小学②健康教育－教学研究－中小学 Ⅳ.①G633.962

中国版本图书馆CIP数据核字(2020)第269336号

体育与健康课程实施策略的研究
TIYU YU JIANKANG KECHENG SHISHI CELUE DE YANJIU
张细谦　等　著

出版发行：北京体育大学出版社
地　　址：北京市海淀区农大南路1号院2号楼2层办公B-212
邮　　编：100084
网　　址：http://cbs.bsu.edu.cn
发 行 部：010-62989320
邮 购 部：北京体育大学出版社读者服务部 010-62989432
印　　刷：北京虎彩文化传播有限公司
开　　本：710mm × 1000mm　1/16
成品尺寸：170mm × 228mm
印　　张：22.25
字　　数：387千字
版　　次：2021年10月第1版
印　　次：2021年10月第1次印刷
定　　价：138.00元

前　言

党的十八届三中全会发布的《中共中央关于全面深化改革若干重大问题的决定》对学校体育工作做出了重要部署，明确提出“强化体育课和课外锻炼，促进青少年身心健康、体魄强健”，这是继《中共中央国务院关于加强青少年体育增强青少年体质的意见》颁布以来，党中央再次对学校体育工作提出的重要而明确的要求。体育课和课外锻炼是体育与健康课程实施的重要路径，是实现体育与健康课程改革理想，促进青少年身心健康、体魄强健的关键环节，因此，系统深入地探讨如何强化体育课和课外锻炼、有效促进青少年身心健康和体魄强健等问题，就成了体育与健康课程改革研究的当务之急。为此，围绕课程实施策略这一核心主题，着重探讨有效体育教学策略、课外体育锻炼策略、学生体能发展策略、运动技能习得策略及体育教师专业发展策略等问题，就显得尤其重要。

自2014年全国教育科学规划国家一般项目“体育与健康课程实施策略的研究”（立项批准号：BLA140066）立项至今的几年时间里，在课题负责人的全面策划和主导下，课题组成员齐心协力，精心设计研究方案，扎实推进研究进程，实现了课题研究与广东省高等学校创新强校工程的相互联动和共同发展，充分拓展了国家级课题研究推动创新强校工作的积极效应。在课题研究期间，课题主持人完成了广东省高等学校教学质量与教学改革工程建设项目精品资源共享课“学校体育学”的建设，其申报的“体育与健康课程融合联动实施模式的研究与实践”获得了2017年广东教育教学成果奖（基础教育）二等奖；课题组主要成员立项并完成了广东省教育体制综合改革项目“广东省农村中小学体育教学有效性提升策略”的研究与探索。2017年12月，课题主持人负责的体育教育专业及课题组主要成员申报的体育人文社会学教学团队立项为广东省高等学校教学质量与教学改革建设项目，2019年，课题负责人依托“体育教师专业发展策略”申报的“中小学体育教师分层分类精准培训的研究与实践”获广东省教育教学成果奖二等奖。此外，课题组成员撰写的论文获得了第十三届全国学生运动会科学论文报告会一等奖。可以说，依托课题研究，课题组成果颇丰。

课程与教学研究者普遍认为，没有理论指导的实践是盲目的，脱离实践的理论是空洞的，因此，我们确立了理论与实践相结合、学理与学用相融通的研究思路。基于这一思路，本着深入研究体育与健康课程实施系列问题，努力推出一批有质量的研究成果，培养一支热心于体育与健康课程实施研究队伍的发展理念，课题负责人特邀广东省部分高等院校、教育科学研究院和中学的八位志同道合的青年才俊，组成了研究队伍。在课题负责人的全盘策划和精心组织下，各子课题负责人分别完成了各自负责子课题的研究和相应章节内容的撰写：第一章　体育与健康课程实施的学理基础，张细谦（广东第二师范学院）；第二章　有效体育教学的理念与实施策略，胡永红（韶关学院）；第三章　强化体育课堂教学有效性的策略，梁立启（岭南师范学院）；第四章　自主·协同体育教学模式，裴玲云（深圳市龙华区教育科学研究院）；第五章　强化课外体育锻炼的策略，龙秋生（广东第二师范学院）；第六章　学生体能发展策略，蒋新国（惠州学院）；第七章　学生运动技能习得策略，李晓芸（中山市第二中学）；第八章　体育教师专业发展策略，仲亚伟（广东第二师范学院）。

在本课题研究接近尾声之际，中国学生发展核心素养总体框架及其基本内涵正式发布，意味着我国课程与教学改革即将进入新的发展阶段。核心素养是对素质教育内涵的丰富和发展，它贯穿于各学段，体现在各学科，最终落实到学生发展上。体育与健康学科核心素养是指学生通过学校体育或日常体育锻炼，逐渐形成适应终身体育锻炼和社会发展需要的健康体育生活方式的独特品格和关键能力，主要包括“运动能力、健康行为、体育品德”等方面的内容体系，集中反映了学生在进行体育活动时表现出来的体育与健康基础知识、技能和价值观等的综合表现。在贯彻落实立德树人根本任务、全面培育学生发展核心素养的新的社会形势下，体育与健康课程被赋予了新的时代使命。

体育与健康课程的改革与发展具有强烈的社会时代特征，体育与健康课程实施策略是一个需要持续研究、探索并不断完善的动态过程。在新时代中国特色社会主义建设的社会背景下，我国社会发展呈现出新的历史条件、新的矛盾内涵、新的指导思想和新的战略安排。无论是新的社会时代特征，还是新的学生主体需求，都需要我国学校体育界对体育与健康课程实施策略展开更为广泛而深入的研究与探索。为此，我们将以本研究成果作为新的起点，与全国同仁们一道为我国体育与健康课程改革作出新的更大的努力。

张细谦

2020年6月于广州

序

适逢广东省中小学体育教师发展联盟成立之际，应邀为张细谦教授的专著作序。张细谦于20世纪90年代初就读于华东师范大学，攻读体育理论专业硕士研究生，此后的二十余载，一直专注于学校体育的教学和研究，《体育与健康课程实施策略的研究》是其研究成果较为集中的体现。

课程标准承载着国家课程改革的美好愿景，课程实施是课程愿景转化为课程现实的实践环节，课程理念的变革需要与之配套的课程实施策略。肇始于世纪之交的基础教育体育与健康课程改革至今已近二十载，新的课程理念已逐渐被广大学校体育工作者所认知、理解、熟悉、认同并践行，达到了改革的预期效果。不过，正如大多数改革需要一个试验、改进、完善的过程一样，体育与健康课程改革不太可能一蹴而就，特别是课程价值取向的嬗变，需要一个内化为观念转而外化为课程实践的过程。因此，不仅体育与健康课程标准需要一个研制、实验、修订并不断完善的过程，同时，作为观念转化为实践的课程实施策略同样需要一个深入研究并系统探索的过程。

在我国，率先对体育与健康课程实施展开系统且深入研究的学者是张细谦，其于2007年在华南师范大学师从杨文轩教授完成的博士学位论文《体育课程实施研究》，首次明确了体育课程实施的意义、本质、含义及其价值取向，并全面探讨了体育课程实施的途径、主体、环境及策略等问题。此后的十余年，张细谦及其团队一直致力于体育与健康课程实施的系列研究，其锲而不舍的探索精神和卓有成效的研究进展，难能可贵。2017年，“体育与健康课程融合联动实施模式的研究与探索”获得了广东教育教学成果奖（基础教育），是对其在体育与健康课程实施领域理论创新与实践探索成效的有力佐证。

“体育与健康课程实施策略的研究”是课程实施系列研究的纵深发展，体现了中青年学者的活力与智慧，呈现了学科团队的传承与创新，展现了当前我国体育与健康课程实施研究的最新进展，亮点颇多。

在基础教育体育与健康课程改革的宏大工程中，体育价值体系的重构有着至关重要的意义，因为人类认识是个极其复杂的主体与客体相互作用的过程。在这一过程中，始终存在着价值观的参与。价值观念是人们积极地认识世界和改造世界的能动的调节因素。体育与健康课程改革由课程设计、课程实施和课程评价三个环节构成，三者的价值建构彼此关联，相辅相成。在课程设计环节，基于以人为本理念的价值融合，注重体育与健康课程的体能发展、技能习得和育人教化价值，尤其重要。在课程实施环节，摒弃非此即彼的价值取向，正确看待和取舍忠实取向、相互适应取向和创生取向各自的特点、优势与利弊，有利于课程目标的高效达成。在课程评价环节，注重落实发展性评价理念，强调发挥评价的反馈调节功能、展示激励功能、反思进步功能、记录成长功能和积极导向功能，是国内外课程评价的主流方向。

效果、效益、效率是体育教学的本质追求，新时代的体育教学必定要注重教学效果的最大化、教学效益的个性化和教学效率的最优化。目标、内容、方法和评价是体育与健康课堂教学的四大过程要素，恰到好处地预设教学目标，基于学生需要选用教学内容，有序实效地推进教学过程，激励发展地运用教学评价，是实现体育与健康课堂教学“三高效”的实用策略。自主协同体育教学模式的提出与实践，是新的课程理念下有效体育教学模式的一种积极而有益的尝试。

体能与技能犹如促进学生健康和提升运动能力的双引擎，也是体育与健康课程实施的使命所在。如果说“生命在于运动”激励着人们主动投身体育锻炼的主观愿望，那么，从学生身心发展规律和特点出发，遵循学生体能发展规律，则体现了学生体能发展的科学精神。体育是健康生活最积极、最主动、最有益的养成方式，运动技能则是形成健康生活方式、提升终身体育能力的必备要素。准确分析学生运动技能习得的规律和特征，厘清不同学习水平运动技能习得的策略，强化不同学段运动技能学习的衔接，有助于学生运动技能习得的精准化和高效化。

在分享课程改革权利与职责的发展趋势下，《体育与健康课程实施策略的研究》一书为我们带来了新的有益的启迪。在立德树人的时代背景下，在全面培育学生核心素养的新形势下，需要我国学校体育工作者继往开来，不断开创我国学校体育工作的新篇章。

季浏

2018年3月

目录

Contents

第一章　体育与健康课程实施的学理基础

体育与健康课程实施是体育与健康课程改革的核心环节之一，是体育与健康课程意义借以体现、课程价值赖以生成、课程目标得以实现的实践路径。切实可行且行之有效的实践路径，是深化我国基础教育体育与健康课程改革的必然要求。体育与健康课程改革的实践路径，如果脱离了学科理论的有效指导，可能会导致体育与健康课程实施的效果事倍功半，甚至是无效或负效的。因此，在切实推进基础教育体育与健康课程有效实施的主旨下，全面剖析和深切把握体育与健康课程实施的研究进展、价值体系及实施策略等问题，具有十分重要的理论价值和现实意义。

第一节　体育与健康课程实施的研究进展

一、从教学研究到课程实施研究的兴起

（一）教学研究的发展沿革

体育教学是体育课程实施的核心途径，因此，在探讨体育课程实施研究进展之前，有必要了解教学研究的发展沿革。事实上，任何一门学科都有其产生、发展和完善的历史过程，在发展过程中往往因特定的历史社会条件，表现出不同的阶段性特点。无论是在国内还是在国外，教学及教学研究都有着悠久的历史。国内外教学理论的研究与发展，历经了早期研究、理论萌芽、独立体系、发展与繁

荣等阶段，现已成为一个相对独立而成熟的研究领域。

对新中国教育教学体系产生过巨大影响的当数科学教学论。一般认为，20世纪40年代，以凯洛夫为代表的苏联教育家在1948年主编的《教育学》中的“教学论”部分，即“科学的教学论”，便标志着马克思主义教学论的诞生。在苏联十月革命后的社会主义条件下，凯洛夫主编的《教育学》中的“教学论”，既是对从夸美纽斯到乌申斯基教学论思想的批判与继承，又是对苏联20世纪20年代至30年代教学经验的总结。凯洛夫的教学理论在历史上第一次把马克思主义的认识论引进了教学过程，可以说，凯洛夫的教学理论代表了他所处时代教学论所达到的高度，并在社会主义阵营中作为“科学的教学论”广泛传播并得以发展壮大。[1]

自20世纪50年代以来，教学论呈现出丰富多彩的发展态势，先后涌现出以行为主义心理学为基础的教学理论、苏联巴班斯基的教学过程最优化理论、以认知心理学为基础的教学设计理论、建构主义教学理论等。不过，这些新的教学论流派，谁也不能完全独自主导教学理论的理论与实践研究。这种多家共存、互相争鸣又互相吸引的局面，意味着现代教学论迈入了一个多样综合的新时代，也深深地影响着当代体育教学的理论与实践。

（二）课程论在中国的形成与发展

在近现代中国课程论的形成与发展经历了短暂而曲折的历程。在我国，把课程作为一个正式的研究领域是从20世纪20年代开始的。课程论在我国90余年的发展大致经历了引进与初建、降格与停顿、重建与发展三个阶段。[2]

1. 引进与初建阶段（1922—1949年）

在这一阶段，围绕1922年新学制改革，我国学者纷纷开始研究课程。1922年5月，《教育》杂志刊出第14卷号外《学制课程研究号》，在教育界和社会上都产生了较大的影响。商务印书馆于1923年出版的程湘帆编著的《小学课程概论》，被认为是我国近代最早的课程论专著；而1928年由广西教育厅编译处出版的王克仁编著的《课程编制的原则和方法》，则是我国比较早的综合性的课程论著作。此后，一批关于课程的著作陆续问世。20世纪30年代出版的教育学著作也已经把课程或课程论作为教育学的一个重要组成部分，与教学论或教学方法并行研究。

从20世纪20年代至40年代，我国学者对课程论的研究与美国等西方国家的学

[1] 钟启泉，汪霞，王文静. 课程与教学论[M]. 上海：华东师范大学出版社，2008：19.

[2] 汤才伯. 廖世承教育论著选[M]. 北京：人民教育出版社，1992：9－18，28－29.

者对这一学科的研究基本上是同步进行的。当时，我国学者的贡献是初步建立了我国的课程论，使之成为教育科学内一门独立的分支学科。不过，当时的课程论著作只着重论述了小学课程（教材）和课程沿革，在课程理论上没有多少建树，只是介绍和移植了美国的课程理论。[1]尽管如此，课程论作为教育学科内一门独立的分支学科得到了重视，我国课程论学科已具雏形。

2. 降格与停顿阶段（1949—1988年）

这一时期是课程论降格为教学论一个组成部分的阶段。中华人民共和国成立后，我国教育界掀起了学习苏联教育学的热潮。由苏联著名教育家凯洛夫主编的在当时极具权威的《教育学》包括总论、教学论、德育论和学校管理四个部分，未肯定课程论在教育学体系中的独立地位。和苏联一样，中华人民共和国成立以后，我国在相当长的时期没有把课程论作为教育学的一门分支学科来研究，内容也仅仅是介绍政府颁布的有关课程文件，如“教学计划”“教学大纲”和“教科书”，这和教育体制上由国家统一制订教学计划、教学内容，各地区、各学校和教师只能遵照执行的管理模式密切相关。

在这一时期，虽然课程论研究在我国基本上处于停顿状态，但并不等于我们完全没有研究课程问题。随着20世纪70年代末期我国教育思想的“拨乱反正”和社会主义现代化建设的全面展开，课程论开始引起我国教育界的关注。人民教育出版社于1981年创办了《课程·教材·教法》杂志，相继刊登了一批课程研究文章，并翻译出版了美国、英国、日本、苏联等国家的课程论著作。随着改革开放的深入，特别是1985年中共中央发布了《关于教育体制改革的决定》后，课程问题受到了越来越多的重视，得到了越来越深入的研究，使课程论逐步从教学论中分离出来，成为教育学的分支学科。[2]

3. 重建与发展阶段（1989年至今）

1989年后，课程论作为教育学的分支学科进入重建时期。1989年之所以被认为是我国课程论重建阶段的起点，是因为在这一年出版了两本课程论专著，即陈侠所著的《课程论》[3]和钟启泉编著的《现代课程论》[4]。虽然1989年后教学论继续把课程论作为自己的一个组成部分加以研究，如李秉德主编的《教学论》用一

---

[1] 廖哲勋，田慧生. 课程新论[M]. 北京：教育科学出版社，2003：11.

[2] 张廷凯. 我国课程论研究的历史回顾：1922—1997（上）[J]. 课程·教材·教法，1998（1）：7－12.

[3] 陈侠. 课程论[M]. 北京：人民教育出版社，1989.

[4] 钟启泉. 现代课程论[M]. 上海：上海教育出版社，1989.

章篇幅，对课程的意义、地位和历史发展，课程编制的理论和方法，我国中小学课程和教材进行了论述[1]，但随着上述两本较有影响力的课程论专著的出版，以及随后一批课程论相关著作的相继问世，课程理论研究在我国迅速成为人们关注的热点。随着1996年全国课程专业委员会的成立，一支由老、中、青学者相结合，理论工作者和实践工作者相结合的课程研究队伍得以建立。伴随着21世纪我国基础教育课程改革的进程，课程理论研究得到了迅速的发展，其理论体系日趋完善，实践价值日益显著。

（三）课程实施研究的兴起

1. 课程实施研究缘起

课程实施是20世纪70年代以来兴起的一个新的课程研究领域。它源于对20世纪50年代至60年代美国进行的那场大规模课程改革运动的反思。当时美国投入了大量的人力、物力和财力用于课程开发工作，着重设计对于任何教师都行之有效的课程。然而，设计的许多课程改革方案看起来十分美好，但都未能获得预期的成效，以失败而告终。后来美国的教育研究者发现，新的课程方案并未得到广泛采用，即使采用了，运作的程度也不够理想，课程方案中的许多因素根本就没有付诸实施，或者在实施过程中走了样。正如美国课程理论专家古德莱德（J. I. Goodlad）所说："改革很多时候被视为失败，其实不然，因为它们从来就未得到实施。"[2]回首课程发展史，人们经常会发现一种现象——许多重大的甚至影响深远的课程改革计划不是昙花一现就是其实施结果与原先的理想相去甚远。反思个中原因，人们发现，这些课程改革倡导者往往过多地沉醉于描绘课程改革的理想和蓝图，而对课程计划的实施过程极少关注。[3]国内外课程研究者普遍认同，要想成功地推进课程改革，就必须深入研究课程改革方案的实施过程，以对方案进行及时调整、修订和完善。

2. 课程实施研究渐成热点

陈侠的《课程论》和钟启泉的《现代课程论》在奠定了我国课程论重建基调的同时，也开启了我国课程实施研究的序幕，因为直到这两本专著的问世，才有

[1] 李秉德. 教学论[M]. 北京：人民教育出版社，1991：157－194.

[2] P. W. JACKSON. Handbook of Research on Curriculum[M]. New York：Macmillan Publishing Company，1992：403.

[3] 张华. 课程与教学论[M]. 上海：上海教育出版社，2000：330.

了对课程实施的专章论述。课程理论界普遍认为，课程实施研究总体上可以分为两个阶段，即20世纪80年代至90年代和2000年至今。课程实施的前期研究对课程实施做专门论题研究的文章较少，并且以介绍国外课程实施的理论为主。

课程实施研究在我国受到前所未有的重视，与21世纪基础教育课程改革的理论构建与实践需要有着密不可分的关系。自21世纪伊始至今的十多年间，课程实施研究的相关成果大量涌现。在专著方面，既有类似朱慕菊主编的《走进新课程——与课程实施者对话》[1]的专著，也有类似课程教材研究所组编的《课程改革整体论》[2]的章节或专题形式的论著。在学位论文方面，至2018年3月止，以“课程实施”为篇名的博士学位论文有31篇（其中，体育课程实施类有4篇），硕士学位论文有647篇（其中，体育课程实施类有70篇）。在学术论文方面，更是呈现出急剧增长的态势。综观国内外课程实施的相关研究，在取得了巨大进步的同时，依然存在一些需要进一步改进的问题，例如：研究视角过多地关注作为一种变革过程的课程实施，较少关注常态；研究内容过多地集中于课程实施的有效性探讨，较少关注对教师具体课程实施过程的意义诠释；研究方法过多地采用“客位研究”，较少做到“主客位研究相结合”[3]。事实上，类似问题在体育课程实施研究中都有较大程度的体现，这也正是未来体育课程实施研究需要解决的问题。

二、从简单套用到全面探索的跃升

（一）体育课程实施研究的先期探索

在我国，率先使用体育课程实施这一概念的著作是《域外学校体育传真》[4]。作为现代学校体育研究丛书之一，该著作从课程目标、课程内容、课程特征以及体育教材教法等方面介绍了美国和俄罗斯等国体育课程实施的情况。20世纪末，在我国基础教育体育课程改革尚处于酝酿与发起阶段的时候，体育课程实施研究在我国学校体育界仍属于陌生领域，能够从课程实施的视角介绍外国学校体育的先进经验，无疑展现了著作者研究视角的新颖性和学术思想的开创性。立足于“洋为中用”指导思想的《域外学校体育传真》，并未止步于外国学校体育状况

[1] 朱慕菊. 走进新课程——与课程实施者对话[M]. 北京：北京师范大学出版社，2002：110-139.

[2] 课程教材研究所. 课程改革整体论[M]. 北京：人民教育出版社，2003：595-627.

[3] 黄小莲. 课程实施研究谱系（1970-2010年）[J]. 教育发展研究，2011（8）：31－38.

[4] 顾渊彦，凌平. 域外学校体育传真[M]. 北京：人民体育出版社，1999：213-363.

的简单呈现，而是进一步提出了21世纪我国学校体育的十大课题，其中的课题之三——实施课程标准的主体是学校，主要论述了从教学改革到课程改革的历史性转移、课程改革与教学改革、学校和教师在实施课程标准中的作用及中国体育课程改革的进展等问题。即使是在体育与健康课程标准历经实验提升到全面实施的时期，这些问题依然是切实推进我国基础教育体育与健康课程改革亟须深入探讨的热点和难点问题。

在普通高等学校体育专业教材中，率先阐述体育课程实施问题的是先后出版的两本《学校体育学》教材。在最先使用体育课程实施概念的《学校体育学》[1]教材中，体育课程实施被认为是体育课程编制的一个环节。在这本教材中，课程实施被界定为把课程计划付诸实践的过程，是达到预期目标的基本途径。该教材还提出，如果只是善于对课程进行设计，而不努力做好课程实施工作，那么，课程设计得再好也会失去意义。另一本接踵出版的《学校体育学》[2]教材，把体育课程实施定义为："体育课程实施是根据体育课程标准所确定的课程性质、目标、内容框架和所指导的教学原则、评价建议等，参照所选用教科书的体系结构、内容材料、呈现方式等，结合体育教师自身的教学素养、经验、风格，从学生学习水平、志趣、习惯以及教学的设备、资源、环境等条件出发，有目的、有计划、有组织地实践体育课程本质、达成体育课程价值、实现体育课程目标的综合过程。"这两本《学校体育学》教材反映了编写者研究的先创性和学术观点的前沿性，在一定程度上也呈现出向母学科学习借鉴的特点。

从学术论文的视角看，正如《体育课程实施的理论初探》[3]题目名称中的"初探"一样，一是开启了体育课程实施研究的初始状态，因为从时间节点来看，这篇学术论文在体育课程实施研究范畴内可谓肇始之作；二是体现了当时体育课程实施研究一般为初步浅析的特点，因为该文认为"根据课程理论，体育课程实施的本质具体表现为对体育课程实施取向的探讨"。这一判断，从现在的主流观点来看，可能失之偏颇。不过，由此往后，体育课程实施研究逐渐引起了学界的重视，在研究成果持续增多的同时，研究状态也渐入佳境。

[1] 周登嵩.学校体育学[M].北京：人民体育出版社，2004：105.

[2] 潘绍伟，于可红.学校体育学[M].北京：高等教育出版社，2005：103.

[3] 常娟.体育课程实施的理论初探[J].天津体育学院学报，2002（4）：22－23.

（二）体育与健康课程实施研究的全面推进

随着我国基础教育体育课程改革由义务教育学段拓展到普通高中学段，由实验阶段转入全面推进阶段，体育课程实施的理论研究和实践探索进入了一个新的时期。在近10年时间里先后完成的4篇博士学位论文，有的着力于体育课程实施研究的系统性，有的着力于体育课程实施的主体论，有的着力于体育课程实施的效果研究，有的着力于体育课程实施的程度评价。从总体情况来看，这4篇各具特色的博士学位论文，初步体现了体育课程实施研究的全面性。

在我国，笔者是率先以博士学位论文形式对体育课程实施展开系统研究的学者。在著名体育专家杨文轩教授的指导下，笔者于2007年完成的博士学位论文《体育课程实施研究》[1]，在阐述了我国体育课程实施研究的缘起、发展、意义、现状与问题的基础上，对体育课程实施的意义与本质，体育课程实施的途径、主体、环境等问题展开了系统而深入的研究。《体育课程实施研究》提出，体育课程实施是把体育课程计划付诸实践的动态过程，是体育课程改革的实质性环节，是实现体育课程目标的必由之路。体育课程实施的过程并不是一个简单的按部就班或按图索骥的过程，而是一个理解与对话的过程，也是一个学生健康成长和教师专业发展的过程。

与《体育课程实施研究》的系统化研究不同，胡庆山于2009年完成的博士学位论文《体育课程实施主体论》[2]，主要着力于体育课程实施主体的研究。在主体教育思想的启迪和体育课程实施实践需要的双重驱动下，作者围绕体育课程实施主体这一核心问题展开了系统而深入的探究。该文认为，体育课程实施是把体育课程计划付诸体育教育实践中，并对其进行调适的一种体育课程变革过程，它是一个复杂的、动态的、非线性发展的过程，是学校个性生成的过程，是体育教师专业发展的过程，也是学生经验增长的过程。

如果说张细谦和胡庆山的博士学位论文更加倾向于理论视阈，那么，汤利军于2012年完成的博士学位论文《我国基础教育新体育课程实施效果研究》[3]，则具有较为明显的实践特性。汤利军通过调查研究发现，基础教育体育课程改革10年来，体育教师的课程观念发生了变化，对"健康第一"的重视程度居首位。教学观念发生了积极的变化，教与学的比重有所变化。教学方式发生了变化，教学

[1] 张细谦. 体育课程实施研究[D]. 广州：华南师范大学，2007.

[2] 胡庆山. 体育课程实施主体论[D]. 武汉：华中师范大学，2009.

[3] 汤利军. 我国基础教育新体育课程实施效果研究[D]. 上海：华东师范大学，2012.

方法实用、适用，注重营造良好的体育课堂氛围，注重对学生的因材施教，注重教学方法的使用，注重教学内容的多样化，重视开发本土资源，重视开发校本课程，重视学生基本技术和基本技能的提高。体育教师在为实现教学目标选择教学内容时，更为重视运动技能的教学。体育教师更加注重教师评价、学生自评和互评的有机结合。从体育课程实施的视角看，教学内容的选择、教学方式的运用、教学评价的开展，无疑是体育课程实践工作必须面对并解答的重要问题，汤利军的博士学位论文具有较强的实践指导价值。

常德胜于2014年完成的博士学位论文《中学体育教师新课程实施程度评价研究》[1]，致力于更好地了解中学体育教师课程实施程度，以福建、浙江两省部分中学体育教师作为调查对象，借鉴CBAM理论（关注为本采用模型理论），运用文献资料法、调查法、数理统计法从情感维度、行为维度、变革构造维度对中学体育教师课程实施程度及其影响因素进行了理论探索与实证研究。常德胜的研究结果表明，十余年的基础教育体育课程改革获得了一定的成效，虽然在课堂行为上有了很大的改观，但在教学方法、教学评价、课程资源开发上还是没有达到较理想的状态，且不同人口学特征对体育教师新课程实施的变革构造产生的影响不同。为了进一步提升中学体育课程的实施水平，依据CBAM理论，常德胜提出了明晰体育新课程改革的发展蓝图，完善体育新课程改革计划和资源供应、促进体育教师专业发展，完善知识结构，提升课程意识、建立健全体育新课程实施督导制度、构建新型体育组织文化等若干干预对策。把研究的着力点深植于体育课程实施真实发生的中学，使得常德胜的博士学位论文更接地气，更有说服力，也具有更强的实践意义。

（三）体育与健康课程实施研究的新近进展

我国首次系统深入论述体育课程实施的专著是《体育与健康课程实施模式探索》[2]。作为全国教育科学规划国家一般课题的研究成果，该专著全面论述了体育课程实施的意义与理论基础、域外体育课程实施模式及其启示、有效体育教学模式、课外体育活动实施模式、体育课程的校本化开发、体育课程实施评价、课程实施与体育教师专业发展及体育课程实施的保障与发展等问题。有学者认为，《体育与健康课程实施模式探索》作为体育课程改革新浪潮的研究性作品，是一

[1] 常德胜. 中学体育教师新课程实施程度评价研究[D]. 福州：福建师范大学，2014.

[2] 杨文轩，张细谦. 体育与健康课程实施模式探索[M]. 北京：高等教育出版社，2015.

本注重历史与新事物并存的课改书籍，其严谨的知识体系构架以及理论方面的对比辨析都值得广大的一线体育工作者去研读一番。《体育与健康课程实施模式探索》一书，包含传统体育课程发展历程以及国外体育发展经典理论，使读者可以了解一个全面发展的历史。该书对于处在改革浪潮下不知所措的一线体育工作者具有很好的指导意义。[1]可以这么认为，《体育与健康课程实施模式探索》一书在体育课程实施研究领域确立了一个新的学术高度。

在中国经济社会改革与发展逐步进入新常态的时代背景下，有学者提出，体育与健康课程实施要从立德树人的高度，实现其在人文教化和塑造健康体质等方面的独特价值。在新常态下，体育与健康课程的实施要切实做到有效果、好效益、高效率。新常态下的体育与健康课程实施将呈现出新的特征：一是要遵循体育与健康课程实施的基本规律；二是学生体能发展的实践模式要做到适时、适度和适性；三是要在重视运动技能学练的基础上，实现运动技能传授与学习的变革。[2]立足中国经济社会改革与发展的新常态，把握住体育课程实施在立德树人、体能发展、技能习得等方面的核心要义，正是未来体育课程实施研究的新方向。

三、体育与健康课程实施研究的主要成效

（一）体育与健康课程实施研究成果呈现出稳步增长的态势

通过中国知网检索历年来篇名中有“体育”“课程实施”两个词的学术论文，如果以2001年我国启动基础教育体育与健康课程改革实验为时间节点，可以发现：2001年之前，仅有屈指可数的4篇相关学术论文；而2001年至2018年3月，总计有200多篇学术论文；自2005年开始，每年基本稳定在10~20篇学术论文的范围之内。学位论文方面，我国第一篇研究体育课程实施的博士学位论文完成于2007年，其后的2009年、2012年、2014年各有1篇博士学位论文；关于体育课程实施研究的第一篇硕士学位论文完成于2005年，此后历年基本都有4篇或以上的硕士学位论文。2005—2017年的13年间，通过中国知网可检索到74篇体育课程实施研究的相关博士、硕士学位论文。著作类方面，既有《体育与健康课程实施模式探索》（杨文轩、张细谦，高等教育出版社，2015年版）之类倾向于理论研究的

[1] 邓国凤，勒世清. 体育课程实施途径的全面整理和专述——评《体育与健康课程实施模式探索》[J]. 当代教育科学，2015（22）：69.

[2] 杨文轩，张细谦. 新常态下的体育与健康课程实施[J]. 体育学刊，2015（5）：1－4.

专著，也有《小学体育新课程教学法》（季浏、汪晓赞，高等教育出版社，2003年版）、《初中体育新课程教学法》（季浏、汪晓赞，高等教育出版社，2003年版）、《高中体育与健康新课程教学法》（季浏、汪晓赞，高等教育出版社，2005年版）、《新版课程标准解析与教学指导——体育与健康》（毛振明、杜晓红、于素梅，教育科学出版社，2012年版）等之类与《普通高中体育与健康课程标准（2017年版）》配套的教学实施实践指导系列著作。总而言之，在体育课程理论研究和体育与健康课程改革实践需要的双重驱动下，自2005年开始，体育与健康课程实施研究得到了前所未有的重视，逐渐成为学校体育界的热门研究领域之一，相关研究成果已经呈现出稳步增长的态势。

（二）对体育与健康课程实施本质与意义的认识逐步趋向一致

关于课程实施本质与意义的看法，在进入21世纪后渐趋一致。课程论研究者普遍认为，课程实施是将课程计划付诸实践的动态过程，是达到预期课程目标的基本途径。从课程改革的流程和顺序看，这一过程是课程改革三个环节（课程设计—课程实施—课程评价）中的实质性环节。从课程实施内容来看，又可分为课程采用—课程调用—课程应用三个步骤。正是基于这样的课程论认识，有学者提出："从本质上看，体育课程实施是指把体育与健康课程标准和课程方案等'文本'课程付诸实践的动态过程，是提高学生健康素质和体育文化素养，养成体育生活方式的基本途径。这一过程既是体育与健康课程标准和计划的编制者与体育课程实施者之间相互影响、相互作用的过程，也是体育教师和学生主动发展的过程，同时也是调和各种体育课程要素，创新体育课程文化的过程。"[1]从体育与健康学科核心素养的生成路径来看，重点在于课程实施。无论是运动能力和健康行为的习得，还是体育品德的养成，都必须经由体育与健康课程实施这一实践路径。如果体育课程改革的重点仅仅停留在课程设计阶段，仅仅沉醉于描绘体育课程改革的美好蓝图，对体育课程实施的过程视而不见，则体育与健康课程价值的达成无异于缘木求鱼。历经十余年的研究之后，上述认识已经逐渐成为我国体育与健康课程实施本质与意义的主流观点。

（三）围绕体育教学等实施路径展开了积极有益的探索

课程实施是指把新的课程计划付诸实践的过程，其关注的焦点是课程计划在

[1] 杨文轩，张细谦. 体育与健康课程实施模式探索[M]. 北京：高等教育出版社，2015：25.

真实课程情境中所产生的实际效果。课程理论界普遍认为，教学是课程实施的主要途径，尽管教学在课程实施中占有核心地位，但还有学生通过自学、社会考察等其他方式来达到实施课程的目的，因此，简单地把课程实施等同于教学的观点是值得商榷的。[1]尽管表述方式不尽一致，但体育与健康课程实施路径多元化已成共识。例如，有学者提出，体育课程实施的途径包括体育教学、课外体育活动和隐性体育课程三个方面。[2]也有学者认为，体育课程实施的途径包括课堂教学，课外体育活动，校园文化以及学校、家庭、社区“三结合”这四个方面。[3]事实上，类似观点在内涵上大同小异，即体育与健康课程实施的路径既包括课堂体育教学，也包括课外体育活动；既包括校内体育学练，也包括校外体育锻炼。自2001年基础教育体育与健康课程改革进入试验阶段以来，关于“体育教学”的学术论文每年都在1000篇以上，2009年后更是维持在每年2000篇以上，由此可见体育教学作为体育与健康课程实施核心途径研究的热度。通过中国知网可检索到的篇名中有“体育教学”一词的博士学位论文全部在2001年后，共有25篇。与此同时，关于课外体育活动的论文也大量涌现，课外体育活动在体育与健康课程实施中的重要意义得到了空前的重视。此外，这一时期“体育课程与教学论”“体育教学”系列的教材或著作的数量呈现出较大幅度的增长。总而言之，自新课程改革以来，学校体育界对体育与健康课程实施路径的研究是卓有成效的。

（四）以体育教师为重点对实施主体进行了有益的研究

由“教学大纲”到“课程标准”的剧变，由教学执行者到课程实施者的转型，需要以体育教师为重点的体育与健康课程实施主体及时转变观念，主动实现专业发展，以适应实施新课程的需要。教师是课程理想与课程现实、课程理论与课程实践的转化者，不管体育课程变革方案设计得如何精巧，最终都需要教师来实现，需要教师通过体育课堂教学和课外体育活动加以实现。正是认识到体育教师等课程实施主体对推进体育与健康课程改革的重要作用，自基础教育课程改革以来，关于体育教师研究的学位论文的数量稳步增长，到2017年止，通过中国知网可检索到29篇篇名中含有“体育教师”一词的博士学位论文，硕士学位论文更是多达771篇。在众多的研究成果中，胡庆山于2009年完成的博士学位论文《体

[1]　崔允漷. 课程与教学[J]. 华东师范大学学报，1997（3）：60.

[2]　张细谦. 体育课程实施研究[D]. 广州：华南师范大学，2007：61－75.

[3]　刘昕. 关于体育课程实施若干问题的理论探析[J]. 北京体育大学学报，2011（9）：81－84.

育课程实施主体论》具有较强的代表性。胡庆山提出，体育课程实施主体的构成是多元的，一般由体育教师、学生、校长、体育教研人员、家长及社区成员等组成。体育课程的有效实施需要整合应然的主体。《教师教育课程标准（试行）》（2011年）和《教师专业标准（试行）》（2012年）的陆续颁布，更是把体育教师研究推向了一个新的发展阶段。例如，有学者提出，《教师教育课程标准（试行）》确立了育人为本、实践取向、终身学习的基本理念，这三大新理念有着各自的具体内涵，对中小学体育教师的专业发展提出了新的要求。在职中小学体育教师专业发展立体化目标体系的构建，需在融合纵横两个维度的基础上，注重个性化定制。课程体系的设置要在强化实践育人取向的前提下，转向集群化发展。在职性、反思性、组织机构多元化和培训形式多样化等特点，要求对中小学体育教师专业发展实现路径进行优化和整合。[1]从既有研究成果来看，基于体育与健康课程实施主体的研究有益于促进体育与健康课程的有效实施。

第二节　体育与健康课程改革的价值体系

一、体育与健康课程设计的价值建构

在体育与健康课程改革中，价值选择有着决定体育课程改革发展方向的重要作用，因为“人类认识，是个极其复杂的主体与客体相互作用的过程。在这一过程中，始终存在着价值观的参与。正是人们的价值观念，才成为人们积极地认识世界和改造世界的能动的调节因素”。目前，基础教育体育与健康课程改革正在持续深化，因此，深度剖析体育与健康课程改革尤其是课程设计环节的价值取向，具有较强的理论意义和实践价值。

（一）体育课程价值定位的三种类型

1. 遵从以社会需要为出发点的社会本位

无论是以“兵式体操”为基本特征的“体操科”，还是毛泽东在中华人民共和国成立初期所倡导的“健康第一，学习第二”，体育课程在近现代中国的起步

[1] 张细谦，仲亚伟. 教师教育新理念下的中小学体育教师专业发展[J]. 体育学刊，2016（5）：100－104.

与发展都承载着强烈的社会使命。这种遵从以社会需要为出发点的社会本位价值观念下的体育课程，认识到了体育课程对国家、民族和社会发展所具有的重要作用，具有浓厚的“工具理性”色彩，但过于强调体育课程的社会服务功能，必然导致把青少年学生作为工具来训练。

体育在中国的课程化大抵可以追溯到20世纪初，其内在驱动力来源于鸦片战争以后亘古未有的民族危机，在“师夷长技以制夷”及“强兵强种”“救亡图存”等思想的引领下，体育课程开始得以全面实施。由于近代体育进入中国的过程伴随着西方列强对中国的入侵，在强烈的救亡思想影响下，国人在体育问题上寄予了特殊的情感。无论是体育救国还是弘扬国粹，无论是尊奉西方体育还是埋头传统武术……无不表现出体育所承载的过重的社会职责和过多的情感。[1]

自20世纪初到改革开放前的几十年间，体育课程伴随着中国社会的剧烈变迁，经历了从无到有、从不规范到逐渐规范的发展过程，历经了“军国民体育”“自然体育”“苏联模式”“双红”和“四红”运动的冲击及“文化大革命”对学校体育的严重破坏。在这一历史进程中，社会本位的价值观念始终主导着中国体育课程的发展进程，体育课程承载着挽救民族危机、推动社会进步、促进国家兴盛的历史使命，对改变中国几千年来“重文轻武”的思想，增强民族体质，践行马克思列宁主义、毛泽东思想中全面发展教育的思想，发挥了重要的作用。

2. 注重系统性和完整性的学科本位

自中华人民共和国成立至新世纪基础教育课程改革之间的50多年，先后颁发了7套体育教学大纲。这些大纲的研制与颁发，具有两个重要特征：一是每次中小学体育教学大纲的制定与颁发，都与当时我国社会进步的需要和教育发展的要求紧密相关；二是把体育课程当作学科课程来进行开发和研制，中小学体育教学大纲的编制注重体育学科的系统性和完整性。上述体育课程的第一个特征展示了体育课程的社会本位取向，而第二个特征则体现了体育课程的学科本位取向。学科本位价值观念下的体育课程，强调体育知识与运动技能的系统性和完整性，具有鲜明的“知识理性”色彩，课程内容主要是人类长期积累下来的体育文化知识和运动项目。但由于过于强调学科本位，可能造成学生简单模仿和机械训练，与学生的现实生活和社会生活相去甚远。

把体育课程当作学科课程来设计，在我国历经了半个世纪的实践，使体育课

[1] 谭华. 体育史[M]. 北京：高等教育出版社，2005：247－257.

程在课程目标、教材分类、内容排列、考核评价等方面得到了不断改进和完善，已经形成了较为系统的课程体系，对我国中小学体育课程的改革和发展发挥了十分重要的作用。不过，由于过分强调体育卫生知识和运动技术的系统性和完整性，容易滑入见物不见人的误区，造成教学内容偏多，课程设计对学生的实际需要与兴趣及学校的实际情况考虑不够，不利于从学生生活的具体情境出发，不利于充分调动学生学习体育的积极性，学生终身体育兴趣的激发和运动技能的培养受到了较大的限制。

把体育课程作为学科课程来看待和设计，对于确立体育在学校教育中的地位，形成体育学科体系，保证全体学生掌握体育基础知识、基本技术和基本技能等方面起到了重要的作用，同时也为体育课程的进一步改革奠定了可供发展的基础。不过，单一的体育学科课程模式在课程内容的容量方面，在照顾学生的兴趣、爱好方面，在培养学生的体育能力方面，在与社会生活活动的联系等方面，存在着难以克服的弊端。这就使得世纪之交的基础教育体育课程改革成为一种必然。

3. 强调以学生发展为中心的学生本位

如果说社会本位视角下的体育课程主要着眼于体育课程的社会价值，学科本位视角下的体育课程主要着眼于体育卫生知识与运动技能的系统性和完整性，那么，学生本位视角下的体育课程则着眼于学生现实生活和未来发展的需要。学生本位价值观念下的体育课程，强调要从学生的兴趣和需要出发来编制和实施体育课程，并把体育课程作为发展人的个性的基本手段，具有“价值理性”的色彩，但在关注学生个性的同时，容易忽视体育知识与运动技能的学习和掌握及体育能力的培养。

与从“教学大纲”到“课程标准”的变革相呼应的是体育课程价值主体的重塑，即由过去关注体育课程的社会服务功能及体育卫生知识与运动技能的系统性和完整性，到新课程强调的“以学生发展为中心”；从过去的“以课堂为中心，以教材为中心，以教师为中心”转向“以学生发展为中心”，这是新世纪体育课程改革价值追求的重大变革。

在经历了社会本位和学科本位的发展之后，我国体育课程在以人为本的时代潮流中应该避免滑向人本主义的价值取向。倡导以人为本，并非盲目尊崇人本主义课程理论。以马斯洛（A. H. Maslow）等人为代表提出的人本主义课程理论要求课程要适应学习者的需要，把学生作为整体的人来看待，倡导思维、情感和行为的整合，重视情意课程，重视创造活动，提倡学生小组互助，强调学生的自我学习和评价等，克服了传统课程理论见物不见人的缺陷。不过，人本主义课程理论在倡导人的自我实现、尊重人的价值的同时，助长了反理智主义，造成学生学力低下、纪律涣散。在理论上，人本主义课程理论过分夸大人的自然潜能，忽视社会对学生发展的现实性和可能性的必然制约的一面，这种制约又影响到人的整体的发展，使人的自我实现最终难以实现。[1]

（二）体育课程与基于以人为本理念的价值融合

体育课程设计的价值定位是一个十分复杂的问题，涉及多种因素的交互作用，从每个因素、每个角度出发，都可以形成不同的价值倾向。不同的社会条件、不同的时代背景，体育课程往往表现出不同的价值定位。随着时代和条件的变化，体育课程的价值定位也会发生相应的改变和调整。在一段时期，体育课程强调的是社会的需求，注重政府职能部门对体育课程的控制，强调体育教师在体育课程实施过程中的作用；随着社会的进步和经济的发展，体育课程中社会本位和学科本位的特色就可能日趋淡化，取而代之的是更加尊重学生的主体地位。有学者提出："跨世纪的体育呼唤人文精神，要求人类必须学会关心人，以人为本。今天，我们要再一次张扬人文精神，抗击高度发达的工业社会给人类造成的身心异化，抗击复杂的经济关系和信息网络给人类的精神和体质造成的负面影响，要避免体育无'人'的现象，使体育成为维护人类身心健康的最有益的方式。"[2]

党的十八大以来，立德树人被明确为教育的根本任务。立德树人是发展中国特色社会主义教育事业的核心所在，是培养德、智、体、美、劳全面发展的社会主义建设者和接班人的本质要求。深化体育与健康课程改革，必须要有利于立德树人这一根本任务。党中央、国务院高度重视学校体育，党的十八届三中全会做出了"强化体育课和课外锻炼，促进青少年身心健康、体魄强健"的重要部署，国务院对加强学校体育提出明确要求。在这样的时代背景下，体育课程的三种价值定位日益呈现出相互依存、相互作用、走向融合的趋势。不过，融合三种课程价值定位并不是把三者合并成为一元，建立起一种"大一统"的体育课程价值体系，而是充分尊重多元价值观念基础上的多元价值的和平共存、多元共生。[3]体

[1]　廖哲勋，田慧生. 课程新论[M]. 北京：教育科学出版社，2003：136.

[2]　胡小明. 人文体育观的渐入与生物体育观的淡出[J]. 中国学校体育，1999（2）：65.

[3]　刘志军. 课程价值取向的时代走向[J]. 教育理论与实践，2004（10）：46－49.

育课程的价值定位应努力适应新时代的变革要求，在坚持以学生为本的基础上，确立“健康第一”的指导思想，吸收各种不同课程价值取向的优点，扬长避短，走三种课程价值取向有机融合的道路，这才是体育课程设计过程中价值定位正确的发展方向。

（三）体育与健康课程的应然价值

1. 体能价值

体育的真谛就是身体的培育。追溯体育的起源与发展，无论是远古时期人类生存或部落战争的需要，还是现代奥林匹克运动会的恢复与兴盛，无不体现着对强身健体的诉求，更不用说现代社会对体质健康的需要。自改革开放以来，青少年学生体质健康水平持续下降已是不争的事实。影响学生体质健康的因素很多，既有生活方式的变迁，也有营养、环境、体力活动等其他因素。也就是说，学生体质下降并不仅仅是体育课程的原因，但体育课程理当义不容辞地担当起培育学生身体的责任。总而言之，体能价值过去是，现在依然是，将来必定还是体育课程的核心价值。

社会现代化造成的生活方式的转变往往意味着体力活动的减少，进而给人们的身心健康带来前所未有的威胁，作为现代化先行者的发达国家大都有过类似的经历。第二次世界大战后经过20年左右的发展，伴随着经济的回升和生活水平的提高，日本青少年学生的体格有了明显改善，但1964年日本青少年学生的体力数据与1935年相比反而下降了。于是，日本学校体育的发展于1968年进入体力主义时期，其核心是“提高体力”。此后经过10年左右的时间，日本青少年学生的体力得到了显著的提高。1987年，美国健康、体育、娱乐、舞蹈联盟提出了一项旨在建立一个能够协助体育教师帮助少年儿童理解终身体育活动重要意义的“最佳体适能教育计划”，其核心内容是促进学生健康体适能的发展。中国社会的现代化是外源后发型现代化，需要学习借鉴发达国家的先进经验，其中也包括体育课程改革与发展的经验。从发达国家的发展经验来看，体能价值理应成为我国现代化进程中体育课程的核心价值。

2. 技能习得价值

伴随着人类社会的现代化，现代体育得到了前所未有的快速发展，使得人类社会对体育产生了不可或缺的依赖。体育在现代社会之所以变得如此重要，一方面，是由于它是增进健康最积极、最有效的手段；另一方面，则是由于它是人们适应现代生活最有益、最有趣的途径。体育区别于其他社会文化生活的一个重要外显特征是运动技能，娴熟、优美的运动技能也是使体育变得更加有效、更加有益、更加有趣的重要保证。生活在现代社会的人们比以往更加需要具备一定的运动技能，因为这更有助于他们体验现代生活的乐趣。

运动技能是学生学会健身、学会休闲、学会交往的基本手段，更是激发中小学生运动兴趣的必要条件。运动技能在体育课程改革与发展中具有十分重要的核心地位，一方面是由于中小学阶段是学习和掌握运动技能的最佳年龄阶段，当青少年学生离开学校迈入社会后，无论是学习条件还是学习效率都远远不如在校学习阶段；另一方面，能力感和成功感是激发和维持学生体育学习动机的催化剂，中小学生如果掌握了某项运动技能，甚至达到了运动技巧的高度，他们往往会非常乐意从事该项运动，当遇到一定困难时，他们也会想方设法予以解决，并在体育活动中表现出更加强大的意志力。运动技能既是在校学习阶段学生健康成长的需要，也是培养终身体育习惯和能力的需要，因此，新时期体育课程改革应确立运动技能的核心价值地位。

3. 育人教化价值

育人教化价值是指体育与健康课程在人文教化及教育感化方面的价值。有学者提出："从横向来分析，体育价值观可划分为体育教育价值观、体育竞争价值观、体育休闲价值观和体育经济价值观……体育的教育价值观，就是人们对体育在改造人或社会群体的思想观念和社会行为中的积极作用的认识，是关于体育在培养人、改造人方面的价值判断和基本观点。"[1]从价值体系的角度论述体育的四种价值——教育价值、竞争价值、休闲价值和经济价值，这是一种创新性的探索。不过，教化不同于教育，教化更加注重于精神、心理和社会适应等方面的感化，而教育的内涵更宽泛一些，既包括体质健康方面的提升，还包括个体社会化等方面的内容；教化更注重于价值主体自身的体验和感悟，而教育则更强调外在的培养。

体育与健康课程对于生活在现代社会的每一位青少年学生都具有重要的育人教化价值。在《辞海》中，"教化"一词的释义是：①政教风化。《诗大序》："美教化，移风俗。"亦指教育感化，如教化民众。②比喻环境影响。《史记·三王世家》："传曰'蓬生麻中，不扶自直；白沙在泥中，与之独黑'者，

[1] 陈琦，杨文轩，刘海元，等. 我国当代体育价值观的研究[J]. 体育科学，2006（8）：3-9.

土地教化使之然也”。[1]《普通高中体育与健康课程标准（2017年版）》在课程理念中指出，重视培养学生积极进取、不怕困难、挑战自我、顽强拼搏、追求卓越、团结合作、公平竞争和遵守规则等体育品德，促进学生身心健康、体魄强健，获得全面发展。[2]由此可见，体育与健康课程具有重要的育人教化价值。

二、体育与健康课程实施的价值取向

（一）体育课程实施的三种价值取向

1. 忠实取向

课程实施的忠实取向（fidelity orientation）认为，课程实施过程就是忠实地执行课程计划的过程。衡量课程实施成功与否的基本标准是课程实施过程中预定课程计划的实现程度。实现程度高，则课程实施成功；反之，实现程度低，则课程实施失败。由于忠实取向把课程变革视为从制订课程变革计划到实施计划，从课程变革计划的制订者到计划的实施者之间单向的线性过程，强调课程变革的决策者和计划的制订者对课程的实施者的有效控制，因此，这种取向在本质上是受“工具理性”支配的。[3]

从课程实施的忠实取向来看，体育课程变革就是一种自上而下的单向度的线性过程，即由政府职能部门组织的体育课程专家在课堂外制订课程变革计划，体育教师在课堂中实施课程变革计划。通常情况下，政府职能部门组织的专家主要由高等学校的资深教授组成，他们对中国学校体育的发展脉络有着深刻的认识，对体育课程的研究有着常人难以企及的理论高度。经过体育课程专家们精心研制的体育课程变革计划以“体育与健康课程标准”为核心标识，再辅以地方课程方案，最终成为在学校层面予以实施的系列“文本课程”。

在忠实取向看来，体育教师的角色被定位于体育课程专家们所制订的体育课程变革计划的忠实执行者，是体育课程的“消费者”，他们的任务是忠实地把体育课程专家为人们编制的“文本课程”付诸实践，他们应当按照专家们对课程的“使用说明”，循规蹈矩地实施课堂教学。作为课程的实施者，体育教师对课程

[1] 夏征农，陈至立. 辞海：第六版缩印本[M]. 上海：上海辞书出版社，2010：912.
[2] 教育部. 普通高中体育与健康课程标准：2017年版[M]. 北京：人民教育出版社，2018：2.
[3] 张华. 课程与教学论[M]. 上海：上海教育出版社，2000：335－347.

变革的成功与否起着承上启下的传递作用。如果体育教师不能真切地理解体育课程专家们的意愿，不能按照预设的“文本课程”实施教学，那么，体育课程愿景就将大打折扣，体育课程改革的目的也就难以实现。

2. 相互适应取向

课程实施的相互适应取向（mutual adaptation orientation）认为，课程实施过程是课程计划与班级或学校实践情境在课程目标、内容、方法、组织模式诸方面相互调整、改变与适应的过程。由于相互适应取向把课程变革视为课程变革计划与具体实践情境之间交互作用的过程，强调课程变革的决策者、计划的制订者与课程的实施者之间的相互理解和对变革意义的一致性解释，强调课程变革的过程性和复杂性，因此，该取向在本质上是受“实践理性”支配的。

如果说忠实取向视野中的体育教师不过是中小学体育与健康课程标准等预设课程变革方案的被动“消费者”的话，那么，相互适应取向视野中的教师则是主动的、积极的“消费者”。为了使预设的体育课程方案适合具体实践情境的需要，教师理应对之进行改造。体育教师对预定体育课程方案积极的、理智的改造是课程实施成功的基本保证。改革开放40多年的辉煌成果使我国学校体育发生了翻天覆地的变化，但各省（自治区、直辖市）之间、各地区之间、城市学校与农村学校之间，甚至是同一地区的不同学校之间，其体育课程情境也是千差万别的，而且这种不平衡性在短时期内是很难消除的。这就需要体育教师在真切理解国家体育课程愿景的基础上，根据学校具体的体育课程情境予以创造性实施。

3. 课程创生取向

课程实施的创生取向（enactment orientation）认为，真正的课程是教师与学生联合创造的教育经验，课程实施本质上是在具体教育情境中创生（enact）新的教育经验的过程，既有的课程计划只是供这个经验创生过程选择的工具而已。由于课程创生取向把课程变革、课程实施视为具体实践情境中教师与学生创造和开发课程的过程，视为教师与学生个性成长和完善的过程，强调教师与学生在课程变革中的主体性和创造性，强调个性自由与解放，因此，该取向在本质上是受“解放理性”支配的。

在课程创生取向的视野中，体育教师被赋予了“双肩挑”的双重角色，他们既是体育课程的实施者，更是体育课程的开发者。课程实施的创生取向有利于发挥体育教师的课程智慧，更加贴近具体的体育课程情境，但也对体育教师的实践工作提出了更大的挑战，因为它要求体育教师不仅要掌握各种体育运动技术和专业技能，还要具备体育课程开发的意识和能力。这对现有的体育师资队伍来说，无疑是超越现实的。

（二）融合于健康第一的互补与调适

上述三种课程实施的价值取向是20世纪90年代初美国课程学者辛德尔、波林和索姆沃特的研究成果。这一成果在很大程度上概括了人们在课程实施过程中对各种课程因素及课程计划与课程实施之间关系的认识。在中小学体育课程的实施过程中，试图寻求一种唯一且最佳的价值取向，那是不现实的，因为三种价值取向从不同侧面揭示了课程实施的本质，各有其存在的价值和适用的范围，也分别有着各自的局限性。三种价值取向之间存在着较强的互补性，体育课程的实施过程并非要在三种价值取向中进行非此即彼的抉择，而是要对三种价值取向进行取长补短式的合理调适。

忠实取向把体育课程实施过程视为忠实地、一丝不苟地实现课程计划的过程，强调体育课程政策制定者和体育课程专家在课程变革中的作用，有助于国家意志的贯彻，保证了国家体育课程计划的严肃性，采取自上而下的课程实施方式有助于确保国家体育课程改革的有效落实。不过，由于忠实取向把体育课程改革视为线性地实施预定体育课程计划（主要是体育与健康课程标准）的过程，使体育课程实施变成了一个机械的、技术化的程序，因而抹杀了体育课程改革的直接参与者——教师和学生的主体价值。

体育课程实施的最终目的是要实施体育课程的理想，贯彻落实“立德树人的根本任务”的指导思想，促进学生健康成长，是新世纪基础教育体育课程改革的历史使命。从“立德树人”的视角来看，忠实取向、相互适应取向和课程创生取向分别有着各自的特点和适用之处，三种价值取向并不是绝对排斥和对立的关系。忠实取向强调忠实执行新的课程方案和体育与健康课程标准，注重按部就班，有利于国家意志的落实；相互适应取向强调课程实施不是单向的传达和接受，而是双向的相互影响与改变，有利于体育课程实施与具体课程情境的结合；课程创生取向强调真实的课程情境，有利于发挥教师和学生的主体性与课程创造性。事实上，从贯彻落实“立德树人的根本任务”来看，没有哪一种价值取向是唯一适用的，而是要在互补与调适的基础上发挥各种价值取向的优点。

三、体育与健康课程与教学评价的价值定位

课程评价是根据一定的课程价值观或课程目标，运用一定的科学手段，通过系统地收集、整理、分析信息、资料，对课程方案、课程实施过程和结果等价值或特点做出判断，从而为课程决策提供可靠信息的过程。[1]课程评价是课程改革的热点问题，也是课程改革的难点问题。发展性课程评价理念是当今世界课程评价发展的主流方向，要全面落实到体育课程建设、教师专业发展和学生健康成长等方面。

（一）发展性课程与教学评价的由来

从19世纪末开始，随着科学思想与技术的引入，课程与教学评价进入科学发展的时期，也是评价研究的开始。随着研究的深入，课程与教学评价的理念与思想不断发生着改变，主要经历了四个时期：心理测验时期（19世纪末至20世纪30年代初）、目标中心时期（20世纪30年代至50年代）、标准研制时期（20世纪50年代至70年代）和结果认同时期（20世纪70年代以后，又称个体化评价时期）。

传统体育课程与教学评价的问题主要表现在以下几方面：过分强调甄别与选拔的功能，忽视改进与激励的功能；过分关注对结果的评价，忽视对过程的评价；过分关注评价的结果，忽视评价过程本身的意义；评价内容过分关注学生的运动成绩，忽视健康素质和体育文化素养的评价；评价方法单一，过于注重量化评价，忽视质性评价；评价主体单一化，忽视了其他主体在体育教学评价中的作用。

随着研究的深入，越来越多的研究者认为，真正意义上的学习是学习者主动建构的过程。为此，有价值的学习被认为是以学习者的主体作用为基础，强调认知活动中新知与旧知的联系，强调体育与健康知识、运动技能和方法的应用和迁移，强调教学方式中的过程和体验，强调教学互动中主体情感、态度和价值观等指标的重要影响等。与此同时，采用人本与发展的模式来理解教育和人类发展的关系，是当前教育理念的核心，即尊重学生之间的个体差异，因材施教，实现全人教育，为个体的终身体育打下基础。发展性课程与教学评价体现了当前国内外课程与教学评价研究的最新成果，正逐渐成为国内外体育课程与教学评价价值定位的主流取向。

[1] 钟启泉，汪霞，王文静. 课程与教学论[M]. 上海：华东师范大学出版社，2008：251.

（二）发展性课程与教学评价的基本特点

1. 评价内容多元化

对教师体育教学的评价，不但要有效能标准，更要有职责标准和素质标准。发展性教师评价强调促进教师自觉主动地发展，重视激发教师的积极性，鼓励教师的创新活动，鼓励教师选择适合自己及学生的教学方式，进行创造性的教学。从实施新课程的角度看，还应当重视对体育与健康课程校本化开发与实施能力的评价。

对体育课堂教学的评价，不但要关注教学目标的完成情况，更要关注课堂教学效率以及整个教学过程；不但要关注教学目标的实现与否，更要关注通过课堂教学是否培养了学生的创新精神和实践能力等方面的素质，是否发挥了学生的主体性，是否激发了学生主动学习的积极性。

对学生体育学习的评价，不但要关注学生体能发展的情况，更要关注学生情感与态度的形成和发展；不但要关注学生对体育与健康基本知识、技能和方法的理解和掌握，更要关注学生学习进展的积极反馈；不但要关注学生学习的结果，更要关注学生体育与健康核心素养的培育。

2. 评价主体互动化

传统的评价方式几乎是单一的领导评教师、教师评学生，缺乏学生对学生、学生对教师、学生自我、教师自我的评价。现代心理学认为，主体参与性是促进学生学习的原始性机制。只有让学生成为课堂教学活动的主体才能使学生在教学活动中享受应有的权利，承担相应的义务。评价更是调动学生主体性的有效机制，通过评价可以激发起学生的主体参与性，使学生体验成功的喜悦，分享合作的快乐。因此，评价主体互动化，就是强调评价过程中主体间的双向甚至多向选择、沟通和协商，强调自我评价与他人评价并存，改变单一评价主体的现状，加强自评、互评，使评价成为学校、教育行政部门、教师、学生、家长共同参与的交互活动。

3. 评价方法多样化

体育课程与教学评价方法的类型多种多样。有终结性评价，也有诊断性评价、形成性评价；有定量评价，也有定性评价；有自我评价，也有他人评价；有单项评价，也有综合评价；有静态评价，也有动态评价；有传统评价，也有现代评价；有相对评价，也有绝对评价；有宏观评价，也有微观评价。随着课程与教学评价研究的日益普及、深入，人们会对这些评价方法有更加全面、深入的认识。为了提高课程与教学评价的科学性，人们会自觉地、积极主动地把这些方法融入具体的体育课程与教学评价体系之中。

发展性课程评价强调要实现终结性评价向形成性评价的转移，要在形成性评价的基础上实施终结性评价；强调要注重质性评价，改变以往只重视量化的倾向，要将定量评价与定性评价结合起来；强调建立完善的自主评价体系，强调他评与自评的有机结合。

4. 评价过程动态化

体育与健康课程实施的过程是一个不断发展、不断变化、不断完善的动态过程，因此，对体育课程与教学的评价过程也应随之呈现动态性。要将体育课程与教学评价贯穿于日常的课程实施行为之中，更多地关注体育课程与教学的发展进程、教学方法的改革历程、教师素质提高以及学生核心素养养成的过程。将这些评价对象的某一方面或某些方面的真实情况准确地呈现出来，据此判断现状与目标的偏离程度，找出存在的问题和症结，并及时提供反馈信息，使体育课程与教学评价成为课程改革的重要依据。要落实评价过程动态化，还应将终结性评价与诊断性评价、形成性评价有机地结合起来。这样，才有利于克服评价过程封闭、静态、缺乏灵活性的缺陷，从而使评价过程日常化、通俗化。

5. 评价结果个性化

传统的体育课程与教学评价过分强调终结性评价结论，忽视各个时期个体的进步状况，因此不能很好地起到促进课程改进、教师发展、学生进步、教学水平提高的作用；忽视科学化而进行结果反馈，对促进发展作用有限。一些国家的体育课程与教学十分注重通过学生体育学习的进步程度评价来激发学生的兴趣，培养他们的信心。

体育课程与教学评价的改革必然带来体育课程与教学评价呈现方式及反馈方式的改革。由于评价的主体、客体以及评价的内容不同，评价结果的呈现方式及反馈方式必然趋于个性化、多样化。比如，对教师评价结果的描述，宜采用激励性的语言，以发挥评价的激励作用，充分调动教师的教学积极性。对于学生学习成绩的反馈方式，可以采取“学生素质发展报告书”“学生成长日记”等呈现方式，以发挥评价的反馈功能，保护学生的自尊。评价结果的个性化，有助于促进教师提高，实现学生发展的目标。

（三）发展性课程与教学评价的功能

评价的根本目的在于促进发展，而绝不是简单地进行优劣高下的区分。事实上，发展性课程与教学评价体系除了基本的检查和固有的甄别、选拔、筛选功能，更重要的是具有以下功能。

1. 反馈调节的功能

发展性课程与教学评价倡导评价结果并不停留在评价者一方，而是要将评价的结果和信息以科学的、恰当的、具有建设性的方式反馈给被评价者，促使其最大限度地接受，从而对自身建立更为客观、全面的认识，促进其进一步地发展，这也是评价的最大效益；而且在评价实施的过程中，发展性课程与教学评价体系倡导评价者和被评价者在相互平等、尊重和互惠的基础上，可以通过协商、讨论、辩论等不同的沟通方式自主地调控评价活动本身，以获得评价的最大效益，同时也成为彼此相互交流学习的一次机会，有助于个体眼界的开阔及自身的发展。

2. 展示激励的功能

发展性课程与教学评价更多地把评价活动和过程当作为被评价者提供一个自我展示的平台和机会，鼓励被评价者展示自己的努力和成绩；同时配合恰当、积极的评比方式和反馈方式，换个角度看看，在很多时候也将成为一种积极、有效的激励手段。发展性课程与教学评价强调通过评价使教师和学生了解自己通过努力所获得的进步，激发他们的热情。

3. 反思总结的功能

发展性课程与教学评价更看重个体的参与。参与评价通常会对教师或学生产生不同程度的压力，有助于调动其内在动机，成为自觉内省与反思的开始，也有可能促使其认真总结前期行为，并思考下一步计划。而随着发展性课程与教学评价的日常化，这将促进个体建立良好的反思与总结习惯，对其一生的发展十分有益。

4. 记录成长的功能

在发展性课程与教学评价体系中倡导多元化的评价内容，以及灵活使用不同的评价方法和手段，尤其重视质性评价方法，如“成长记录袋”等，而且强调评价的日常化，可以清晰、全面地记录个体成长中的点点滴滴，甚至相对较小的评价活动。这对于以发展的眼光来客观评价个体的发展具有深远的意义，同时也是发展性课程与教学评价注重过程这一核心特点的具体体现。

5. 积极导向的功能

这是评价的基本功能之一。发展性课程与教学评价将评价看作一个与教学过程同等重要的过程，而且重视评价过程本身的新思想，将随着评价具体的实施过程渗透到新的课程改革的其他各个环节，如教学方式的改变、教师自身成长等方方面面，从而有助于建构出促进教师、学生、学校发展的课程及教学发展模式与框架。

（四）基于促进发展价值定位的体育与健康课程评价

1. 体育课程改革亟须发挥课程评价的课程发展价值

肇始于21世纪初的我国基础教育体育课程改革的力度之大、影响之广、持续时间之长，是中华人民共和国成立以来历次体育课程改革所难以比拟的。其争论之广泛，一线教师不适应性之强烈，也是史无前例的。不过，若将体育课程改革视为单纯的直线上升过程，势必陷入盲目的乐观主义；若改革遇到失误、挫折，就一味地指责和痛骂，甚至完全否认课程改革，也不符合改革的精神。事实上，改革未必带来进步，但进步一定需要改革，改革有时是要付出代价的。课程改革和课程代价往往同步而生，课程改革及其深化的过程可能是一个要付出合理代价的过程，这就需要充分发挥课程评价在导向规范、诊断鉴定及激励改进等方面的课程发展价值，以对中小学体育与健康课程标准等“文本课程”进行及时的调整、修订和完善，对体育课程实施的过程进行合理的调适和改进，将体育课程改革的代价降到最低程度，并将体育课程改革的效果提升到最高程度。

2. 体育课程评价需要全面落实发展性评价理念

体育课程改革强调要树立发展性评价理念，倡导“立足过程，促进发展”的课程评价，其主要特征可以概括为：重视发展，淡化甄别与选拔，实现评价功能的转化；重综合评价，关注个体差异，实现评价指标的多元化；强调质性评价，定性与定量相结合，实现评价方法的多样化；强调参与与互动、自评与他评相结合，实现评价主体的多元化；注重过程，终结性评价与形成性评价相结合，实现评价重心的转移。[1]从发展性评价理念来看，体育课程评价的终极目标是要促进体育课程不断完善，体育教师专业水平不断提高，学生身心健康有效发展。

目前，发展性评价理念已被我国广大学校体育工作者所了解和接受，但在现

[1] 朱慕菊. 走进新课程——与课程实施者对话[M]. 北京：北京师范大学出版社，2002：140－145.

实工作中还存在着重教学评价而轻课程评价，重学生学习评价而轻教师教学评价的现象。例如，自20世纪80年代末90年代初，英国教育部逐步摒弃传统的教师评价制度，开始推行新的发展性教师评价制度，且很快受到广大教师的认同和欢迎。绝大多数教师感到参与发展性评价是一项有价值的活动，只要实施恰当，准备充分，评价者、被评教师、学生和学校都会从中受益。[1]英国的发展性教师评价有助于促进教师的专业发展，进而推动课程改革。然而，相对于学生的体育学习评价而言，体育教师的发展性评价在我国并不为人们所熟悉。体育教师是基础教育体育课程改革的核心支点，因为只有教师理解并运作的课程，最终才能成为学生体验的课程。因此，体育课程评价要全面落实发展性评价理念，既要注重学生的体育学习评价，也要重视教师的教学评价及体育课程本身的评价。

3. 体育课程评价需要发挥多元主体的互动价值

长期以来，在中央高度集中的课程体制下，“自上而下”的评价方式在我国似乎是顺理成章的，课程决策的权力往往集中在行政部门手中，课程评价通常是少数权力人士和权威专家的活动，广大一线教师仅仅被限定为体育课程的实施者，游离于课程评价之外。

从国内外课程评价改革发展趋势来看，基础教育体育课程在课程评价主体上，要摒弃那种只有少数人参与评价的倾向，使政府职能部门领导、专家学者、体育教师、学校管理者、社会人士及学生等与课程发展有关的人都有机会参与课程的评价过程，在多元主体的互动中真正发挥课程评价促进课程发展的价值。需要特别指出的是，作为课程实施主体的教师，如果能通过参与评价了解课程发展过程的全貌，对深入理解课程的性质与目标，进而采取有效的方法完成课程所规定的各项任务是十分有益的。一项新的课程方案的制订和实施，如果能有更多的教师参与，那么其成功的可能性会大大增加。[2]因此，体育教师的角色不能单纯地定位为体育课程的实施者，也应当是体育课程方案的制订、评价和修改的参与者。体育教师对体育课程在实际运行中的情况最为了解，他们在体育课程的评价过程中应该具有较大的发言权。

---

[1] 卫建国，杨晓. 基础教育课程改革理论与实践[M]. 北京：北京师范大学出版社，2012：157.

[2] 林智中，马云鹏. 课程评价模式及对课程改革的启示[J]. 教育研究，1997（9）：31－36.

第三节 体育与健康课程实施策略的构成

一、体育与健康课程实施策略概述

（一）体育与健康课程实施策略概念的界定

国内外关于课程实施策略的相关研究，通常直接沿用课程实施策略这一概念，从未对课程实施策略的本质和含义予以解释。这一现象似乎约定俗成而顺理成章。事实上，随着基础教育课程改革的不断深化，无论是课程理论体系的建设和完善，还是课程实践的推进和提升，都需要对课程实施策略这一概念予以明确的界定。

在《现代汉语词典》中，“策略”的释义是“①根据形势发展而制定的行动方针和斗争方式：斗争～。②讲究斗争艺术；注意方式方法；谈话要～一点儿｜这样做不够～。”[1]根据这一释义，结合课程实施的本质含义，可以把课程实施策略界定为“在把课程标准、课程方案等‘文本课程’付诸实践的过程中，所采取的合理的、高效的课程行为方式”。这一课程行为方式并非简单地按部就班式地照本宣科，它需要课程实施者深刻理解课程文本的精神，密切结合具体的课程情境，精心创设有利于提高课程实施效果的方式方法。

在课程实施策略概念的基础上，可以把体育与健康课程实施策略的概念理解为“在把体育与健康课程标准、课程方案等‘文本课程’付诸实践的过程中，在全面贯彻落实体育与健康课程标准精神的基础上，课程实施者结合具体的课程情境，创设并运用的课程行为方式”。体育与健康课程实施策略具有三点基本要求：一是要符合体育与健康课程标准精神的要求；二是要充分考虑体育与健康课程的具体实施情境；三是要有助于切实提升体育与健康课程实施的实际效果。

（二）体育与健康课程实施策略的特征

1. 目标导向性

课程开发与实施模式是指在课程开发与实施过程中，根据某种思想和理论，

[1] 中国社会科学院语言研究所词典编辑室. 现代汉语词典：第6版[M]. 北京：商务印书馆，2012：132.

选择和组织课程内容、教学方法、管理手段，以及制定课程评价原则而形成的一种运作系统。目标模式是20世纪初开始的课程开发科学化运动的产物，它以实用主义哲学为指导思想，并受行为主义心理学的影响，将目标作为课程开发与实施的基础和核心，强调先确定目的、目标，再以精确表述的目标为依据进行评价。目标模式是课程开发研究领域最具权威性的理论形态，也是教育教学实践领域中运用最为广泛的实践模式。[1]虽然目标模式具有一定的局限性，但与过程模式、情境模式相比，依然具有难以比拟的优势，因此，被许多国家广泛应用。

自博比特首创目标模式以来，目标模式虽历经众多学者的发展与完善，但始终难以超越经典的“泰勒原理”。在《课程与教学的基本原理》一书中，拉尔夫·泰勒提出了课程开发的四个基本问题：学校应该达到哪些教育目标；学校应该提供哪些教育经验才能达到这些目标；这些经验如何才能有效地加以组织；如何确定这些目标正在得到实现。

从“泰勒原理”审视体育与健康课程的实施策略，无论是体育教学内容的选用，还是体育教学方法的设计与运用、体育教学评价的开展，以及课外体育活动的策划与实施，都必须有助于体育与健康课程目标的实现。正是基于课程开发与实施的目标模式，体育与健康课程标准在教学建议中明确提出，教学内容的选择和设计，要体现“目标引领内容”的思想。由此可见，体育与健康课程实施策略具有目标导向性。

2. 层次递进性

20世纪90年代初，当课程实施研究在美国成为一个蓬勃发展的新兴领域的时候，美国课程论专家古德莱德的课程层次理论深刻地触及了课程实施的深层意义。古德莱德认为，课程可以分为五个层次，处于不同层次的课程，其含义是不一样的。[2]

（1）观念层次的课程（ideological curriculum）。这是尚处于观念之中的课程，往往由研究机构、学术团体和课程专家所倡导。这类课程是否产生实际影响，要看它是否被官方所采用。

（2）社会层次的课程（societal curriculum）。这是指由教育行政部门规定的课程计划、课程标准和教材，也就是被列入学校课表中的课程，即正式的课程（formal curriculum）。该层次的课程远离学习者，国家和地方通常通过各种政策

[1] 汪霞. 课程开发的目标模式及其特点[J]. 外国教育研究，2002（6）：9－13.

[2] 张华. 课程与教学论[M]. 上海：上海教育出版社，2000：332－333.

法规和课程指南来确立教学科目、教学内容、教学时间、教科书和其他材料。

（3）学校层次的课程（institutional curriculum）。该层次的课程通常以学科的形式组织起来。这类课程大部分源于国家和地方确立的“社会层次的课程”，并经过学校的调适。

（4）教学层次的课程（instructional curriculum）。这是教师规划并在课堂上实际实施的课程。教学层次的课程体现了教师对课程的理解，也体现了教师在课堂上对课程的实际运作，是“理解的课程（perceived curriculum）”与“运作的课程（operational curriculum）”的统一。

（5）体验层次的课程（experiential curriculum）。这是学生实际体验到的课程。尽管经历了同样的课程学习，但不同的学生会获得不同的学习经验或体验。这也是所有课程层次中最重要的课程，是被学生内化和个性化了的课程。该层次的课程是对课程组织的最终检验——每一个学习者究竟受到了怎样的影响。[1]

观念层次的课程和社会层次的课程属于课程设计、课程采用阶段，而学校层次的课程、教学层次的课程和体验层次的课程则进入课程实施阶段。课程变革不仅包括制订和采用课程计划，更根本的还在于课程实施过程。课程的含义不仅指各种各样的课程资料，更根本的还在于教师的理解与运作和学生的体验。

从古德莱德的课程层次理论来看，体育课程同样具有含义不同的五个课程层次。例如，随着我国社会的不断发展，人们越来越认识到学生身心健康协调发展的重要性，研究机构、学术团体和课程专家倡导体育课程要促进学生的健康成长，这就形成了观念层次的体育课程。随着人们对体育课程健康促进价值认识的日益深化，“健康第一”的思想广泛地渗透到我国新世纪体育与健康课程标准的制定和体育教材的建设之中，这便是社会层次的体育课程。各级各类学校根据课程方案和体育与健康课程标准开设的体育课和大课间体育活动等属于学校层次的体育课程，而体育教师在体育教学和大课间体育活动等课程实施活动中真正实施和学生真正体验到的体育课程，则是教学层次和体验层次的体育课程。

从课程层次理论来看，学校层次的课程、教学层次的课程、体验层次的课程，属于课程实施的不同阶段，由不同的课程实施者完成，且具有承上启下的递进关系，因此，体育与健康课程的实施策略必然具有层次递进性。

[1] 张华. 课程与教学论[M]. 上海：上海教育出版社，2000：333.

3. 情境针对性

我国幅员辽阔，民族众多，各地经济建设、社会发展、民俗文化、地形地貌、季节气候等相差较大，这也导致了各地教育事业和体育事业发展不均衡的现象。其实，即使是同一地区的不同学校，其体育场馆、器材设备、师资力量，以及学校领导、教师、学生对体育的认识程度也各不相同，这使得体育与健康课程的实施必然面对不同的课程情境。虽然我国正在努力改变教育发展不均衡的现象，但在短期内体育与健康课程实施的情境依然会存在多样性的现象。

从“教学大纲”变革为“课程标准”的一个内在要义，是课程管理权力与职责的分享。基于这一理念，课程标准只是提供给体育教师一个完整的三级课程目标体系和一个内容框架建议，没有规定具体的学习内容。这主要考虑不同地区、不同学校之间存在着极大的差异。在目标的约束下，具体的学习内容完全由各校的体育教师根据学校和学生的实际情况来选择，当然，内容的选择要有助于目标的实现。[1]体育与健康课程标准的这一做法，使得体育与健康课程实施要从具体的课程情境出发不仅成为一种可能，更成为一种必需。也就是说，体育与健康课程实施的策略必须具有情境针对性。

4. 路径多样性

在课程理论界，关于“教学是课程实施的主要途径，但并不是唯一途径”的观点已经成为一种共识。就体育与健康课程而言，课外体育锻炼与体育课堂教学一样，具有不可替代的作用。如果按照我国现行规定，即小学一、二年级每周开设四节体育与健康课，小学三年级至初中三年级每周开设三节体育与健康课，高中各年级每周开设两节体育与健康课，再假定每节体育与健康课的练习密度达到理想状态的50%，那么，以上各年级学生每学年在学校的运动时间分别为：48小时、36小时和24小时。即使每所学校都能按要求开齐、上足体育与健康课，而且每节体育与健康课的练习密度都能达到50%，一学年24～48小时的运动时间也很难保证学生运动能力、健康行为、体育品德等体育与健康核心素养的形成，这就需要充分发挥课外体育锻炼的重要作用。

毋庸置疑，课堂教学是体育与健康课程实施的主要途径，因为在现行的教育体制下，体育与健康课在师资配备、时间安排、场地器材设备等方面具有相对稳

[1] 杨文轩，季浏. 义务教育体育与健康课程标准（2011年版）解读[M]. 北京：高等教育出版社，2012：141.

定的优势，能够得到一定程度的实施保障。此外，课外体育锻炼的独特作用越来越被人们所认识。《关于强化学校体育促进学生身心健康全面发展的意见》指出，坚持课堂教学与课外活动相衔接的基本原则。保证课程时间，提升课堂教学效果，强化课外练习和科学锻炼指导，调动家庭、社区和社会组织的积极性，确保学生每天锻炼1小时。由此可见，体育与健康课程实施策略具有路径多样性的特征。

二、体育与健康课程实施的总体策略

（一）国外两种课程实施策略及其启示

1. 钦和本恩的课程实施策略

关于整体的课程实施策略，钦和本恩（R. Chin and K.D. Benne）认为有以下三种基本类型[1]。

（1）实证－理性策略（empirical-rational strategies）。该策略相信人是理性的，只要使实施者相信改革是合乎理性的，他们就会服从并加以实施。它强调实施者的能力与主观上要求改革的迫切程度。因此，采用此模式的关键在于澄清实施者对改革必要性的认识，同时对他们进行培训以增强其效能。该策略最具代表性的例子就是“研究—开发—推广”（RD&D）模式，在20世纪五六十年代的“新课程运动”中曾普遍运用。

（2）权力－强制策略（power-coercive strategies）。该策略要求个体遵从那些制度高位者的意愿。尽管学校教育中很少直接采用这种策略，但是可以经常看到那些高位者通过提供各种物质的或符号的奖赏，强迫人们接受新计划。采用这种策略的人，往往利用自身的制度优势，通过法律或行政命令，迫使无权势的一方顺从。

（3）规范－再教育策略（normative-reeducative strategies）。该策略同样奠基于人的理性和智能，但与实证－理性策略的基本假设有很大不同。实证－理性策略认为人的智能是纯个人、心理的现象，改革是一系列合乎理性的活动依照线性序列展开的过程。规范－再教育策略则视人的理智为社会、文化的产物，受他们的态度、信念、价值观以及所处情境、人际互动的影响，并由此引起行为的变化。这就增加了改革过程中的不确定因素。它提醒我们，“教育改革不只是技术

[1]　张华. 课程与教学论[M]. 上海：上海教育出版社，2000：333.

的工作和行政手段，必须关心教师对创新的认同感、情绪和理解”[1]。

钦和本恩的观点为分析众多的课程变革现象提供了一个框架，但是由于这种分类方式所依据的是人性论、政治学方面的不同假设，因此往往显得过于抽象。

2. 麦克尼尔的课程实施策略

考虑到课程改革可能由不同层面的（如国家的、地方的、学校的、课堂的）教育机构发起，美国课程专家麦克尼尔（J. D. McNeil）总结了三种课程实施策略，即自上而下策略、自下而上策略和自中而上策略。[2]与钦和本恩的观点相比，他的主张更贴近具体的教育情境。

自上而下的策略（top-down strategies）是以国家和地区为中心的。采取这种策略来实施课程变革，要求学校中的其他因素要与改革相一致。否则，改革将会受到阻碍或只是暂时得到实施。自下而上的策略（bottom-up strategies）是作为自上而下策略的对立面而提出来的。该策略是以当地或以教师所关心的问题为起点来进行变革的。自中而上的策略（middle-up strategy）是基于对前两种策略的扬弃而产生的。自中而上的策略认为，自上而下的策略过于依赖附带的奖赏，如别人的认可、事业的进步和对不依从者的威胁。而自下而上的策略以个人或群体对改革的倾向为先决条件，如果学校文化本身是传统的、守旧的，就不容易进行改革，而且将教师作为改革的行动者，由于教师自身素质的限制，他们往往选择低质量的改革。在这种背景下，产生了自中而上的策略，该策略认为学校是改革的最适当的单位。[3]

3. 两种课程实施策略的启示

不同课程实施策略各有优劣，应综合考虑各种因素进行选择。就我国的具体情况来看，基础教育课程改革是在教育部统一组织和领导下，有计划、按步骤地进行的，表面上类似于自上而下策略。这一策略本无可非议，因为除了该策略自身的长处之外，政府部门的积极参与已被实践证明是改革成功的重要保障之一。不过，也要认识到这种自上而下的局限性，并采取措施避免其不利影响。这就要重视建立行政吸纳与咨询制度，在决策与实施过程中广泛听取课程专家、校长、

[1] 李子建. 教育改革的反思[J]. 基础教育学报，2001，10（2）：3-12.

[2] J. D. MCNEIL. Curriculum：a comprehensive introduction（5thed.）[M]. NewYork：Harper Collins College，1996.

[3] 马云鹏，唐丽芳. 课程实施策略的选择——课程改革中一个不可忽视的问题[J]. 比较教育研究，2002（1）：16－20.

教师及社会人士对课程改革的意见，从而确立中央、地方、学校与社区共同参与的课程改革机制。只有这样，所选择的课程实施策略才更具弹性与兼容的特征。

新课程改革在管理制度上确立了国家、地方、学校三级管理体制。课程实施过程必须扬长避短，因地制宜，因时而异，形成一种富有弹性的实施策略体系。要保证课程实施的有效性，就要在课程方案、实施策略与模式以及实施结果三者之间建立有效的信息反馈机制。因此，有必要开展地方性、阶段性的课程实施研究，根据研究结果及时调整实施策略。只有这样，才能真正建构起富于弹性并且富有成效的课程实施策略。[1]

长期以来，全国使用统一的体育课程计划和体育教学大纲，学校、教师缺乏开发、实施课程的自主权；教师形成了根深蒂固的观念，即体育课程实施是忠实地执行课程计划的过程。因此，我国的课程实施策略一直是单一的、发生在国家水平的自上而下的策略。事实也是如此，很难想象在应试教育挤迫下教师或学校会成为体育课程改革的发起者。不过，虽然自上而下的策略更适合我国体育与健康课程的实施，但并非唯一的选择，因为每一种课程实施策略都有其存在的价值，但同时又有其局限性。尽管自上而下的策略难以顾及学校的具体情境和教师的能力和看法，但在实施一个目标明确而一致、设计精确而清晰的体育课程计划时，这种策略无疑是最有效的。相反，在开发校本课程的过程中，要调动学校、教师、学生积极参与，采取自下而上或自中而上的策略显然更恰当。也就是说，在具体的课程实施过程中，究竟选择哪一种实施策略，并无固定的模式。情境与策略之间并不存在必然的对应关系。而且，在大多数的课程改革中，往往综合采取多种策略，利用各种实施策略之间的互相取长补短来实施变革，往往能取得更好的效果。

（二）体育与健康课程校本化开发与实施的意义

1. 校本化开发是体育与健康课程实施的前提条件

之所以认为校本化开发是体育与健康课程得以有效实施的前提条件，是由体育与健康课程改革本身所具有的“理想—现实”的特性所决定的。如果说体育与健康课程设计是描绘体育与健康课程改革的理想蓝图，体育与健康课程实施则是将这一理想蓝图付诸实践的动态过程。那么，校本化开发就是理想照进现实的过

[1] 尹弘飚，靳玉乐. 课程实施的策略与模式[J]. 比较教育研究，2003（2）：11－15.

程。理想之所以是理想，是因为它具有超现实的特点，它总是面向未来，具有先进性、前瞻性、时代性、国际性；而现实之所以是现实，就是因为它是可以感觉到的当下，并且负载着厚重的过去，强调可行性、现实性、地方性、实效性。理想只有根植于当下的现实才能获得生长的土壤，从现实的此岸到达理想的彼岸，绝不可能一蹴而就，这需要一个联动的环节，构建一个在理解与对话中不断调适的过程。从我国体育与健康课程改革的现实状况来看，课程改革的理想与我国学校体育的现实之间的距离和矛盾在课程实施过程中日益凸显（特别是在农村地区），许多人也因此而指责体育与健康课程改革过于理想化。体育与健康课程的校本化开发强调国家层面的课程改革的理想必须要“因校制宜”“因人（学生和教师）而异”地逐步实现。这不是让理想服从于现实，而是赋予理想以现实的力量。[1]

2. 体育与健康课程的校本化开发是一个承上启下的联动环节

从基础教育体育与健康课程改革的角度来看，课程改革方案的设计和课程计划的编制是国家相关职能部门的职责，而体育与健康课程实施的基本单位是学校，无论是国家课程还是地方课程，都必须通过学校才能得以实施，学校课程的开发直接关系到体育与健康课程实施的最终效果。虽然我们力求使体育与健康课程标准更具普适性，但我国地域辽阔，不仅内陆与沿海地区地形地貌有着显著差异，而且经济社会和教育的发展也很不平衡，各地人民的生活方式和文化习俗各不相同，即使是同一地区的不同学校，如国家示范性学校、省一级学校、市一级学校、普通学校、二类学校……在教育资源方面的差异也可能是天壤之别，这就决定着从国家层面的课程标准到地方层面的课程方案再到学校具体的课程实施之间必须要有一个承上启下的联动环节，这个环节就是体育与健康课程的校本化开发。它既包括国家课程（主要是《体育与健康课程标准》）和地方课程（主要是地方课程方案）在学校层面的落实，也包括体育与健康校本课程的开发。

（三）体育与健康课程校本化实施策略的基本程序

1. 正确解读国家体育课程的基本理念，明确学校体育课程的目标

在我国，教育部制定的体育与健康课程标准是经过一段时期的研究、实践和论证而形成的，从总体上看，具有科学性和可行性。不过，不要以为学校体育与

[1] 徐玉珍. 论国家课程的校本化实施[J]. 教育研究，2008（2）：53－60.

健康课程的开发就是体育教师忠实地执行体育与健康课程标准的简单过程，因为这中间还有一个理解的环节，教师的课程实践行为总是建立在一定的理解基础之上的。

在新课程改革伊始的实验初期，有专家在观摩课后点评说：“这堂课好就好在淡化了运动技能教学，我们学生要掌握的是运动技能而不是运动技术：前滚翻不必要求滚成直线，两膝不分开、起立要迅速、站稳手上举；学习投篮不必关注能否命中；学习支撑跳跃，不必考虑技术环节，学生能从器械上爬过去就是好样的……”如此解读体育与健康课程标准，必然导致轻视运动技能与体育文化的学习，排斥发展学生的身体素质，贬低教师的主导作用，否定体育学习的终结评价，最终把体育课程教学引向虚无的境地。[1]

事实上，修订后正式颁布的《义务教育体育与健康课程标准（2011年版）》明确提出“通过课程的学习，学生将掌握体育与健康的基础知识、基本技能与方法，增强体能”；《普通高中体育与健康课程标准（2016年版）》将运动能力列为体育与健康学科的三大核心素养之一，认为“运动能力是体能、技战术能力和心理能力等在体育活动中的综合表现，是人类身体活动的基础”。由此可见，正确解读国家体育与健康课程的美好愿景和基本理念，明确体育与健康课程的目标，是体育与健康课程校本化开发与实施的前提条件。

2. 全面分析体育与健康课程情境，合理制订实施方案

学校是体育与健康课程实施真正发生的地方，体育与健康课程的实施离不开实施课程的必要而直接的条件，任何学校都有其体育与健康课程的真实情境。体育与健康课程情境，如人力、物力和财力，时间、场地、媒介、设备、设施和环境，以及校长、教师、学生对体育与健康课程的认识状况等因素，对于体育与健康课程实施具有非常重要的现实意义，它们在很大程度上决定着体育与健康课程开发与实施的范围和水平。因此，必须全面分析学校自身课程情境的基本情况，正确评估课程情境的优势和缺陷，才能制订切实可行的实施方案。

学校体育与健康课程开发的范围和水平，一方面取决于课程资源的丰富程度，另一方面取决于课程资源的开发和运用水平。虽然我国学校体育课程实施的条件得到了不断的改善，但仍然难以满足体育课程实施的需要。一方面，由于我国各地经济、文化发展很不平衡，学校体育场地、器材设施配备水平不一，城市

[1] 夏峰. 要正确解读《体育（与健康）课程标准》[J]. 中国学校体育，2006（7）：1.

与农村的学校体育场地器材设施配备差别很大。另一方面，从充分发挥现有体育场地器材应有的作用，努力开发它的潜在功能的角度看，体育场地器材资源的开发利用，对各种类型的中小学来说具有重要的课程价值和意义。[1]

3. 课内与课外双管齐下，确保体育课程落到实处

尽管体育课的教学是实施体育课程的主要途径，但并不是唯一途径，体育课程的有效实施有赖于课内与课外双管齐下。近几年来，不少学校在体育课的教学中进行了积极的尝试，深化了对新课程的认识，为体育与健康课程标准的修订积累了宝贵的经验。然而，不能狭隘地把体育课程改革理解为体育课的改革，因为仅仅通过每周开设2～3节体育课很难实现体育课程目标，也无法达到教育部倡导的“每天锻炼1小时，健康工作50年，幸福生活一辈子”的要求。学校体育界对体育课程究竟是学科课程还是活动课程的看法并不一致，其实，以体育课形式出现的体育课程类似学科课程，而以课外体育活动形式出现的体育课程则属于活动课程。学科课程性质的体育课与活动课程性质的课外体育活动齐抓并进，才能更有助于实现体育课程目标。

教育部倡导的大课间体育活动打破传统的课间操活动形式，有助于学生体能水平的提高和终身体育能力的培养，有助于加强师生之间、学生之间的交往，有助于人际交往能力的培养。大课间体育活动形式多样，活动内容丰富多彩，能起到体育课无法取代的作用，值得大力提倡。不过，大课间体育活动对学校体育课程的组织管理、场地、器材和师资等提出了较高的要求，各学校必须重视因地制宜、因陋就简地设计和开展大课间体育活动。

三、体育与健康课程实施的具体策略

（一）有效体育教学策略

1. 体育教学策略研究具有较强的现实意义

课堂教学是体育与健康课程实施的核心途径，因此，课堂教学策略理应是体育与健康课程实施策略的重要研究课题。我国关于教学策略的研究起步比较晚，体育教学领域内对教学策略具有较高水平的研究更是凤毛麟角。教学策略与教学

[1] 卞红专. 新课程背景下场地器材资源的开发[J]. 中国学校体育，2006（3）：32－34.

原则、教学模式有着相近的关系，但教学原则更具抽象性、教学模式更具机械性，相较而言，教学策略更加具有可操作性。教学策略不是抽象的说明性原理或原则，而是对教学活动中一些基本关系的处理、基本环节或步骤的安排，以及操作上的规则和概念等，都有一般性的规范或提示。这些不仅仅供教师参考，对不熟练的教师来说，还是行事的依据。[1]自新课程改革以来，一线体育教师表现出“不明白为什么教”“不知道教什么”“不清楚怎样教”等诸多不适应现象。为此，加强体育教学策略的研究，为一线教师提供可操作性指引，无疑更具现实意义。

2. 体育教学策略的分类

关于教学策略的分类，国内外学者依据不同的分类标准进行过不同的研究。其中，有学者以教学过程和学生特点为依据进行分类（见表1-1），对体育教学策略的分类颇有参考价值。体育教学既具有一般教学的特点，同时又具有自身的独特性，因此，体育与健康课程实施策略的研究，要致力于构建具有自身特点的体育教学策略分类体系。

表1-1　以教学过程和学生特点为依据的分类[2]

类型	具体策略
教学准备策略	确定教学目标的策略
	设计教学内容的策略
	分析学生起始状态的策略
	选择教学方法的媒体的策略
	教师自我心理准备的策略
	设计教学环境的策略
教学实施策略	先行组织者策略
	概念教学策略
	……
因材施教策略	针对年龄差异的策略
	针对能力差异的策略
	针对认知方式的策略

[1]　杨小微，张天宝. 教学论[M]. 北京：人民教育出版社，2007：388.

[2]　张大均. 教学心理学[M]. 北京：人民教育出版社，2005：140－155.

续表

类型	具体策略
教学监控策略	主体自控策略
	课堂主动策略
	教学反馈策略
	现场指导策略
	……

3. 基于三维指标的有效体育教学策略

随着基础教育体育与健康课程改革的日渐深入，体育教学的有效性日益成为人们关注的热点问题。在有效教学理论和体育教学改革实践需要的推动下，进行有效体育教学策略的研究日渐迫切。一是要构建效果、效益、效率的三维指标体系，在明晰体育教学效果、效益和效率内涵的基础上，探索提升体育教学有效性的教学策略；二是要从教师教学过程的角度，探讨教学准备、教学实施、教学评价等具体的体育教学策略；三是要从学生学习的角度，探索在自主－协同理念下学生主动学习的策略。

（二）课外体育锻炼策略

党的十八届三中全会上通过的《中共中央关于全面深化改革若干重大问题的决定》（以下简称《决定》）指出，强化体育课和课外锻炼，促进青少年身心健康、体魄强健。《决定》要求从国家强盛和民族振兴全局来认识促进青少年身心健康、体魄强健的重大意义。从贯彻落实《决定》的精神来看，要推动学校和社会各界紧密协作，共同营造青少年热爱体育、崇尚运动、健康向上的良好风气和全社会珍视健康、重视体育的浓厚氛围，形成提高青少年乃至全民族的健康素质的长效机制。这对课外体育锻炼提出了新的要求：一方面，要进一步提高对课外体育锻炼重要作用的认识；另一方面，要深化课外锻炼实施策略的探索。

有学者对珠江三角洲地区课外体育活动的优秀案例进行了鉴赏和分析，主要包括：①“体育、艺术2＋1”“体艺交融”课外体育活动；②“舞出健康、舞出快乐”的大课间体育活动；③“共享运动·分享快乐·健康成长”的校运会；④击剑运动体教结合课外体育活动的实践等。[1]这可能是新课程改革以来对珠江三角

[1] 杨文轩，张细谦. 体育与健康课程实施模式探索[M]. 北京：高等教育出版社，2015：167－177.

洲地区课外体育活动开展状况较好学校的一个集中展示。不过，从体育与健康课程实施策略可操作性的视角看，还需进一步加强课外体育锻炼策略的实践探索与理论提炼，例如，大课间体育活动的实施策略、体育节的实施策略、体育俱乐部的实施策略、基于体育与健康课程实施视角的课外体育训练与竞赛的实施策略等。

（三）学生体能发展策略

增进学生身体健康是学校体育区别于学校教育中其他组成部分（如德育、智育、美育、劳育）的本质特征，而体能是身体健康的核心要素之一。体能主要通过体育锻炼获得。保持良好的体能，可以使学生的身体更健康、精力更旺盛、学习更有效、适应自然环境的能力更强、生活更美好、生命更有价值。[1]由此可见，发展体能是体育与健康课程实施的应有策略。

体能可分为两类：与健康有关的体能和与动作技能有关的体能。[2]前者包括心肺耐力、柔韧性、肌肉力量、肌肉耐力、身体成分等；后者是指从事运动所需的速度、力量、灵敏性、神经—肌肉协调性、平衡和反应时等。对于中小学生的健康成长而言，与健康有关的体能具有更为重要的价值。体育锻炼是提高体能水平必不可少的途径，保持良好的体能与长期的锻炼密不可分。不过，良好的体能并不是完全靠体育锻炼就可以达到的，还与科学的饮食方法、良好的卫生习惯、足够时间的休息和放松等方面有关。因此，体能发展策略主要包括发展心肺耐力的策略、发展柔韧性的策略、发展肌肉力量的策略、发展肌肉耐力的策略、改善身体成分的策略及基于生活方式的体能发展策略。

（四）运动技能习得策略

学习和掌握运动技能是学校体育区别于学校教育中其他组成部分（如德育、智育、美育、劳育）的重要特征之一。适当的体育与健康课程实施策略，对于青少年学生学习和掌握运动技能具有特殊的意义。一方面，青少年学生正处于运动学习能力的旺盛时期，具有很强的运动技能习得能力，科学合理的体育学习有助于获得事半功倍的学习效果；另一方面，在习得运动技能过程中获得的良性情感

[1] 杨文轩，季浏. 义务教育体育与健康课程标准（2011年版）解读[M]. 北京：高等教育出版社，2012：109.

[2] 杨文轩，季浏. 义务教育体育与健康课程标准（2011年版）解读[M]. 北京：高等教育出版社，2012：109.

体验，有助于强化学生的体育学习动机，在运动中因展示出优良运动技能而获得他人的赞许及自我体验到的愉悦感和成就感，有助于促进运动习惯和终身体育意识的养成，进而形成健康的生活方式。[1]

在义务教育阶段，运动技能既是体育与健康课程四个学习方面目标之一，又是实现其他学习方面目标的重要载体。在运动技能的教学中，要突出以身体练习为主要手段，以学习知识、技能和方法为主要内容的课程性质；运动技能的学习要同过程与方法、情感态度与价值观有机统一；要符合学生的身心发展特点；选择合适的教学方法；遵循运动技能的形成规律；注意控制体育课适宜的运动负荷；关注学生的学习差异和性别差异；重视运动技能学习中的案例问题。[2]在高中阶段，运动技能是三大核心素养之一——“运动能力”的重要组成部分。运动技能习得的策略主要包括运动认知的教学策略、运动技能与方法的教学策略、安全意识和防范能力的教学策略、运动原理的教学策略。

（五）体育教师专业发展策略

当前，我国教育改革发展已经进入到全面提高教育质量、努力办好人民满意教育的历史阶段，加强教师队伍建设是最重要的基础性工作。从“师范教育”走向“教师教育”，这是教育发展的时代要求与必然趋势，是我国教师专业发展的重要特征。从“师范教育”变革为“教师教育”，意味着教师的培养和培训由封闭性转变为开放式、由理论性转变为专业性、由终结性转变为终身性。教师专业发展是教师教育课程的核心追求，为了保证这一价值追求，我国教师教育课程确立了育人为本、实践取向、终身学习三大基本理念。育人为本理念强调教师是幼儿、中小学学生发展的促进者，在研究和帮助学生健康成长的过程中实现专业发展；实践取向理念强调教师是反思性实践者，在研究自身经验和改进教育教学行为的过程中实现专业发展；终身学习理念强调教师是终身学习者，在持续学习和不断完善自身素质的过程中实现专业发展。[3]教师教育的三大基本理念，是新时期体育教师专业发展的理论基础。

为贯彻党的十七届六中全会精神，落实教育规划纲要，构建教师专业标准体

[1] 杨文轩，张细谦，邓星华. 学校体育学[M]. 北京：高等教育出版社，2016：38.

[2] 杨文轩，季浏. 义务教育体育与健康课程标准（2011年版）解读[M]. 北京：高等教育出版社，2012：104－108.

[3] 教育部教师工作司组. 教师教育课程标准（试行）解读[M]. 北京：北京师范大学出版社，2013：130－131.

系，建设高素质专业化教师队伍，教育部研究制定了《幼儿园教师专业标准（试行）》《小学教师专业标准（试行）》《中学教师专业标准（试行）》。上述一系列专业标准是国家对幼儿园、小学和中学合格教师专业素质的基本要求，是教师实施教育教学行为的基本规范，是引领教师专业发展的基本准则，是教师培养、准入、培训、考核等工作的重要依据。[1]新时期体育教师的专业发展，必须以《教师教育课程标准》和《教师专业标准》为依据，研制并完善体育教师专业发展目标的策略、课程设置的策略、培养与培训实施策略及教师专业发展评价策略等。

[1] 教育部教师工作司组. 小学教师专业标准（试行）解读[M]. 北京：北京师范大学出版社，2013：131.

第二章 有效体育教学的理念与实施策略

有效体育教学是判断体育教学结果的一种事实判断，具有多维理念，在实施中也有丰富多样的策略。有效体育教学的基本理念主要包括：以“立德树人”为根本导向，关注学生的全面进步和发展；以“健康第一”为总体指导思想，着重培养学生的体育与健康学科核心素养；以促进学生学习为根本旨归；以教师强烈的效益观念为重要前提；以体育教师的教学反思为重要保证；以有效的课堂教学评价机制为导向。基于有效体育教学的基本理念，强化体育教学有效性的主要策略包括：精选教学内容的策略，提高体育课堂时间管理效益的策略，科学安排体育课负荷的策略，减少和预防运动损伤的策略，科学安排练习密度的策略，促进师生交往的策略。

第一节　有效体育教学的理念

一、有效体育教学的内涵

有效教学（effective teaching）的理念源于20世纪上半叶西方的教学科学化运动。在受美国实用主义哲学和行为主义心理学影响的教学效能核定运动后，该理念引起了世界各国教育学者的关注。20世纪以前，在西方教育理论中占主导地位的教学观是“教学是一门艺术”，但随着20世纪以来科学思潮的影响以及心理学特别是行为科学的发展，人们逐渐意识到，教学也是科学，即教学不仅有科学的基础，而且还可以用科学的方法来研究。于是，人们开始关注教学的哲学、心理学、社会学等学科的理论基础，以及如何用观察、实验等科学的方法来研究教学问题。有效教学就是在这一背景下提出来的。[1]

如果分别从有效和教学两个概念出发来界定，则可以认为，所谓有效，是指通过教师一段时间的教学之后，学生所获得的各个方面的具体进步或发展，是以学生的进步或发展作为是否有效的最终评价标准和体现目标。所谓教学，是指教师引起、维持或促进学生学习的所有行为。有效教学是为了提高教师的工作效益、强化过程评价和目标管理的一种现代教学理念。其核心是关注学生的进步或发展（虽然学生进步或发展的程度不一）以及教学的效益（虽然效益有高有低）。[2]有效体育教学是有效教学在体育教学方面的表现，既具有有效教学的一般特点，又具有体育教学的独有特点。

（一）“三效”价值观——有效果、有效益、有效率

首先，讨论教学有效果。教学有效果是指通过教师的教学以后，学生获得的具体进步和发展。学生有无进步和发展是衡量教学有无效果的唯一依据。而体育教学有没有效果，主要也是指学生有无进步，学生在体育与健康核心素养方面的提高水平，诸如学生在运动技能掌握上的进步程度、健康行为的改善程度、体育品德修养的加强程度等，学生在原有的基础上提高的幅度的总和是衡量体育教学效果的最终依据。

其次，讨论教学有效益。教学有无效益，并非指教师是否教完内容或教得是否认真，而是指学生有没有学到东西或学生学得好不好。如果学生不想学或者学了没有收获，在体能、技能、身体素质、参与行为、心理健康水平、社会适应能力等方面没有发展，即使教师教得再辛苦也是无效教学。同样，如果学生学得很认真、练得很辛苦，但没有得到应有的发展，其体能、技能、身体素质、参与行为、心理健康水平、社会适应能力等方面没有发展甚至出现倒退和下降，也是无效或低效教学，甚至是负效教学。因此，体育教学有效益，是指通过教学活动，既实现了教学活动的价值，又达成了教学活动的目标，且教学结果符合预期的教学目标，符合社会与个人的教学需求。[3]更多的是关注好的、积极的学习结果，关注学生学习的良性收益。

---

[1]　章叶英，张毓人. 和谐课堂管理方法与实施[M]. 北京：华龄出版社，2006：267-268.

[2]　崔允漷. 有效教学：理念与策略（上）[J]. 人民教育，2001（6）：46.

[3]　姚利民. 有效教学论：理论与策略[M]. 长沙：湖南大学出版社，2005：25.

再次，讨论教学有效率。在保证教学效果和教学效益的同时，还必须保证教学效率。教学有效率是指在一定的教学投入内，产生了尽可能多的教学产出，达到“教员可以少教，但学生可以多学”（夸美纽斯所言）的境界。所以，教学效率同时包含着学生学习的实际效果。由于体育课堂教学活动本身也可以看作一种无形的精神性的生产活动，借用经济学的概念可以将体育课堂教学效率表述为：教学效率=教学产出（教学效果）/教学投入，即教学效率和教学产出（教学效果）成正比，和教学投入成反比。

当然，按照这种理解，也可以认为，在一定程度上，在一定范围内，尽量减少教学投入，保持既定教学产出甚至增加产出就能提高效率。联系体育教学实践考虑，可以说，对于同样的教学效果，还得考虑单位时间问题。可以认为，教学效率是单位教学投入内所获得的教学产出。

此外，由于课堂教学投入的直接表现是师生双方时间、精力的投入，课堂教学产出的直接表现是课堂教学效果，在课堂教学实践中也可将课堂教学效率表述为：教学效率=有效学习时间/实际教学时间×100%[1]，即教学效率和有效学习时间成正比，和实际教学时间成反比。

综上所述，有效体育教学是体育教学过程符合体育教学规律的教学，是有效果、有效益、有效率的教学。体育教学活动是一种育体、育身、育心的过程，应该实事求是，尊重体育教学规律，不能鲁莽、蛮干。有效体育课堂教学能够激发学生的体能、技能、心理的潜能，是经验的激活、丰富和提升，体育知识的建构与运用，认知策略与学习策略的改善，情感的丰富、细腻，态度和价值观的形成与完善，运动技能的形成、巩固与熟练。符合体育教学规律是实现体育有效教学的基本条件；不符合体育教学规律的教学，即使有效，也是低效或者负效的。有效果、有效益是有效体育教学的基本要求和前提，有效率是有效体育教学的最高目标。符合体育教学规律以及有效果、有效益、有效率这三个方面共同构成了有效体育教学的内涵和外延。缺少其中之一，都不是有效的体育教学。据此，可以将有效体育教学定义为：有效体育教学是教师遵循体育教学过程的规律，成功引起、激发、维持和促进了学生的体育学习，在维持既定教学效率的前提下，相对有效地达到了既定教学效果、获得既定教学效益的教学。它首先取决于体育教师及相关人员对体育课上应该做什么做出正确的决定，其次取决于如何实现这些决定。

[1] 朱浩亮，冀桐. 论课堂教学的有效性[J]. 教学与管理，2006（12）：57.

（二）教与学有机结合，互为条件

教师和学生都是课堂中的主体，而学生更是课堂中的中心，是自己学习的主人。[1]教学是师生双边活动，应该发挥师生的整体作用。教学效果虽然和很多因素相关，但主要的因素是教师的教和学生的学。要摒弃单一、孤立、对立的“教师中心论”和“学生中心论”，认识到体育教师与学生都是体育教学过程中的主体因素，两者之间的关系是教学过程中最本质、最直接的关系。

要提高体育教学效果，必须把教师和学生都视为主体。相对于学生来说，教师是外源性主体，其作用在于主导；学生是内源性主体，其一切学习活动的目的和作用在于提高体能、技能、身体素质、心理素质和社会适应能力。两种主体和谐统一，是一切体育教学活动取得成效的前提和基础。应该同时发挥师生的积极性并将二者有机结合。

同时，在体育教学中，师生以体育教学内容、教学方法、教学媒体等为中介，在各种层次的教学目的指导下，在不同的教学环境中，共同构成了贯穿于教学过程始终的双边活动。体育教学绝不只是单纯的讲解示范、组织管理，也不仅是单纯的动作或技能练习和体能锻炼，而是教与学两者相互依存和促进的过程。教师的教和学生的学只有互相适应，教学才可能有效，且师生互适性越高，越易取得好的学习效果。学生在体能、技能、身体素质、社会适应能力等方面的学习效果，在很大程度上有赖于体育教学的正确有效实施。同样，体育教师的教学效果，也要通过受教育者——学生这个客体，才能得到体现。因此，教学实践中要发挥教师主导作用，同时必须突出学生的主体地位并考虑学生的个体差异，因材施教，因人而异，不可强求整齐划一。教师如果忽视学生差异，不考虑学生在不同年龄阶段的运动素质特点和运动技能形成的规律，没有根据学生不同的具体问题，选择合理的教学手段，就难以取得好的教学效果。尤其是随着新的“立德树人”的总体指导思想的贯彻，随着体育与健康新课程“立德树人”的教学总目标和“健康第一”的总体指导思想深入人心，在体现教师主导作用的同时，更应突出以学生为中心，关注学生的学。具体教学设计中，教师应充分考虑教与学的关系，通过学情分析，根据水平目标，结合教材的重点、难点，有针对性地选择教学方法、练习手段、组织形式，只有这样，才能使教学更有效。[2]

[1]　肖川. 教师：与新课程共成长[M]. 上海：上海教育出版社，2004：203.

[2]　阮建中. 教学设计应注重怎么教[N]. 中国体育报，2008-05-21（6）.

（三）有效体育教学需要教师掌握有关的策略性知识

策略是指教师为实现教学目标或教学意图而采用的一系列具体的问题解决行为方式。有效教学需要教师掌握有关的策略性知识，以便在面对具体的情景时做出决策。一般情况下，按照教学实施流程，有效的教学过程划分为三个阶段：教学的准备阶段、实施阶段和监控评价[1]阶段，分别有准备策略（教什么）、实施策略（怎么教）和评价策略（教得如何）[2]来共同完成教学任务。

其中，准备策略主要是指教师在体育课堂教学前根据体育教学的目标和要求，解决所要处理的问题的行为，亦即教师在制订教学方案时所要做的工作。其主要包括对教材的钻研熟悉、对学生的了解、教学目标的确定与叙写、教学材料的处理与准备、主要教学行为的选择、教学环境的选择、教学组织形式以及教学方案的形成等。[3]

实施策略主要是指教师为实施上述教学方案而发生在课堂内外的一系列行为。按功能来划分主要有管理行为与教学行为。前者是为教学的顺利进行创造条件和确保单位时间的效益；后者又可以分为主要教学行为（直接指向目标和内容，事先可以做好准备的行为）和辅助教学行为（直接指向具体的学生和教学情景，事先很难或根本不可能做好准备的行为）两种。[4]

评价策略主要是指对体育课堂教学活动的过程与结果做出相关价值判断的行为[5]，主要涉及学生学业成就（如体能的提高水平、运动技能的掌握程度、社会适应能力的提高程度、心理健康的增进水平等）的评价与教师教学专业活动（如备课能力、讲解示范能力、纠错保护能力、组织教学能力等）的评价，贯穿教学活动的始终。

[1] 张大均. 教与学的策略[M]. 北京：人民教育出版社，2003：16.

[2] 崔允漷. 有效教学：理念与策略（上）[J]. 人民教育，2001（6）：46-47.

[3] 钟启泉，崔允漷，张华. 为了中华民族的复兴　为了每位学生的发展　基础教育课程改革纲要（试行）解读[M]. 上海：华东师范大学出版社，2001：225.

[4] 钟启泉，崔允漷，张华. 为了中华民族的复兴　为了每位学生的发展　基础教育课程改革纲要（试行）解读[M]. 上海：华东师范大学出版社，2001：228.

[5] 钟启泉，崔允漷，张华. 为了中华民族的复兴　为了每位学生的发展　基础教育课程改革纲要（试行）解读[M]. 上海：华东师范大学出版社，2001：230.

二、有效体育教学的基本理念

（一）以“立德树人”为根本导向，关注学生的全面进步和发展

学生的进步和发展是体育教学追求的终极目标，而有效体育教学对学生的全面发展和最大幅度进步的这种追求对体育教师提出了新的要求。在实际体育课堂教学中，预设性和生成性应并重，要关注教学结果及教学过程和方法，同时关注学生知识的获得和能力的提升及积极情感态度和价值观的形成，以实现知识与能力、方法与过程、情感态度与价值观的全面发展。要达到这些目标，体育教师需要在自身意识方面进行提升。

1. 必须深入贯彻“立德树人”的指导思想

作为当前我国学校教育的根本任务，“立德树人”是推进中国特色社会主义教育事业健康可持续发展的重要保障，也是培养符合时代需求的社会主义建设人才的内在要求。

“立德树人”的“德”，至少有双重含义。第一重含义，其根本要旨即为培育和践行24字的社会主义核心价值观，具体包括三个层次：第一，国家层面的要求，即建设“富强、民主、文明、和谐”的社会主义中国；第二，社会层面的要求，即建立“自由、平等、公正、法治”的中国社会；第三，个人层面的要求，即培育“爱国、敬业、诚信、友善”的社会主义公民。中小学各科教学中树立“立德树人”的指导思想，途径之一即通过各个学科课程教学去培育社会主义核心价值观。[1]第二重含义，强调培养良好的体育品德。这是指体育运动参与者在体育运动中应当遵循的行为规范以及形成的价值追求和精神风貌，包括体育精神、体育道德和体育品格三个方面。其中，体育精神包括自尊自信、勇敢顽强、积极进取、超越自我；体育道德包括遵守规则、诚信自律、公平正义等；体育品格包括文明礼貌、相互尊重、团队合作、社会责任感、正确的胜负观等。[2]

体育教学作为学校教学系统中的重要环节，在培养学生良好的思想道德和体育品德，发展学生的运动技能，发展身体素质，提高生命活力和健康水平，提升竞争意识和团队合作精神，加强道德品质，培养顽强的意志品质，提高责任意识

[1] 胡亚明. 落实立德树人根本任务的小学体育教学机制系统研究[J]. 课程·教材·教法，2015，35（10）：98-103.

[2] 教育部. 普通高中体育与健康课程标准：2017年版[M]. 北京：人民教育出版社，2018：6.

及社会适应能力等各个方面，都有着积极的意义。当前，如何有效地发挥体育课程教学的教育作用，在为学生传授体育运动知识和技能的同时，充分发挥德育功能，实现“立德树人”的根本任务，是体育教学工作者面临的现实课题，也是确保体育教学效果的重要前提。

2. 必须真正确立学生的主体地位和中心地位

体育教学是师生互动的过程，离开学，就无所谓教，因此，要求教师有主体意识和对象意识。教师必须“一切为了学生的发展”，如果学生没有获得发展，那么即使教师工作再累、付出再多，也是缺乏现实意义的。

3. 必须树立“全人”的学生观[1]

学生发展是全面均衡的发展，包括体能、技能、身体素质、社会适应能力、心理健康等方面的发展，包括体育知识、健身知识、健康知识、人文知识、科学知识的全面开花，而并非只是某一方面单维度的发展。传统的体育教学追求学生在运动技术、技能的正确掌握以及体能等方面的发展，忽视学生学习态度、情感、心理等方面的进步。《义务教育体育与健康课程标准（2011年版）》明确规定了学习目标，即运动参与、运动技能、身体健康、心理健康与社会适应四大目标的齐头并进，这意味着运动技术与技能目标不再是判断体育教学有效性的唯一目标。有效体育教学必须促使四大目标得到全面充分的发展，要求教师将体育教育的价值定位在人的全面发展上。[2]教师应以宽广的眼光，正确估计和衡量自己所教学科的价值，把学科价值定位在多学科上，定位在对一个完整的人的发展上。特别是在新课程改革理念的影响下，教师在课堂教学中不仅注重对学生知识与技能的培养，也注重对学生情感态度与意志等非智力因素的培养，全面关注学生智商、情商和健商的提高。

4. 必须唤起教学对象的主体意识

教学的有效性应该首先体现在学生的主动精神上，体现在学生对自我的主体意识的唤醒上。教育唯有唤起了学生“沉睡的自我”、揭示“洞穴中的隐喻”，才是真正有效的。正如苏霍姆林斯基所言的“最好的教育是自我教育”和第斯多惠所言的“教育的艺术不在于传授的本领，而在于激励、唤醒和鼓舞”。教学的

[1] 钟启泉，崔允漷，张华. 为了中华民族的复兴　为了每位学生的发展　基础教育课程改革纲要（试行）解读[M]. 上海：华东师范大学出版社，2001：224.

[2] 邓国良. 新课程视域下的体育有效教学[J]. 成都体育学院学报，2006，32（6）：107-109.

效益应体现在促进学生的自我教育上。[1]特别是随着“立德树人”这一新的指导思想影响的日益深入，课程改革的进行，对体育教师的理念和指导思想提出了新的更高要求。发展学生各种品德，培养学生的非智力因素，尊重学生，关心学生，注重教学情境的创设，更好地激发学生的学习兴趣和转变学生的学习方式，已经成为新的要求。

（二）以“健康第一”为总体指导思想，着重培养学生的体育与健康学科核心素养

“健康第一”是我国近几次体育课程改革中都特别强调的指导思想，是引领一切体育教学行为的重要纲领。“健康第一”的思想强调学校体育的健身育人功能，高度重视培养学生的运动能力、健康行为、体育品德“三位一体”的体育与健康学科核心素养，努力构建知识与能力、过程与方法、情感态度与价值观有机结合的体育课程目标和课程结构。在实际教学中，教师要依据体育与健康课程标准、地方体育与健康课程实施方案和学校体育与健康课程实施计划，始终以培养学生的学科核心素养为主要目标，将其贯穿在教学过程中，并结合所教运动项目的特点、学生实际情况和课程资源等，创造性地开展教学，科学地设置学习目标，合理选择教学内容，改革和创新教学组织形式，运用教学方法和手段，不断提高教学质量。从贯彻落实“健康第一”指导思想的需要出发，有效体育教学必须保证一定的运动负荷，提高学生课堂学习效果。在课堂教学中，每节体育与健康课上学生运动时间占课堂总时间的比例，即运动密度，应不低于75%；每节体育与健康课上单个学生的练习时间占课堂总时间的比例，即练习密度，应不低于50%；每节体育与健康课上学生的平均心率，即运动强度，应达到140～160次/分。[2]

（三）以促进学生学习为根本旨归

任何教学活动，总是有其一定的目的，教的最终是为了不教，是为了学生能够学会学习。教学活动的中心应在于如何使学生学习得到提高和进步，如何使学生的能力得到锻炼。[3]有效体育教学是一整套为促使学生学练，实现教学目标而采用的教学策略。教师的教就是为了学生的学，让学生乐学、会学，为学生的可持

---

[1]　章叶英，张毓人. 和谐课堂管理方法与实施[M]. 北京：华龄出版社，2006：254.

[2]　教育部. 普通高中体育与健康课程标准：2017年版[M]. 北京：人民教育出版社，2018：79.

[3]　赵彦美. 化学课程有效教学策略研究[D]. 西安：陕西师范大学，2005：16.

续发展打好体能、技能、身体素质等基础。体育教学是否有效及其效果如何，最终要通过学生体现出来。要让学生在体育文化知识、体育意识、体育习惯、体育能力、心理素质、社会适应等方面不断学习和获得进步。教师只有把学生当成学习活动的主体，才能有效地实现教学目标。从本质上来说，有效体育教学是对优质教学的追求，以良好的教学质量为生命线，既追求优质的结果，也追求优质的过程，一切以促进学生的学习为宗旨。

（四）要求教师有强烈的效益观念

体育教学效益是指体育教学活动的收益。体育教学既要有效果，使学生发生变化，也要有效益，使教学活动的效果和结果与教学目标吻合，满足社会和个人的教育需求。学生健康的身心和强健的体质是新课程目标的核心内容，也是当今社会对人才的要求。[1]为了实现这个目标，体育教学必须将获取良好的效益作为目标之一。

体育教学要取得上述效益，需要体育教学的各个环节都安排合理、有序，而关键的前提是教师要具备效益意识。由辩证唯物主义理论可知，意识具有能动作用，且能动作用有两种不同的表现：正确的思想意识能够指导人们采取正确的行动，促进事物的良性发展；错误的思想意识会误导人们采取错误的行动，对事物发展产生阻碍甚至破坏作用。体育教师只有具备良好的效益意识，在体育教学实践中才能时刻以这种意识去能动地敦促自己的教学行为，反思自己的教学过程，内省自己的教学绩效，不断总结教学经验，从而逐渐提高教学效果和效益。

（五）要求教师经常进行实践性反思

体育教师的教学反思是体育教师专业发展的重要一环。教师在不断反思与探究的教学过程中提升了自己的专业水平和教育教学能力，这既是体育教师自身发展的需要，也是实现有效体育教学的需要。[2]贯彻落实新课程标准的过程也是体育教师反思性的教学过程。体育教师在体育教学实践中培养自觉的反思意识，形成经常反思的习惯，是有效地提高教学效果的保证之一。[3]体育教师的反思意识及其指导的教学活动有助于克服技术理性主义的教育观（认为体育教学只是一个传

[1] 邓国良.新课程视域下的体育有效教学[J].成都体育学院学报，2006，32（6）：107-109.

[2] 邓国良.新课程视域下的体育有效教学[J].成都体育学院学报，2006，32（6）：107-109.

[3] 钟启泉，崔允漷，张华.为了中华民族的复兴　为了每位学生的发展　基础教育课程改革纲要（试行）解读[M].上海：华东师范大学出版社，2001：224.

授系统，它关注并根据手段—理性的标准进行评判，体育教师基本上充当手段—目的的中介人的角色，是用别人设计好的课程达到别人设计好的目标的知识传授者），有助于提高和改善体育教师的主体性参与行为，为体育教师发展提供根本性动力，为提高体育教学效果奠定基础。

有效体育教学必然是一种反思性实践，有赖于教师持续地反思与探究。长期以来，体育教师比较缺乏理性精神和反思态度。苏格拉底曾经说过："没有反思的生活，是不值得过的生活。"在"一切为了学生"有效学习的有效教学实践中，教师必须具有清醒的自我意识。特别是随着新课程的实施，新课程的教育理念、价值观，最终都需要体育教师认真学习、理解领会，并运用到体育教学实践中，在实践中发现问题、分析问题并解决问题。例如，就课程资源的开发而言，体育教师能否成为成功的课程资源开发者，取决于其能否由"经验教学"向"反思教学"转变，能否实现由"经验教师"向"反思性实践者"的转变。[1]但是，在现实中，体育教师的某些既有观念（知识）深深地植根于其经验、习惯、先例、意见之中，体育教师行为模式的形成与确立常常受一定"先在"观念（或知识）的导向性支配和影响，他们也很容易把自己的实践想象成习惯性的或必然的。如果体育教师不愿反思自己的教学能力及其教学实践的合理性、科学性，则其在教学实践中很可能表现出观念的僵滞和行为的滞后落伍，其实践的合理性也会降低。

反思来自自我意识的觉醒，而自我意识的觉醒产生于在旧有理念导向下的实践的困惑和迷茫。仅仅强调体育教师某些不当教学行为的改良，不能触及观念或知识层面，进而因不能撼动其内心意识的根基而很难奏效。因此，只有强调体育教师应树立强烈的反思意识，强调对某些旧观念的改造更新，对某些不合时宜的行为的改良，才是有力量、有效果的。[2]体育教师只有成为"反思性实践者"，具备了"反思设计"的意识、习惯和能力，不断追问自己的教学行为和行为背后的教学理念，才能不断有效地贯彻新课程的理念，体育教学才能有效、高效。

具体而言，体育教师反思的内容包括教学主体的合理性、教学工具的合理性和教学目的的合理性等，反思的时间包括课前、课中和课后，反思的步骤包括明确问题—收集资料—分析资料—构建理论假设—实施行动等，反思的方法包括课

[1]　赵彦美. 化学课程有效教学策略研究[D]. 西安：陕西师范大学，2005：19.

[2]　黄文仁，扬子良. 论批判性反思在体育教师专业化发展中的作用[J]. 北京体育大学学报，2003，26（6）：795-797.

后小结、写反思日记、观摩与分析、行动研究等。[1]

（六）有效体育教学以有效的课堂教学评价机制为导向

建立有效的课堂教学评价体系和机制，能够充分调动学生的主观能动性，激发其内在动力，促进下一步教学活动继续深入展开。可以说，好的评价机制既是对学生当前学习状况的反馈，又是促使学生继续深入学习的起始点。有效的课堂教学评价体系，既强调学生对于体育与健康知识的掌握、运动技能的提升、体能和健康水平的提高，又注重学生在教学过程中的动态发展，对学生的情意表现、合作态度、学习态度、价值观的形成，都能起到有效的导向作用。

第二节　有效体育教学的实施策略

一、教学策略的含义

关于“教学策略”（teaching strategy）的含义，一直是学术界研究的热点问题，诸多学者从不同的角度，对“教学策略”的含义给出了多种表述。

早在1990年，中央教科所编译的《简明国际教育百科全书》就指出：教学策略是指教学活动的顺序排列和师生间连续的有实在内容的交流。[2]

1994年，又有观点认为，教学策略是为了实现教学目标、完成教学任务所采用的方法、步骤、媒体和组织形式等教学措施构成的综合性方案。[3]

时至2000年，有学者再次发文认为，所谓教学策略，就是教学方法及其灵活运用。其包括外化的方法系统和内化的监控系统两部分。其中，监控系统的心理机制是“反省性思维”。在此心理机制的作用下，教学策略的操作将以“问题—尝试—反思—新问题—调整—再反思……不断调试”的路径展开。教学策略与教学方法不同，更强调对教学方法的灵活运用，是对教学方法的超越。同时，教学策略也有异于普遍意义上的教学观念或教学理念。不过，某位教师对教学方法选用的行为中，势必有某种教学理念在指导。教师的教育观、教学观、人才观、质

[1] 陈大伟. 新课程的故事与解读[M]. 成都：四川大学出版社，2003：118-121.

[2] 中央教科所. 简明国际教育百科全书[M]. 北京：教育科学出版社，1990：261.

[3] 李康. 教学策略及其类型探析[J]. 西北师大学报，1994（2）：75-78.

量观、效果观、学生观等诸多观念，直接决定了其对教学方法的选用。[1]

2004年，有观点认为："教学策略有广义和狭义之分。前者包括教的策略和学的策略；后者仅指教的策略。"[2]

2006年，另有研究认为，教学策略即教师为实现教学目的或意图，在对教学活动取得清晰认识的基础上，根据学习内容、学习者的知识水平和理解与认识能力以及学习过程而自觉地对教学活动及其因素进行计划、评价和调控而采取的一系列具体的问题解决行为方式，以追求最佳教学效率的计策和谋略。[3]提高体育教学有效性的策略可以分为对教学全局发生作用的宏观教学策略和由教学方法与技能构成的微观教学策略。同时，因为教学的有效性是一个难以分析、涉及面广的概念，准备一张教学中做什么和不做什么的列表，以便教师可以参照，可以完全照办而使教学效果显著是相当困难的，因为有效的教学策略是教师的综合素质、态度、人格和智慧的组合，只有在长期的教学实践中去培养、实践才有可能发展起来。[4]细分起来，提高体育教学有效性的策略纷繁错综，不一而足。甚至可以说，以凡是和体育教学有关的因素为逻辑起点，都可以总结出一系列的提高体育教学有效性的策略。体育教师通过正确地设计与安排体育教学的方法、组织形式、场地器材，提高学生练习的密度，尽量减少学生等待练习的时间，使每一位学生都有更多的时间用于学习与练习。只要是使学生能够通过体育课，学习和掌握一定的体育知识技能，增强体能，促进学生的身心健康，使学生有所收获的策略都是可行的。

本研究在综合诸多研究成果的基础上，结合体育教学的丰富实践，认为，体育教学策略是教师在对教学目标、学生学情、教学内容、教学环境等诸多和教学效果相关的因素的全盘考虑和综合衡量下，对教学具体实施的科学安排。

---

[1] 高慎英. 论教学策略的实质、生成与建构[J]. 教育理论与实践，2000，2（7）：40-43.

[2] 陈茹，刘文艳，万龄，等. 论教学策略的内涵、结构及地位[J]. 高等工程教育研究，2006（3）：68-70.

[3] 章叶英，张毓人. 和谐课堂管理方法与实施[M]. 北京：华龄出版社，2006：269.

[4] 闵卫国，傅淳. 教育心理学[M]. 昆明：云南人民出版社，2004：259.

二、有效体育教学的具体策略

（一）选择具体教学策略的指导思想

1. 强化目标意识，将学科核心素养完整地渗透到学习目标中

体育教师应树立明确的目标意识以及目标引领内容和方法的思想，将《义务教育体育与健康课程标准（2014年版）》的课程目标具体化为每堂课的学习目标。学习目标应具体明确，难度适宜，可操作性强，综合体现体育与健康学科核心素养的思想，并设计和选择有利于实现学习目标的教学内容、教学情境和教学方法等，通过实现每一堂课的学习目标，促进学生形成运动能力、健康行为、体育品德三个方面的学科核心素养。

【案例1】为提高学生对体能重要性的认识创设现实问题情境

在进行体能内容的教学时，体育教师为提高学生对自身体能、健康问题的认识创设了现实问题情境，讲述了一名高中生搬50斤大米的故事。

春节前的一个下午，秦女士从超市买回米、面、油、水果和饮料等年货，由于丈夫不在家，秦女士打电话让儿子到楼下帮着拿东西。“其实没什么重活，就是让他把东西从车上一件件拿到电梯口，50斤的大米，我都能搬得了，这孩子竟然说搬不动。”秦女士压低了声音说：“我开始以为他是怕累、偷懒，后来才觉得他可能真是没那么大劲儿。他搬了其他东西，来回几趟后就吃力得不行。我当时真是又惊又气，养了这么大一个儿子，人长得像模像样，怎么会这样弱不禁风、手无缚鸡之力？”

体育教师讲述的这一真实故事告诉我们什么问题？每位学生对照一下自己的体能状况，自己是否能搬动50斤的大米？我们真的已经成为手无缚鸡之力的高中生了吗？我们怎样做才能身心健康、体魄强健？

通过创设现实问题情境可以让学生进一步提高对体能重要性的认识，进而提高体育学习和锻炼的自觉性。

【案例2】为培养学生团结合作的意识与能力创设运动情境

在体育运动中，尤其是在集体性项目中，要求每个学生扮演不同的运动角色和社会角色，而扮演不同运动角色和社会角色的过程就是学生感受和体验运动价值的过程。在体育教学过程中要为学生创设正确扮演不同运动角色和社会角色、

体验与他人合作的运动情境，培养学生的合作能力和团队精神。

如创设篮球的小组集体跳起投球打板接力活动情境：将学生分成人数相等的若干小组，小组的每位成员轮流完成跳起投球打板练习，每个小组统计连续完成投球打板的次数，讨论影响连续投球打板次数的因素，每个小组挑战自己连续完成投球打板的次数，小组之间进行连续完成跳起投球打板次数的比赛。

通过创设这样的活动情境，可以使学生之间相互信任、相互鼓励，明确角色、敢于担当、相互包容，培养学生的合作能力和团队精神。

【案例3】为培养学生勇敢顽强、坚忍不拔的意志品质创设运动情境

体育运动往往需要付出巨大的身体与心理努力才能取得成功，这为培养学生坚强的意志品质提供了大量的契机。体育教师可以有意识地创设需要学生通过艰苦努力，战胜运动中出现的生理和心理痛苦才能完成的运动情境，培养学生勇敢顽强、坚韧不拔的意志品质。

如耐久跑教学中，将学生分成三组进行1500米跑练习，要求各组中的每位成员轮流担任该组领跑者，并事先由各组成员讨论领跑者的顺序。当各组跑出后，先由最后一名成员加快速度跑至本组最前面领跑，然后由原倒数第二名成员（现为最后一名成员）加快速度跑至本组最前面领跑……直至跑完1500米为止，看哪组最先跑完。同时，要求各组成员在练习过程中都要为本组成员鼓劲加油，为了本组的成功都要坚持不懈地跑完全程不掉队。

上述情境的创设，在发展学生心肺耐力的同时，也有利于培养学生坚持不懈、勇敢顽强的意志品质。

【案例4】为培养学生挑战自我、积极进取的精神创设运动情境

心肺耐力是学生较长时间从事跑步、游泳、球类、跳绳等运动所必需的体能，在长时间完成动作的过程中可能会产生“极点”现象。体育教师在教学过程中应创设具有一定难度的运动情境，发展学生的心肺耐力，培养学生挑战自我、战胜自我、克服困难、积极进取的体育精神。

为学生创设持续运动的情境，如根据三位学生已经能够持续跑的距离：A学生为800米，B学生为1000米，C学生为1500米，要求这些学生确定挑战自我距离的目标分别提高至900米、1100米、1600米，并指导学生进行练习。

为学生创设距离固定、速度不断提高的运动情境，如根据三位学生的实际：A学生跑800米用时3分50秒，B学生跑1000米用时5分10秒，C学生跑1500米用时7分30秒，要求三位学生分别挑战800米用时3分40秒，1000米用时5分，1500米用时7分20

秒的目标，并指导学生进行练习。

为学生创设既增加运动距离，又提高运动速度的情境，如根据三位学生的实际：A学生跑800米用时3分50秒，B学生跑1000米用时5分10秒，C学生1500米用时7分30秒，要求三位学生分别设置增加运动距离与提高运动速度的目标：900米4分10秒，1100米用时5分50秒，1600米用时7分50秒的目标，并指导学生进行练习。

在上述情境中，学生在不断挑战自我、战胜自我的过程中潜移默化地实现“距离增一米，挑战加一层；速度快一秒，我就成功了”的跨越式发展。

2. 树立新的知识观，从重单个知识点和技术教学转向重学科核心素养培育

要改变在课堂上孤立、静态地进行单个知识点或单个技术教学的现状，每堂课都应该让学生进行多种技术的学练，参与形式多样的比赛，增强知识点之间或技术之间的有机联系，重视问题导向，注重活动和比赛情境的创设，促进学生学习和掌握结构化的运动知识和技能，在面临真实的活动或比赛情境时能运用结构化知识和技能解决实际问题，提高学生学以致用的能力，使学生由每堂课单纯地学习知识点和技术向形成学科核心素养转变。

【案例5】为提高学生的实际运动能力创设不断变化的学习与运用情境

在某一堂足球课中，体育教师通过创设激发学生学习兴趣以及由易到难、由简单到复杂的情境，提高学生的实际运动能力。

第一步：U形队形集合，使体育教师和学生之间没有阻隔地相互直视，这种更为平等的沟通方式，有助于学生集中注意力，尽快进入有效的课堂学习准备状态。体育教师根据足球专项的教学进度，像给一个足球队布置比赛任务一样，分配给学生不同的运动角色，并提出相应的要求。

第二步：针对本课教学内容，在教师指导下由每个队的教练带领队员进行针对性强的热身活动。

第三步：在无对抗的情境下，进行足球运球过人和传球过人的技术练习。

第四步：在消极防守转为积极防守的情境下，进行足球运球过人和传球过人射门练习，提高学生在有对抗的情境中进行技战术学习和运用的能力，实现从技术学习向实战对抗练习过渡。

第五步：分组进行三对三的足球比赛，既有助于强化上述技术的运用，又能够提高学生应对变化情境的实战比赛能力。

第六步：针对本课所学内容，进行补偿性的体能练习，如分组推“小车”和双手足球掷远练习。

第七步：集合队形，进行放松练习，师生共同完成课堂总结。

通过技术学练、体能练习和小组比赛，既有助于提高学生的耐力、速度、灵敏性、柔韧性、协调性、力量等体能水平，又有助于学生熟悉球性，提高控球、运球、传球、接球、射门等技能水平及配合能力、决策能力、心理调节能力、领导能力、分析问题和解决问题的能力等，还能培养学生公平竞争、奋发进取的体育精神。

（二）精选教学内容策略

和其他学科的教学目标一样，体育教学至少具有两个方面的作用：第一，纯粹的教学作用。通过体育教学，让学生了解体育运动知识，掌握运动技能，发展身体素质。第二，教育作用。通过体育教学，发展学生的社会交往能力，提高适应性，通过自身努力，不断发展克服困难的能力，树立正确的胜负观念，集体意识、合作能力等的培养应该是更高层次的追求和期望。基于这种认识，体育教学内容的选择逻辑上，应该充分体现出体育与健康课程标准中所明示的有关体育方面的教养成分、教育成分和发展成分，它不仅包括了教材的内容，而且包括了学习的引导、动作、方法和教育的方法论提示、价值判断、规范等。教养成分是指学生应掌握的体育知识、技术和技能本身，是显性的教学内容；教育成分是指隐含在体育知识、技术和技能中的关于学生体育道德修养、体育精神、思想作风及良好人格教育方面的内容；发展成分是指内含在体育知识、技术和技能中的关于学生生理、心理、情感、态度、文化等方面的内容。后两者都是隐性教学内容。

要保证体育课堂的有效教学，必须要精选有效的教学内容。体育教学内容是为了实现体育教学目标而选用的体育卫生保健知识和各种运动动作。要从众多体育活动中，选择部分体育活动作为体育教学内容，更是一个复杂的过程。教学内容的选择首先要服务于学生的发展，同时与教学目标相匹配，确保学生通过对教学内容的学习，能有效促进其发展。[1]有效教学内容与达成预期目标有关，学生未学习过或对所学体育知识没有足够的了解，但是通过一定的努力和科学学习，能完全掌握好的内容；或者即使学习过，但是由于诸多原因掌握效果不够理想的内容。因此，这个范畴可以包括新授内容和复习内容。

当前，体育运动项目如各种球类、田径、体操等仍然应该是首选内容；其次，某些新兴体育运动项目也可在做好“教材化”处理后，引入课堂。新兴体育

[1] 于树增. 行进在新课改中[M]. 济南：山东教育出版社，2006：32.

项目，大多是指在其他国家流行较广，但是在国内开展历史不长或仅仅指国内新创而又深受青少年学生喜爱并有条件在学校开展的运动项目。由于青少年学生接受新鲜事物的能力强，文化认同感较高，所以，总体上，绝大多数青少年学生对开展新兴体育运动项目持支持的态度。在对新兴体育运动项目引入课堂的过程中，引入的内容一般要符合几个特点：第一，含有较多的身体练习成分。根据《义务教育体育与健康课程标准（2011年版）》的要求，所开发和利用的体育教学内容一定要与身体练习有关，与身体练习无关和联系不大的内容，不能作为教学内容[1]；第二，有充足的运动体验感，有较强的趣味性；第三，教学的实施比较简单，可操作性强，对教师的要求也不能过高；第四，对场地器材的要求也不能过高，最好是能充分利用既有资源；第五，项目普及性强，有较多的学生参与进来。这方面，江苏省是成功的典范。如常州市勤业中学和实验小学的花样跳绳项目，常州市北郊中学的软式垒球项目，都做得比较出色。另外，“跑酷”（parkour，来自法文，原意为“到处跑”）这项运动，由于具有较高的观赏性和趣味性，深受国内外青少年学生的喜爱。学校可充分用现有的场地器材设施，如肋木、单杠、双杠、攀爬绳、攀岩墙等进行课堂设计，开展“跑酷”练习。再如类似于中国“老鹰抓小鸡”游戏的卡巴迪，可以进行升级改造，引入体育课堂。[2]

总体上，在选择教学内容时，要尽量增加有效内容的含量，这是保证有效体育教学的前提之一。值得注意的是，整个过程中都不能将“运动技术的掌握”这一真意丢弃，否则将失去体育与健康课程的真正价值。或者说，选择的体育教学内容，要尽量满足以下三个条件：第一，具备足够的锻炼身体的价值，并尽可能具有一定的技战术性、集体性、比赛性、趣味性和娱乐性；第二，难度不大，是多数学生通过一定时间的努力都能掌握的，接近于学生的“最近发展区”；第三，在社会上能够比较方便地开展，不是曲高和寡的项目，而是要有较多的受众和参与者。能够同时满足以上三个条件的体育教学内容主要包括：田径（健身走和跑、速度、力量、耐力、灵敏、柔韧等身体素质练习）、体操（队列队形、单杠、双杠、健身操、徒手操和器械操）、球类（羽毛球、乒乓球、篮球、足球）、武术（套路、太极拳）、操舞类（健美操、民族舞、交谊舞）、游泳类、

[1] 祁文俊，张勇卫，钱亢. 如何将新兴体育项目引入中小学[J]. 中国学校体育，2014（9）：10.

[2] 孟凡东. 新兴体育项目“巧”融体育课堂[J]. 中国学校体育，2014（9）：73.

滑行类（轮滑、滑板）、民族传统项目以及游戏类项目。[1]具体而言，在教学内容的选择上，可以采用如下策略来选择和优化教学内容。

1. 选择能促成教学目标实现的教学内容

不同学段和年级，其体育教学目标应该有差异，并体现较好的衔接性和递进性。所以，在选择体育教学内容时，要根据学段和年级的差异，通盘考虑。一般来说，选择教学内容时要遵循目标统领内容的指导思想，要有利于教学目标的实现。在不同的历史时期和阶段，体育教学目标具有较大的发展性。当前，在“立德树人”“以学生为本”“健康第一”的时代背景下，有效教学的目标之一就是通过体育教学，培养学生良好的爱国主义思想、集体主义思想、拼搏意识、思想道德情怀、民族文化自觉、民族文化自信，要有利于促进学生健康水平的提高和良好的体育锻炼兴趣的养成。[2]因此，课堂教学的具体过程中，要尽量以激发学生的兴趣为逻辑起点。以投掷类教学内容为例，为了使学生正确掌握投掷垒球中的挥臂动作，可以采用掷纸飞机比远、扔纸团、投绳等学习内容；为了提高投掷的出手速度，则可以选择甩绳、小皮球等轻物对墙、对地投掷等学习内容；为了提高学生的力量素质，可以采用单、双手抛投实心球的学习内容。

2. 选择有实践教学效果的教学内容

教学内容是一个庞杂繁多的大体系，不同的教学内容可能适合于处于不同年龄、性别、体育基础、有不同兴趣爱好的教学对象，分别适用于春、夏、秋、冬不同的季节，适合于阴、晴、雨、雪等不同的天气情况。如果体育教师不了解这些情况，按照自己的意志一味地将同样的教学内容进行安排，可能难以收到理想的教学效果，甚至会有事与愿违的负面效果。所以，教师在选择教学内容时一定要注意某一项活动是否简便易行，是否适合大多数学生的需要，能否促进学生的身心健康，能否为学生的生活服务，能否为学生从事终身体育奠基，而不要“跟着感觉走”，走形式主义，走“追求表面热闹、不讲实效”的“表演式教学”的路子。而必须充分体现“健康第一”“终身体育”“快乐体育”“立德树人”“健身育人”的指导思想，使教学内容贴近学生的“最近发展区”，使教学内容最有利于培养学生的健康意识、终身锻炼意识、全民健身意识、合作交往能力，甚至体育知识和技能的迁移、拓展和延伸能力等方面。如在课的准备部分，

[1]　蔡全坤. 选择体育教学内容的三大策略[J]. 中国学校体育，2010（3）：35.

[2]　陈志丹. “阳光体育运动”背景下的有效体育教学目标[J]. 中国教育学刊，2008（9）：59.

体育教师设计游戏活动时，选择的游戏内容应该和主教材有较大的关联，能为主教材的教学起到前期诱导和辅助的作用，有利于整堂课的教学。再如教授前滚翻时，体育教师先让学生做“看天”和“看谁坐得快”的游戏（其中隐含了完成前滚翻的要领——低头和团身），为前滚翻教学做好铺垫，这样的游戏内容才真正具有实效性。而在当前的要求下，体育教学更要注重学生身体素质的发展、体能的提升以及运动技能的掌握，使学生通过体育学习，真正体会到体育对其身体、心理的改变和多种非智力因素的提高效果。

3. 选择能促进学生身心发展的教学内容

不同年龄、性别的学生，其生理和心理特点决定了他们对体育活动有不同的需求。在同一水平阶段，男女学生甚至同性别学生在身体条件、个性特征、兴趣爱好和运动技能等方面也存在着个性差异。学生只有对所学的内容产生兴趣，才能全身心地投入练习。所以，在选择教学内容前，要深入到学生中去考察和分析，了解学生的体育兴趣爱好、态度、个性心理特征、实践能力，将教学内容分解、分级，让学生选择练习，做到因材施教，确保每一个学生都受益。如常见的短跑项目，可根据学生的年龄，适当地改为游戏跑、让距跑、追逐跑等形式，或改编成接力跑或二人三足跑等形式，以增强趣味性。通过这种精心设计，使枯燥的短跑项目逐渐成为学生喜爱的活动内容，既适合学生身心发展的需要，又增强运动的吸引力。

再如，对于性格外向、表现欲强、运动能力强尤其是跑跳能力强的学生，在教学中可适当将跳高、跳远项目分别改编成由多个不同高度、远度组合的跳跃练习，使学生在兴致盎然的情境中增强腿部力量和身体协调能力，促进身体健康和适应能力的提高。而对于内敛持重、运动能力一般的学生，可设计简易健身操、芭啦芭啦舞等运动，使学生通过较小的运动量，就能达到锻炼身体的目标。而对有体育天赋的学生，要进行针对性的培养。在平时的教学中要体现区别对待原则，对其提出更高的要求，熟知其“最近发展区”，让其得到有效的提升。真正体现“以人为本”的理念，真正贯彻落实“为了所有学生的发展”的理念。[1]

4. 选择具有时代意义的教学内容

虽然教学内容和知识能否经得起时间检验可以作为选择课程内容的依据之一，虽然一些内容一直被用来作为课程内容是因为其具有一定的价值，但是也有

[1] 夏磊. 针对现代中小学生身体特点，科学设计体育教学内容[J]. 才智，2010（5）：229.

一些长期作为课程内容的东西，并非有意选择的结果，而可能是盲从的产物。[1]体育课程是随着社会的发展而不断变化的，竞技运动项目、体育休闲娱乐方式都具有一定的时代性和变化性。所以，体育教师在选择教学内容时也要注意与时俱进、推陈出新，结合师资、学校硬件设施、学生兴趣等条件，及时将社会盛行的运动项目在必要的改造或简化后引入体育课堂，提高教学内容的时代性和新鲜度。如时尚的街舞、芭啦芭啦舞、独轮车、滑板、跳舞毯、攀岩、短式网球、定向运动、三门球、健美操等竞技和休闲运动项目都可以引进课堂。

值得一提的是，在当前校园足球的大背景下，可以将足球项目引入各级各类学校的体育课堂。校园足球的实施，是推广足球这个运动项目、在全国营造浓厚的足球氛围的可行之策，同时，更多的是以校园足球为突破口，以足球项目作为试点项目，逐步将更多的运动项目进一步普及开来，营造浓厚的体育氛围，提高学生的身体素质、运动技能，促进学生的全面发展。当然，各级各类学校在引入足球运动项目作为教学内容的同时，应充分考虑实际情况，做出合理、科学的安排。

5. 选择科学正确的教学内容

体育教学内容的科学性，首先反映在它能有效地增进学生的身体健康，能有助于培养学生的体育锻炼能力；其次是它在体育教学环境和条件下实施时是安全的[2]。

科学性强的教学内容对良好教学效果的取得具有重要的意义，一些体育教学文献甚至把教学内容的科学性看作体育教学效果的决定因素之一。如“体育教学内容的编选要遵循科学性、思想性、适用性、娱乐性、民族性等基本要求”[3]。“体育教学内容的科学性主要体现在：①具有丰富内涵，是人类文化和科学的结晶，如人体科学原理、锻炼科学原理、训练科学原理以及相关的社会科学原理等；②科学和文化含量高；③内容的编制和教学遵循有关科学规律与原则。”[4]

新课程的理念之一是关注学生的个体差异，确保每一位学生都受益。教师在选择教学内容时，应考虑到学生整体年龄特征、生理与心理特点，也要结合个体

[1] 施良方. 课程理论——课程的基础、原理与问题[M]. 北京：教育科学出版社，1996：110.

[2] 易延明. 高中体育教学内容的选择[EB/OL]. (2016-04-25). http://www. jiaoyu. net. cn/Html/lw2007/jyjxgl/2715689. html.

[3] 西昌学院体育系精品课程：学校体育学[EB/OL]. （2017-12-15）. http://jpkc. xcc. sc. cn/xxtyx/kecheng/jiaoan/jiaoan/jiaoan4. htm.

[4] 佚名. 体育教学内容[EB/OL]. （2017-12-15）. http: //ty. yctc. edu. cn/tyjx/list. asp?id=124.

差异，使学生身心和谐健康地发展。另外，还要考虑到教学内容本身的科学性，要注重教学内容的健身效果，教学内容不能对学生的身体健康产生负面影响，不能让学生对体育课产生抵触情绪。

保持适当的运动负荷也是提高体育教学效果的保证之一。没有一定的运动负荷，体育课就难以对学生的身体素质、形态发展、生理机能等方面形成有效的刺激，难以取得较好的效果。早在2004年，教育部体育卫生与艺术教育司副司长廖文科在肇庆举行的“全国中小学体育教学观摩展示活动”开幕式上发表的重要讲话中就曾提到：不能把体育课上成休闲课、娱乐课。体育课教学要符合不同年龄阶段中小学生的身心特点，要有适宜的运动负荷。[1]近几年，上至教育部，下至县区教育主管部门，都明确要求体育课中必须有一定的运动负荷。如广东省教育厅、发展改革委、财政厅、体育局在2014年颁布的《广东省学校体育三年行动计划（2015—2017年）》中，明文规定：“中小学每节体育课必须安排5～8分钟身体素质练习内容，课的练习密度达到50%以上；小学阶段平均心率达到130±5次/分；初中、高中阶段达到135±5次/分（女）和140±10次/分（男）。”这就要求体育教师必须充实和加强运动技能的教学，要把体育课上成既有汗水又有笑声的课，而不是不出力、不流汗、散步式的“休闲课”和只顾学生开心而不要竞技的“娱乐课”。不增强体质、不发展体能的体育课肯定不能贯彻“健康第一”的指导思想，同样，没有运动技能、没有一定运动量的体育课也只是肤浅乏味的游戏的堆砌，只能是新的“放羊式教学”的上演。

此外，体育教学内容的科学性，还必须突出体现教学内容的身体练习负荷量或运动技能要素，有较强的体育特色。早些年，在某些公开课中，曾上演过“扁担南瓜进课堂”的情况，因为“挑南瓜”不是运动，只是一种身体活动或体力劳动，也不是运动项目，和“对竞技项目的改造”也难以搭上边，没有任何运动技能的要素，因此，科学性不高。

6. 教学内容的选择要以现有场地器材条件为依据

充足的场地器材是开展体育教学的必不可少的硬件条件。当前，由于我国幅员辽阔，各地情况差异较大，各学校的场地器材条件也参差不齐，尤其是某些农村及偏远地区，体育场地器材设施难以达到国家标准。就全国而言，2011 年，有媒体报道，由于体育器材不足，相当多农村学校的“每天锻炼一小时”活动内容

[1] 司云. 全国中小学体育教学观摩展示活动举行——教育部体育卫生与艺术教育司副司长廖文科出席并发表重要讲话[J]. 中国学校体育，2005（1）：6-7.

单一，除了跑步、跳绳和立定跳远等少数项目外，很难开展其他体育活动。2012年，教育部教学仪器研究所对我国东、中、西部农村学校的体育场地和设施进行了全面深入的调研发现，广大农村和欠发达地区的体育配备非常短缺，就算某些农村学校基本的体育设施比较齐全，但多数器材质量不好，容易损耗，后期的维护、维修费用令其负担很重。而一些山区学校体育硬件落后，仍未能摆脱“贫困线”水平。[1]这种状况使得很多体育项目无法同等地被开展，达不到同等的真正为教学服务的目的。所以，要因地制宜地选择教学内容，同时要把安全因素考虑在内。

当然，选择教学内容既是教师的事情，也是学生的事情，学生才是学习的主体。体育与健康课程标准要求以学生的发展为中心，强调了学生的主体地位。而学生怎样选择内容是需要教师指导的，教师首先要了解学生的兴趣，然后根据学生的反馈信息，制定适合学生发展的教学内容，在教学内容的板块中给学生预留空间，学生的主体地位也得到了肯定。

7. 有机优化整合相关体育教学内容

体育教学内容是教师和学生直接接触的材料，它是否受到学生的欢迎，是否能引起学生的兴趣，都最终影响到体育教学目标的完成情况。但当前的体育教学内容有些脱离学生的实际情况，脱离学生的生活经验，过多的竞技性内容，过多的成人要求，使体育教学内容变成学生“可望而不可即”的东西。[2]为了获得良好的体育教学效果，体育教师应该对体育教学内容进行优化。

优化是指采取一定措施使某一事物变得优秀，表示使某事变得更加完善、更加优秀的过程或结果。体育教学内容的优化，就是通过一定的方法或手段，使待选择的某些教学内容在体系上更加完善，在逻辑结构上更加合理、更加有利于教师的教学和学生的学习。具体而言，体育教学内容的优化，至少包括以下四点。

（1）让教学内容适当贴近生活。按照教育家陶行知的观点，生活教育是生活所原有、生活所自营、生活所必需的教育。教育的根本意义是生活的变化。生活无时不变，生活无时不含有教育意义。学校开展的教育应该有利于受教育者的终身。学生是社会的一员，都具有一定的生活经验。而且，农村学生和城镇学生具有的生活经验可能并不相同。目前，课程贴近生活的理念已经日益深入人心，学

[1]　胡永红. 我国农村学校体育课程改革的困境与出路[J]. 北京体育大学学报，2014，37（7）：93.

[2]　本书编委会. 现代高校公共体育管理与体育科学研究：第1卷[M]. 北京：中国建材工业出版社，2006: 328.

校课程设置的思路，就是从学生快乐学习、幸福成长和累积生活与社会经验出发的。因此，应适当确立“学校即社会、课程即体验、教师即资源”的管理思想以及“学校的一切教育活动皆课程”的课程思想，以“全方位学习”的课程理念为指导，以“关注社会生活”“探究物质世界”为重点构建学校课程结构，使学习空间从教室扩展到其他环境，学习内容从书本走向生活，学习方式从接受转向体验和探究，从而使课程成为促进学生发展的有效资源，这种“定位”符合学生全面成长和终身发展的需求。诸多学术研究成果都体现了这一发展特点，如四川师范大学2007届硕士学位论文《语文课程生活化的实践研究》、湖南师范大学2013届硕士学位论文《新课程背景下小学数学教学生活化的研究》《生活化教学：高中化学新课程的价值回归与应然选择》等。

在这种背景下，体育课程教学内容生活化也成为应然选择。体育课程内容也要贴近学生的日常生活，要考虑到让学生在日常生活中有经常练习的机会，可从学生的生活中提炼运动素材作为体育教学内容，使体育教学内容具有平民化特征。在条件允许的前提下，尽量选择学生平时耳闻目睹的、喜闻乐见的素材作为体育教学内容。同时，要符合学生的身心特点。可以通过从学生的日常游戏、劳动、学习中提取教学素材。体育教学过程中，可创设某些和学生日常生活紧密联系的“生活情景”，使学生在熟悉的体育“生活氛围”中体验快乐、体验通过努力获得成功的喜悦，充分感受体育的魅力，激发和培养学生的体育兴趣。[1]如可根据现实生活的实际需求，从单一的技能、技巧学习向提高综合运动能力和实际生活所需能力的方向发展。如投掷内容从单一的右上手投延伸到左上手投，拓展到实际生活中所应用的单手下投、飘投、抛投以及双手向前、向后、向上抛投等方法。[2]

（2）让教学内容适当乡土化。乡土文化是肇始于某个特定区域并长年累月积淀发酵，具有浓郁的地方文化特质的物质文化、制度文化、精神文化、行为文化等的总称。以当地的乡土文化为重要依据和“蓝本”，结合现代文明形成的具有体育运动特色的要素，即可为体育教学内容的“备选项”。中国幅员辽阔，地大物博，文化特色丰富多彩而又有差异，各地都有独特的地域文化和传统民俗风情，其中有不少游戏活动带着浓郁的乡土气息，带着淳朴的民族风情，在当地具有扎实的群众基础和广泛的参与人群，深受当地学生的喜爱。可以通过从民族乡

[1] 毕言辉，王志华.“体育教学生活化”与陶行知的生活教育思想[J].运动，2011（17）：98-100.

[2] 梁龙旭.论体育教学内容的创生[J].中国学校体育，2010（3）：35.

土游戏、从传统节日活动、从民间风俗习惯中寻找教学资源。这些资源，诸如竹竿舞、顶杠、抢花炮、踢毽子、打陀螺、跳房子、滚铁环等。如果对这些活动加以适当改进并引入课堂，可以为体育教学增加更多的可选素材。

（3）让教学内容具有较强的校本化水平。校本化教材为学校自己出自己的教材，结合学校的特色来创办相关的体系。

所谓“校本”，按照郑金洲博士的理解，至少应包含三层含义：第一，为了学校发展；第二，在学校中发展；第三，基于学校现状发展。为了学校发展，即以改善和提高学校实践、解决学校现实所面临的问题为导向进行的发展；在学校中发展，即树立“学校自身问题由学校中的人来解决”的理念；基于学校现状发展，即在充分考虑学校现实情况的基础上，经过学校领导成员、广大教师的集体意识、分析探讨，形成解决问题的方案并在学校中有效实施。

而校本课程（school-based curriculum），是以学校为本位、由学校自己确定的课程，它与国家（定）课程、地方（定）课程相对应，居于我国三级课程体系的最底层。按照董翠香博士的理解，体育校本课程具有狭义和广义两层含义，前者指与国定课程、地定课程相对应的校定课程，即国家为学校预留的占总课时比例较少（5%）的部分课程，其目的是发挥学校在课程开发中的自主性；后者既包括狭义的校本课程，又包括国定课程、地定课程校本化改造后的课程。基于这种逻辑起点，校本课程的开发也包含双重含义：狭义系指学校根据国家课程计划预留的学校自主开发的时间、空间，进行学校自己的课程开发；广义系指学校根据自己的具体情况对国家课程计划进行校本化的适应性改造。就体育校本课程的开发而言，系指以学校体育教师为主体，在国家《义务教育体育与健康课程标准（2011年版）》和地方“体育与健康课程实施方案”指导下，结合学校自身实际，包括学校的办学定位、办学特色、现有条件及可利用和开发的体育资源，为满足学生的体育需求和促进学生健康而展开的一系列活动的过程。[1]

可以说，校本课程的开发和建设，为学生素质的全面提高，学生兴趣和特长的全面发展，学生知识面的拓宽发展以及学生合作精神、创新精神和实践能力的全面培养提供了全新的平台。同样，开发以学校为特色的体育资源，能更好地满足学生多样化的需求。具体过程中，体育兴趣小组活动、“每天锻炼一小时”活动、大课间活动和校园操的开展等，都体现了校本课程开发的基础理念。但是，

[1] 董翠香，周登嵩. 体育校本课程开发及相关概念的界定[J]. 天津体育学院学报，2005，20（1）：56-58.

课堂才是体育教学的主阵地，是一切活动的出发点，在体育课堂教学中必须渗透校本课程的理念，通过课堂把学生有效地组织起来。可以通过创编体育校本课程来扩充课堂教学内容，也可以通过整合其他学科来丰富教学内容。[1]

（4）沿用、改造和变换传统的教学内容。纵观近现代各国课程改革历史，多数课程改革都不是对以往课程的全盘否定，而是渐进式的继承和更新的有机结合，同时在继承中更新，在更新中继承。就体育教学内容而言，传统的体育教学内容是前人实践、总结和提炼的成果，在教学实践中取得了较大的成果。所以，在体育与健康课程新课程标准实施的当下，体育教学内容的选择在较大程度上仍然要以传统的教材为主体，根据课程目标进行选择、取舍、优化、组合。

具体而言，沿用体育教学内容，即将适合学生特点，有利于学生发展，能体现课程理念的部分传统教学内容，如部分田径类项目、武术、球类、地方性项目、民族传统体育项目等，继承和发展下去；改造内容，对部分比较正规的或者是竞技性较强的教学内容从难度、路线、高度、持续时间等方面进行合理改变，再造为适合学生的接受水平和现有状况，易于学生接受和理解、易于实施的内容。如将短跑改造为各种奔跑游戏，弯道跑融进十字接力中，起跑改变为各种姿势的快速起动和各种躲闪练习，耐久跑改为各种追逐游戏等，就能提高学生的学习兴趣，提高教学效果。再如，对某些竞技性、成人化的项目内容的方法、规则进行简化，降低难度要求，使之适合儿童特点。如足球项目扩大球门、减少场地面积，排球项目降低球网高度，篮球项目简化规则，跳远项目按实际跳跃距离丈量成绩等；变换内容，将正规化的动作进行变形，将简单的游戏变复杂，变得更有趣。如：变队形、速度、距离、高度、远度、个数、信号、动作、场地、器材、人数、胜负标准等，充分调动学生的积极性，让更多学生参与进来，让多数学生受益，从而增加整个课堂的有效性。

（三）提高体育课堂时间管理效益的策略

体育课堂的教学效率，在很大意义上是要在某段时间内花费最少的精力，取得最有效的成果。所以，优化体育课堂时间管理是关键的环节。

1. 树立科学的时间效益观，确保时间利用效率最大化

课堂时间是做好教学工作的重要保障，课堂时间管理能力是衡量教师教学能

[1] 沈斌，汪飞琴. 小学低段有效体育课堂教学的策略探索[J]. 中国学校体育，2007（11）：20-21.

力的重要环节，也是考量教学有效性的重要指标。要坚持时间效益观，教师必须高度重视课堂时间的管理，最大限度地减少时间的损耗。注意全部学生鲜活的学习过程并科学组织教学，实现教学、学习时间的效益最大化，确保课堂教学的有效性。要提高课堂的时间效益，必须建立合理的教学制度和增强教师的时间观念，减少可能导致教师、学生的分配时间浪费的人为因素，保障规定的有限时间落到实处，提高时间的利用率。

体育教师要科学规划课堂教学的相关时间。在多数体育教学实践中，体育教师在教案的编制、教学环节的安排、教学时间的调配、教学节点的掌握等方面都可以归入时间管理的范畴。但这种时间管理大多是比较“任性”、零散、不够系统的，未能将时间管理当成整体事项。体育教师科学规划课堂时间主要有以下表现：①课前预设。从体育课堂教学环节和过程来看，体育课堂教学时间基本可以划分为开始部分、准备部分、基本部分和结束部分等几个板块。体育教师备课应围绕“课堂45分钟”制订清晰、翔实、可操作的时间分配计划，这是课堂时间管理的基本要素。②课中管控。在体育课堂教学活动中，教学时间可以主要划分为教师教的时间、学生学练时间以及师生、生生互动时间。体育教师应将时间作为课堂中心变量合理掌控，使各部分时间能相对合理。③课后反思。课后反思主要反思课前教学时间预设以及课中教学时间调控的合理性是否达到预定教学目标，是否受到了各种外在因素的影响及影响程度，从而尽量将干扰因素对时间调控的影响程度降到最低。[1]

在具体的一节体育课的教学过程中，更要注意以下三个方面的问题。

首先，体育教师要尽量快速进入教学[2]。中学体育课一般为45～50分钟，时间宝贵。如果教师在开始正式上课之前所做的其他活动太多，如把过多的时间用于点名、整理调动队形或课堂导入等方面，就可能造成教学时间的损耗。因此，体育教师在上课之前应该认真详细备课，精心准备规划，争取以合理的时间进入教学。

其次，减少教学活动中的过渡时间[3]。过渡时间虽然是体育教学中必不可少的，但是必须控制在合理的范围之内并尽量减少。体育课中，教师要安排学生从事不同的练习。练习过程中的队伍调动、等候练习、拿取器材、变换练习内容

[1] 柳国辉.教师课堂时间管理的误区与有效超越[J].中国教学学刊，2014（7）：39-41.
[2] 姚利民.有效教学论：理论与策略[M].长沙：湖南大学出版社，2005：220.
[3] 姚利民.有效教学论：理论与策略[M].长沙：湖南大学出版社，2005：220.

时的移动等，都要消耗时间。如果这些方面花费的时间过长，势必造成时间的损耗。体育教师要有详尽的教学实施计划，让各环节过渡自然协调、紧凑流畅。

最后，减少和避免突发事件。体育课中的突发事件可能源于一些意外事故，如学生捣蛋、受伤、中暑、晕厥、打架、争吵、体育器材损坏、天气突变等。体育教师在上课前要有充分的准备，尽量减少并力争避免突发事件的发生。万一有突发事件发生，可以采取热处理、冷处理等处理方法。具体而言，热处理是对刚刚发生的突发事件就地解决。教师对突发事件当机立断，迅速采取对策，既能有效解决事件，又能让突发事件转化成教学事件，成为对学生进行教育的契机。例如集合点名时有学生在课堂上突然发生争吵，教师可以马上出面予以制止，事后待当事双方冷静后再进一步细致处理。冷处理就是教师对突发事件采取暂时悬置的方式，下课后再行解决或不予理睬的处理方式。如有男生在教师讲解动作时拉扯前面女生的头发，引起女生的不满。教师可以给该男生一个眼神示意其停止该行为，并继续讲解动作。当然，由于突发事件可能会给教师的情绪造成一定影响，比如学生的恶作剧事件，因此需要教师具有良好的情绪控制能力[1]，不要激化矛盾，要尽量因势利导，当场化解。

2. 掌握课堂时域敏感期，优化教学过程[2]

实践经验告诉我们，在一节45分钟的体育课内，学生的有意注意能力、体能状况、情绪的兴奋性是不太相同的。不同的状况决定了不同的教学效果。相关研究显示，一节体育课中，学生的体力和注意力处于最佳状态的时间是上课后的15～30分钟（其实，这正是体育课的基本部分时间段），这一时间段可以说是课堂教学的最佳时域。要提高课堂的时间效益，提高体育教学的有效性，就必须保证在最佳时域内完成主要教学任务，解决关键问题，并辅以精心设计的方法，使教学过程一直向着预定目标进行，并使学生也一直处于积极的专注状态。

3. 保持信息量的有效性，从而提高教学的有效性[3]

从心理学的角度看，学生的体育学习是一个不断获取信息并加工处理信息从而不断调节、完善认知结构的过程。[4]所谓信息，是指具有新内容、新知识的消息。体育教学过程可看成一种信息的传递过程，可视为一个不断获得并加工信息

[1] 钟海青，戚业国. 走向高效能的教学[M]. 桂林：广西师范大学出版社，2004：185.

[2] 邵宗杰. 教育学（修订第二版）[M]. 上海：华东师范大学出版社，2001：316.

[3] 邵宗杰. 教育学（修订第二版）[M]. 上海：华东师范大学出版社，2001：316.

[4] 姚利民. 有效教学论：理论与策略[M]. 长沙：湖南大学出版社，2005：226.

从而不断调节、完善认知结构、身体感应结构的过程。良好的教学效果的取得，取决于认识信息的产生、组合，信息渠道的畅通和信息传输与接收过程的动态平衡。一般来说，体育教学中主要包含三个方面的信息：①教学内容信息，包括运动知识、技术、技能及其意义信息、教育信息（对学生进行思想品德教育等信息）、管理性信息（教师发出的指示、表扬、暗示等）。②教学状态信息，指教学双方的活动情况，包括双方的反馈性信息（反映体育教学效果与教学情况的信息），体现出个体运动能力的方式、方法、时间观念以及价值观念等信息。如教师讲解示范的能力、学生完成运动的熟练程度及各种类型的错误动作、学生运用技术的意识与时机等。③环境信息，如运动场地的噪声、风沙、雨水或日光等，器材设施的状况，同时、同场上课的班级数目等。[1]

体育教学过程可以理解为知识信息由存储状态转化为传输状态，通过信道传给学生的过程。在体育教学过程中，传递信息量遵循申农—维纳公式：

$$S = B.T.\lg\left(1+\frac{P}{N}\right)$$

式中：S为信息量，单位为比特（bit）；B为传递信息的频带；T为传递信息量的时间；P表示输出信息的平均功率；N为噪声的平均功率。由公式可知，在一定时间内，传递的信息量取决于B和信噪比P/N。要增加信息的传递量，可以增加频带B，或增加信噪比P/N，或同时增加这两种因素。而要增加P/N，就要增大P，减小N。P的大小取决于教师的业务水平、教学能力、教学态度以及学生的条件。一方面，教师的业务水平、教学能力和教学态度影响学生获得信息量的大小和有效性；另一方面，学生的学习动机和非智力因素，以及原有的认知结构和学习方法也影响着信息的获得和组合。因此，教师在努力提高自身教学能力的同时，也要注意培养学生的学习兴趣及自学能力、思维能力，提高输出信息的平均功率。N的大小则取决于教学环境和学习风气，安静和谐的教学环境是提高信息量传输和接收的重要因素。体育教学一般在室外进行，存在一定的外部干扰，但是如果体育教师运用精彩的教学艺术将学生的注意力吸引到课堂上，就可以缓解外部干扰的负面效应，增大信息的输出。

从申农—维纳公式可知，体育教学效率是体育教学活动的有效信息功率与干扰信息功率的比值。[2]按照耗散结构理论，体育教学是一个自组织系统，具有动

[1] 孙志新，聂志强，曹广海. 体育教学信息观[J]. 中国体育科技，1999，35（12）：15-17.

[2] 张雪临. 中小学体育课教学效率数量化分析[J]. 天津体育学院学报，1998，13（1）：60-66.

态性，信息的传输极易受教学内外环境的影响，教师的输出信息和学生的反馈信息都可能在传输过程中部分丢失，成为教学干扰信息（教学的噪声功率），使得师生很难全部发挥各自的最高功率，因此，体育教学中如果能够在以下几个方面多下功夫，则可以有效地增强信息量的传递：①培养学生养成仔细看、认真听的好习惯，观察教师的示范动作或教学录像，听教师的讲解等，建立持久有效的信息通道。②教师抓住时机精讲，纠正学生的错误动作或技术，注重信息有效地输入。③创造机会，适当多练，充分利用高效信息通道强化信息的贮存，提高学生动作的熟练程度和技能的掌握程度。④适时总结，增强信息存储的有序性，避免认知中的泛化，形成准确的动作概念，有利于储存更多的信息，提高学习者认知结构的可辨性、可用性和稳定性。⑤教学中多反馈、多交流，保证信息输送通道的畅通。⑥加强对整个教学过程的调控。⑦教师对信息及时合理地变换。⑧信息的有效传输。当然，要在体育课堂教学中提高教学传递信息的有效性，教师必须努力做到明确输出信息的目的，选好输出信息的突破口，输出教学信息要完整有序、清晰流畅[1]。⑨保持适度信息量，提高知识的有效性。现代心理学认为，学生在课堂上的学习是一个获得并加工信息进而不断调节、完善认知结构的过程。要提高课堂教学效益，必须为学生提供适当的信息量。[2]体育课堂如果信息量过少、环节松散、结构疏松，对学生就难以造成有效的信息刺激，学生摄取的有效信息量过少，会导致时间的浪费；而如果信息量过多、密度过大，超越学生的有效接受能力，某些信息就会成为无效信息，教学效益低下，也是浪费时间。[3]因此，教师要保持单位时间内适度的信息量。当然，教师课堂传授的体育知识要尽可能有效，要杜绝因讲授无用知识而产生的无效劳动。

4. 提高学生的专注率，增加学生的体育学术学习时间[4]

要提高学生的学业成绩，有一个重要的方面，就是重点关注每个学生专注的时长和质量。遗憾的是，当前的体育教学实践中，体育教师的教学设计并未能充分考虑所有学生的情况，包括对体育学习优秀学生和较差学生的度量，未能充分考虑其有效发展。这些学生可能会因注意力不集中，出现“分心”现象，或因为

[1] 王雪丽，王明珠. 对课堂教学有效性的思考与认识[J]. 太原理工大学学报（社会科学版），2002，20（1）：46.

[2] 张向葵，吴晓义. 课堂教学监控[M]. 北京：人民教育出版社，2004：26.

[3] 施良方，崔允漷. 教学理论—— 课堂教学的原理、策略与研究[M]. 上海：华东师范大学出版社，1999：325-327.

[4] 邵宗杰. 教育学（修订第二版）[M]. 上海：华东师范大学出版社，2001：316.

不能得到体育教师的关注，出现某些和课堂纪律要求不符的行为。

学生的课堂专注率，即分配时间内学生专注于某项教学活动时间所占的百分比。提高学生的专注率旨在增加专注时间，使其尽量接近于分配时间。提高学生的专注率，一是要抓住可教时机及时施教，二是要选择恰当时机处理学生行为，防止出现破坏课堂规则和形成冲突的情境。此外，还要在提高学生专注率的基础上提高过渡时间效率，保障教学各项活动的有机衔接。[1]另外，体育教师通过适当的方法、生动形象的途径激发学生的学习兴趣和动机，也可以提高学生的专注率。

增加学习时间指教师将体育课中的时间更多地用在教学活动上。要做到这一点，可以从两个方面着手：第一，必须以教学为中心。体育课中有很多活动，包括教学活动和非教学活动，教师必须将教学时间紧扣教学活动，尽量减少非教学活动上的时间。第二，减少用于课堂管理和组织教学的时间。虽然课堂管理和组织教学工作是必不可少的，但应该控制在合理的范围内；否则，也可能造成时间的无谓损耗。

关于学生学术学习时间，国际教育研究机构曾提出一个课堂教学效率的公式：课堂教学效率＝学术学习时间/实际学习时间。其中学术学习可以理解为学生为完成某项任务或解决某个问题所进行的智力活动。[2]结合体育教学的特点，借用此概念，可以认为体育学术学习是学生为完成某项任务、实现某个目标、解决某个具体问题所进行的身体练习或智力活动。要提高体育教学效果，体育教师应该将课堂时间较多地安排在学生从事身体练习、技能学习以及思考、总结、反馈、互动等过程中。具体实施过程中，在条件允许的情况下，教师应尽量将教学内容与学生已有的经验联系起来，从激发学生的兴趣着手。另外，教师也可以对教学任务设置为一定的难度，使教学内容具有一定的挑战性，激发学生的内在动机，实现高质量的教学。

5. 合理利用有利时机，增加学生对体育与健康知识的掌握

按照《义务教育体育与健康课程标准（2011年版）》的要求，一节体育课中，教师可以向学生讲授体育知识、传授运动技能、发展学生的情感。就体育知识的掌握而言，教师要利用有利时机，向学生进行传授。一般而言，学生要掌握

---

[1]　陈时见. 课堂管理论[M]. 桂林：广西师范大学出版社，2002：255.

[2]　王国光. 网络环境下语文自主创新教学模式探究[M]//王瑞气. 金秋枝头，教师论文100篇. 福州：海风出版社，2006：45.

的体育与健康知识主要有：体育的概念、意义，体育对身心健康全面发展的功能与意义，体育锻炼的基本原则、内容，科学从事体育锻炼的方法及效果评价，常用体育卫生保健知识，常见运动损伤的预防和处理，体育锻炼的注意事项及安全知识，基本运动项目的基础理论，体育文化的熏陶等。

要学生掌握上述知识，可以从提高学生对体育与健康的认知入手，即培养学生对体育的兴趣，提高其认识能力，培养其对体育的感知能力。具体方法包括：①结合教材，通过典型事例对学生进行体育的价值观教育，转变“体育就是发展身体”的纯生物学的观点，树立德、智、体、美、劳全面发展的现代化人才观、体育观，培养学生对体育与健康的间接兴趣。[1]②在实践课中进行知识渗透。在指导学生学练时，采用通俗易懂、简练生动的语言进行讲解和传授，并精讲多练。在学与练中，使身体实践与理论知识有机结合，让学生在潜移默化中掌握体育与健康基础知识，丰富知识积累。有时，为了让学生在学习运动技能时能脑、体并用，可采用先练后讲的教学顺序进行，以帮助学生思考，激起学生探求知识的兴趣，提高学生对该运动技术的理解。如学习某一个动作时，让学生仔细观察教师的示范，帮助其建立正确的概念，学生再根据教师示范和对动作的理解尝试练习，教师在学生尝试练习后着重对主要技术动作进行精讲和分析，激发学生的积极性，既学会了运动技能，又懂得了其中的理论知识。[2]③将理论与实际密切联系。教师在讲授体育与健康知识时，要注重学生对知识的理解和运用，能够让学生把体育与健康理论知识和身体实践、运动技术相联系。要紧密联系学生实际，迎合学生需要，重点突出，教师所讲授的和要求学生所掌握的基础知识，应是对身体实践、对从事终身体育具有指导意义的基础知识。[3]

此外，在一节体育课的不同阶段和过程中，可以将体育知识的传授和课的进行有机结合起来。具体方法如下：①准备活动中的解说。课的准备部分，多以体操形式进行，此时，适宜以边练习边讲解的形式进行体育知识的传授，如动作名称和方法要领，身体关节、肌肉、韧带的名称，练习基本要求和行为规范教育等。②技术教学中的体育知识传授。在课中运动技术的间歇部分，教师可以传授技术学习的各种规律，运动现象的分析方法，合作学习的意义和要领，体育运动中的安全与保护，简单运动疾患（如拉伤、抽筋、崴脚）的处置，体育练习中的

[1] 兰润生. 体育与健康教程[M]. 厦门：厦门大学出版社，2002：53.

[2] 蔡蜀翘. 浅谈大学体育课的理论教学渗透[J]. 四川体育科学，2002（1）：46-47.

[3] 王朝杰. 谈体育与健康教学中基础知识的讲授与考查[J]. 试教通讯，2005：43-44.

文明行为等体育知识，每次以1～2个知识点为宜。③战术讲解中的传授。在一些球类项目教学的间歇时间，教师可对战术及背后的谋略理念，战术基本原则和规律，战术学习方略，学生之间的合作方法等进行传授，也以1～2个知识点为宜。④素质锻炼中的传授。在素质锻炼时间，体育教师可传授运动器官名称，锻炼内容与目的，各种身体练习方法的名称与要领，运动练习的搭配，运动休息方法，运动负荷原理，运动安全，运动卫生（服装、锻炼时间、营养、体力恢复等），一次课中有1～2个知识点即可。[1]

（四）科学安排体育课的负荷策略

体育课的负荷是指学生在体育课中所承受的由体育活动带来的刺激量的大小，包括生理负荷、心理负荷以及和二者密切相关的课的密度等问题。运动负荷是提高学生体能和技能水平，培养学科核心素养的根本保证，也是衡量体育与健康课教学质量的重要指标。体育与健康课必须要保证一定的运动负荷。

1. 科学安排生理负荷

生理负荷是指人体在身体锻炼中所承受的生理刺激量，人体对生理刺激所产生的机能反应，如心率、血压、能量消耗等生理变化。生理负荷过小，达不到增强体质的目的；生理负荷过大，就会引起过度疲劳，影响健康。近几年，教育部和各级地方教育主管部门对体育课堂的生理负荷提出了新的要求。如2014年11月3日，广东省教育厅、广东省发展改革委、广东省财政厅及广东省体育局联合向全省颁布《广东省学校体育三年行动计划（2015—2017年）》，明确要求必须“提高体育课实效性……中小学每节体育课必须安排5～8分钟身体素质练习内容，课的练习密度达到50%以上”。其还对各个学段课堂的平均心率做出明确要求：小学阶段达到130±5次/分；初中、高中和大学阶段达到135±5次/分（女）、140±10次/分（男）。普通高校每节体育课须保证一定的运动强度，其中提高心肺功能的锻炼内容不得少于30%，要将反映学生心肺功能的素质锻炼项目作为考试内容，考试分数的权重不得少于30%。[2]

一般来说，决定生理负荷的主要因素有运动强度（单位时间内所做的功）、

[1] 毛振明. 论在体育课中如何有效地传授体育知识（下）——论体育知识的传授问题与改善方略[J]. 体育教学，2011（4）：23-24.

[2] 关于印发《广东省学校体育三年行动计划（2015—2017年）》的通知[EB/OL].（2014-11-21）. http：//www. ptjyw. cn/zw/ShowArticle. asp?ArticleID=18052.

运动密度（单位时间内重复练习的次数，或一次实际练习时间占总时间的比例）、运动时间（完成一种练习或上完一次课所用的总时间）、运动数量（运动练习的次数或组数、距离或重量）和运动质量（完成练习是否符合技术要求）等。这些因素，既相互联系、相互影响，又是相互制约的。这些因素的不同组合，构成了具有不同锻炼效果的运动负荷。强度大、密度大、数量多、时间长，运动负荷就大；反之，运动负荷则小。在体育教学和运动训练中，应通过调节、变动这些因素来合理安排运动负荷。

同时，总体来说，安排课的生理负荷，应根据人体生理机能活动能力变化规律和人体机能适应性规律，循序渐进，逐渐加大生理负荷。在整个教学活动中，随着学生身体素质的提高，根据学生对生理负荷的适应过程和机能恢复过程的生理规律，可有节奏地逐步加大生理负荷。

（1）合理安排每节课的教学内容和确定课的主要任务。体育课的教学内容是从众多的体育素材中挑选出部分适合体育教学目标、符合学生身心发展需要以及适合学校体育教学基本条件的内容。因为体育运动素材相互之间的关系是比较平行的，其上下、先后顺序性并不严格，这种性质导致两种结果：第一，体育课教学内容的选择面宽，备选项多；第二，使体育教师在众多的素材面前要慎重思考才能做出选择。所以，体育教师备课前要做好功课，对各种不同性质、不同负荷、不同难度的教材进行合理配置、科学分配。可以将运动负荷大和运动负荷小的练习交替安排，如强度较小的走、投与强度较大的跑、跳等内容的组合；也应将不同性质的内容，如奔跑类和力量类、耐力类和柔韧类等内容合理组合。同时，在课前的备课中周密地安排运动负荷，要重视并且设计合理的运动负荷，针对不同的教材要设计不同的运动负荷。例如，针对跑的项目和投掷项目的运动负荷不同，教师要深入研究教材，在练习密度上加以调整，不能100米跑两次，掷实心球也掷两次。确定任务时，新授的知识、技能不宜太多、太难。

就教学内容的选择与准备而言，体育课教学内容要面向全体学生，以学生为主体，依据不同年龄阶段的学生身心发展的特征，充分考虑学生已有经验，并从学生的兴趣、需要和能力出发，要树立淡化体育课程竞技化的意识，依靠教材但不完全拘泥于教材，对教材要科学地使用或“再度开发”，用好、用活、用实教材，从学生的兴趣爱好出发，在充分考虑学生已有运动知识和技能水平的基础上，精选和整合教学内容，根据学生的爱好、需要和学校的实际，开发和利用好当地体育课程资源，开设学生喜闻乐见和感兴趣的运动项目，如健美操、街舞、“脚斗士”等体育项目，切实调动学生参加体育运动的兴趣和积极性，使学生学得主动、扎实、富有成效，提高课堂教学的有效性。

（2）合理安排运动负荷。适当、科学的运动负荷，是保证体育课能实现一定的锻炼学生体能的目标的必然要求。前文提及的国家、省级体育课心率指标的基本指导要求，就是政府层面在这一问题上的明文规定。运动负荷不能过大或过小。否则，可能导致因为学生负荷刺激过大而出现身心不适的情况，或者因为负荷过小而起不到应有的生理刺激。多数情况下，一节课的运动负荷模式有标准型、双峰型、前高后低型、前低后高型等多种模式。但不管采取哪种模式，运动负荷总的调节策略应是高低结合、动静交替，使负荷量和负荷强度基本处于“此消彼长”的合理交替中，即量大的时候，强度适当减少；而强度增大时，量适当减少。教学中，常用脉搏测量、询问法和观察法等来测量和了解运动负荷。通常把正常学生取得最佳健身效果的心率区间确定为120～140次/分，且保持此心率的时间应在10分钟以上，并以中等强度和中等量结合的运动负荷为主。[1]

在具体操作中，可以通过以下方法来确定运动负荷：①卡沃南氏公式。接近极限负荷的脉搏次数，减去安静时的脉搏次数，乘以70%，再加上安静时的脉搏次数。②以180减去锻炼者的年龄数，作为锻炼者每分钟的平均脉搏次数。采用这两种方法所得出的数据，与最佳负荷阈相近，但不论采用哪种计量方法，都必须考虑到自我感觉要舒适，并以不影响正常的学习、生活为准。[2]③运动指数评定法。以一节体育课的平均心率除以课前安静心率，多数情况下以1.4～1.6为中等负荷，1.2～1.4为小负荷，低于1.2为最小负荷，1.6～1.8为大负荷，大于1.8为最大负荷。④RPE（自我运动强度感觉表）评定法。

另外，为了确保体育与健康课的运动负荷，贯彻落实《中共中央国务院关于加强青少年体育增强青少年体质的意见》和《国务院办公厅关于强化学校体育促进学生身心健康全面发展的意见》等文件中促进学生体质健康水平提升的精神，每节课都要安排10分钟左右的体能练习，包括一般体能和专项体能的练习内容；应高度重视体能练习手段和方法的丰富多样、实用有趣；一般体能练习尽量安排一些补偿性体能练习，如学习跳远运动项目，下肢和躯干的运动负荷较大，一般体能练习尽量安排上肢运动练习或是提高心肺耐力和灵敏性等其他体能练习，促进学生体能协调和全面发展。

[1] 什么是运动负荷[EB/OL].（2017-12-05）. http：//www.138h.com/shimeshi/yundongtiyu/2007/12/05/64338.html.

[2] 徐国富，宋义增，牛健壮. 普通大学体育教程[M]. 西安：西安电子科技大学出版社，2001：72.

2. 合理安排心理负荷

一节体育课中，学生必须承受一定的心理负荷，才能有效提高其意志品质和精神境界状态。学生的心理负荷是指学生在学习和练习的过程中，神经系统保持紧张与兴奋的程度和时间的长短、心理能量消耗的多少等应激反应的总和。[1]它一般包括注意、情绪、意志三方面的有效刺激量。在体育教学中，只有运动负荷和心理负荷保持适宜，才能收到较好的教学效果。心理负荷偏大或过小都不适合。如果心理负荷过小，则难以达到锻炼的目的；如果过大，超出了学生身心所能承受的限度，不利于学生身体的健康和教学任务的完成。同时，学生的心理负荷变化具有一定的阶段性。一般而言，学生的注意力高峰一般出现在课的前区15分钟处；情绪高峰一般出现在中前区4～15分钟处和后区36～40分钟处；意志高峰出现在课中20～30分钟处，这与学生的生理变化规律基本一致。[2]

目前，有研究表明，影响学生心理负荷的重要因素包括八个方面：学生对体育课生理负荷的心理承受能力、对难危动作的心理无畏度、对教师教学方法的心理满意度、对教学环境的心理适应度、对人际关系的心理相容度、评价机制的心理激励度、注意的集中度、情绪的活跃度以及意志的努力度。所以，判断一节体育课心理负荷是否合适，主要决定于学生对教师施教、内外环境以及心理意向的心理度量值的大小。因此，体育教学过程必须高度注意心理因素对教学效果的影响能力。因为心理负荷既受学生体质状况和个性所制约，也受教师、教学环境、教学内容、学生等众多因素的共同作用。[3]由于这种原因，体育课中，教师要根据人体心理变化规律、教材特点、学生的实际以及器械、气候等因素合理确定课的心理负荷曲线。既要与教学进程相联系，又要与生理负荷相配合，使学生的心理负荷高低起伏与生理负荷相互调节、相互补充。[4]同时要注意休息和调整，使体育课对学生身心发展的影响更加全面、有效。

一般来说，体育活动中学生的认识负荷要保持合适的强度和量，且需有积极愉快的情绪伴随，让学生在快乐中参与运动。学生的意志负荷也不应太大，应确定让学生通过一定的努力就能完成任务，从而体验到成功的喜悦，增强自信心。这就要求教师在安排教材时充分考虑学生心理发展的特征，所选的内容难易适

[1] 潘绍伟. 学校体育理论与实践探索[M]. 乌鲁木齐：新疆大学出版社，1993：86.

[2] 陈浩莺. 走向心理健康：教学篇[M]. 北京：华文出版社，2002：153.

[3] 王晓英. 哈尔滨普通高校公共体育课学生心理负荷的研究[D]. 哈尔滨：哈尔滨师范大学，2012：7-8.

[4] 刘善言. 学校体育学[M]. 济南：山东大学出版社，2001：53.

当，富有兴趣性和直观性。同时还应循序渐进，由易到难，注意个别差异，因材施教。例如，由于大部分学生十分喜欢游戏，学生在游戏中的注意负荷、情绪负荷、意志负荷都较高，因此，在体育教学中教师应多安排趣味性、针对性强的体育游戏，再结合教师生动形象的讲解、示范，来调动学生活动的积极性，提高学生锻炼的效果。一般来讲，在基本部分的前半部分时，学生头脑较清醒，注意力比较集中，这时可安排新的较难的教材，以增大学生的注意负荷，后半部分可安排注意负荷较小的或者复习教材；情绪负荷方面，基本部分的前半部分不宜太大，以避免因学生情绪过度兴奋而影响对新教材的学习，后半部分可通过适当的安排让情绪负荷达到高潮；就意志负荷而言，学习新教材和较难教材时宜先大后小，复习旧教材或学习较易教材时则相反。一言以蔽之，教师应采取适当的措施，处理和保持学生注意负荷的张弛有度、情绪负荷的涨落有节以及意志负荷的合理变化，才能取得较好的教学效果。[1]

（五）减少和预防运动损伤的策略

根据体育课的任务、目的以及造成体育课损伤的诸多原因，可采取的能有效降低体育课损伤的主要策略如下。

1. 教师方面

①加强专业思想修养，爱岗敬业，关爱学生，提高责任意识，认真备好每节课，估量每节课可能存在的安全隐患并准备相应的安全措施。②加强专业理论和技术的学习，从复习中巩固、提高专业理论水平，与先进的技术保持同步，与时俱进，在教学过程中针对学校及学生的实际情况，采用适应性教学。③规范工作程序，制定各种规章制度并长期坚持，如体育课堂教学常规、场地器材安全制度、场馆使用制度、游泳池使用制度、学生体检制度等。[2]④科学合理地安排授课过程。选配内容要合理，高难度动作不安排在活动能力下降阶段，某一局部动作不宜安排较长、较大的运动负荷等。另外，还应该根据天气状况合理安排教学。⑤正确的动作技术教学。教师上课时必须正确示范，不厌其烦、耐心细致、科学合理地教学，使学生能熟练地掌握运动要领，预防运动损伤。⑥提高教学场地的安全性。体育教师必须对场地、器材、服装进行安全检查，如场地设施、保护器

[1]　何艳. 浅谈幼儿体育课运动负荷与心理负荷的调节策略[C]//江苏省教育学会2006年年会论文集（综合一专辑）. 江苏省教育学会，2006：509-512.

[2]　毛振明，赖天德. 体育教学中的安全和安全教育[J]. 中国学校体育，2006（6）：24-26.

材设置是否牢固结实，跳远的沙池是否平整松软，学生着装是否适宜以及课堂中存在的其他安全隐患等。如在进行投掷练习时，必须讲授投掷规则、捡拾器材的要求和时机、排队等待的学生的分布位置、注意事项与要求。[1]⑦有效的教学管理组织，加强组织纪律性教育，确立“安全第一”“预防为主”的指导方针，合理组织教学、训练，加强保护和自我保护能力，都是预防运动损伤的重要手段。

2. 学生方面

①提高安全和自我保护意识，牢固树立预防安全事故的意识，提高预判能力，学会发生紧急、意外事故时的自我防范和保护方法，学生之间也应学会在练习中相互保护帮助。②提高各项身体素质，尤其是力量素质和柔韧素质，相对容易地完成课的练习，避免因素质差而引起运动损伤。③注意准备活动和整理活动。充分、合理的准备活动能提高关节肌肉的灵活性和伸展能力，降低其黏滞性，并提高神经系统的兴奋性，可大大减少运动中拉伤韧带、肌肉或扭伤韧带关节的概率。当然，课后的整理活动也同样重要，如果长期忽视整理活动，使疲劳长期积累而没有消除，就容易形成慢性劳损，这也是运动损伤现象之一，而且比急性损伤更难以痊愈，所以必须重视课后的整理活动。[2]

（六）科学安排练习密度

体育课的练习密度（Density of P.E. Exercise），是指一堂体育课中教、学、练等各项活动合理使用的时间与全课总时间之比，包括体育课的综合密度和学生的练习密度两个方面。前者是一堂体育课中的教师指导（讲解、示范、演示、纠正错误），组织学生练习（集合整队、交换练习内容、调动队伍），练习后的必要的等待或休息，相互观摩和帮助等各项有效教学活动合理使用的综合时间占总课时的百分比。后者是一堂体育课中学生实际参加身体练习的时间占全课总时间的百分比。[3]

体育课的密度是构成运动负荷的重要组成部分，也是衡量教学质量的一个重要因素及检验一堂课学生体质的增强效果和运动技能提高或掌握效果的指标之一。一般情况下，练习密度越大，学生参与练习和锻炼的时间越多，锻炼效果就

[1] 谢建华. 体育课教学中如何预防伤害事故[J]. 云南教育，2003（33）：34-35.

[2] 杨宏峰，华冰. 体育教学中运动伤害事故的预防[J]. 中国教育导刊，2005（13）：79-80.

[3] 黄超文. 新课程体育课教学要素解析——运动负荷与密度及体育课的分析与评定[J]. 教师，2011（31）：53.

越好。但是，练习密度却不是完全孤立存在的指标，而与体育课的内容、气候、环境、课的性质、学生人数、场地宽裕情况、同时上课班级数量等诸多因素有着直接或者间接的联系。保持合适的体育课的练习密度，是提高体育教学效果必须注意的问题。练习密度并不是越大越好，而是要适宜，即要有利于全面完成体育课的教学。如果练习密度过小，学生在课上看的时间多，说的时间多，等待的时间多，则练的时间少，参与体验的时间少，就不能有效地使学生增强体质和学习运动技能；如果练习密度过大，练习占用的时间过多，则学生可能承受不了运动负荷，造成机体受到负面影响，身心过于紧张，也缺少反馈和互动，既不利于健康，又影响教学任务的完成。

由于影响课的密度的因素很多，如不同的地区、季节、教学阶段、课的类型、教材、教学条件，以及教学对象的性别、年龄、体质、体能和技能水平及精神状态等方面的差异都会对课的密度产生影响，因此难以用某一绝对标准来评定课的密度的合理性。既有研究成果中，关于中学体育课的练习密度以多大为宜，观点不一，众说纷纭。有的主张物质条件好、师资力量强的重点学校体育课的练习密度为35%～40%，条件一般或较差的重点学校或一般学校体育课的练习密度在30%左右为宜；有的建议中学体育课的平均练习密度应达到30%以上，或认为中学体育课的练习密度以20%～30%为好，或主张应达到40%～50%[1]；王伯英和曲宗湖等专家提出练习密度以30%～40%为宜；高等师范院校《体育理论》试用教材提出25%～30%的练习密度标准；大连市制定的体育课质量评定标准中，评定健身的效果，要求“全课练习密度在25%～45%，基本部分练习密度在20%以上”；1987年出版的《几个国家学校体育的比较》一书认为“全课练习密度25%～45%”是增强学生体质实效的适宜指标之一。[2]近几年，学界又有新的研究成果出现，该研究认为，如果要使学生在愉快的氛围中得到充分的锻炼，促进身心全面健康发展，练习密度能够达到50%～70%。[3]

实际教学中，在具体确定一节课的练习密度时，可以综合考虑以下三种因素。

1. 根据教学任务确定练习密度

每一堂课的具体教学任务不一样，其练习密度也应该有区别。新授课中，教

[1]　李老民. 田径运动科学探蹊[M]. 北京：北京体育大学出版社，2003：104.

[2]　杨文轩，陈琦. 体育原理导论[M]. 北京：北京体育大学出版社，1996：135-136.

[3]　黄超文. 新课程体育课教学要素解析——运动负荷与密度及体育课的分析与评定[J]. 教师，2011（31）：55.

学因素必然要多一些，包括教师采用讲解、示范以及相关必要的教法手段的时间以及学生观察、理解、分析动作的时间都要多一些，练习时间相对减少，练习密度可以降低。而在复习课和提高身体素质的课上，教学的因素相对减少，练习密度就可以适当增加。

2. 根据教学内容和练习强度确定练习密度

对于强度较大的练习，练习的间歇时间（即休息）可以适当延长，即练习密度小一些，使学生能得到必要的休息和恢复；而强度较小的练习，则可以安排较大的练习密度。

3. 根据气候条件确定练习密度

夏天气温高，如果课的练习密度过大、运动量过大、人体产生热量太多，使得产热和散热过程失调，可能导致心跳加剧、头晕恶心甚至中暑，影响学生健康。冬季气温较低，肌肉黏滞性增大，要以较大的练习密度和运动量才能让身体发热或活动开[1]，更好地从事体育学习和锻炼。

（七）促进师生交往的策略

教学过程是师生交往、共同发展的过程。《基础教育课程改革纲要》指出，教师应尊重学生人格，关注个体差异，满足不同学生的学习需要。强调师生交往，构建互动的师生关系是适应新课程的一项措施。《义务教育体育与健康课程标准（2011年版）》也指出：要“以学生发展为中心，重视学生的主体地位，关注个体差异与不同需求，确保每个学生受益”。师生关系是教育教学的前提与基础，是教育过程中最基本、最重要的人际关系，对教育教学质量有着决定性的作用。师生关系好，师生之间感情融洽，心情舒畅，有助于发挥双方教与学的积极性、主动性和创造性，从而大大提高教学效率。

1. 充分尊重学生

体育与健康课程教育在很大程度上是师生间的心灵沟通，而师生间的相互信赖和尊重、民主平等的沟通是建立新型师生人际关系的前提与基础。只有尊重学生，才能教育学生；没有尊重，就不可能有真正意义上的教育。教师应该树立正确的教学理念。体育教师要加强体育教学理念的研究，努力提高教学能力，树立

[1] 卢士贤. 浅谈体育课的练习密度[M]//王洪潮. 体育科学论丛. 成都：成都科技大学出版社，1996：848-852.

正确的教育观、教学观、师生观、发展观，树立教师是“平等中的首席”的师生观，要对学生一视同仁、平等对待，要全面了解学生，走近学生，走进学生的心里。体育教师要以发展的眼光，学会赏识学生，即使是对一时表现不好的学生，也要采取积极和宽容的态度去帮助他们改正不足，用鼓励性的语言评价学生的行为。同时，体育教师还要注意培养和保护学生的自信心，维护学生的自尊。体育教学中，学生越能感受到教师的爱心，就越亲近和信任教师，教师的教学就越容易被学生理解和接受。因为人接受某种思想观点或知识，除了需要理智的判别外，也需要感情的沟通和共鸣。在体育教育实践中，可能有这样的现象：教师所讲的都是正确的体育知识或练习方法，但学生可能反应淡漠甚至无动于衷。原因固然较多，但是不能排除师生关系紧张这一原因。如果教师给学生注入感情因素，情况就会大为好转。教师对学生有了爱心，就能引起学生感情上的共鸣，从而诱发出符合教师期待的意志和行为。相反，如果教师对学生缺乏爱心，师生心里有隔阂，关系冷淡，互不信任，这样学生将教师的教育要求往往当作耳边风，甚至阳奉阴违，产生对抗和逆反心理。所以，只有真正爱护学生，多接触、了解、关心学生，以情感人，真诚相待，学生才会理解和信赖教师，体育教学才能收到更好的教学效果。所以，体育教师要注意处理好师生关系和感情，多与学生进行心与心的交流，做学生的知心朋友。当学生在学习、生活和锻炼中出现困难时，体育教师要多关心他们，鼓励他们，增强他们战胜困难的信心和勇气。

2. 树立教师的合理威信

体育教师要树立自己的威信，赢得学生发自内心的尊重。要想使自己成为学生的表率和楷模，体育教师就必须以职业道德的规范严格要求自己，不断加强自我认识、自我解剖、自我教育、自我改造和自我提高。爱生才能尊师，没有对学生的爱，就不会产生高度的责任感。当然，爱生也要注意方法。无疑，传统的“打是亲，骂是爱”的教育理念和方式绝对不能用于体育教学中。这种通过极端手段树立的“过度的威信”，可能会暂时“奏效”，却不能持久，而且很可能在师生之间形成隔阂，严重时甚至会出现意外伤害事件，造成恶劣的负面影响。如果体育教师平易近人，经常主动地接近学生，了解他们，设身处地处理好学生中所发生的各种问题，尊重学生，让学生切身感受到教师真心的关心与爱护，就会产生积极的效果，久而久之也就在学生心目中树立起威信，赢得学生的尊重。古人云：“亲其师而信其道。”得到了学生的尊重，学生就会视教师如朋友、为偶像，教师的一言一行就会成为学生行动的指南，教学思想就会被学生自觉地接受，学生也就会在课内、课外强化练习，自觉提高自我锻炼能力，对学生的学习行为产生积极的影响，这种合理威信的结果，能有效地提高教学效果。

3. 全面了解和合理激发学生的学习动机，提高教学吸引力

“动机”一词，在日常用语中很普遍，但却难以严格科学地下定义。动机的概念和其他概念如本能、内驱力、反射相关但相异，动机行为通常具备目标定向。古德和布罗菲（1990）[1]将动机定义为“对指向某目标的行为的发生、方向、强度和坚持性进行解释的假设性结构”。

因为一个完整的动机概念包括内在需求（人的行为出自本身的本能、需要和驱力等）、外在诱因（目标、奖惩等由主体以外的刺激作用加以维持的行为动机）和自我协调作用（协调个体自身的内在要求和行为的外在诱因，从而形成激发维持行为的动力因素）[2]，故可将动机定义为：个体在自我调节下，使内在需求获得动力和方向，使自身内在需求与行为的外在诱因相协调，从而形成激发、维持行为的动力因素[3]。

良好的动机能促成学生的学习需要，是否具有良好的动机也是学生能否主动积极地进行体育学习、能否创造性地探索的决定性因素之一。体育教师如果能引导学生对感兴趣的内容进行探索，提高学生的学习动机，便能更好地促进学习的开展。[4]在教学实践中，体育教师可以通过激发学生的内在需求、创造外在诱因和激发学生的自我调节作用来激发和培养学生的学习动机。具体而言，可以采取以下具体策略。

（1）了解学生的动机，挖掘学生的内在动力。教师应尽量了解学生的学习动机。只有把握了他们的学习动机，才能知道今后怎样去调整。教师可以利用问卷调查、单独交谈、小组讨论等形式来了解学生的学习动机。[5]从小处着眼，从尊重学生的人格做起，提高学生的自尊，以激励性评价促进学生的发展，从而更有效地激发学生的学习动机，并发挥最有效的影响和作用。在了解了学生的学习动机以后，教师还应针对具体情况，对学生进行学习目的教育，使学生认识到参与体

[1] Clark Dorman and Paolo Gaudiano：Motivation[EB/OL].（2017-12-15）. http：//www.double.co.nz/creatures/papers/dorgau95.pdf.

[2] 靳玉乐. 理解教学[M]. 成都：四川教育出版社，2006：237-238.

[3] 施良方，崔允漷. 教学理论：课堂教学的原理、策略与方法[M]. 上海：华东师范大学出版社，1999：234.

[4] 赵小刚，牛晓. 中学体育研究性学习的实践探索[M]. 重庆：重庆出版社，2006：103.

[5] 曾琦. 新课程与教师心理调适[M]. 北京：教育科学出版社，2004：80.

育活动的社会意义，把体育和现实紧密联系，使学生形成长远的价值目标，树立积极的学习态度，提高自主学习的积极性和自觉性，也提高其体育学习兴趣，促使其形成良好的学习动机。[1]

（2）提高学生的参与程度。一般而言，人们是否愿意在某个任务上消耗精力，可能取决于以下原因：①如果全身心投入，预计成功完成该任务的难度大小。②对所完成任务意义或价值的认识。如果学生觉得难度很大，成功概率很小，或者认为所完成任务没有任何意义与价值，他们就不会参与进去，也不会在任务完成上投入时间和精力。由此，教师需要帮助学生认识到学习不同内容领域的价值，并让学生相信，有投入就会有所收获。特别是对于体育成绩不理想或是性格内向的学生，教师要给予更多的关心和帮助，提高其主动参与性，帮助他们建立正确的自我概念。可以通过以下几种途径来实现：①将性格内向的学生分在一个小组，从而避免组织能力较强的学生的“话语霸权”，也能保证共同学习时“心理舒适地带”的存在。②预先告诉性格内向的学生，教师期望他们做什么，让其更有安全感。③在班级讨论中，尽量为他们创造成功的机会，让他们体会到成功的快乐，从而激发更强烈的学习动机[2]，提高学习的积极主动性，提升教学效果。

（3）提高体育教学的吸引力，培养和激发学生的体育运动兴趣。兴趣是最好的导师，只有有了兴趣，才可能有坚持的自觉性。只有激发和保持学生的运动兴趣，才能使学生自觉、积极地进行体育锻炼，学生缺乏运动兴趣会导致体育教学难以收到好的效果。因为学生的运动兴趣是在后天的运动实践中逐步形成和发展的，而非天生而成，所以体育教师要关注学生个体差异，满足不同学生的学习需要，培养、激发学生的学习兴趣，如建立融洽的师生情感、树立体育教师的师德形象、优化课堂语言等。

当然，在培养和激发学生的体育运动兴趣方面，改变课的组织教法也尤其重要，特别是针对某些锻炼价值较高而娱乐性较低、单调、枯燥的内容（如田径、身体素质练习等），更加需要通过组织教法的改革来激发学生的学、练兴趣。如在上耐久跑、快速跑课时，可充分利用篮球场地上的线采取多变的形式，激发学生的锻炼兴趣，排除距离长的心理障碍，消除压力。在快速跑教学中，教师可采用追逐跑、迎面接力、十字接力跑等激发学生的学习兴趣。又如在身体素质练习

[1] 程刚. 体育课程改革背景下山东省中学生体育学习动机的研究[D]. 济宁：曲阜师范大学，2012：17.

[2] 赵小刚，牛晓. 中学体育研究性学习的实践探索[M]. 重庆：重庆出版社，2006：103-104.

中，将各个练习内容串联起来，以游戏的形式呈现在课中，使学生在练习过程中忘记身体素质练习的枯燥和苦累，从而在不知不觉中提高教学效果。

（4）适当施加外部压力，提高学生学习动机。外部压力是事物发展变化的外在引导和诱发因素，良好的外部压力是培养和激发学生动机的重要手段。具体过程中，教师可以综合采用以下手段来施加外部压力，从而提高学生学习动机。

第一，增加家人的期望值。学生生活在社会中，其成长受到家庭、社会、学校等多种因素的共同影响。就家庭因素而言，家人的合理期望值往往是激发学生学习动机的一个重要方面。所以，学校应增强对学生家庭的沟通和了解，让家长充分了解体育在学生成长中的积极作用，并通过布置体育家庭作业、教师家访、短信、微信、QQ等手段，获得反馈信息，培养学生独立、正确的学习动机。

第二，公布成绩、及时反馈，给学生适当的心理焦虑。对学生体育学习成绩进行及时、准确、真实的公示，可以激发体育教师和学生的积极性。对学生来讲，让学生知道自己的体育学习成绩，了解自身对某个运动技术动作的掌握情况，可适当增加其焦虑，提高学习热情，增加学习动力。当然，也可让学生了解自身的缺点和不足乃至错误，及时纠正。

第三，适当开展运动竞赛，激发学生的内在动力。体育教学中，适当开展和教学相关的竞赛活动，能促进学生学习动机的培养和激发，提高其体育学习积极性。竞赛方式可不求一致，而视学生具体情况而定。如在小组之间、班级之间、年级之间甚至各学校之间开展学生个人体育素质、单项内容或单元竞赛。也可以通过接力性的体育游戏来活跃课堂气氛和提升学生之间的竞争意识，激发其内在动机，从而提高体育教学效果。[1]

[1] 程刚. 体育课程改革背景下山东省中学生体育学习动机的研究[D]. 济宁：曲阜师范大学，2012：20.

第三章　强化体育课堂教学有效性的策略

课堂是教学活动的主阵地，有效体育教学最终要落实到课堂教学中。强化体育课堂教学的有效性，对于提高体育教学质量具有重要意义。课堂教学必须从有效预设体育课堂教学目标、针对学生身心发展实际选择教学内容、保持教学过程的流畅性、运用多元教学评价方式对学生学习情况进行客观评价等几个环节入手，促进学生在体质健康水平提升、运动技能习得、情意表现改进等方面获得进步与发展。

第一节　有效预设体育课堂教学目标

一、体育教学目标体系

课程目标是根据教育目的和教育规律提出的课程的具体任务指标。每一门课程都有一个总体目标，即课程的总目标。《义务教育体育与健康课程标准（2011年版）》对体育与健康课程目标做出明确而权威的规定，指明了实施体育课程与教学的方向，凸显出全面性、整体性、一致性、递进性的特征。

课程目标的全面性主要表现在课程目标内容的全面性，目标内容所涉及的知识与技能、方法与过程、情感态度与价值观等领域，体现着体育课程对促进学生全面发展的要求。

课程目标的整体性并非仅仅动用学生的智力、技能因素便可实现，还需要学生的情感态度、个性、性格、气质、意志等因素共同投入，需要认知、技能、情感和应用四个方面相互联系，如掌握体育与健康的基础知识、基本技能与方法，是提高自觉维护健康意识的基础。

课程目标的一致性是指从小学阶段到高中阶段目标实现的过程中并非割裂的，而是连贯的，纵向上是一致的，即小学的课程目标强调认知、技能、情感和应用几个方面，在初中、高中也需要一贯地执行，以保持目标在各个学段的共同、共通。

课程目标的递进性表现为在低学段向高学段发展过程中课程目标具有由低到高、由弱向强的递进关系，如在认知方面，小学、初中强调掌握体育与健康的基础知识、基本技能与方法，而高中阶段则强调加深对体育与健康知识和技能的理解、应用。

体育与健康课程目标不仅规定培养人才的标准，更重要的是提出体育课程编制的要求和规定，对选择体育教学内容和体育活动方式、方法进行指导。体育与健康课程目标通过体育教学分解落实，可以细化为水平体育教学目标，学年、学期体育教学目标，单元体育教学目标和课时体育教学目标。

（一）水平体育教学目标

水平体育教学目标是根据学校体育教学目标制定的。为了能够更为细化地落实学段体育教学目标，全面反映学生身心发展的阶段性特点，目前我国将小学阶段细分为三个学习水平，即由低到高分为水平一、水平二、水平三，初中阶段为水平四，高中阶段为水平五。由于学生不同学习水平身心特点不同，各自教学目标也会存在差异。但为了保证学校体育教学的一体化和整体性，不同水平目标应该有机统一，以便更好地提高教学效果。

（二）学年、学期体育教学目标

学年体育教学目标是根据其上位的水平体育教学目标确定的。它是对该学段内每个学年体育教学活动的分解及提出的不同要求，是在该学年学习结束时必须得以实现的教学目标。[1]学期体育教学目标是学年体育教学目标的二次划分，两者关联性很大。学年、学期体育教学目标的制定要求对学生的身心特点及教材的内在特性把握更加精细，只有这样才能有的放矢，循序渐进，有效完成教学任务。

[1] 周登嵩.学校体育学[M].北京：人民体育出版社，2004：126.

（三）单元体育教学目标

单元是指体育课程教学中相对完整的划分单位，它反映着体育课程编制者或体育教师对体育课程及其教材体系结构的总的看法，一个单元的教学目标往往需要连续的几个课时，以及在此基础上对这种结构按照课程教学的要求，所做的分解和逻辑安排来完成。单元体育教学目标是依据学年体育教学目标和学期体育教学目标确定的，对指导教师制订和执行课时计划具有指导意义。

（四）课时体育教学目标

课时体育教学目标一般由教师依据学期教学目标和单元教学目标，并结合学生的实际情况和具体的教学条件制定。可以说，课时教学目标是实现其教学目标的基本环节，是一系列教学目标得以逐层落实的基础，最具有灵活性、多样性、实践性。

水平体育教学目标、学年体育教学目标、单元体育教学目标、课时体育教学目标建构了体育教学目标纵向体系。从目标体系看，宏观目标为微观目标的确立提供依据，微观目标是对宏观目标的具体化，并为宏观目标的实现提供前提，它们相互呼应、彼此衔接，在体育教学活动中引导着教学的发展方向。[1]但需要注意的是，课时体育教学目标是所有体育教学目标的基础，体育课堂教学是否有效通常以课时体育教学目标是否清晰、明确作为考察依据。

二、制定课时有效教学目标的要求

（一）准确判断学生的学习实际和需要

有效教学目标可促进学生的进步与发展。了解学生、熟知学生是使学生获得进步与发展，从而实现有效教学的基础。学情分析是深刻了解学生的途径和方法，通过对学生学习情况的分析，了解学生的学习基础、学习能力、学习情感、兴趣爱好和个性特点。通过学情分析，不但掌握全班学生的普遍情况，而且掌握个别学生的个性特点，便于因材施教的开展。只有做到对学生的全面了解，才能准确确定教学目标，恰当选择教学方法，有针对性、分层次、有效地组织与实施教学。

[1] 杨文轩，张细谦，邓星华. 学校体育学[M]. 北京：高等教育出版社，2016：60-61.

制定课时体育教学目标时，首先要求教师了解学生现有的知识、能力、情感水平，尤其是学生在体育与健康知识、运动技能、体能和情感等方面已经具备的能力与条件；其次要求教师深入了解和科学配置教学内容，凸显课时学习的重点与难点；此外，还要求教师灵活调用学校现有体育资源（包括学校场地、器材设备等硬件资源）。在认真分析学生的学习需要与能力、课时学习的重点与难点以及现有体育教学资源的基础上设置合理、有效的体育教学目标。

（二）认真分析体育教学内容与体育教学目标之间的关系

制定具体的体育教学目标总是与具体的体育教学内容紧密相关，不同的体育教学内容具有不同的特点和功能，没有无目标的体育教学内容，也没有无教学内容的体育教学目标。制定体育教学目标时，要认真分析体育教学内容的特点和功能，深入解读体育教学内容的特点、难点、重点。具有明确指向性的教学目标能够提示新旧知识的联系，促进学生理解和掌握运动知识与技能；能够将知识分解成为多个互相联系的知识点，促进学生进行结构化、系统化的学习，促进学生把握新知识的内在联系。

（三）把握课时体育教学目标的范围

每个课时教学目标都是为实现本单元或模块目标而制定的。在制定课时目标时，一定要把握本课时目标与上层教学目标（单元或模块教学目标）的关系，明确本课时体育教学目标的范围。每个课时教学目标的内容以实现单元目标的要求为目标。如在水平四（七年级）篮球课单元计划教学中第一课时为“篮球基本技术——运球”的教学，在单元目标的社会适应里是“互相配合，团结协作，培养团队合作意识”，而对于新授课的课时目标，在学生没有掌握运球基本技术之前，如果设置社会适应目标就会有牵强之嫌。各个课时目标实现的侧重点是不一样的，制定课时目标时要注意轻重缓急，不需要全面开花，也不宜急于求成。

（四）注意前后课时目标之间的连续性和递进性

先后出现的课堂教学之间既有一定的独立性，又相互联系与影响。课时目标的制定，需要注意课次之间的连续性，真正做到前面的课时目标为后面的课时目标奠定基础，后面的课时目标在前面课时目标的基础上进行发展与深化。描述每节课的体育认知目标、情感目标、技能目标时，要注意层次性，体现出前后课时要求从低到高的层次关系，体现出循序渐进性和螺旋式上升的递进性。

（五）突出体育教学目标的可操作性

体育教学目标的制定应明确、具体，便于操作，这样有利于对目标实现程度的评价，有利于给体育教学实施过程以明确的指向。例如：关于水平四（七年级）的“花样跳绳”一课的教学目标设计：

① 发掘花样跳绳的玩法，能简单说出跳绳对身心发展的作用；

② 会3～4种花样跳绳的玩法，能简单说出游戏后的情绪表现；

③ 能与伙伴合作设计2～3种合作跳绳的方法。

这种课时教学目标的制定明确而具体，便于操作，便于观测，让人一目了然，也便于观摩者在观摩时知道学生到底有没有完成预定的教学目标。教学目标不仅统领教学内容，而且统领教学方法、教学手段、教学过程、教学形式、师生关系和评价标准等，让课上的一切为教学目标的达成服务。[1]客观评价该课时教学目标确定得是否准确，预设目标是否都已达到，教学活动设计得是否合理，学生参与的程度如何，使用的教学方法、教学手段是否合适，对课堂上出现的临时情况处理得是否恰当等。因此，为了保证体育课堂教学的有效性，必须确保该课时教学目标的可操作性和可观测性，进一步量化、细化该课时教学目标，才能使其作用于学生的学习和身体练习过程中。

三、有效体育课堂教学目标的制定方法

保证体育课堂教学的有效性，制定有效的体育教学目标，激发学生学习过程中身体参与的积极性，需要以学生为行为主体描述学生的行为目标，选用可观察、可测量、可操作、可实现的具体行为动词。因此在编写行为目标时需要把握三个步骤：第一，界定具有可观察性的学习结果；第二，确定预期学习活动发生的条件；第三，陈述达到目标所需的标准。[2]

---

[1]　吴爱军，宋美虹. 立足体育教学课堂，正确制定课时教学目标[J]. 中国学校体育，2008（8）：32-33.

[2]　梁占歌，张振华，黄武胜. 体育教学目标设计的问题与策略[J]. 吉林体育学院学报，2013，29（2）：109-112.

（一）界定具有可观察性的学习结果

体育学习过程以体验性学习为主，学生参与学习过程的身体和心理活动的部分指标具有一定的可观察性，况且教学目标通常指向学生的学习结果，因此，编写教学目标的第一步就是要界定出清晰的可观察的学习结果。编写目标选择动词时，必须选择能够清晰规定学习结果的动词，此类动词尽量是那些描述学生可观察、可测量的具体行为的词语，如“做出、说出、画出、辨别、比较、说明、阐述”等。这些动词使人们更简单地界定表现动作行为的操作。如，学生能够区分某两种动作技术的不同，学生能够根据自己或他人的动作说出某一动作的方法，学生能够评价自己与他人动作质量的好坏，学生能够根据教师的口令展示某一套动作等，这类动词清晰地表达出了期望学生达到的学习结果。在此，借鉴张振华教授的研究成果，罗列出在编写认知教学目标、动作技能教学目标和情感态度教学目标时可供选用的动词表（表3-1）[1]。这些动词的选择与使用需要根据具体情境确定。

表3-1　教学目标撰写常使用的关键词

维度	目标层次	特征	可参考选用的动词
认知教学方面	知道	对信息的回忆	说出、列举、背诵、辨认、回忆、选择、描述出、指明、再现、概括、定义、陈述、界定
	领会	解释信息	鉴别、作图、画出、呈现、告知、推测、规划、转换、区别、归纳、举例说明、改写、总结
	应用	将知识运用到新的情境中	示范、改变、释疑、制订……计划或方案或处方、推断、确定、解决、辨析、演示、展示、叙述、使用
	分析	将知识分解，找出各部分之间的联系	分析、比较、对照、对比、图解、指出、评判、分解、分离、猜测、区分、推理
	综合	将知识各部分重新组合，形成一个新的整体	分类、编写、创造、设计、提出、组织、归纳、总结、假定、建议、形成、实验、调研
	评价	根据一定标准进行判断	鉴别、比较、评定、判断、总结、证明、说出……价值

[1] 张振华. 体育教学策略与设计[M]. 北京：北京师范大学出版社，2012：163-166.

续表

维度	目标层次	特征	可参考选用的动词
动作技能方面	知觉	依据具体的概念、观念和现象接受刺激与识别刺激的能力	看、听、闻、触摸、识别、联系、反应、作用于、感知
	模仿	依据一般模式或情境激活、仿效和协调自然潜能以形成行为的某动作或范式的能力，从知觉走向行动	模仿、重复、仿效、运用器械、支撑、摆动、悬垂、示范
	生成	依据一定的品质和特征，整合才能倾向和完成动作，使技能可以被识破	整合、融合、演示、指导、采纳
	外化	有效地维持和调整技能以完成预定功能的能力	完成、操作、维持、跟上、与……保持一致、适应、调整
	精熟	创新与完善各种能力的品质与愿望	矫正、调适、创编出、精通、转换
情感态度方面	接受	愿意注意某事件或活动	看到、感知到、听到、倾听、专注于、留心于、注意、选择、接受、赞同、分享、区分
	反应	乐意以某种方式加入某事，以示做出反应	默许、接受、赞同、容许、遵守、记录、听从、欢呼、表现、帮助、移动
	形成价值	对现象或行为做价值判断，从而表示接受、追求某事，表现出一定的坚定性	接受、承认、参加、完成、影响、支持、辩论、论证、区别、解释、评价、证实、提出……结论、赞同
	组织	把许多不同的价值标准组成一个体系并确定它们之间的相互关系，建立重要的和一般的价值观念	认为、信奉、确定、建立、选择、承诺、操练、系统阐述、制订计划、决定、讨论、推理、比较
	价值与价值体系的性格化	具有长期控制自己的行为以致发展了性格化“生活方式”的价值体系	展示、应用、修正、改变、调整、纠正、承诺、解决、贯彻、抵制、发扬、变化、获得

（二）确定预期学习活动发生的条件

行为条件是学生学习行为及其结果的限制条件，包括允许使用的辅助手段、完成行为的情境、时间的限制等。尽量详细描述行为条件，使行为条件情景化、过程化。这样，才能使外显的行为动词体现内隐的心理过程，便于观察和测量。[1]学习者所表现的学习行为都是在特定的环境下发生的，在编写课时体育教学目标时，需要确定学习会在什么样的条件下发生。

条件决定了目标实现的难度。在确定学习条件时，考虑到学生的实际情况，

[1] 柳青.新课程课堂教学目标的有效设计[J].大连教育学院学报，2010，26（3）：53-54.

根据“最近发展区”理论，设置出学生通过努力学习所能达到的目标，能够让学生“跳一跳”就尝到“摘到桃子”的快乐与喜悦。

（三）陈述达到目标所需的标准

标准是合格行为的最低要求，也是学生达到目标的表现水平。教学目标标准的水平是指使人满意地认为目标已经实现的期待的成就水平或者熟练水平。[1]这种标准的水平可以根据学习情况进行调整。不同的班级、不同的学习环境和不同的学习条件都会导致学习者运动技术熟练水平存在差异。因为，多数情况下标准的水平只是根据教师经验所做的猜测。即使是预设的标准，也需要界定出“应该先教什么，后教什么”“该教什么，不该教什么”以及“该教多，还是该教少”。在制定标准时需要确定一个基准点，如考查篮球跳投，可以表述为“在规定的距离外，在1分钟时间内，跳投进4个球”为达标线，这样在评价时就可以依据此标准，考查学生的学习行为是否达到了目标要求。

此外，当前体育与健康课程非常关注每一位学生的发展，关注学生的情绪生活和情感体验，关注学生的道德生活和人格养成。[2]这类目标更多地体现在情感领域的教学，从行为目标的有关理论和其自身存在的缺陷来看，这类目标很难编写出具有可观察性和可测量性的学习目标。如“培养学生乐于学习、善于思考的学习习惯与主动参与的学习行为，以及机智、自信的优良品质和团结协作的集体主义精神”。这种表述给人一种空洞的感觉，如果列举出几方面的具体行为，如通过自主学习的方式培养学生乐于学习的行为，通过探究学习某方面的内容培养学生善于思考的学习习惯等，并通过对这些行为的观察，来判断学生的情意表现，这样的目标更具有可观测性。

第二节　针对学生身心特点选择教学内容

尊重学生的需求，尊重学生的发展、成长规律，激发学生的主体意识，并以此作为体育教学内容选择和设计的内在尺度，已成为提升体育课教学质量所遵循的一条重要原则。学生的身体发育、认知发展、动作技能形成和情感培养各有其鲜明的阶段性特点，各学段选择与设计体育教学内容时，首先需要考虑各个学段

[1] 加里·D.鲍里奇.有效教学方法（第四版）[M].易东平，译.南京：江苏教育出版社，2002：78.

[2] 朱慕菊.走进新课程——与课程实施者对话[M].北京：北京师范大学出版社，2002：119.

学生身心素质发展的阶段性特点及其对体育教学内容的需求，突出教学内容设置的针对性，促进学生养成体育习惯、提升运动能力和发展身心素质。

一、不同学段学生对体育教学内容的适应性

（一）小学低年级学生身心特点及其对体育教学内容的要求

小学低年级阶段的学生处在7～10岁，学生的骨骼正处于生长发育阶段，骨化过程尚未完成，软骨组织较多，骨骼弹性大而硬度小、柔软且容易变形，抗压能力较差；关节内外的韧带薄而松弛，关节灵活性与柔韧性较好，但牢固性较差；肌肉的发育尚不完全，含水分较多，蛋白质、脂肪、糖、无机物较少，肌纤维较细，富于弹性，但肌力弱、耐力差、易疲劳。小学低年级课程内容需要注意培养学生正确的身体姿势，不宜安排过多肌肉力量、耐力方面的练习，并且要避免猛烈的动作以防关节脱位。由于此阶段学生的心脏发育及神经调节还不够完善，心脏体积较小且发育不完全，心肌弹性纤维少且心缩力弱，尤其不宜进行长时间、静力性力量练习。小学低年级学生胸廓狭小，气道狭窄，呼吸肌不发达，肺活量较小，但新陈代谢旺盛，对氧的需求量较大，不宜做过多的屏息、憋气相关动作。此阶段男女学生的生长发育指标、身体各部分的比例差别很小，男女同班授课对效果的影响不大。

小学低年级体育教学内容可以根据此阶段学生身体发育的规律，有针对性地安排一些速度素质的练习，尤其是反应速度的学习内容，如各种看、听信号的速度练习，用来有效发展学生的反应速度。但是，由于此阶段学生神经机能的兴奋占主导，兴奋水平高，且容易疲劳，反应速度的练习时间应该短，内容应丰富。此阶段学生的骨骼弹性好，可塑性大，关节韧带伸展的幅度大，是进行柔韧素质练习的大好时机，可以安排体操和技巧的内容，如压腿、踢腿、劈叉、下桥等；可以设置发展灵敏协调性的内容，如跳绳、毽球等。

小学低年级学生的高级神经活动的基本过程进一步增强，但神经系统兴奋与抑制的发展并不均衡，兴奋过程占明显优势[1]，神经元的抑制过程不完善，尤其是分化抑制能力差，错误动作多，动作的精准度差；况且学生注意力不易集中，没有预定的目的，只注意新奇有趣、吸引人的事物和学习材料，对于新鲜的教学内

[1] 王步标，华明.运动生理学[M].北京：高等教育出版社，2011：269-270.

容具有较强的期待和渴望。小学低年级学生神经元的工作能力较低，兴奋持续时间有限，容易疲劳，导致学生注意力的稳定性较差，注意力保持的时间约为15分钟，而对于一节45分钟的体育课，有必要设置多样的教学内容才能调节学生的注意力。

小学低年级学生的动作技能学习主要依赖第一信号系统，视觉感知信息和运动器官间的协调与配合还没有完善，动作技能的学习主要依靠模仿，形象具体的信号刺激才能够推动学生的认知结构建立起"刺激—反应"的联系，因此，此阶段的体育教学内容需要简单明了，生动形象，易学易教。

小学低年级学生的情绪情感比较鲜明、活泼，表现欲比较强，争强好胜，可以根据此特点设置适当的竞速游戏或者技能展示的内容；此阶段学生的自我控制能力还不太强，学习动机并不明确，虽然对体育课程有一定的好奇心、求知欲，但他们的学习动机完全是建立在运动兴趣的基础上，且不稳定，易变，还不能确定学生到底喜欢哪种类型的课程内容，仍需要在教师的引导和关怀下进行学习。小学低年级的学生倾向于将注意重点放在那些可观察的特征和行为上，他们喜欢扮演各种角色，乐意在别人面前展示自己。因此，小学低年级体育课程可以设置适当的情境内容，将走、跑、跳、投、悬垂、支撑、攀登、爬越等人体基本活动以及韵律操、舞蹈等课程内容故事化、情景化、角色化，赋予运动知识与技能以鲜活的生活情境，并通过体育游戏的形式表现出来，能够使学生在参与运动的过程中获得积极的情感体验。

（二）小学高年级学生身心特点及其对体育教学内容的要求

小学高年级阶段的学生处在10～13岁，步入青春前期，开始进入生长发育高峰期，男女生身高急剧增长（女生增长显著），体重也开始明显增加，男女学生的生长发育指标、身体各部分的比例发生显著的变化，第二性征逐渐发育，学生的性别意识逐渐出现，同班授课的效果受到影响。此阶段学生的骨化过程并未完成，骨骼抗压能力仍然较差，肌肉力量虽有所增强，但肌肉耐力还较差，仍然不适宜过多进行肌肉力量、耐力方面的练习。此阶段学生的神经调节功能逐步完善，运动感觉有了相当程度的发展，对简单的动作技能有所控制[1]，动作的准确性、协调性、灵活性进一步增强，适宜进行体操、健美操以及球类等项目的基本动作技能的学习。由于此阶段学生处在生长发育高峰期，身体外部形态发展迅

[1] 董奇，陶沙. 动作与心理发展[M]. 北京：北京师范大学出版社，2004：53.

速，胸廓开始增大，呼吸肌逐渐发达，呼吸肌力量逐渐增强，肺活量加大，心脏发育速度加快，新陈代谢更加旺盛，身体对氧的需求相对较多。此阶段适合安排一些短时间速度性活动内容，仍然不适合进行大量的、运动负荷强度较大的耐力性练习、力量性练习。由于此阶段学生正处于身体形态的发育高峰期，学生正确身体姿势的养成处于关键期，因此更需要强调动作的准确性、规则性。

小学高年级是速度、耐力、柔韧、灵敏素质发展的敏感期，速度相关的教学内容应突出动作速度和动作频率，通过追逐游戏、接力、听节拍各种方式跑等多种形式，来提高位移速度和动作频率。耐力相关的教学内容可以安排一些趣味性的长距离耐力跑，可采用重复跑、变速跑、障碍跑、自然地形越野跑等方法进行耐久跑的练习，这样可以发展学生的无氧耐力和有氧耐力素质。此阶段可以把速度、柔韧和灵敏素质结合发展，教学内容主要配置徒手操、体操、武术、滑冰以及球类游戏等，重点发展学生的灵敏协调性、柔韧性、动作频率。但此阶段学生的肌肉组织发展较迟，心血管系统、呼吸系统发育尚未成熟，需要合理调配教学内容的布置，给予学生适当的量与强度刺激，避免运动疲劳和肌肉损伤。

在设计体育教学内容时，还需把握该阶段学生心理发展的特点，小学高年级特别是进入六年级的学生，大部分开始步入青春发育前期，并出现明显的第二性征，性别意识非常明显，女生开始变得羞怯、忸怩、敏感，不愿意在男生面前表现，诸如男女学生手拉手的游戏内容很难顺利实施。此阶段学生的运动感知觉得到发展，辨别左右方位的能力提高，动作的协调性得到很大的提升，但神经系统的兴奋与抑制还不均衡，仍然是以兴奋为主导，且兴奋容易扩散，不易控制，导致多余动作较多，运动技能学习多处于泛化阶段，动作定型较难实现。

此阶段学生认知越来越丰富，注意力的稳定性明显提高，自我意识逐渐形成，产生的体验也比较稳定、持久，不会随着刺激或情境的改变而很快改变自己的情绪，因而情绪控制能力显著提高[1]。学生能够对自己的喜好独立做出判断，并逐渐把注意力分配到围绕同一任务而进行的选择上，一旦对体育教学内容产生兴趣，便有可能产生明确的学习动机，建立稳固的联系。此阶段随着学生抽象逻辑思维能力的逐渐发展和辩证思维能力的初步发展，学生的学习兴趣从不分化逐渐发展为对不同学科内容产生初步分化，游戏因素在学生学习兴趣上的作用逐渐降低，学生学习的自觉性得到提高，逐渐接受具有规则约束的体育课内容。

小学高年级的学生能够意识到自己的学业、体育活动、课堂行为、同伴接纳

[1] 季浏，汪晓赞. 小学体育新课程教学法[M]. 北京：高等教育出版社，2003：37.

和外貌吸引力方面都有可能为“有能力”或“良好”[1]，在体育课堂上通常想表现得更加优秀一点。因此，可以抓住学生这一特点，将具有韵律性、强调动作标准的运动技能作为教学内容，如广播体操、韵律操等项目；也可以设置一些具有规则约束、具有竞争性的内容，如两人一组或者多人一组的竞速。

此阶段学生正处于神经系统生长发育的关键期，可塑性强，给予运动干预有效刺激，效果较明显[2]，但相对而言，学生的心理发育滞后于身高、体重等生理发育，心理发育仍处在幼稚、单纯阶段，离不开教师的正确引导；学生开始出现各种良好品质，如集体主义、合作精神、规则意识、抗挫折能力等。此阶段学生的思维较为活跃，想象力很丰富且不乏创造性的成分，因此，借助学生心理发展的特点，调动学生开发体育教学内容的积极性和主动性很有必要，也很有效果。

（三）初中学生身心特点及其对体育教学内容的要求

初中阶段的学生处在13～16岁，正值青春发育期，学生身高以每年6～8厘米，甚至10厘米左右的速度增长。初中学生体重的增加十分明显，每年可增加5～6千克，突出的可增加10千克左右。学生的骨骼生长不仅体现在长度，在形式、比例和构造方面也发生了变化，软骨已由坚硬的骨骼所代替[3]，骨骼耐压能力增强，课堂教学内容中可以安排适量的力量练习。肌肉长度随身高增长而增长，肌肉纤维随体重增长而变得粗壮、有力。初中阶段学生的心肺功能发育加快，并逐渐趋于成人化，肺活量加大并接近峰值；心脏功能逐渐完善，平均心率达到每分钟75次左右；呼吸肌的力量增强，氧运输能力提高，呼吸频率达到成人水平，每分钟呼吸16次左右。由于初中阶段的学生正值青春发育期，学生的身体形态、素质、机能各项指标都在随年龄的增长而发展并趋于完善，可以承受适量的耐力性、力量性、速度性、柔韧性、灵敏性的教学内容，因此，此阶段适宜传授运动技能，发展运动能力，全面提升学生的身体素质。

从身体发育的情况来看，初中阶段是全面发展身体素质的重要阶段。初中学生身体素质的敏感期贯穿整个初中阶段，几乎所有的运动项目都可以用来发展学生的身体素质。此阶段刚进入力量发展的敏感期，体育课堂教学过程中，可以重点发展学生的速度耐力、腰腹肌力量、下肢爆发力、臂肌力量，设置短距离跑、

[1] 珍妮·埃利斯·奥姆罗德. 教育心理学[M]. 龚少英，译. 北京：中国人民大学出版社，2011：63.
[2] 孔久春. 体育锻炼方式对儿童注意力稳定性的影响[J]. 中国学校卫生，2012，33（4）：485-486.
[3] 季浏，汪晓赞. 初中体育与健康新课程教学法[M]. 北京：高等教育出版社，2003：30-31.

仰卧起坐、立定跳远、引体向上等活动内容，并可以将此作为评定学生身体素质发展的内容。

初中学生获得更多的抽象思维能力，他们逐渐会根据总体的、相对稳定的特质来思考自己，他们的自我意识随年级的增高而发展，不断出现一个符合学生实际的新水平。其主要表现为：成人感初步确立，这是初中生自我意识发展的一个独特的新成分和典型特征；独立意向突出地发展，由于成人感的初步确立，心理上他们开始从依附的地位向独立的地位急剧转化；自尊心强烈（非常要脸面）、敏感（特别关注）、稚嫩（经不起损伤）是初中学生显著的特点；性意识发展水平较低，正处于由对异性的排斥、反感到对异性的吸引、倾慕的转折期；初中学生的社会化发展和思维发展促进了自我评价的迅速发展；已经具有一定的自我教育能力，开始认真并按自己的意愿规划、矫正自我。[1]但是，在此阶段，学生的自我概念和自尊水平经常下降，学校环境的变化也为学生的心理发展带来消极影响。

初中学生正值青春发育高峰期，第二性征表现明显，男女生的性别意识更加强烈，表现欲也不再像小学阶段那样强烈。此阶段学生的神经机能得到较快的发展，兴奋过程仍多于抑制过程，而且兴奋与抑制之间的相互转化比较快，学生学习过程中正确动作与错误动作同在，但已经表现出动作技能学习的规律性，即动作的泛化、分化、巩固和提高的过程逐渐明显。此阶段学生认知与动作技能之间建立联系的过程逐渐脱离第一信号的刺激，第二信号系统逐渐占主导，思维形式以抽象逻辑思维为主，这些特征为学生比较系统、深刻地学习体育与健康知识与技能提供了物质前提。[2]

初中学生客观、主动地观察事物的能力得到发展，能够运用抽象逻辑思维方式分辨动作技能的规范程度；初中学生的注意力能够较快地集中，且稳定性有所加强，能够在教师的引导下专注地学习运动知识与技能；学生动作技能的学习以有意记忆为主，对于亲身参与的并获得情绪体验的活动内容的记忆水平明显提高；学生的思维迅速发展，求知欲旺盛，想象力较为活跃，想象中创造的成分不断增加，并且逐渐契合实际，变得更加理性化，为主动参与开发体育教学内容资源提供智力支撑。

初中阶段，刚进入青春期的学生，经历着青春期生理和心理的变化，情感表

[1] 杨善堂，程功，符丕盛. 初中学生自我意识发展特点的研究[J]. 心理发展与教育，1990（1）：9-16.

[2] 季浏，汪晓赞. 初中体育与健康新课程教学法[M]. 北京：高等教育出版社，2003：32.

达方面或许压抑，不能很好地敞开心扉与同伴交流沟通，同时青春期的巨大变化可能让初中学生对自己充满迷惑，无法准确地把握自己到底表露什么。[1]处于青春发育高峰期的初中学生，随着他们知识的丰富、技能的形成、兴趣的分化以及社会生活经验的不断增长，开始对自己的需要、情感、能力、目标、价值观有了较为稳定的看法，逐步形成了自己的理想。因此，融合生活需要，掌握运动知识与技能的学习动机逐渐明确，此阶段体育教学内容的选择与设置需要紧密结合学生的体育需求。

（四）高中学生身心特点及其对体育教学内容的要求

高中阶段的学生处在16～19岁，进入青春发育后期，是身体发育的定型期。此阶段学生身高增长的速度明显下降，骨化过程基本完成，身体各器官及其机能水平达到成人水平。男女生在身体方面的差异越来越明显，第二性征表现突出，女生完成身体发育，男生也基本完成身体发育，而男生身上的睾酮含量是女生的15倍，刺激着男生好动、好竞争、敢冒险，渴望成为最强壮、最勇敢、最坚强的男子汉[2]，男生的体育需求明显旺盛且强于女生。此阶段学生的神经系统特别是大脑皮质的结构和机能，已经逐步发展成熟，对运动技能的学习及学习程度具有较强的控制和辨别能力。学生的运动系统、氧运输系统、神经系统、物质代谢和能量代谢都趋于稳定，并达到成人化水平，男女生都表现出协调性的增强，可以学习有难度的动作；男女生的肌肉力量、耐力增强，呼吸肌更加发达，身体承受的运动负荷量和强度增加。高中学生的这些生理特点为掌握各种动作技能，进行各种身体活动的练习，学习复杂多变的技战术提供了可能性。

高中阶段，柔韧、灵敏、速度素质已经度过发展的敏感期，发展速度明显变慢甚至停滞或下降，但仍需要维持敏感期发展的成果，并且尽可能地提高发展的成绩。在发展耐力和力量素质时，附带柔韧、灵敏、速度素质的维持，可以采用综合内容发展身体素质，如通过球类运动等发展反应速度和灵敏性；通过推、掷、抛实心球或推铅球增强上肢肌肉的爆发力；将中长距离跑（游泳、滑冰）以及篮球、排球、足球等球类项目作为教学内容来发展有氧耐力。此阶段可以提高运动成绩为目的，追求各项身体素质向高、快、远、大、稳的方向发展。

[1] 刘艳，邹泓，蒋索. 青少年与同伴的自我表露及其与孤独感的关系[J]. 心理科学，2010，33（1）：229-231.

[2] 冯晓玲. 我国青少年身体素质下降的成因分析与对策研究[D]. 北京：北京体育大学，2012：63-64.

高中阶段的学生正处于青春晚期，其心理的发展具有成熟与幼稚、独立与依赖、自觉与盲动诸多矛盾并存的特点[1]，一些学生有较高的体育兴趣却不敢在紧张的课业负担中大胆地发展兴趣，想参与体育活动却在乎别人笑话自己动作拙笨，喜欢体育活动却不喜欢有课堂常规约束的体育课，这些矛盾都与此阶段学生的心理发展密切相关。

高中阶段的学生心理方面的发展达到一个新的水平，形式运算思维成为基本的思维品质，社会道德感进一步加深，审美趣味进一步提高，情感的稳定性、丰富性等都有所增加，自我调控能力也有所提高。此阶段学生情绪情感的自我控制能力迅速提高，且精力充沛，体育需求强烈，他们通常独立、自主地选择自己喜爱的运动项目和内容，但该群体的体育水平参差不齐，个体运动兴趣差异很大，单一的体育教学内容无法满足学生体育兴趣分化的需求。因此，应设置形式多样的教学内容，满足学生不同的体育需求。

二、教学内容的组合及其学段适用

体育与健康课程是以身体练习为主要手段，以竞技运动项目、新兴运动项目和民族民间传统体育活动项目为体育与健康课程内容资源，把运动项目的“竞”“技”性质融入体育课程内容之中，使体育课程内容的竞争性、技术性、娱乐性、趣味性精彩地呈现，使学生在身体活动中掌握运动技能，获得身心的全面发展，享受身体活动的快乐与成功感，引发兴趣，促成良好的运动习惯。根据身体活动的剧烈程度和运动技术技能的熟练程度（不同水平），可将体育课程内容的组成细分为不同的层次，每一层次适用于不同年龄、不同身体和心理特征的学生。本研究通过建立一个二维坐标图（图3-1），按照运动项目体现出来的“竞”“技”水平、层次的高低，把体育教学内容分为四个相互联系且表现程度不同的区间，此图能够清晰反映出教学内容的组合及其在不同学段的适用性。

[1] 李寿欣，宋广文.关于高中生认知方式的测验研究[J].心理学报，1994，26（4）：378-384.

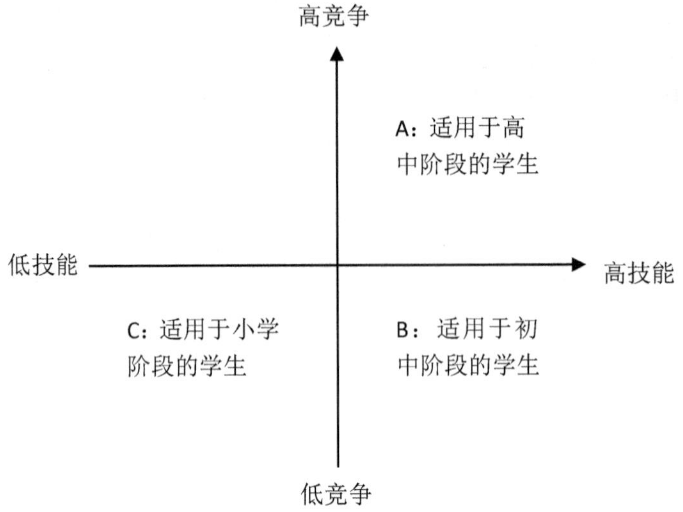

图3-1　教学内容的组合及其适用对象

从图3-1可以看出，竞争与技能两条纵、横坐标轴将平面分割为四个区间，其中，A区间是高竞争、高技能组成的教学内容，适用于高中阶段的学生；B区间是低竞争、高技能组成的教学内容，适用于初中阶段的学生；C区间是低竞争、低技能组成的教学内容，适用于小学阶段的学生。

（一）低竞低技体育教学内容模式及其适应性

C区间是低竞争、低技能（简称“低竞低技”）组成的教学内容，这类内容以走、跑、跳、投、悬垂、支撑、攀爬等基本动作技能为基础，生发、演化出游戏内容及各个运动项目的各种简单的动作技术。它是按运动学原理将动作类别化、要素化，淡化竞争的因素，追求动作的合理性和美感；在单调的运动（如跑、跳、游泳等）中加进情节，强化协同和竞争（规则的约束性不太强）的因素，有利于激发学生的练习兴趣。[1]

小学低年级（一至三年级）体育教学内容的安排以身体基本活动和游戏内容为主，以学习简单的运动技术为辅。此阶段可以多选择游戏、跑步等技术简单、富有趣味的教学内容，如各种花样跑，“喊数抱团”“贴烧饼”“拉网捕鱼”等

[1]　毛振明. 试论“竞技运动教材化”的方向与方法[J]. 体育教学，1997（2）：11-13.

游戏，既能激发学生体育学习的兴趣，发展相关的身体素质，又能够让学生在体验乐趣的同时，学习并初步掌握各个运动项目的各种简单的动作技术，形成正确的身体姿势和身体形态；小学高年级（四至六年级）体育教学内容的安排则以运动项目中单个运动技术为主，以体育游戏内容为辅。此阶段可以适当安排一些简单多样的技术性内容，学习田径类项目中的蹲踞式跳远、跨越式跳高、短跑、投掷垒球、投掷实心球等单个动作技术，学习体操类项目中的滚翻、侧翻、跳山羊等动作技术，学习球类项目中篮球投篮、足球踢球、排球垫球、乒乓球推挡、羽毛球接打高远球等基础动作技术。学习这些运动技能对全面发展学生的体能，促进学生正常的生长发育、增强体质、维持良好的身体机能状态、提高免疫力和适应外部环境的能力具有重要作用。

（二）低竞高技体育教学内容模式及其适应性

B区间是适用于初中阶段的低竞争、高技能（简称“低竞高技”）组成的教学内容，这类内容以运动项目为载体，是各类运动项目的不同动作技术组合和简单的战术配合。这一时期学生的体育学习开始带有技术性的特征。由于学生生理上逐渐成熟，男女生的体育兴趣发生了较明显的变化和分化。男生更喜欢灵活、敏捷、竞赛性强、活动量大的运动，如篮球、足球、田径等；女生更喜欢表现优美、柔韧、节奏韵律感强的运动，如体操、艺术体操、舞蹈等。这一阶段随着年龄的增长，感知觉目的性、自觉性、精确性的发展，学生们对事物的感知已逐渐由感觉水平、知觉水平发展到观察水平，具有一定的概括性和逻辑性；另外，从身体方面来看，学生各器官系统逐渐成熟，因此，初中阶段是开展运动技术教学的很好时机，以全面开展各项运动技术教学为着力点，在掌握一定运动技能的前提下，发展学生的身体素质，进一步促进学生的生长发育。[1]此阶段体育教学内容应该以某些运动项目的组合动作为主，如篮球项目学习原地运球—行进间运球—运球急停急起、双手胸前传接球—行进间双手胸前传接球、原地单手肩上投篮—跳投—行进间运球上篮等一系列连贯动作，并且对完成动作的质量都要相应地提高要求，规则也比较严格。这种提高显然更多地体现在个人的技术和技能水平而非竞争强度上，因为这一阶段的学生羞于与别人竞争，对于同学之间较量的结果及同伴的看法、认可度较为敏感，两人竞争，必有一弱，一旦失利，弱方的自尊

[1]　邵伟德，邹旭铝，俞富根．运动技术概念、性质、分类及其教学特点思考[J]．体育教学，2010（7）：25-27.

心就有可能受到打击，学习的积极性可能由此受挫。

（三）高竞高技体育教学内容模式及其适应性

A区间是高竞争、高技能（简称“高竞高技”）组成的教学内容，重点学习1～3项运动技能，以发展熟练运用该项运动技能的能力为主要目标，适用于高中阶段乃至更高学段的学生。此阶段学生身体发育基本成熟，世界观与价值观及自身的知识体系也已基本形成，主体性日益明显。他们更乐于自我尝试和思辨，乐于接受更大的挑战。因此倡导进一步提高学生原有的技术和技能并组织学生参与较高强度的竞赛，有利于发展学生的主体性，适合这一时期学生的身、心、智的特点。[1]此阶段体育教学内容要适应体育发展的需求，设置充足的球类项目和个人项目。同时加强体育课程内容的系统化，强调运动技能学习的完整性、系统性，通过运动技战术的练习，发展其相关身体素质，重点使学生形成1～2项高度自动化的运动技能，发展个人的运动能力；通过学习运动规则，参与体育竞赛，提高高中学生的运动技战术水平。

第三节　保持体育教学过程的流畅性

一、做好课堂预设

一名成功的体育教师从来不打无准备之仗，总会花大量的时间进行教学准备，一堂课的准备时间往往会几倍于课堂教学时间。体育教师在课前准备过程中，通常需要明确两个问题：一是学生的实际情况，它包括学生的兴趣爱好、动机、需要，现有体育知识、技能的储备，学习习惯、方法、策略、风格，学生可供挖掘的学习与运动能力等；二是学生应该达到的目标，反映为在体育教学活动时，学生在认知、情感态度或心理动作等方面必须达到的状态，对这种状态的把握最终会转化为确定具体的教学任务与学习目标。事实上教师期望学生达到的目标与学生实际达到的目标之间总是有差距的，需要根据两者状态的差距，来分析学生的实际学习需要状态，对教学内容进行筛选、排序、改造、补充等，筹划开展有效教学的具体方式，其中包括课的结构，采取的教学方法，创设的教学环

[1] 李庶鸿.竞技运动的内涵及学校竞技运动教学模式的探讨[J].体育与科学，2002，23（5）：10-12.

境，设想教学中可能出现的问题以及处理对策等。

在课堂预设时，教师最关注的是学生的学情，通常会进行学情分析。学情分析就是针对学生学习特点进行深入的分析，分析不同年龄学生的特点、同一年龄学生之间的差异性、不同性别学生的特点、不同学生的身体基础、学前运动技术基础等几个重要方面，对于体育教师实施课堂教学策略是至关重要的。

二、创设教学情境

捷克教育家夸美纽斯曾说："一切知识都是从感官开始的。""在可能的范围内，一切事物应尽量地放在感官的跟前，一切看得见的东西应尽量地放在视官的跟前，一切听得见的东西应尽量地放到听官的跟前……假如有一个东西能够同时在几个感官上面留下印象，它便应当用几个感官去接触。"[1]教学情境就是以直观方式再现书本知识所表征的实际事物及其相关背景[2]，例如，将立定跳远设计成"小青蛙运动会"，将较为枯燥的双脚跳贯穿其中，让学生扮演小青蛙这一角色，通过模仿小青蛙的跳跃动作，促使学生掌握双脚起跳动作。该课时教学中设计了"青蛙跳荷叶"的情境，开始让学生们利用短绳做游戏（自由发挥），然后让学生们用跳绳设计、创造出各种图形的"荷叶"，接着学着小青蛙的样子在"荷叶"上来回跳动。这样，通过一个简单的教学情境，将所教的技术动作渗透在里面，既能使学生体验到学习的乐趣，同时又完成了教学目标。

教学情境是体育课堂教学的基本要素，创设有价值的教学情境则是体育课堂有效教学的重要追求，教师通过营造一种特殊的教学环境，通过创设相关的故事情节、场地器材和情境氛围，发展学生的心理机能，提高学生学习体育的兴趣，调动"情商"，在最短的时间内拉近情境与教学内容、教学目标的距离，从而增强教学效果。

三、运用课堂导入

所谓课堂导入，是指在课堂教学伊始的3～5分内，教师和学生所有教学活动的通称。所谓课堂导入设计，就是针对课堂导入阶段如何组织导入材料、怎样安

[1]　夸美纽斯. 大教学论[M]. 傅任敢，译. 北京：人民教育出版社，1984：156.

[2]　余文森. 有效课堂教学的基本要素[J]. 教学研究，2007（7）：38-42.

排师生教学活动等一系列问题提出切实可行的设想和计划。虽然课堂导入部分在时间上只占整堂课的一小部分，但它同样具有系统的特性。[1]体育课堂教学运用到的导入策略很多（表3-2）[2]，如常规导入法、温故导入法、故事导入法、示范导入法、提问导入法、情境导入法、价值导入法、讨论导入法、媒体导入法、激励导入法等。通过运用这些导入策略，至少达到两个目的：其一是内在目的，即要引起学生的注意、激发学习的兴趣、引起学习的动机、明确学习的目的、建立知识间的联系；其二是表现目的，即要使学生和教师以较好的状态及时地进入课堂教学的情境、进入课堂教学的角色。

表3-2　课堂教学导入策略

导入策略	策略简介
常规导入法	在上课前先把本次课要完成的教学目标对学生说清楚，目前进行的体育课教学大都采用这种方法。
温故导入法	在体育教学中同一个项目的两节课之间总有着一定的技术联系，温故开讲是通过对旧知识的回顾与复习，过渡到新知识的讲授。
故事导入法	根据课的教材设计一个故事，上课时通过教师形象生动的描绘，把学生带入故事情节，让学生扮演故事中的人物，做故事中的事，在故事中学习动作技能。
示范导入法	根据课的教学内容，一上课教师或学生代表通过精彩的动作示范，来吸引学生的好奇心，让学生主动地来学。
提问导入法	通过提问使学生能够明确本课的学习内容和学习重点，并能自觉主动地去探索解决问题的方法，形成积极思考的习惯，培养学生的创新意识和能力。
情境导入法	在上课前做一些简单形象的道具，使学生既感到新鲜又能很快地进入角色，投身到活动中来。
价值导入法	利用体育项目在生活中的作用，把枯燥的项目变为有价值的事情。
讨论导入法	利用讨论，引起学生之间的竞争，激发了学生的潜力。
媒体导入法	通过多媒体导入新课，可以增强直观教学效果，激发学生学习兴趣。
激励导入法	教师运用激励性的语言对学生进行引导，使其对上课内容感兴趣的方法，其中包括语言激励和物质激励。

四、规范教学行为

教师教学行为，是教师基于自己的教学思想、人格特征及教学智慧，在实施

[1] 肖荣，黄宏新，车云霞. 论课堂导入及其设计[J]. 天津市教科院学报，2001（2）：38-41.

[2] 孙英俊，谷亨利. 浅议体育课堂教学导入设计策略[J]. 体育教学，2010（2）：25-27.

教学的过程中选择的行为方式，既有教的行为又有师生互动的行为。[1]新一轮课程改革明确指出，有效的教师教学行为就是应该让学生热爱学习，让学生自我发展，让课堂不再沉闷。作为体育教师，规范一般教学行为（表3-3），帮助学生制定适宜的学习目标，掌握有效的运动技能学习方法；培养学生体育学习的兴趣和学习习惯，创设良好的教学环境和课堂气氛，激发学生的学习动机；服务学生的学习，做好学生学习的组织者、促进者和指导者；着重强调素质发展，注重学生身体参与的过程及其情意表现。

表3-3　体育教师一般教学行为的种类及其对教学的作用

类型	作用
示范	观察生动形象的动作过程
讲解	使学生了解动作的基本要求
口令与提示	按口令、击掌、节奏提示顺序，逐步完成动作
改变动作条件与组合	分解或组合动作，降低或提高标准，提高学习针对性
设置情景	以基本技能为素材，设置情景性游戏，提高学习兴趣
开展竞争	以基本技能为素材，设置竞赛活动，提高学习兴趣

为保证体育课堂教学的流畅性，教师应该做到如下几个方面。

（一）合理安排教学内容

教学内容以运动技术、技能和方法为主，一堂课的教学内容一般安排不少于三个基本动作练习，并且几个基本动作之间联系密切，如学习篮球运球技术，一般安排原地单手运球、原地双手交换运球、行进间运球、高运球与低运球等几个内容。同时要求教学内容的难易程度适当，能够契合学生身心发展的需求，能够充分调动学生学习的积极性，有助于学生掌握运动技术、技能，有利于培养学生自觉、自愿、自主学习的习惯。

（二）严密组织教学

以促进学生的有效学习为导向，运用得当的教学方法，激发学生学习热情；突出运动技能学习的问题导向，及时反馈教学中出现的各种问题；合理安排场地、器材，创新教学用具，营造教学情境；因材施教，区别对待学生学习过程中

[1]　高全荣. 规范与有效——教师教学行为的和谐共进[J]. 上海教育科研，2015（5）：68-70.

的体能储备和学习潜力，使学生生动、活泼地参加体育锻炼；注重把握教学环节的过渡与衔接，使准备部分、基本部分和结束部分有针对性地相互连接。

（三）准确运用讲解与示范

教师的讲解简明生动、口令清楚明亮，讲解时留有余地，能够把握什么该讲、什么该留给学生去思考，对需要学生通过相互交流、相互帮助才能找到答案的问题，不能讲得太仔细，要留有空间，激发学生的探索欲望，并通过比赛挖掘他们的创新潜力，始终使学生处于积极主动的学习氛围中，形成创造性意识。教师示范动作时，身体姿势正确优美，安全措施到位，保护帮助得法。

（四）有效增强学生的体质

有效体育教学增强学生体质的实效性强，运动负荷适宜，要求中小学每节体育课安排8分钟左右的体能练习内容，课的练习密度达到50%以上。小学阶段平均心率达到130±5次/分；初中、高中阶段平均心率达到135±5次/分（女）、140±10次/分（男）。通过加强课的练习密度，调控学生的运动负荷，充分发展学生的身体素质和运动能力。

（五）帮助学生掌握“三基”

“三基”教学，即向学生传授体育与健康基础知识、基本技能与方法。“三基”是我国学校体育教学的基本内容。在体育教学过程中，它保证了学校体育课程内容的定向性和操作性，有效的体育学习就是让学生掌握运动技术的要领、运动技能的程序，并最终能独立地完成动作。[1]体育教师围绕“三基”开展教学，在课的基本部分抓住“三基”实质，充分利用有限的时间、空间，加大身体活动的幅度、强度，引导学生多学、多练、多用，学练结合、学用结合，使体育课堂呈现无限生机与活力。

（六）开展思想品德教育

上好每一节体育与健康教育课，提升学生的运动能力、健康行为水平和体育品德是对学校体育教学提出的明确要求。结合体育课的特点对学生进行思想品德教育是体育课的任务之一。一节体育课在关注学生学习体育与健康知识、技能和

[1] 昌君，顾渊彦. 新“三基”教学在课改中的意义[J]. 体育教学，2008（2）：13-14.

方法的同时，也要负担起培养学生迎接挑战的积极态度、精诚合作的团队意识、坚强的意志品质、公平竞争的精神、不越雷池半步的规则意识、平淡对待结局的胜负观念等，提高学生德育认知、德育评价、德育行为水平能力，促进学生的身心协调发展。体育课堂开展思想品德教育的方式很多，时时处处都可以开展对学生的思想品德教育，如结合教学比赛培养学生的规则意识和团队精神；利用练习间隙和学生谈话，鼓励学生不怕吃苦受累、不畏艰难困苦、不嫌单调枯燥地参与身体活动。

（七）及时应对各种突发事件

由于大多数体育教学活动是在室外进行的，在课堂教学中，往往会出现一些突发事件，如学生的不配合、突然的运动损伤，既有与教学内容、教学任务有关的突然变化，又有与之无关但会影响教学进程的突然变化，此时要求体育教师在教学中面对突发事件做出快速、恰当处理，这种随机应变的行为方式既是体育教师对教学技能掌握得更精湛的体现，又是体育教师教学水平的体现。由于突发事件发生在课堂上，如果不及时有效地处理会影响到课堂教学的氛围，影响学生的学练情绪，这就要求体育教师面对不同的突发事件采取迅速果断的方式进行处理。对于学生身体练习的松懈，体育教师多采用鼓励的方式激励学生练习；对于学生之间因练习出现的肢体冲突，体育教师应立即以威严、公平、严厉的方式介入；对于运动过程中出现的运动损伤，体育教师要能够运用自身掌握的急救方法快速处理该事件。

（八）追求良好的教学效果

有效体育课堂教学是在教师主导下，根据青少年的认知特点和身心发展规律，通过创造生动有趣的体育教学情境，将教学内容巧妙穿插于情境之中，使学生通过观察、参与、探究、感悟，形成良好观念、情感态度和行为方式。教学效果相对应的就是教学表现，而体育课堂上的教学表现需要通过学生的表现才能体现出来。良好的教学表现通常可以理解为学生参与体育课的程度高，学生的学习态度端正，学生独立的创造精神强。良好的教学表现需要通过教师进行情景设置、师生共同参与体验、课后及时反思回顾三个重要环节来完成。

教师的教学行为影响着学生的学习，教师在课堂教学中从多层次、多角度出发，发挥教师个人知识、能力特长，以促进学生学、引导学生学、教会学生学为导向，以能力提升、个性培养、知识获得、情感体验、价值形成为目标，进行规范的教学，能够最大限度地提高体育课堂教学的有效性。

五、科学管理课堂

对于体育教师而言，体现教学水平高低的重要方式就是学生在课堂教学中身心参与的态度、课堂教学氛围、学生运动成绩等的好坏，而这些成绩的取得与体育教师课堂教学管理能力的高低密切相关。所谓有效的课堂管理，就是要求教师在课堂管理中应以学生的发展为中心，时时考虑学生的需要，使学生积极、主动地参与学习活动，形成一种互相尊重、有秩序和相互信任的气氛，并建立良好的师生关系，促进学生有意义的学习。[1]

由于体育课是以身体练习为主要活动形式的课程，具有一定的特殊性，因此有必要强调学生身体活动的规范与要求，具体如下。

（一）建立和执行必要的体育课堂教学常规

教学常规是保证教学有序、有效和安全进行的需要，也是培养学生组织纪律性、形成良好班风学风的保证。为了使学生能较好地配合体育教师并积极参与体育学习活动，在教学之初，体育教师就要向学生明确宣布“要求学生做”和“不允许做”的行为要求，为了维持良好的课堂教学秩序，体育教师要防患于未然，尤其是刚刚开始上课的时候，一定要狠抓常规执行，让学生逐渐适应并形成习惯，内化于心，外化于行。如果不建立一套严密的教学常规，没有对学生严格的要求，体育教学就可能无法顺利进行，容易导致“放羊式”的课堂教学，学生不仅学不到东西，得不到锻炼，而且还容易发生伤害事故。

（二）注意认真观察与分析学生的行为

体育课中师生的空间活动范围都比较大，要维持良好的课堂纪律，教师必须及时全面了解教学过程中全体学生的情况，关注他们参与体育学习活动，完成学习任务的情况。当学生出现违纪行为时，教师要立即做出正确分析与判断，并采取相应、合适的措施予以制止。

[1] 张宇晨，曾健生. 课堂管理策略探究[J]. 江西师范大学学报（哲学社会科学版），2004，37（3）：109-112.

（三）及时妥善地处理违纪违规行为

当学生在学习过程中出现违纪行为时，教师必须迅速做出反应并及时处理。一般来讲，如果学生只是消极地完成学习任务，教师不必立即公开处理，可采用沉默、皱眉、走近等方法处理。如果学生的违纪行为已明显干扰整个教学过程，教师必须立即处理，并按情况采取提示、暗示、制止，甚至惩罚的方法。如果学生为了吸引教师的注意而出现违纪行为时，教师可以不予理睬。总之，在处理违纪行为时，尽量不要中断教学的正常进行。

（四）正确运用奖励与惩罚

奖励与惩罚是维持纪律，进行课堂管理的重要手段。奖励积极性的行为是课堂管理中维持纪律的最有效的方法之一。俗话说："罚其十，不如奖其一。"当学生的积极性行为得到奖励后，这种行为将得到巩固与强化。体育课中的奖励方式通常是非物质性的，如口头赞扬，口头表扬"你终于成功了"，或给一个满意的、赞许的目光和微笑。为了维持纪律，一定的惩罚是必要的，惩罚是体育教师有意识通过使学生经受不愉快的体验，以影响和改变学生行为的一种手段。惩罚的目的是制止或阻止违纪行为的产生和重现。在体育教学中，惩罚的方式有两种：一是挫折型，即暂时中止违纪学生参加体育学习活动的权利；二是否定型，即当众批评、教训，课后留下来，罚做俯卧撑、跑步等。在运用惩罚时，教师必须让学生明白，惩罚的是违纪行为而不是人，一般情况下不搞集体惩罚。

【案例】

本课的教学内容是水平二的"前滚翻"，授课对象是小学三年级（3）班的学生，共46人。在课的开始部分，我和学生一起在优美的音乐声中完成了模仿操练习；然后，以"一只小刺猬，团身像个球，左滚滚右滚滚，向前滚动不用愁"的儿歌将教学环节过渡到了"小刺猬练本领"的阶段，并安排学生两人一组进行前滚翻技术的练习，而我则在一旁进行巡回指导。

正当我穿行于学生的练习之中，预备将教学程序过渡到下一个环节的时候，一个微弱的声音飘来："报告，许教师……"我循声望去，发现胖嘟嘟的王晓泥皱着眉头、表情不悦地站着不动，和她练习的王琪则在一旁指手画脚。"怎么了，你们怎么不练习呢？是累了吗？"我走近她们问道。"教师，我不想练了。"王晓泥低着头沮丧地说。"不想练？为什么?是不是动作翻不过去？"我疑惑地询问。王晓泥还未回答，嘴快的王琪就噼里啪啦地说开了："许教师，她不是翻不过去，她是嫌自己翻的时候身体团得不好看，所以不愿意练习了。我都劝了她好久了，她就是不听，真是的。”王晓泥委屈地辩解着：“动作的要求就是团身像个球啊，可是我比较胖，身体就是卷不起来嘛。”从她们的对话中，我了解到事情的起因，顿时心里觉得有点不安。我一边轻声安慰着王晓泥，一边下意识地环顾四周练习的学生，发现其他组有几个学生的动作也存在着这个问题，可能是他们自己也意识到了这点，所以练习的积极性也都不是很高，有个别学生干脆坐在垫子上休息了。

怎么办呢，该如何处理这种状况，是忽视还是介入?一瞬间，我的思绪杂乱无章地交织着，不知道该如何进行抉择。正在这时，我突然听到不远处传来一声高昂欢快的声音：“这是我独创的跳跃式前滚翻，谁都不许学我的。”我走近一看，才知道是黄洪涛在完成前滚翻动作后来了个跳跃起立，正在得意扬扬地向其他学生炫耀呢。见此，我脑海里快速闪过一个念头：“何不如此呢?”我将思路快速地整理了一下，开始集合学生。

“同学们，老师看大家的本领都练得差不多了，是时候该让大家展示一下自己的本领了，但在比赛之前老师有件事和大家商量一下，我想请同学们一起讨论一下设置什么奖项好，你们说好吗?”学生们欢呼雀跃地同意了。在我的引导下，学生们积极踊跃地进行着讨论。有的说要以动作的标准作为参考，有的提议要考虑整个动作完成的效果，还有的说要看参赛者的态度如何来进行评比……大家都各抒己见。最后，我和学生们一起确定了最佳动作奖、最佳创意奖、最佳表演奖和最佳进步奖四个奖项。其间，我特意观察了一下王晓泥和那几个技术掌握不娴熟的学生，发现他们消极被动的情绪减少了，脸上流露出轻松释然的微笑。开始比赛了，学生们展示了各式各样的技术。有非常标准的前滚翻动作，有双手抱膝向前一直滚的夸张动作，还有别出心裁地加了舞蹈手势的表演……整个比赛过程掌声四起，笑声朗朗。最后，黄洪涛同学不负众望摘走了“最佳创意奖”，李昊坤同学则在大家一致推荐下被评为“最佳进步奖”，而当王晓泥以一个漂亮的亮相动作赢得了“最佳表演奖”时，她脸上那种自信而快乐的神情使我一直难以忘怀。看着那一张张洋溢着激情与活力的笑脸，我心里感到前所未有的充实与满足。[1]

案例分析：

许老师通过细致入微的课堂观察，及时发现个别学生练习过程中出现的“团

[1] 许晖.让“有效教学”渗入到体育教学中[J].中国学校体育，2016（10）：87-88.

身不紧”问题，与学生一起讨论和寻找克服“团身不紧”问题的练习方法，并抓住每一个意外生成的契机，激励学生大胆地进行动作创新，通过积极的评价和鼓励，使学生在学练中产生愉悦的心理感受和情绪体验，激发了学生主动参与学习的强烈欲望，营造了热烈、活泼的课堂氛围，提高了课堂教学的有效性，凸显该教师高超的课堂管理能力。

六、即时反馈信息

教学是一个有目的、有方向的完整有序的复杂信息传递系统，在这一系统中，教师既是教学信息的传输者，又是反馈信息的接受者，在教学过程中起主导作用，是整个教学系统的控制器。当然学生也不是简单的信息接收者，在其内部存在对信息的加工与处理过程，并且他们还要将加工与处理的信息通过一定的方式输出，这个输出的信息对教师来说就是反馈信息，教师依据这种反馈信息对自己的整个教学活动状态做出分析与判断以及必要的修正和调整。对于学生来讲，他们也要从教师那里获得自己有关学习行为及其效果的反馈，并根据教师的反馈信息，对自己的学习活动形成反思总结，并及时修正与调整自己的学习行为及方式，使自己在教学中处于一种正常而积极的状态。[1]

运动技能的教学一般通过讲解、示范，并以挂图、幻灯片、录像等手段，在学生头脑中树立正确的动作表象，然后激励学生朝着该表象进行反复练习。在反复练习以习得运动技能的过程中必然要经历相互联系的三个阶段，即泛化阶段、分化阶段、巩固提高与自动化阶段。在运动技能形成的初期，各种动作都受主体意识的控制，一旦意识的控制减弱，动作将出现错误，而技能的学习者本身很难察觉自身的动作情况，他需要靠明显的外部线索来调节自己，例如指导者的提示语、镜子反馈等。体育课堂上的运动技能教学多数处于运动技能学习的初级阶段，及时的信息反馈可以引起学生对问题或错误的注意，从而有效纠正不恰当的动作练习方式或学生错误的动作认知，帮助学生在头脑中存储正确的动作信息。

有效体育课堂教学更强调对学生运动技能学习反馈的即时性，及时发现学生在练习动作过程中出现的问题，即时纠正错误动作，在最短时间内，以最快的速度使信息到达学生的头脑里，明确告知学生当前动作学习处于何种状态，还需要

[1]　彭豪祥. 有效教学反馈的主要特征[J]. 中国教育学刊，2009（4）：54-57.

如何进一步改进。例如：在篮球单手肩上投篮教学时，学生成一路纵队，每人投篮一次。教师在场可以及时发现学生投篮过程中出现的问题，帮助学生找出自身与他人的差异和不足之处：如持球时掌心触球，投篮动作不协调；肘关节外展，手腕、手指僵硬，球的旋转有些横向转动；投篮时出手角度太小，手臂前推；投篮时出手角度过大；投篮结束后，身体重心前移过大，失去平衡等。一旦发现问题，教师马上提出相应的纠正方法，力求练习时动作的完整、细致、准确、流畅，帮助学生最终产生正确的动作定型。

第四节　运用多元教学评价方式

一、明确教学评价的目标

有效体育课堂教学在各个环节与一般课堂教学没有异样，但它在实际教学过程中，应该比一般课堂教学表现得更加成熟、更加卓越，具有以生为本、促进学习、注重量化、针对性强、充满活力、安全到位、讲求效率、质量可靠等明显的特征，这些特征往往也是衡量体育课堂教学是否有效的依据和判断标准。

（一）以生为本

体育课堂教学是否高效并无完全客观的判断标准，仅仅从学生体育课堂的参与表现、学生体质的发展程度、学生运动技能的掌握程度等方面进行衡量并不全面。在传统的体育教学中，运动技术与技能的正确掌握一直是教师关注的主要目标，这种做法往往忽略学生的学习态度、情感、心理的发展，进而导致学生在学习过程中不能获得充足的情感体验，体育课堂成为一潭死水，索然无味。体育与健康课程标准强调学习目标应定位于运动参与、运动技能、身体健康、心理健康和社会适应方面，这意味着运动技术与技能目标不再是判断体育教学有效性的唯一目标，而是要达到知识与技能、过程与方法、情感态度与价值观的全面提升，要达到运动参与、运动技能、身体健康、心理健康和社会适应的全面发展。当前，学校体育教学应落脚于培养学生的运动能力、健康行为、体育品德，集中体现了体育学科的育人价值。体育课堂有效教学将这些目标具体化，并将该学科的价值定位在学生身心全面健康地发展上，凸显出体育教学以人为本的特性。

（二）促进学习

有效体育课堂教学是一整套为促使学生学习、实现教学目标而采用的教学策略。其着重点在于“有效”，而教学的“有效”则体现在学生的学习上，并切实地落实到学生身上，要让学生在体育文化知识、体育能力、心理素质诸方面获得进步。因此，有效体育课堂教学应该以促进学生的学习为最大目标，着重做到：①保证基础——促进学生体能、技能和健康教育的知识、技能和方法的学习和提高，为终身体育奠定基础；②强调选择——让学生根据自己的兴趣爱好选择运动项目进行学习，促进学生个性化发展，充分体验体育学习的成功感和自尊心；③关注融合——关注体育与健康教育内容、体能与技能、知识学习与锻炼和比赛等方面的有机结合，提高学生的融会贯通能力；④重在运用——将体育与健康知识、技能、方法运用到体育学习、体育锻炼和运动竞赛之中。

（三）注重量化

有效体育课堂教学之所以“有效”在于其无论采用何种评价指标，相对于普通课堂教学，均获得可观的量化成绩。有效体育课堂教学本着效率至上的原则，既要考虑教师“花最少的时间教最多的内容”，又要关照学生“用最少的时间学会最多的内容”，这一原则从根本上体现出学生在有限的时间内采用身体参与的方式获得的最大限度的身心体验。这种量化涉及几个明显的指标，如教学目标尽可能明确与具体，以便于检验教师的工作效益；体育教学内容能被学生真正理解和掌握，并能促进正迁移的内容，包括体育知识、技能、素质等；授课时尽量安排时间教授重要内容，且提供更多的机会让学生从事主要学习内容的练习。[1]有效体育课堂教学的量化是认识基础上的价值判断活动，它可作为一种预测和控制教学的辅助手段，很大程度上帮助教师改进与调整教学手段，但是，衡量体育课堂教学的有效性，并不能简单地说量化就是好的、科学的，应该科学地对待定量与定性、过程与结果的结合[2]，全面地反映课堂教学的生动性。

（四）针对性强

体育课堂每一个环节都是教师教学技艺的展示。有效体育课堂教学通常是体

[1] 汪际慧，金逵. 运用系统观察法评价有效体育教学的研究[J]. 北京体育大学学报，2015，38（3）：105-110.

[2] 崔允漷. 有效教学：理念与策略[J]. 人民教育，2001（6）：46-47.

育教师充分运用教学艺术，针对不同的教学对象、不同课的结构和类型，根据所处的教学情境，采取适合学生需求的教学手段和方法，从而使教学效果接近或者达到预设的教学目标的过程。在传授运动技能与方法时，要遵循不同学段学生身心发展的规律，小学阶段学生处于速度、柔韧、灵敏素质发展敏感期，初中阶段学生身体素质进入全面敏感期，高中阶段学生的力量、耐力素质处于敏感期，有针对性地设置体育教学内容，促使学生身体素质得到发展，身体机能水平得到改善，运动能力得到提升。同时，还要关注不同课的结构和类型，新授课、复习课需要考虑运动技能形成与发展的规律，将运动技能学习的泛化、分化、巩固与提高几个阶段把握到位，有针对性地发展学生的运动能力，提升运动技能。将这些规律性的内容落实在课堂上，充分考虑不同性别、不同年龄、不同认知发展水平和学习能力学生的不同需求，保证学生“想学、乐学、学乐”。

（五）充满活力

良好的课堂教学氛围是有效体育课堂教学的外在表现。轻松愉快、贴近学生生活且立足于课堂教学内容的情境创设，凝聚着学生的认知和情感，调节着课堂的积极氛围，激起学生的认知加工、学习迁移和问题解决。[1]有效体育课堂教学注重激发学生的学习兴趣，提高学生的生理和心理活动的正能量，学与练的情绪高涨，学生愉快地接受教学内容，更快地掌握运动技术，学练效果达到最优。有效体育课堂教学的实施是在师生积极互动的过程中开展的，有效的师生互动可以使体育教师掌握教学进度，了解课的密度，了解学生在体育课中的心理感受，师生双方换位思考，开展民主对话，使教学主体实现人与人、人与环境、人与文化的交互作用，使教学气氛与环境高度和谐，使主体意识、主体能力得到充分的体现和发展[2]，从而实现教学信息的有效流动，渲染体育课堂的热烈气氛，促进师生双方共同感受体育教学的快乐。

（六）安全到位

体育教学是由学生身体参与运动的综合性教学活动，有其独特教学特点和规律。尤其是体育教学组织灵活多变的特点、学生身体参与程度不可预知的特点以及气候、环境等不可控因素的影响，决定了体育课堂是发生运动损伤或伤害事故

[1] 范文利，朱晓斌. 构建良好课堂氛围的教学情绪场[J]. 现代中小学教育，2007（5）：9-11.

[2] 曹正善. 有效课堂教学交往特征探析[J]. 四川师范大学学报（社会科学版），2001，28（5）：71-77.

的高危地带。有效体育课堂教学安全系数较高，是教师充分运用良好的教学技能，认真贯彻“安全第一”的要求，课前要设计教学安全预设，备课中要想到这节课教学内容中的安全防范。课前要检查体育器材和教学场地，对本节课堂教学使用的器材一定要认真进行检查，确保安全。课上要学生集合，对特殊体质学生要观察询问，对学生出勤人数要掌握。教学活动中安全保护要到位，教学中有很多项目要教师加强对学生的保护[1]，最大限度地预防和控制体育教学中的运动损伤或伤害事故的发生，为体育教学提供和谐的教学环境，保证学生安全地从事身体活动。

（七）讲求效率

“有效教学”是“教学正常化”的别名，追求师生以尽可能少的时间和精力消耗去获得最大的教学效果。有效教学把时间的分配和运用当作影响教学效率的因素，看到了效果与时间的紧密关系。[2]有效体育课堂教学强调教学的有效性，是一种高效的教学活动，它在有限的一个学时之内激发学生学习的热情，调动学生学练的积极性，使更多的学生参与到运动技能的学习过程中，使学生更多地学习到教师预先设定的教学内容，并且学有所得、学有所用，从而使整堂课达到一种理想的教学状态，既保证课堂教学过程流畅进行，又保证学生身体练习的密度和运动负荷达到体育课程标准的要求，最大限度地接近预先设定的教学目标。

（八）质量可靠

开展有效教学的体育课堂应该是使学生“学在其中”并具有接近实际的“真实”效果。这种“真实”效果以学生的身心体验为基点，使教学奠基在“正确而清晰的目标”上，奠基在“丰富和正确的教学内容”上，通过课堂教学使学生真切地体验到身体参与运动过程中带来的流畅感，收获酣畅淋漓的感觉。因此，为保证学生的情感体验，体育教师在课前做好充分的准备，如备课、试讲、准备场地器材、预设教学情境、选择教学内容、预设教学方法与手段等措施，课中也能够很好地把握课堂节奏，掌控学生的学习情况，自如地运用各种教学方法与手段，灵活地组织学生在预先设计的环境和氛围中进行练习。当然，一堂高质量的体育课需要学生的配合，学生在身体练习过程中主动地探究、发散地思考、投入

[1] 秦海书. 体育高效课堂教学的思考[J]. 中国学校体育，2011（2）：28-29.
[2] 李涛. 提高课堂教学效率之我见[J]. 教育理论与实践，2000，20（2）：41-45.

地体验，体验学习运动知识与技能的愉悦感，在教师的指导下习得相关的知识与技能。

二、整合多种教学评价方式

体育教学评价是一个复杂的系统，要不断加强与改进体育教学评价，就必须树立联系的观点，正确处理好体育教学评价中的各种关系。[1]既要重视技术，又要重视体育的习惯和素养；既要考虑学生的知识目标，又要考虑学生的能力目标；既要关注“达标”，又要关注学生的情感态度和价值观；既要注重体育与健康的统一，又要把体育与智育、德育、美育、劳育等结合起来，促进学生的全面发展；既要有教师的评价，又要有学生的评价；既要有自评，又要有他评；既要营造有个性化的学习氛围，更要有团结协作的合作学习；既要看到全局的、整体的联系，又要看到局部的、部分的联系。[2]科学合理地评价学生的体育成绩，使评价成为促进学生更好地进行体育学习和积极参与体育活动的有效手段。有效体育课堂教学的评价包括以下几种方式。

（一）分散评价与集中评价有机结合

分散评价是指整个体育教学进程中对学生学习行为与表现的评价，集中评价是指体育教学进程结束后的终结性评价。哪些应该分散评价和哪些应该集中评价，一般根据体育教学的内容和目标而定，如一些内容较难，动作技术路线很复杂，学生不易掌握，且处于运动技能学习的泛化阶段时，就应该采用集中评价的方式；如果经过努力学习，大部分学生已经掌握教学内容中的技能和方法，仍有一小部分学生出现零乱动作，此时就应该采用分散评价的方式，以突出评价的针对性。采取分散评价与集中评价相结合的方式，既可保证评价的质量，又可使学生不感到外界的压力。

[1] 杨云琳. 高校体育教学中分层评价的模式构建[J]. 西安体育学院学报，2005（1）：122-123.

[2] 范运祥，马卫平. 体育教学评价中几对范畴的思考[J]. 上海体育学院学报，2011，35（4）：70-73.

（二）相对评价与绝对评价有机结合

相对评价，主要是全体被评价对象之间相互比较的一种评价。绝对评价是在被评价对象之外，建立起客观指标，以这种指标为标准来进行的一种评价。相对评价有利于激发学生之间的竞争；绝对评价的优点是自身科学性、教育性较强，不易给学生造成心理伤害，有利于促进学生的健康发展。一般情况下，一些简单的过程性评价可以用相对评价，如在体育教学过程中对学生运动参与意识、运动技能水平等的评价。通过这种评价增强竞争意识，鼓舞学习热情，促进学习目标的实现。一些技能性、知识性强的内容可以采用绝对评价，教师根据学生运动能力差异，赋予一定的权重分数，以便对体育学习进行科学的量化分析。

（三）定性评价与定量评价有机结合

在过去的教学评价中，人们往往把定量评价作为唯一的评价方法，所以对教学中什么事情都要量化。但体育教学并不能单纯以一个人跑的快慢、跳的高低、投的远近来评价好坏。因为学生毕竟不是运动员，学习也不是进行体育比赛，以竞技体育的评价体系来评价学生是不全面的[1]，况且，有些方面是很难量化的。如学生的体育学习态度、运动情绪、体育意识等，这些只能通过划分等级的形式进行定性评价。所以在考核评价中要根据考核内容，采用定性与定量相结合的评价方式。尤其是对学生综合素质的评价，这种结合更有意义。通过定性与定量的有机结合，转换成几个等级，对学生进行等级评价，使学生学习分数的精确度变得模糊，这样教师既能掌握一定的量化数据，又淡化了学生对分数的斤斤计较，并能使教学评价富于弹性。

（四）总结性评价与形成性评价相结合

总结性评价与形成性评价并不存在逻辑和方法论上的区别，两者都是为了检验评价对象的价值，但总结性评价仅仅局限于总结，即对教学的整体成效做出判断，为计划的重新选择和实施提供信息。由于总结性评价常用于学习之后，评价的结果是对已完成的教学情况的总结，因此，它不能对正在进行的体育教学做出及时的诊断和信息反馈。而形成性评价是与整个教学过程同步进行的，它可以对教学中出现的各种情况做出早期的判断，随时予以改进和完善。

[1] 黄海镝. 体育教学多元化评价体系研究[J]. 成都体育学院学报，2003，29（5）：76-77.

体育教学是一个动态的发展过程，其间会出现许多这样或那样的问题，若不能及时发现和解决出现的问题，必然会影响体育教学的质量，而形成性评价恰恰可以捕捉到这些问题和变化，为师生双方调整教学与学习提供及时的帮助。与总结性评价重结果相比，形成性评价更关注教学的各个环节，而且强调重复的过程，它所使用的测量工具也是灵活多样的，可以是标准化的，也可以是非标准化的。所以，形成性评价所具有的过程性、灵活性和实效性等特征，正是体育教学所期待和关注的。从发展的观点出发，它比总结性评价更具意义和价值。应当指出，上述两种评价方式各有不同的评价范围、操作模式以及优缺点，只有将两者综合起来运用，才能使评价处于良性的动态发展之中。[1]

（五）教师评价与学生自我评价、学生相互评价有机结合

在体育教学实践中，要废弃“学生只是被评者”的做法。评价时，除了教师评价外，要增加学生的自我评价和相互评价。

教师在评价时，尽可能多运用语言技巧与学生沟通和交流，如：

① 激励式评价：“你的动作真精彩！”“你们这种练习方法不错！”

② 引导式评价：“这种练习方法可行吗？”“你能稍微注意××同学的练习动作吗？”

③ 指导式评价：“你能否再向大家表演一下你的动作？”“你能对你的动作做出讲解吗？”

④ 拓展式评价：“谁能比他表演得更多（更好）？”“谁能通过不同的练习方法达到同样的锻炼效果？”

⑤ 互动式评价：“谁来对××同学的练习做一个简单的评价？”“对刚才同学们的各种练习方法你有补充吗？”

⑥ 反思式评价：“今天我们练习了什么动作？你是怎样练习的？”“请你课后在生活或者比赛中找找：今天学的动作在哪些活动中经常体现？”[2]

在评价权力和资格方面应给学生主体地位，让学生自觉地参与到评价中去。学生可以评自己，也可以评别人（教师、同学）。

[1] 佟铸，李贵阳. 体育教学评价现状及改革趋势[J]. 体育学刊，2003，10（3）：90-93.

[2] 吴健. 新课程下体育与健康课堂教学中的即时评价[J]. 中国学校体育，2006（7）：13-14.

三、综合运用多种评价方法

（一）综合运用多种评价手段

体育教学作为一种特定的社会活动，它是通过发挥身体、心理参与和互动合作一系列过程来实现的。身体是物质，是德、智的载体，是体育教学的主线，实质所在处；心理乃精神，是主体的意识、思想、情意的外观，一切能动的活力；群则是中介，外围条件，是联系、引发心理活动的桥梁。身、心、群是个整体，身与心相结合，与群相适应，与整体期望和谐发展，身、心、群三者围绕教育目标良性循环，不断提高整体效应，是讨论评价标准的出发点和归宿，是符合评价主体需要和客体功能的。[1]为了更好地促进学生身心的和谐统一发展，一节体育课对学生学习情况的考核，多使用两种或两种以上的教学评价方式来评价学生的表现，如将诊断性评价、过程性评价、集体评价等多种手段综合运用，既评价学生的运动技能掌握情况，又评价学生学习过程中的表现，以此更全面地获取学生在不同层面的学习成果。

【案例】体育与健康课程课时计划

年级：七年级　　教材内容：技巧——鱼跃前滚翻　　课次：2（共3次）

教材内容	1.技巧——鱼跃前滚翻；2.游戏。	
学习目标	1.知道鱼跃前滚翻的动作要领，理解“高、远、圆”的正确含义。 2.在保护下完成跃过一定高度障碍物的鱼跃前滚翻时能较好把握蹬地跃起、两臂前摆远撑要点及屈臂缓冲与团身抱腿时机，完成4次鱼跃前滚翻时，至少有2次有明显的腾空动作；发展灵敏、协调、力量、速度等素质。 3.树立安全意识，培养勇敢顽强、积极进取、虚心好学等优良品质。	
学习阶段	学习内容	组织教法与要求
基本部分（30分钟）	技巧——鱼跃前滚翻动作要领：半蹲，两臂由后向前摆起，同时两脚蹬地，身体向前跃起，双手撑垫迅速屈臂、低头、团身，向前滚翻起立。	1.复习前滚翻及远撑前滚翻。 要求：远撑于垫上标志线位置完成远撑前滚翻。 2.检测远撑前滚翻。 要求：体现蹬地及两臂前摆远撑，基本姿态好。注意向得分高的学生学习。 3.教师示范讲解鱼跃前滚翻并预设观察点。 要求：注意观察手臂前摆远撑位置及团身时机。 4.在保护与帮助下练习鱼跃前滚翻。 要求：蹬地跃起、远撑，迅速低头、团身、抱腿，滚动比较圆滑，有较明显腾空。积极练习。

[1]　姚蕾，闻勇. 对我国体育教学评价的理论思考[J]. 北京体育大学学报，2002，25（1）：92-94.

续表

学习阶段	学习内容	组织教法与要求
基本部分（30分钟）	重点：蹬地跃起，两臂前摆远撑。 难点：滚翻圆滑，屈臂、低头、团身时机。 保护与帮助方法：站于侧面，一手托腹，另一手托大腿，帮助缓冲、低头、前滚。 安全教育：练习者身体过垂直面时应迅速屈臂、低头、含胸、滚翻。	5.教师巡回指导并给“在保护与帮助下鱼跃前滚翻”动作打分。 要求：蹬地跃起、远撑，迅速低头、团身、抱腿。互相观察、学习，积极改进。 6.优秀生展示“在保护与帮助下跃过一定高度障碍物的鱼跃前滚翻”，教师打分评价。 要求：注意观察腾空及屈臂、低头、团身、抱腿时机。反思、改进。 7.在保护下跃过一定高度障碍物的鱼跃前滚翻。 要求：蹬地跃起，两臂前摆远撑，手臂触地瞬间迅速屈臂、低头、团身、抱腿。积极练习，观察、改进。 8.集体检测：在保护下跃过一定高度障碍物的鱼跃前滚翻。 要求：练习态度积极，认真观察、学习；能体现蹬地及两臂前摆远撑；较好地把握屈臂缓冲与团身抱腿时机；完成4次鱼跃前滚翻时，至少有2次有明显的腾空动作。

案例点评：

在教学目标的设置上，可以发现教师对《义务教育体育与健康课程标准（2011年版）》与教材教法的研究十分深入，在对七年级（初中一年级）体操“技巧——鱼跃前滚翻”技能目标的设置上，用“初中一年级学生在完成四次鱼跃前滚翻时，至少有两次有明显的腾空动作”的要求对教学目标进行设置，充分体现了《义务教育体育与健康课程标准（2011年版）》要求的“可操作、可观测”。在组织教法第二阶段，对远撑前滚翻做了检测并提出了相应的教学要求，体现了教学评价的诊断性评价。在组织教法的第五阶段，除了对保护与帮助下鱼跃前滚翻进行指导之外，还加入了打分环节，体现了教学评价的形成性评价。在组织教法的第六阶段中，优秀生展示同样加入了体现形成性评价的打分环节。在组织教法的第七阶段，“集体检测”则充分体现了教学评价的总结性评价，为本课教学目标的达成，画上了一个圆满的句号。[1]

（二）划分出运动技能学习的等级

运动技能学习情况的评价通常包括对学习结果和学习过程的评价，对学习结

[1] 李鹏航，胡凌燕. 对体育课堂教学“基本部分”教学评价运用的思考[J]. 中国学校体育，2016（11）：34-35.

果的评价主要是针对学生掌握运动技能的程度进行考核评价，如学生运动技能掌握的生疏与熟练程度。实际操作过程中，很多教师都是对运动技能掌握情况划分出A、B、C、D、E等等级或者采用优秀、良好、中等、及格、不及格等程度名词定级，并附之以考核标准，如优秀等级要求达到“动作熟练自如，轻松协调”，良好等级对应的要求是“动作正确熟练、协调连贯”，中等等级对应的要求是“动作基本正确，连贯协调”，及格等级对应的要求是“动作基本正确、连贯，错误动作少”，不及格等级的情况是“能达到动作最低要求，但有明显错误”。此外，评价运动技能的学习还需要注重学生的学习过程，主要是学生在体育课堂教学中的配合、参与程度，通常从教学开始直到教学结束，通过学生的出勤情况、运动锻炼的表现情况（情绪表现、意志力表现、交往与合作、规则意识等），对学生的整个学习过程都予以评价。

【案例】某校简化太极拳评分标准

优秀——动作规格准确，套路十分熟练；演练中身法中正，用力顺达，力点准确，动作配合协调；精神饱满，节奏分明，体现套路风格和特点。

良好——动作规格准确，套路熟练；演练中身法中正，用力顺达，力点准确，动作配合协调；精神饱满，节奏分明，较好体现套路风格和特点。

中等——动作规格较准确，套路熟练；演练中用力顺达，动作配合协调；精神较饱满，节奏分明，基本体现套路风格和特点。

及格——动作规格基本完成，但套路不够熟练；演练中精神较饱满，节奏分明，基本体现套路风格和特点。

不及格——动作规格错误较多，套路不熟练；演练中精神不集中，能在提示下完成套路；无法完成套路。

实行等级制评价，方法简单，操作灵活，并且能够全面地考核并反映学生的综合素质，更能引导学生重视平时运动技能的学习；实行等级制评价，模糊了分数对学生运动技能学习成绩过于精细的区分，有利于保护学生运动技能学习的自尊心，激发学生的学习热情。

（三）关注个体成绩提升的幅度

以个体为参照标准，将个体学习成绩提升的幅度作为考核标准，有利于学生看到通过自己的努力所取得的进步，建立学习的自信心和自尊心。根据素质教育的要求，使每个学生都能得到发展和提高是进行评价的主导思想，也要注意以学生的进步幅度来进行教学评价，如本节课成绩较上节课有所提高，身体基本活动能力成绩酌情加分，把学生的进步幅度纳入评价体系，可以使整个评价更加客观，更符合体育发展特点和体育教学的实际。教师在对学生身体活动能力进行考核评价时可以尝试设立体育后进生的进步表、体育中等生的提高表、体育优秀生的荣誉表，使每一个学生都看到自己的进步和提高，通过学习成绩的可观测量表，激励学生主动学习，调动学生参加体育锻炼的积极性和主动性，使学生对自己的学习充满信心，树立挑战自我、超越自我的勇气，在学习中感受成功的快乐。

（四）善用赏识激励学生

赏识是学生体育学习过程中不容忽视的一个重要因素。在教学评价过程中运用赏识，善于及时地捕捉学生在课堂上可能稍纵即逝的优秀表现，即刻通过语言、手势和眼神的综合运用，给他们真切的肯定或称赞，增强他们的成就感，促使他们不断求上进。在赏识教育时通常用到语言赞扬和行为动作赞扬。语言赞扬包括口头赞扬和书面赞扬。口头赞扬就是在教学中运用激励性语言，如“很好”“真棒”“再试一试，下次一定能行”等语言来刺激学生的听觉。书面赞扬就是在教学中，用纸条、书信或在考核评语中运用称赞鼓励的语言。行为动作赞扬法主要有掌声赞扬、眼神赞扬、示范赞扬、表演赞扬、拍肩赞扬、“排头”赞扬、“角色”赞扬等方法，来激励学生争取有更好的表现。[1]在体育课堂教学中，持之以恒地运用赏识，使学生能将外在的肯定逐渐内化为自我肯定，增强学习的自信心和兴趣，加速技术动作的动力定型。

[1] 单凤霞，陈永涵.赏识教育与中小学体育教学[J].体育科学研究，2005，9（4）：100-102.

第四章　自主·协同体育教学模式

学校体育教学改革是基础教育体育与健康课程改革的重要内容，其改革的成功与否是衡量体育与健康课程改革是否成功的重要标识。学校体育教学改革的目标是从根本上提高体育课堂教学质量，提高学生的综合素养。在21世纪基础教育体育与健康课程改革不断走向深入的时代背景下，积极创新并构建有效体育教学模式，是深化体育教学改革的重要举措之一。在教育改革对体育教育教学提出新时代发展要求的背景下，体育教学模式研究再一次成为当代体育学教学理论和实践研究的热点问题。

自主·协同体育教学模式是结合中小学学生主体性发展需要，在有效教学理念下，探讨以培养学生能力，提升学生体育与健康学科核心素养为首要目标的一种体育教学模式。它对贯彻落实体育课推动学生全面综合发展，全面推进素质教育具有较高的理论指导意义和实践参考价值。

第一节　自主·协同体育教学模式概述

一、体育教学模式内涵的不同理解

（一）教学模式的不同理解

教学模式是构成课程和课业、选择教材、提示教师活动的一种教学范型，即规范化的教学程序和操作体系。我国对教学模式的研究始于20世纪80年代，由于学者们的研究角度不同、见解不同，所以直至今日，对教学模式的界定仍然未能达成共识。在众多关于教学模式的研究中，有以下几种具有代表性的观点：教学论专家王策三主张，教学模式是教学过程的变式，即教学过程的不同变式形成不同的教学模式[1]；有学者主张，教学模式是教学结构在空间程度和时间程度上的稳定形式[2]；也有学者主张，教学模式是为实现教学目标而形成的相对稳定的规范化教学程序和操作体系[3]；还有学者主张，教学模式是一种指向特定教学目标的比较稳定的基本教学范型[4]。

（二）体育教学模式的不同理解

体育教学模式在我国的研究起步于20世纪90年代，关于体育教学模式的定义，国内学术界也并没有达成共识。

迄今为止，我国关于体育教学模式的定义比较多，比如，学者方建新和俞小珍认为，体育教学模式是在一定的体育教学思想指导下形成的相对稳定的课堂教学结构，是可遵循的标准样式与标准结构[5]；樊临虎认为，体育教学模式是在一定的体育教学思想指导下，按照一定原理设计的一种具有相应结构和功能的体育教学活动范型，并以简化的形式稳定地表现出来[6]；毛振明认为，体育教学模式是体现某种教学思想的教学程序，它包括相对稳定的教学过往结构和相应的教学方法体系[7]。

梳理我国关于体育教学模式定义的几种代表性观点，几乎都涉及体育教学系统的各个组成要素，都强调以一定的体育教学指导思想为依据，强调模式具有一定的稳定性。对此，结合体育教学要素中主体及主体性内涵的认识，可以认为体育教学模式是指，体育教师通过创造一定的教学环境，规范教学程序和操作体系，启发和满足学生的体育需求，突出学生的主体地位，引导学生主动地认知和实践体育本质的一种教学活动结构体系范型。

---

[1] 王策三. 教学论稿[M]. 北京：高等教育出版社，1988：132-139.
[2] 吴也显. 教学论新编[M]. 北京：教育科学出版社，1991：167.
[3] 黄甫前，王本陆. 现代教学论学程[M]. 北京：教育科学出版社，2003：432.
[4] 王本陆. 课程与教学论[M]. 北京：高等教育出版社，2004：193.
[5] 方建新，俞小珍. 关于体育教学模式的研究[J]. 中国学校体育，1986（1）：28-29.
[6] 樊临虎. 体育教学论[M]. 北京：人民体育出版社，2002：235.
[7] 毛振明. 体育教学科学化探索[M]. 北京：高等教育出版社，1999：88.

二、创新体育教学模式的迫切性

在有效教学理念下，体育教学不仅要教得高质，更要教得高效；不仅要教得有形，更要教得有神。有效体育教学模式，通常是遵循体育学科的科学规律，充分体现体育学科的特点，依靠扎实的体育教学理论基础，在先进的体育教学思想指导下形成，故而能够有效地解决体育教学中的问题和困难，促进体育教学进步和发展。

自20世纪90年代起，我国学校体育教学改革取得了许多成效，在体育教学模式方面有不少理论研究和实践探索，并形成了一些典型的、行之有效的体育教学模式，这些模式在不同程度上为新课程的体育教学改革带来了许多有益的启示和指导，如：课课练教学模式、选项教学模式、探究型教学模式、发现式教学模式、情境教学模式、体验教学模式、快乐体育教学模式等。

然而，所有的教育改革都必须与时俱进，因为社会在进步，时代在发展，教育必然需要革新，体育教学也必须进行改革，体育教学模式也需要不断地更新和发展。

目前，我国中小学体育教学存在颇多问题，最显著的问题是学生数量多，学生体育知识和技能参差不齐；场地器材不足，学生上课缺乏主动性和积极性；教师数量偏少，教师教学任务繁重，上课力不从心；学生没能够在学校习得应有的体育知识和技能，体育锻炼意识和主动性缺乏，导致身体素质持续下降。另外，大部分教师缺乏教学理念和教学方法的更新，还在采取传统的体育教学模式，教师主导整个体育课堂，教学方法和手段陈旧枯燥，学生被动学习，甚至处于无序“放羊”状态，学生缺乏应有的主动性和自主性，与当前提出的“健康第一”“终身体育”的教学目标和理念有明显的差距。

2016年，国务院办公厅印发《关于强化学校体育促进学生身心健康全面发展的意见》（以下简称《意见》）。《意见》要求，各地中小学校要开足开好体育课程，严禁削减、挤占体育课时间，各地要把学校体育工作列入政府政绩考核指标，在教育工作评估中对学生体质健康水平持续三年下降的地区和学校实行“一票否决”。《意见》明确，到2020年，学校体育办学条件总体达到国家标准，体育课时和锻炼时间切实保证，教学、训练与竞赛体系基本完备，体育教学质量明显提高；学生体育锻炼习惯基本养成，运动技能和体质健康水平明显提升，规则意识、合作精神和意志品质显著增强；政府主导、部门协作、社会参与的学校体育推进机制进一步完善，基本形成体系健全、制度完善、充满活力、注重实效的中国特色学校体育发展格局。

因此，在当前新教育改革大背景下，中小学体育教学模式的创新和转换已经迫在眉睫。中小学体育教师必须与时俱进更新教学理念，创新或掌握新的教学模式和方法，转换教学类型，激发学生学习的积极性、主动性、协同性、合作性。

三、自主·协同体育教学模式的研发背景

（一）常态体育课教学现状带来的困惑

提高常态教学下的体育课的质量是深化课程改革的必然要求，是课改的核心和本质。常态体育课指的就是非常平实的体育课，即平平常常、实实在在的体育课。常态体育课堂教学质量才是真正直接影响学生的健康成长的重要因素。

课程改革至今，可以清晰地看到，各种规模的体育公开课、示范课、竞赛课比比皆是，质量也越来越好，的确给体育教学带来引领、示范作用。但这些课毕竟不是天天进行的，不是每个人都能参与的，对大多数体育教师来说，是有距离的。

可以简单计算一下，一位普通体育教师按平均每周最少10课时计算，一学期20周，一课时40分钟，那么这位教师在常态课堂教学中与学生交流的时间为8000分钟。假设这位教师是市、区级骨干教师，学科带头人等，他一学期上评优课、公开课、研究课的机会一般在3课时左右，再加上接受学校的推门课（是指听课者在没有任何通知的情况下，随时推开教室门进来听课）等，一般情况下，合起来也不过6课时左右，6课时×40分钟=240分钟。这240分钟，从总的教学时间上看，只占一学期总课时的3%，而97%的课堂教学时间是在常态的教学情况下进行的。

但是，现实状态下，多数常态体育课是不容乐观的。大致可以将目前存在的常态体育课概括为："自由课""放羊课""一言堂课""不出汗的课"。这些课大体表现为"3分钟集合，35分钟'放羊'""一个哨子两个球，学生、教师都自由""集合—跑圈—游戏—解散—下课""基础队列式教师一言堂"（图4－1）。

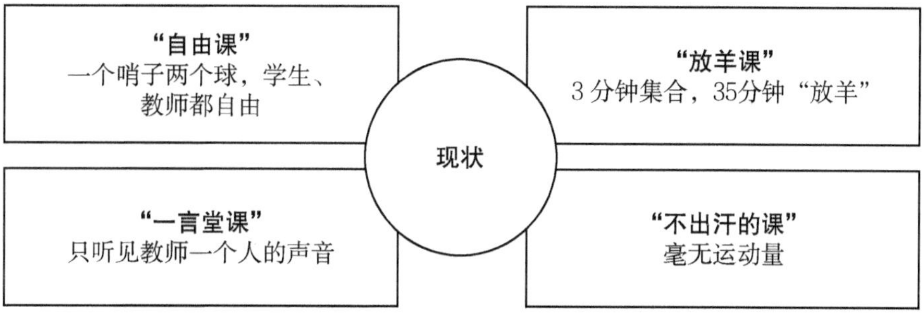

图4－1 常态体育课的现状

现状如此的常态体育课的大量存在，就是造成现在许多中国学生从小学到初中再到高中，体育课上了十多年，可身体素质却年年下降的最主要的原因。

当然，造成常态体育课现状不乐观的主客观因素有许多，比如：地方政府、教育行政部门和学校没有真正全面贯彻党的教育方针；受升学制度的影响，学校和家长的不重视态度；体育教学设施相对缺乏；体育课中伤害事故处理不当的后果；缺少科学的、好的常态体育课模式；体育教师相对缺乏，工作量大；体育教师本身不思进取，得过且过，随波逐流的从众心态等。在这众多的主客观因素中，其最根本的问题出在主观因素上。

（二）体育教学改革发展的迫切需要

想要真正提高体育课的教学质量，有效提升学生身体素质，就必须从每一节常态体育课抓起。真正有意义有价值的常态体育课，就是每天在每个学校、每个角落正常进行的，不加任何修饰，最平常、最普遍、最真实、最自然的课，但每位体育教师都在用心、用科学的方法认真上的扎实的课。

学校体育教学、中小学生急需"有质量"的常态体育课。"有质量"本该是学科教学发展对常态体育课的基本要求，是课的本质。对常态体育课的本质可以这样理解：本质意义上的常态体育课就是合格的常态体育课，它应该是"精彩的课"——内容丰富、形式多样；它应该是"自主的课"——学生为主体，教师为主导；它应该是"有运动量的课"——运动强度和运动密度合理搭配；它应该是"高质效的课"——学习目标高质高效达成（图4－2）。

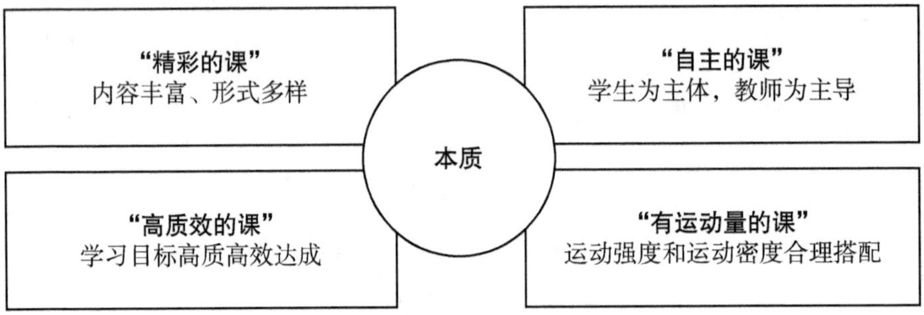

图4－2 常态体育课的本质

鉴于以上对现状的认识及思考，希望构建出一种高效的常态体育课堂教学模式。它应该是科学、合理、高效、务实、简单、易操作的。它能够让常态体育课实现高质高效。在这种模式的体育课堂中，学生积极主动地进行自主性合作学习，并通过自我调控主动地获取体育知识，发展体育能力，提高个人素养。它可以把学习建立在学生能动性的基础上，以尊重、信任、发挥学生能动性为前提，从而引发了学生的责任心，使课堂中心由教师转为学生，使学习由被动转为主动，使教学过程由他律转为自律。它可以让教师退居二线，不再是主角，而是学习活动的组织者、咨询者、指导者和评价者。

四、自主·协同体育教学模式的理论依据

每个教学模式都有其内在的理论基础，它对教学的成功起着奠基石的作用。自主·协同体育教学模式的理论依据主要有：现代体育课程观、建构主义学习理论、人本主义学习理论、中国学生发展核心素养理论、目标结构理论、最近发展区理论等。

（一）现代体育课程观[1]

截至目前，课程出现了学科中心课程论和人本主义课程论两次世界性的变革。体育课程中的运动技术教育思想正是学科中心课程论的反映，在这种模式中，缺乏体现健康第一和素质教育的意思。而人本主义课程论强调的是在“以人为本”核心理念下，注重学生的健康水平，促进学生的全面发展。

[1] 魏忠凤.后现代课程语境下我国体育院校课程建设的构想[J].沈阳体育学院学报，2012（5）：112.

新课程改革从课程结构内容、学习方式评价等方面进行了前所未有的改革。由此可见，体育课程观从学科中心课程观向全面发展的人本主义课程观转变，要求体育与健康课程价值取向由学科本位转向以学生发展为中心，这一课程观的变革是构建自主·协同体育教学模式的重要理论基础之一。

（二）建构主义学习理论[1]

建构主义学习理论，认为学习是学习者主动地建构内部心理表征的过程，它不仅包括结构性的指示，而且包括在具体情境中形成大量的非结构性的经验背景。学生在一定的情境中借助他人帮助，利用必要的学习资料，通过意义建构获取知识，掌握解决问题的程序和方法，优化完善认知结构，获得自主发展建构主义学习理论，把情境写作会话和意义建构作为学习所必需的十大元素，强调学生是认知的主体，而不忽视教师的指导作用。学生通过独立探究、合作学习等方式，努力使自己成为知识的积极建构者。学生逐步提高自控能力，学会自主学习，为终身学习打下良好的基础。因此，建构理论对于培养学生自主学习有重要的指导意义。

（三）人本主义学习理论[2]

人本主义心理学的基本原则是：心理学必须关心人的尊严，心理学必须充分注重人的主观性、意愿和观点，无论是有意识的还是无意识的，心理学都应该研究人的价值、人的创造性和自我实现性。与此相应，人本主义心理学强调学习过程中人的因素，所以学习论的基本原则是必须尊重学习者，必须把学习者作为学习活动的主体，必须尊重学习者的意愿、情感、需要和价值观，必须相信任何正常的学习者都能自己教育自己，发展自己的潜能，并最终达到“自我实现”，必须在师生之间建立良好的交往关系，形成情感融洽、气氛适宜的学习情境。

（四）中国学生发展核心素养理论[3]

学生发展核心素养，主要指学生应具备的，能够适应终身发展和社会发展需要的必备品格和关键能力。研究学生发展核心素养是落实立德树人根本任务的一项重要举措，也是适应世界教育改革发展趋势、提升我国教育国际竞争力的迫

[1] 杨文轩，张细谦.体育与健康课程实施模式探索[M].北京：高等教育出版社，2015：51-53.

[2] 王新民，刘小应.人本主义学习理论及其对新课程改革的启示[J].河南职业技术师范学院学报，2008（1）:107-109.

[3] 中华人民共和国教育部.关于全面深化课程改革落实立德树人根本任务的意见[Z].2017-01-09.

切需要。为将党的十八大和十八届三中全会提出的关于立德树人的要求落到实处，2014年教育部研制印发《关于全面深化课程改革落实立德树人根本任务的意见》，提出“教育部将组织研究提出各学段学生发展核心素养体系，明确学生应具备的适应终身发展和社会发展需要的必备品格和关键能力”。

在学校体育教学中落实关注发展学生核心素养的关键就是要强化体育课堂教学，改革教学方法和教学手段，调动学生的学习积极性，培养学生主动学习的能力，使学生生动活泼、积极主动地参与学习，把学生培养成为适应21世纪未来社会发展的创新型高素质人才。因此，从体育课程设计到评价的各个环节，要始终把学生主动学习、全面发展放在重要位置，在注意发挥教师主导作用的同时，特别强调学生学习主体地位，以充分发挥学生的学习积极性和学习潜能，提高学生的体育学习能力和素养。

（五）目标结构理论[1]

目标结构理论是多伊奇（Deutsch，1949）在勒温的群体动力学理论的基础上提出来的，这一理论认为：在团体中，对个体达到目的的奖励方式不同，导致在达到目标的过程中，个体之间的相互作用方式也不同。多伊奇将这些方式分为三种：相互促进方式、相互对抗方式、相互独立方式。这些不同的作用方式对个体的心理过程和行为方式产生不同的影响。多伊奇认为，目标结构主要有三种类型：合作型、竞争型和个体化型。

多伊奇在自己实验研究的基础上指出，合作型目标结构使得团体成员之间的交往更为频繁，他们相互帮助，相互鼓励，每一名成员都更大程度感受到自尊和被其他成员所接纳，因此使得他们在完成任务的过程中更为积极，成就水平也提高得更快。在这些方面合作型目标结构均优于竞争型和个体化型目标结构。

由此可见，合作型目标结构设置了这样一种情境，只有当小组成功时，小组成员才能达到他们各自的目标。因此，为了达到他们自己的目标，小组成员必须相互帮助以获得小组的成功。也就是说，这种在小组成绩的基础上进行奖励的方式创设了积极的人际关系，它使小组成员对同组同伴所做出的努力给予积极的社会强化，如表扬和鼓励。这是在传统的竞争型目标结构的课堂上所没有的。

另外，在合作学习中，学生社会地位的变化也是学生的学习动力之一。斯莱文（Slavin，1978）发现，在传统教学班级中地位很低的学生由于合作小组的成就

[1] 陈琦，刘儒德．当代教育心理学[M]．北京：北京师范大学出版社，2007：122.

而获得了他们的社会地位。也就是说合作小组成员在学业上成功促使了成绩水平低的学生社会地位的变化。同时，科尔曼（Coleman，1961）还发现，对于成绩和水平较高的学生来说，由于帮助其他学生的学习，他们成为小组的“领导阶层”，这一社会地位的变化也会使他们更为自豪和更有信心，从而付出更多的努力进行自身的学习和帮助同伴成功。很明显，合作型目标结构创设了学生之间积极的同伴关系，而这种积极的同伴关系对学生的学习又产生了积极而且意义深远的影响。

（六）最近发展区理论[1]

发展理论是从认知的角度出发，重视合作学习对完成任务效果的影响（在达到小组目标的过程中是否每个小组成员都提高了自己的认知水平）。发展理论主要是皮亚杰学派的观点。其最基本的假设是：在适当任务中，孩子们之间的相互作用提高了他们对关键概念的掌握和理解。苏联学者维果斯基将最近发展区定义为：儿童独立解决问题时的实际发展水平，以及在成人指导下或与更有能力的同伴共同探讨、进行问题解决时的潜在发展水平之间的距离。也就是说，他认为，除了成人指导之外，儿童与同伴共同完成任务、讨论问题，也可以提高他们已有的认知水平。因此，他认为合作活动比个体活动更为优越，可以加速儿童认知水平的发展。同样，皮亚杰学派的其他研究者也强调了这一观点的重要性，他们认为，通过儿童的相互作用可以更迅速地掌握知识。

认知的发展分成“实际的发展层次”和“潜在的发展层次”。前者是指个体能够独立解决问题时的实际水平，后者则是需要在他人（教师、同伴中优秀者）引导或合作下才能解决问题时的潜在水平。这两个水平之间的距离即为最近发展区。课堂教学要保持在学生的最近发展区之内，才能取得预期效果。在这些发现的基础上，皮亚杰学派的许多人倡议在学校中开展合作活动。他们指出，学生在学习任务方面的相互作用将促进他们认知水平的提高。学生可以通过讨论学习内容、解决认知冲突、阐明不充分的推理而最终达到对知识的理解。

[1] 皮连生. 教育心理学[M].上海：上海教育出版社,2011：69.

第二节　自主·协同体育教学模式的含义

一、自主·协同体育教学模式的概念

（一）自主·协同体育教学模式的定义

自主·协同体育教学模式，是指在体育课教学中，让学生以小组团队形式一起学习，互帮互助，共同达成学习目标的体育课教学模式。该模式充分重视学生个体自主学习与团队协同合作学习，让学生在认知上、生理上、心理上，主动地投入到学习中，在自主学习与合作学习中，学生追求的是既利于自己又利于其他成员的结果，是大家的共同利益。

自主·协同体育教学模式是一种新型的学习模式，它关注的核心——适应时代进步的需要、满足学生发展的需求、重视学生的参与体验。

（二）自主·协同体育教学模式的核心要义

自主·协同体育教学模式的核心是自主与协同，自主与协同的实质分别指向学生的自主学习和协同合作学习。

1. 自主学习

自主·协同体育教学模式中的自主学习，是指在体育课目标的宏观调控下，在教师必要的示范、精讲和帮助指导下，学生根据自己的实际情况，选择最佳的学习目标和自选练习方法，通过自我管理监控练习过程和即时评价练习结果等方式，最终实现学习目标的学习。

这里的自主学习主要体现在以下三个方面：一是学习者的态度、能力和学习策略等因素综合而成的一种主导学习的内在机制，也就是学习者指导和控制自己的学习能力；二是学习者对自己的学习目标、学习内容、学习方法以及对学习材料的控制权，即指学习者在以上这些方面的自由选择程度；三是学习者在总体教学目标的宏观调控下，在教师的指导下，根据自身条件和需要，制定并完成具体学习目标的模式。

2. 协同合作学习

自主·协同体育教学模式中的协同合作学习，是指学生在课堂学习过程中，以小组形式，通过学生之间的主动交流，彼此互助，共同完成学习任务，达成目标。这里的协同合作学习其实就是协作学习与合作学习的合并组合。因为协作学习与合作学习在实际应用中是相互交融的，合作学习中存在协作关系，协作学习是通过合作实现的，两者并不完全独立存在。

协同，顾名思义指的是相互帮助，即指一个群体中参与的个体与个体、个体与群体之间团结互助，协调合作完成目标任务。协同合作是一种能力，更是一种素养，这是面向21世纪的人才必须具备的重要核心素养之一。这种协作素养与能力是当今世界任何一个社会组织或者政府部门或是企业成员都必须具备的最基本的社会生存能力之一，只有在协同的过程中，个体的能力才能得到良好的发展。

协同合作学习已成为当代教育理论研究和实践领域中影响最大和成果最多的改革之一，是世界上许多国家普遍采用的一种富有创意和实践性的教学理论与策略体系，对体育教学来说，进行自主学习、合作学习的机会非常多，也是必不可少的一种教学形式。

自主·协同体育教学模式中的协同，一定是多角度、多维度的，主要体现在以下几点：①小组与小组的协同；②小组内部的协同；③学生与学生的协同；④学生个体自我的协同；⑤教师与学生的协同。在体育与健康课堂教学中，这些多维度的协同是相互渗透且环环相扣的。

体育教学过程是一种教师与学生的双向互动活动，是教师与学生双向反馈的教学相长过程。因此，在课堂教学过程中，教师要通过观察学生的学习情绪，及时调整教学的进度或通过一些趣味性的辅助活动，激发学生的学习兴趣，活跃课堂气氛，并适时地对他们的学习做出评价和反馈，让学生能够主动地观察、练习，在对自己身边同学的动作细节正确性的质疑中不断提高自己的动作质量，以促进学生完全掌握课堂内容。在体育教学活动中，教师要引导学生学会与同学相互合作、相互协同，培养团队协同合作精神。

体育教学所具有的学科特点，如教学环境的开放式、教学过程的实践参与性，以及师生、学生之间人际交往的互动性等，都为自主学习、协同合作学习提供了较好的学科优势。自主学习与协同合作学习，两者都是科学的、合理的、有效的学习方法与途径，两者有机地结合，将会发挥更大的优势，取得更好的教学效果。自主·协同体育教学模式把自主与协同的观念引入教学系统，符合时代的要求，抓住了提高学校教学效能，全面提高人的素养的重大选题，因此有待更多的体育教学工作者进一步合理地实践和应用。

二、自主·协同体育教学模式的中心思想

自主·协同体育教学模式的中心思想是“一个中心、两大主题”（图4－3）。“一个中心”即以学生发展为中心，指课程学习过程把课堂还给学生，让学习成为学生喜欢的事情。“两大主题”即自主与协同。自主，是指在教师主导下学生自主学习和练习；协同，是指课前热身、课堂学习、课后练习中的互助学习和练习，包含组内合作、组间合作、师生合作等多种互助形式。

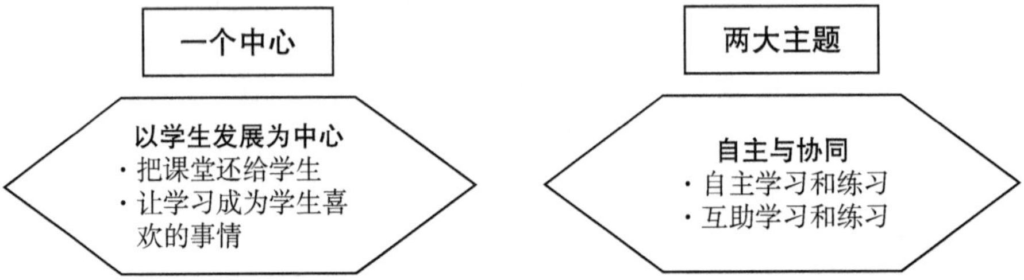

图4－3　自主·协同体育教学模式的中心思想

三、自主·协同体育教学模式的基本内涵

（一）自主·协同体育教学模式的总目标

总目标：实现“公开课常态化，常态课公开化”，让每一节常态体育课精彩、优质、高效，让学生们逐步养成自主意识、合作意识，增强协同学习的能力，促进体育综合素养的全面提升（图4-4）。

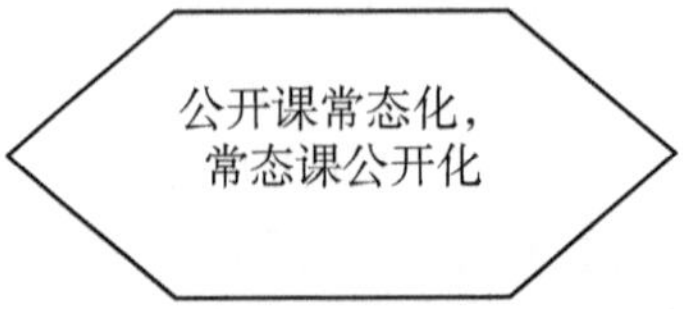

图4－4　自主·协同体育教学模式的总目标

（二）自主·协同体育教学模式的教学理念与教学特色

1.“六化”新颖教学理念

教学内容问题化，教学问题思维化，课堂思维活动化，学习活动主体化，主体活动趣味化，教学方法多元化。

2.“六大”特色教学设计

目标呈现直观具体，教学结构主次分明，组织形式丰富多彩，团队协作体现充分，德育渗透丝丝入扣，激励鼓舞时刻反馈。

（三）自主·协同体育教学模式的组织架构

根据班级人数将每个教学班的学生较为均匀地分成6～8个自主·协同学习小组。每组分别设立行政小组长一人（常态），负责组织纪律、检查督促等管理工作；组内的所有成员均为学习小组长（动态），在体育课各单元内容学习过程中，主动自愿承担“助教”之职，协助体育教师，在自己所擅长项目的专项动作技能学习时，为组内其他成员提供学习指导与帮助（图4-5）。

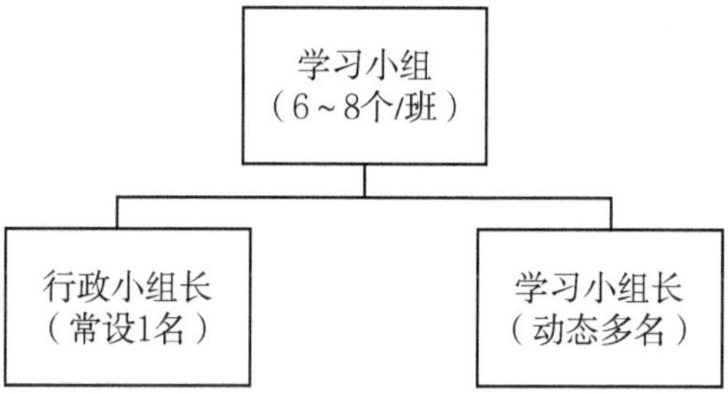

图4－5　自主·协同体育教学模式的组织架构

（四）自主·协同体育教学模式的课堂教学设计

把一节40分钟或45分钟的体育课设计分为四个环节，即自主准备、协同热身—自主探究、协同学习—自主练习或自主游戏、协同提高—自主反思、协同进步。每个环节都以自主·协同学习小组为单位进行学习和练习，每个环节的设计都充分体现以学生为中心，思维为核心，活动为主线，学生是在形式多样的小组活动中进行协作式学习，合作交流，自主探究。在学生的学习、活动、练习中，自主·协同体育教学模式着重培养学生的自主、合作、探究学习能力以及勇于创新、团结进取的精神品质；重点帮助学生以小组为单位实现在协作中自主学习，在协作学习中共同进步，使体育课堂在常态中体现出真实，在课改中体现务实，在创新中体现扎实，令体育课堂教学处处充满阳光与活力。

（五）自主·协同体育教学模式的课堂结构

自主·协同体育教学模式的课堂结构如下图所示（见图4-6）。

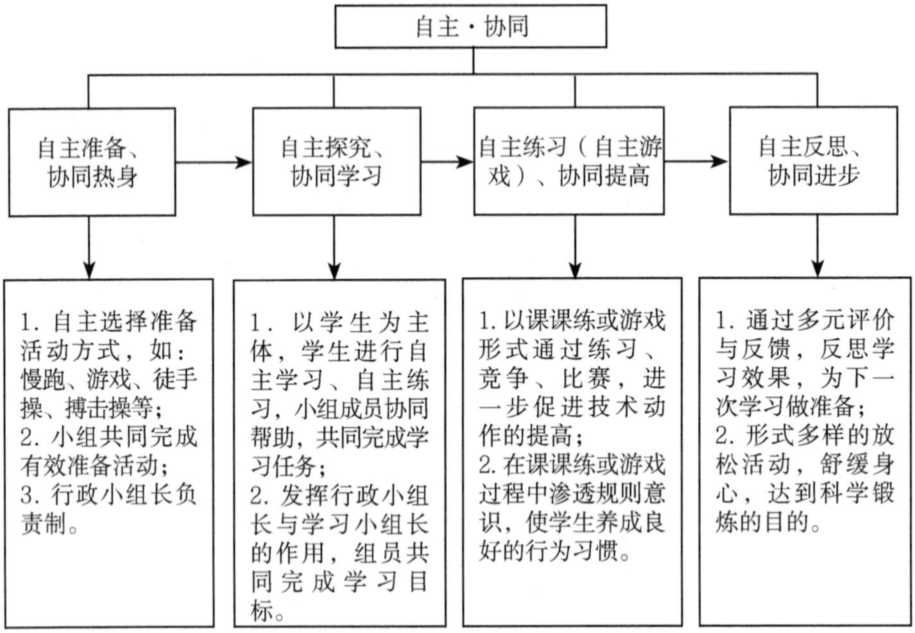

图4-6　自主·协同体育教学模式的课堂结构

四、自主·协同体育教学模式的功能和作用

事物的功能和作用的关系是什么？功能是对事物自身而言的，作用是对自身以外的对象而言的；功能是一种潜在的作用，作用则是一种表现出来的功能。所以自主·协同体育教学模式的功能与其总目标是一致的——实现“公开课常态化，常态课公开化”，让每一节常态体育课都精彩、优质、高效。但要实现这些功能目标，一定是要借助模式以外的事物（必须是与模式密切相关的事物）最终表现出来，才能体现其真实价值所在。

与自主·协同体育教学模式密切相关的事物必然是课堂、教师、学生，所以拟定课堂、教师、学生这三方面的具体表现，来体现自主·协同体育教学模式的价值功能。换言之，教学模式是否优秀高效，就是要通过课堂、教师、学生这三方面的检验才行。

教学模式是否优秀高效可以做这样的界定——一种教学模式如果是优秀高效的，一定要符合“三个三”原则，即“三益”“三有”“三易”。“三益”是指好的模式使用后，一定会益于学生、益于课堂、益于教师；“三有”和“三易”是指好的模式一定会有流程易操作、有模板易复制、有案例易推广。

多年反复的实践和研究表明，自主·协同体育教学模式基本具备“三益”“三有”“三易”。通过对自主·协同体育教学模式的正确理解和长期运用，更多的常态体育课堂将呈现“内容丰富、方法合理、组织有序、练习充分、目标具体”的特点；更多的体育教师走向“优化观念、尊重职业、爱岗敬业、善于教学、专业优秀”的方向；更多的学生将实现“懂知识、会技能、愿分享、能合作、抗挫折、体质强、爱运动”的目标。学生和教师都由此获益提升，发生质的变化，呈现令人欣喜的状态。

五、自主·协同体育教学模式的正确理解和灵活运用

（一）体育教师需正确理解自主·协同体育教学模式

通过多年实践已经充分验证，自主·协同体育教学模式提高常态体育课教学质量的功能和作用非常好。然而，有一个重要的问题绝不能忽视，就是能否很好地发挥自主·协同体育教学模式的功能和作用，关键在于使用自主·协同体育教学模式的教师，能否正确理解并熟练灵活地运用该模式。

（二）体育教师要学会灵活运用自主·协同体育教学模式

要真正地正确理解并灵活运用自主·协同体育教学模式，必须处理好“统一”与“多元”的关系。这个“统一”是指教师在使用自主·协同体育教学模式时，应该遵循该模式的中心思想、核心概念、基本架构、操作流程等统一的价值理念和核心要素。这个“多元”是指教师在使用自主·协同体育教学模式时，在教学设计、教学方法、教学手段等内容和方法的选择上，不能盲目照搬、不能过于刻板，而应充分发挥自身的优势及智慧，在借鉴模式的模板或案例的基础上加以创新和改造，找到最适合自己的，并逐步形成自己的教学风格及教学特色。

第三节　自主·协同体育教学模式的实践运用

一、自主·协同体育教学模式的研发过程

在研发自主·协同常态体育课教学模式的过程中，从体验之初到最后成效显著，需要经历一段探索历程，需要体育教师在实践与探索之路上反复研究、不断反思、反复实践，并根据自己的实际情况适当进行修改、完善，坚持一段时间后，必然会取得良好的收益。

深圳市裴玲云名师工作室对自主·协同体育教学模式的实践探索经历了如下四个主要发展阶段。

（一）模式研发的初始阶段

（1）利用每周三的体育教研活动时间，通过各种学习活动，培训体育教师，从而能让体育教师更快速地提高自身的素质和修养，不断增强教育教学能力（如：体育教师各项专业基本功训练，体育教学理论知识学习，体育教学基本方法学习等）。

（2）学习新模式的理论。

（3）根据模式操作流程，选择教学班级进行试验。

（4）开展科组内的体育课研讨：每人每学期1～2节校内公开课。课后组内要进行评课、讨论，从而让每位年轻教师都能及时发现课的优点和不足之处，便于总结和提高。

（二）模式研发的充实阶段

（1）开展科组讨论，论证优质常态的操作流程是否合理，如何改善。

（2）进行学生问卷调查，补充学生意见和愿望。

（3）进一步完善模式具体操作步骤，再进行阶段性试验。

（4）展开反复多次的科组内或校内听课、评课、讨论，修改、完善。

（三）模式研发的阶段性展示阶段

（1）校内展示自主·协同体育教学模式体育课。

（2）全区公开展示新模式体育研讨课。

（3）请专家、其他学校优秀体育教师指导，实践、修改、完善。

（四）模式研发的总结与反思阶段

（1）收集自主·协同体育教学模式探索试验过程中的相关资料，进行实践探索的归纳总结与反思。

（2）撰写相关论文并发表，出版专著。

二、自主·协同体育教学模式的操作流程

经过较长时间的研发与探索，自主·协同体育教学模式的操作流程逐渐成型，其课堂教学过程主要包括如下四个环节。

（一）第一环节：自主准备、协同热身

本环节每个小组可以自主选择活动形式（例如，慢跑、游戏、徒手操等多种形式的活动），但是各组的组长必须管理好自己的组员。学生进行课前准备，不仅要做好充分的热身活动，同时也调动了学生的学习兴趣，为进行下一环节的学习做好身体、心理上的准备。

（二）第二环节：自主探究、协同学习

通过学生的自主体验、教师讲解示范（简明扼要且突出重点）、小组合作学习，协作探究、共同提高动作技能水平，完成学习任务，实现有效学习，达成学习目标。本环节的重点是学生自主探究，协同完成活动内容。这时的协同可以是小组内组员之间的协同，也可以扩展为小组间的协同或随机协同，甚至是全班学生的协同。根据具体情况的需要，灵活地运用协同。

（三）第三环节：自主练习或自主游戏、协同提高

本环节以自主体能课课练或结合本次课主要学习内容的游戏方式，通过小组练习、竞争、比赛等形式，使学生进一步提高主要学习内容的动作技能水平或身体素质水平，同时检验小组协作学习的效果，真正体现小组共同进步。本环节自主体现为：行政小组长可以自主安排本组组员参加游戏，学习小组自主布置游戏场地、选择竞争对手、组织完成练习等。

（四）第四环节：自主反思、协同进步

本环节通过多元评价及时为学生反馈学习情况及学习效果，学生们在学习过程中通过学生自我评价、教师评价、组内评价、组间评价等多种评价方式，得到及时的反馈，快速而准确地了解自己本次课的学习表现，知道自己的学习收获，并及时地进行学习后的反思，思考自己本次课学习内容掌握得如何，是否完成学习任务，在小组内是否履行了应该承担的职责等，从而及时促进自我和小组成员的共同进步和提高。

三、基于自主·协同体育教学模式的教学案例

（一）案例1：技巧——单肩后滚翻成单膝跪撑平衡

“技巧——单肩后滚翻成单膝跪撑平衡”教学设计

——水平四（八年级）技巧单元第4次课

深圳市南山区第二外国语学校　裴玲云

一、设计理念

本课依据《义务教育体育与健康课程标准（2011年版）》的基本理念，以“健康第一”为指导思想。在教学内容选择和教学方法手段运用的过程中，始终以学生的发展为本，充分发挥学生的主体作用。培养学生自主学练、自主探究及终身体育意识，促进学生学会学习、学会创造、学会合作。在运动中寻找快乐，体会成功，最终促进学生身心健康发展。

二、教材分析

技巧项目是一项初中女生比较喜欢的运动项目，它能很好地帮助学生提高协调性、灵敏性、柔韧性等身体素质及能力，但同时它也是学生在学习过程中，容易产生恐惧心理而抵触学习的运动项目。学生产生害怕情绪后，会严重影响学习的效果。如何利用学生的身心特点，根据学校现有的条件和器材，在不影响学习效果的前提下，创造性地设计教学方法、教学内容，科学合理地降低学习难度，帮助学生克服紧张、恐惧心理，在课堂中更巧妙地开展技巧项目的教学，是体育教师必须考虑到的因素。根据以上分析，我在技巧单元学习中选择了以“单肩后滚翻成单膝跪撑平衡”为主的技巧组合动作作为主要学习内容。这一动作对女生的柔韧性、身体姿态控制以及练习中的安全都有一定的要求，对女生形体的发展

有很好的促进作用。

重点：①举腿、翻臀、分腿、落脚、屈头、放臂及推手时机的准确把握与配合；②滚动圆滑方向正，展髋挺身倒立直，经肩滚翻推撑快，跪撑平衡姿势美，展髋挺身落地稳。

难点：①推撑及时有力，动作连贯，姿态优美；②连贯、正确、优美、协调、自然地完成组合动作。

三、学情分析

本课的授课对象是水平四（八年级）的女生，她们的学习能力和接受新事物的能力强，敢于表现自我，喜欢美的事物，更喜欢展现美的运动。我校八年级的女生，在初一阶段已经学习过前滚翻和后滚翻技术动作的技巧，学生们有一定的技能基础，同时在之前的学习过程中，多数学生都表现出较大的学习兴趣。因此，课堂设计上我更加注重给学生充分自主与合作的空间，调动学生参与、体验、比拼、展示的积极性与热情。在教学过程设计中充分体现以学生为主体，教师为主导，同时兼顾学生动作技能的掌握与学习兴趣的提高。

四、学习目标

1. 认知目标：进一步理解并掌握单肩后滚翻成单膝跪撑平衡动作的知识要领、保护帮助的方法。

2. 技能目标：80%以上的学生能独立完成单肩后滚翻成单膝跪撑平衡技术动作，发展协调、灵敏、柔韧等身体素质。

3. 情感目标：在练习中逐渐养成勇敢、自信的优良品质和团结协作、密切配合的集体主义精神。

五、教学方法

本次课在教学过程设计中充分体现以学生为主体，教师为主导，同时兼顾学生动作技能的掌握与学习兴趣的提高。采用多种有效的教与学方法，如：自主学习、合作学习、探究学习、尝试练习、讲解示范等；变换多种组织模式激发学生学习的兴趣；根据动作技术的特点，采用循序渐进的教学方法，在不影响动作技能学习的情况下，开始用分解动作的反复练习，帮助学生巩固和加强对动作技术的理解，然后进入完整技术动作的学习，帮助学生顺利完成学习任务；整节课在不断地提出问题、分析问题、解决问题、反馈问题、总结问题中推进教学，最终达成学习目标，提升学习效果。

六、教学过程

1. 第一环节：自主准备、协同热身

本环节通过跑跳组合、健身操和专项准备活动——肩、颈、腰部位活动操三项准备活动练习，多种形式的学生自主活动，不仅使学生做好充分的热身，而且调动了学生的学习兴趣，为学生进行下一环节的学习做好身体上、心理上的准备。

2. 第二环节：自主探究、协同学习

本环节是本课的中心环节，主要解决学习目标是否达成的问题。本环节主要是解决本次课学习的重点和难点问题。本次课针对学生情况设计了不同层次的两个教学重点和难点。设计通过“自主探究→提出问题→教师讲解→学生自主练习→竞赛、游戏贯穿主教材→学生结伴合作互帮互学→教师巡回指导”的过程，使教学层层深入，稳步提高学生对动作技能的掌握程度，循序渐进地帮助学生提高身体素质。学生自主学习、协同进步意识的培养也是该教学环节的另一个重点。在教学中既注重自主学习、协同进步的形式，也注重指导学生了解自主学习与协同进步的意义，掌握自主学习的技巧，反馈自主学习的效果。本环节分为三个步骤：一是复习上次课内容——单个动作及分解动作练习；二是学习新内容——完整技术动作的学与练；三是组合动作的学与练。三个步骤都是通过学生自主管理、学生自主学习、教师讲解示范、小组协作学习与合作探究、学生分组讨论对练、教师巡视辅导并帮助，共同提高动作技能水平，完成学习任务，实现有效教学，达成学习目标。

3. 第三环节：自主游戏、协同提高

本环节安排了游戏“踏石过河 跨越挑战”，以游戏形式结合本次课主要学习内容，通过小组竞争、比赛，使学生进一步提高主要学习内容的技能水平，即提高学生经单肩后滚翻成单膝跪撑平衡动作的准确性、熟练性，同时检验小组协作学习的效果，真正体现小组成员的共同进步，并且也能培养学生胜不骄、败不馁的优良品质，以及团结一致、密切配合的集体主义精神。

4. 第四环节：自主反思、协同进步

本环节是课的结束部分，教师引导学生评价、反馈学习情况与存在的问题。通过多元性评价，促使学生清楚地了解到自己本次课的学习表现，知道自己的学习收获——取得的成绩、存在的不足，为下次课的进一步学习奠定了技能与情感的良好基础。同时在轻松的旋律伴奏下，教师带领学生，充分伸展身体的肌肉与关节，缓解疲劳、放松身心。

本次课预计运动负荷与运动密度：平均心率120～130次/分，练习密度

55%～60%。

七、安全隐患及防范措施

本次课存在的安全隐患主要是颈、肩部有可能造成扭伤。为了做到将安全隐患降到最小，在课前准备、课堂教学过程中，认真做到以下几点：①检查场地器材，避免有尖、硬物体存在，造成对身体的伤害；②充分做好准备活动，特别是针对头、颈、肩、腰部做充分的热身；③在分组练习前，一定要先教会学生掌握正确的保护帮助方法；④合理地安排练习场地、练习次数、练习时间；⑤学生练习时，一定要两人或多人一组，在保护帮助下进行练习；⑥在学生的学练过程中，教师适时地用言语给予学生安全提示；⑦在练习结束后教师带领学生做身心调整，拉伸并放松肌肉，为下次课的学习做好准备。

“技巧——单肩后滚翻成单膝跪撑平衡”教案

年级：八年级（水平四）　　学生人数：32　　单元：技巧　　课次：4　　任课教师：裴玲云

<table>
<tr><td>学习目标</td><td colspan="5">1. 学生进一步理解并掌握单肩后滚翻成单膝跪撑平衡动作的知识要领、保护帮助的方法。
2. 80%以上的学生能独立完成单肩后滚翻成单膝跪撑平衡技术动作，发展协调性、灵敏性、柔韧性等身体素质。
3. 学生在练习中逐渐养成勇敢、自信的优良品质和团结协作、密切配合的集体主义精神。</td></tr>
<tr><td>学习内容</td><td colspan="5">技巧：
1. 单个动作：单肩后滚翻成单膝跪撑平衡。
2. 组合动作：前滚翻成直腿坐—肩肘倒立—单肩后滚翻成单膝跪撑平衡—挺身跳。</td></tr>
<tr><td>重点和难点</td><td colspan="5">重点：
1. 举腿、翻臀、分腿、落脚、屈头、放臂及推手时机的准确把握与配合。
2. 滚动圆滑方向正，展髋挺身倒立直，经肩滚翻推撑快，跪撑平衡姿势美，展髋挺身落地稳。
难点：
1. 推撑及时有力，动作连贯，姿态优美。
2. 连贯、正确、优美、协调、自然地完成组合动作。</td></tr>
<tr><td>流程</td><td colspan="5">复习已学内容→学习新技能→游戏竞赛、竞争提高→多元评价</td></tr>
<tr><td>结构</td><td>内容</td><td>教学要求</td><td>教学过程</td><td>组织形式</td><td>时间</td></tr>
<tr><td>自主准备</td><td>集合整队</td><td>要求：
（1）体育委员、小组长自主管理。
（2）快、静、齐。</td><td>教学常规：
（1）师生问候。
（2）清点人数。
（3）简单说明要求。</td><td>集合队形：
</td><td>1分钟</td></tr>
</table>

续表

结构	内容	教学要求	教学过程	组织形式	时间
协同热身	准备活动（配乐）： （1）跑跳组合。 （2）健身操。 （3）专项准备活动：肩、颈、腰部位活动操。	要求： （1）积极主动参与，充分热身。 （2）小组长负责制。	1. 教师讲解要求。 2. 学生自主进行练习和游戏。 3. 教师参与、指导、评价、反馈。	跑跳队形： 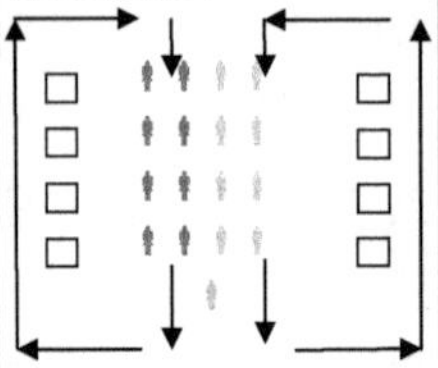	2分钟
				做操队形（分10组）： 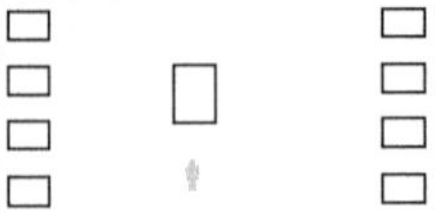 组内站位： 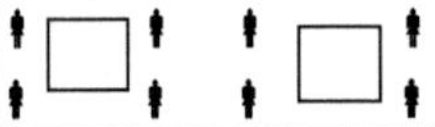	4分钟
自主探究 协同学习	复习单个动作： （1）前滚翻成直腿坐3次。 （2）肩肘倒立5次。 （3）挺身跳3次。	要求： （1）认真学习，发挥想象力，大胆尝试。 （2）小组协作探究，互帮互学，共同进步。 （3）复习内容的顺序可以由小组长自己安排决定。 （4）结合挂图和问题进行学与练。 技术动作要点： 放腿垂直，方向正； 脚背着地，支撑稳； 屈侧偏头，直侧转； 屈臂推撑，直臂压； 斜后举腿，平衡稳； 垂直支撑，姿态美。	1. 学生分享动作，教师布置内容及要求。 2.学生分组进行合作练习，相互纠错。 3.教师巡回指导，激励、反馈、评价。 4.师生评价、总结。	学生练习： 以8组为单位在指定区域。 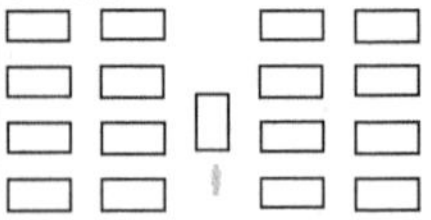	5分钟
	学习单肩后滚翻成单膝跪撑平衡： （1）复习分解动作： ①举腿翻臀练习5次。 ②分腿落地练习5次。 ③屈头放臂练习3次。 ④跪撑踢腿练习5次。 （2）学习完整动作。 （3）学习保护帮助方法。		1.学生分享动作，教师布置内容及要求。 2.教师讲解、纠错、示范。 3.学生分组进行合作练习，教师巡回指导。	两人为一个小组，相互保护帮助，完成练习。 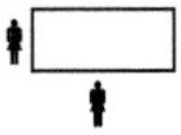 教师讲解、示范。	15分钟
	学习组合动作： 前滚翻成直腿坐—肩肘倒立—单肩后滚翻成单膝跪撑平衡—挺身跳。		1.教师讲解、示范。 2.学生分组进行合作练习，相互纠错。 3. 教师巡回指导，激励、反馈、评价。	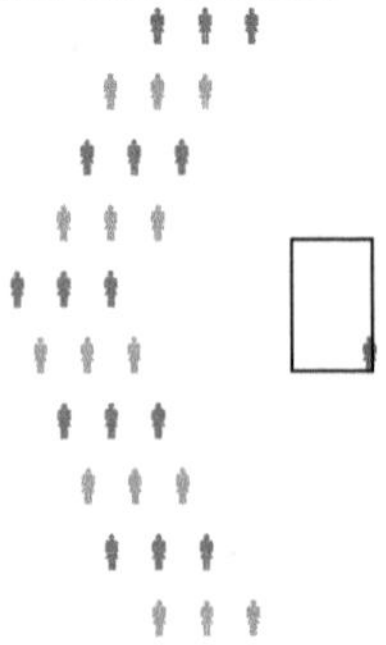	8分钟

续表

结构	内容	教学要求	教学过程	组织形式	时间
自主游戏　协同提高	游戏：踏石过河。	要求： （1）学生明确游戏规则。 （2）学生积极参与，体验快乐。 （3）学生互帮互学，加油助威。	（1）教师讲解游戏规则、方法和要求。 （2）师生评价反馈，教师言语鼓励。	组织：分组竞赛 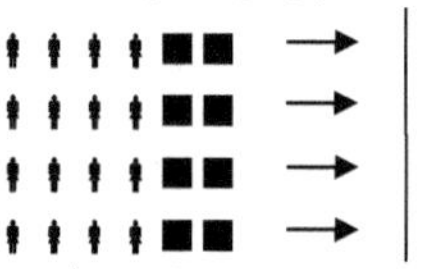 要求：站在垫子上的同学，身体任何部位都不允许接触地面。	6分钟
自主反思　协同进步	放松与整理。	要求：放松身体，愉悦心情，感受快乐。	在音乐伴奏下，充分伸展身体，放松身心。	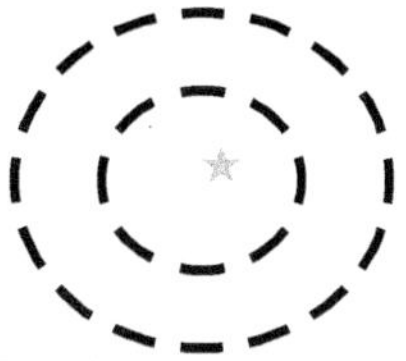	2分钟
	反思与评价。	要求：多元评价，反馈及时。	评价与小结。		2分钟
预计运动负荷	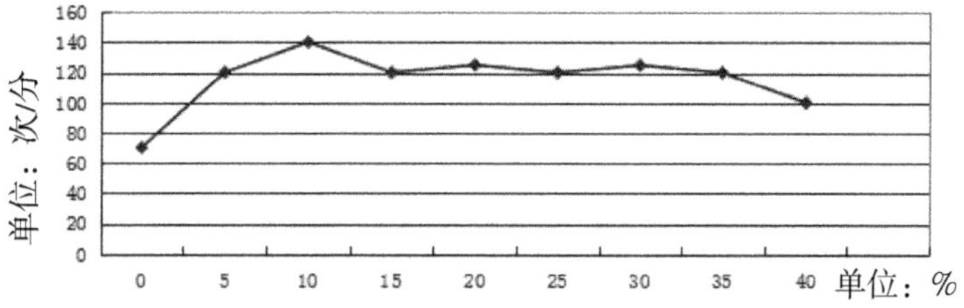				
	预计平均心率：120～130次/分		预计练习密度：55%～60%		
场地器材	空旷的运动场、小体操垫40张、大体操垫1张、CD机1台、图板1个、挂图若干。				
课后反思	个别女同学学习参与的积极性、动作技能的掌握都有待引导提高，特别是从帮助其提高身体素质和运动能力方面加强。				

（二）案例2“花样跳绳”

“花样跳绳”教学设计

——水平二（四年级）花样跳绳单元第1次课

深圳市松坪学校小学部　吴丽

一、设计理念

《义务教育体育与健康课程标准（2011年版）》要求以学生发展为中心，以“健康第一”为指导思想，要始终把学生主动发展放在主体地位。本课中尝试采用讲授、讨论、游戏、模仿练习、分组练习等多种教与学的方法，激发学生的学习兴趣，培养学生自主学习的能力。学生通过学习，学会学习、学会创造、学会合作。

二、教学内容及教材分析

本课是以“花样跳绳”为教学内容，在原有跳绳的基础上，穿插各种跳绳方式，使跳绳变得多样化、趣味化，既巩固了基础的跳法，又激发了学生跳绳的兴趣，鼓励学生多跳花样。如果说跳绳有助于给学生带来乐趣，那么花样跳绳则有助于给学生带来兴趣。

三、学情分析

小学四年级学生身心的发展正处在由幼稚趋向自觉、由依赖趋向独立的半幼稚半成熟交错的过渡时期。他们求知的欲望、能力和好奇心都有所增强，对新鲜事物开始思考、追求、探索，学习的兴趣更为广泛。同学间开始进行个人简单交往，自我意识有所发展，自主性要求日趋强烈，但仍然缺乏自我约束的能力。但这些学生上课的热情非常高，都表现出强烈的学习知识的欲望与兴趣。本班学生都具有一定的跳绳基础，因此通过多种形式的练习，可以提高学生跳绳的技能；鼓励学生大胆地表现自我、展示自我、超越自我；引导学生运用原有的运动经验，进行合作探究与创新；对学生的每一点进步都给予肯定，让他们感受到教师对他们的关心，体会成功的喜悦。

四、学习目标

1. 知道花样跳绳动作名称、动作要领和练习方法。

2. 积极参与跳绳活动，并至少能运用2种以上的动作完成连续20次左右的跳绳。

3. 能互相鼓励，协作练习，培养自信的品质和合作精神，增强集体荣誉感。

五、教学方法

本次课在教学过程设计中充分体现以学生为主体，教师为主导，兼顾学生动作技能的掌握与学习兴趣的提高。采用多种有效的教与学的方法，如：自主学习、合作学习、探究学习、尝试练习、讲解示范等；变换多种组织模式激发学生学习的兴趣；根据动作技术的特点，采用循序渐进的教学方法，在不影响动作技能学习的情况下，开始进行无绳动作练习，帮助学生巩固和加强对动作技术的理解，然后进入有绳动作的学习，帮助学生顺利完成学习任务。在花样跳绳的学习过程中，学生通过模仿、实践、思考、创新，主动探究，在锻炼身体的同时，学会发现问题、解决问题。

六、教学过程

1. 第一环节：自主准备、协同热身

本环节通过游戏“找朋友”进行分组和徒手韵律操练习，以多种形式的学生自主活动，进行课前准备，不仅做好充分的热身，同时也调动了学生的学习兴趣，为学生进行下一环节的学习做好身体上、心理上的准备。

2. 第二环节：自主探究、协同学习

本环节是本课的中心环节，主要解决学习目标是否达成的问题。本次课针对学生情况设计了不同层次的四个教学内容。由易到难，练习方法由无绳练习到有绳练习，由教师完整示范到分解示范，动作单个练习到动作技能多种相结合，设计通过“自主探究→提出问题→教师讲解→学生自主练习→游戏贯穿主教材→学生结伴合作互帮互学→教师巡回指导”的过程，使教材层层深入，稳步提高学生对动作技能的掌握程度，循序渐进地帮助学生提高身体素质。学生自主学习、协同进步意识的培养也是该教学环节的另一个重点。在教学中既注重自主学习、协同进步的形式，又注重指导学生了解自主学习与协同进步的意义，掌握自主学习的技巧，反馈自主学习的效果。本环节分为三个步骤：一是通过游戏进行分组及徒手跳绳韵律操动作的练习；二是学习新内容——四种花样跳绳动作的学与练；三是组合动作的学与练。三个步骤都是通过学生自主管理、学生自主学习、教师讲解示范、小组协作学习与合作探究、学生分组讨论对练、教师巡视辅导并帮助，共同提高动作技能水平，完成学习任务，实现有效教学，达成学习目标。

3. 第三环节：自主游戏、协同提高

本环节安排了游戏“大树和松鼠”，通过游戏做跑、跨、钻的练习，提高学生身体动作的协调性、灵敏性，通过小组的合作，培养学生团结互助的优良品质，真正体现小组成员共同进步，从而体验体育学习带来的乐趣。

4. 第四环节：自主反思、协同进步

本环节教师引导学生评价、反馈学习情况与存在的问题，通过多元性评价，促使学生清楚地了解自己本次课的学习表现，知道自己的学习收获——取得的成绩和存在的不足，为下次课的进一步学习奠定了技能与情感的良好基础。同时在轻松的旋律伴奏下，教师带领学生，充分伸展身体的肌肉，缓解疲劳、放松身心。

本次课的运动负荷与运动密度预计：平均心率120～130次/分，练习密度60%。

七、安全隐患及防范措施

本次课存在的安全隐患主要是肩膀、手臂、手腕、脚踝有可能扭伤、挫伤，甩绳时会打伤他人。为了做到将安全隐患降到最小，在课前准备、课堂教学过程中，要认真做到以下几点：①检查场地器材，避免因场地不平而对身体造成伤害；②充分做好准备活动；③合理地安排练习场地，如同学之间的距离、练习次数、练习时间；④在学生的学练过程中，教师适时地给予学生安全提示；⑤在练习结束后教师带领学生做身心调整，拉伸并放松肌肉，为下次课学习做好准备。

“花样跳绳”教案

年级：四年级（水平二）　　学生人数：43　　课次：1次　　任课教师：吴丽

<table>
<tr><td>学习目标</td><td colspan="5">（1）知道花样跳绳动作名称、动作要领和练习方法。
（2）积极地参与跳绳活动，并至少能运用两种以上的动作技能完成连续20次左右的跳绳。
（3）能互相鼓励，协作练习，培养自信的品质和合作精神，增强集体荣誉感。</td></tr>
<tr><td>教学内容</td><td colspan="3">花样跳绳：左右甩绳、并脚跳、双脚交换跳、并脚左右跳。</td><td>场地器材</td><td>空旷篮球运动场，短绳若干根，标志桶若干，音箱1台，跳绳技能卡，移动小黑板。</td></tr>
<tr><td>重点和难点</td><td colspan="5">重点：起跳时机的把握，跳绳时手脚协调一致。
难点：自如地运用多种不同方式的跳绳。</td></tr>
<tr><td>流程</td><td colspan="5">无绳模拟五种跳绳练习→一人一绳四种花样跳绳练习→自主游戏：大树和松鼠</td></tr>
<tr><td>导学程序</td><td>时间</td><td>教学内容</td><td>教学要求</td><td>教学过程</td><td>组织形式</td></tr>
<tr><td>自主准备</td><td>2分钟</td><td>教学常规。</td><td>要求：
（1）快、静、齐。
（2）语言启发、引导学生、调节情绪。</td><td>（1）课前准备器材，布置场地。
（2）集合整队，师生问候。
（3）宣布课的内容、目标和要求。</td><td></td></tr>
</table>

续表

导学程序	时间	教学内容	教学要求	教学过程	组织形式
协同热身	5分钟	游戏：找朋友。	要求： 学生严格按照指令完成动作，积极参与，主动学习。	（1）教师讲解练习要求。 （2）学生认真听音乐和指令。 （3）学生在音乐和教师的指令下进行各种动作练习。 （4）师生评价反馈。	队形：沿篮球场边线。
自主探究 协同学习	3分钟 20分钟	学习跳绳： （1）跳绳知识的学习： ①握绳方法：虎口对着绳头，五指握拳，也就是指拇指与食指绕着绳柄一圈（也可用食指和拇指顶住绳柄，其余三指放松握住绳柄，掌心中空）。 ②动作要领：两手握绳，两臂自然屈肘近腰际，头和上身保持直立，膝关节稍屈缓冲，两脚前脚掌落地要轻，手腕发力摇绳。 ③重点：正确的脚步动作和手腕动作。 （2）四种跳绳技能的练习： ①左右甩绳。 ②并脚跳。 ③双脚交换跳。 ④并脚左右跳。 （3）跳绳技能的组合动作练习。任意组合两种或两种以上动作。	要求： （1）学生态度积极，动作正确、自然、协调、大方。 （2）认真练习，仔细体会所学的几种跳绳动作要领。 （3）小组合作探究，互帮互学，共同进取。	（1）教师布置内容，说明要求。 （2）无绳动作练习，跟着教师模仿动作练习，体验练习。 （3）有绳动作练习，学生分组一人一绳练习左右甩绳、并脚跳、双脚交换跳、并脚左右跳。 （4）教师巡回指导，并纠正错误，语言激励，及时点评。 （5）教师纠错、小结，进一步讲解技术动作并示范。 （6）教师语言激励，提高学生进一步学习的兴趣。 （7）师生评价反馈。	（1）教师讲解、示范队形（教师导学）：  （2）学生练习队形：在指定区域分组练习（个体自学、同伴助学、互动展学、实践研学）。
自主游戏 协同提高	8分钟	游戏：大树和松鼠。 方法： ①音乐响起，“大树”按规定好的动作顺序把手臂举起、放下或上下分开围成一个圆圈，“松鼠”就配合“大树”做各种跑、跨、钻的动作。 ②“松鼠”还可绕着其他的“大树”进行活动。 ③在规定的时间内完成一组动作的次数多的一组获胜。 ④“大树”和“松鼠”可互换角色进行。	要求： （1）学生严格按照指令完成动作，积极参与。 （2）小组合作练习，互帮互助，克服困难，共同完成目标。	（1）教师讲解规则、方法和要求。 （2）学生听音乐和指令进行练习。 （3）师生评价反馈，教师言语鼓励。	三人一组，两人手拉手围成“大树”。

续表

<table>
<tr><th>导学程序</th><th>时间</th><th>教学内容</th><th>教学要求</th><th>教学过程</th><th>组织形式</th></tr>
<tr><td>自主反思　协同进步</td><td>2分钟</td><td>放松：跟随音乐自由放松。
评价：多元评价。
布置家庭练习：
（1）保证每天半小时跳绳练习。
（2）把学过的不同方式的跳绳组合起来练习（个体自学、同伴助学、实践研学）。</td><td>要求：
（1）学生放松身心，感受快乐。
（2）多种评价，反馈及时。
（3）家庭作业，尽量保证每天半小时练习时间。</td><td>（1）学生跟随教师在音乐的伴奏下做动作，从而达到放松效果，愉悦心情。
（2）评价与小结，反馈学习情况与练习效果。
（3）布置家庭体育作业。</td><td>放松队形：无固定队形（篮球场内自由选择位置）。
评价队形：集中自由排队。</td></tr>
<tr><td colspan="2">易犯错误预防纠正</td><td colspan="4">（1）卡绳：起跳与摇绳的时间掌握不好，往往绳落地了，还没起跳，或脚落地了，绳还没有摇到脚下。这两种情况都是起跳和摇绳的时机没有配合好，也就是上下肢不能协调配合。
纠正：正确的时机应是绳落地，脚腾空，或手摇绳到画立圆的最低点，脚腾空到最高点让绳过去。
（2）摇绳时低头哈腰，上体前俯，使身体不能正常起跳。
纠正：头与上体保持正直，挺胸收腹，升高重心，让身体轻松起跳落地。
（3）起跳时不会用脚尖用力蹬地，而是全脚掌用力蹬，落地沉重。
纠正：要学会脚尖用力起跳和轻松落地，并稍屈膝缓冲。</td></tr>
<tr><td>预计心率曲线</td><td colspan="2">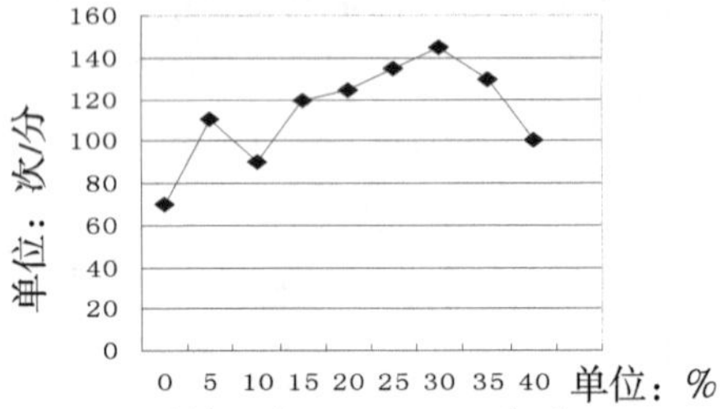
平均心率：120～130次/分</td><td>预计练习密度</td><td>练习密度：60%左右</td><td>安全预备保障：
（1）练习前充分热身，动作正确、有韵律。
（2）练习时注意间距，遵守规则。
（3）时刻提醒学生注意自我保护和相互保护。</td></tr>
<tr><td>课后反思</td><td colspan="5">略。</td></tr>
</table>

四、实践推广的收获与分享

（一）课堂随笔分享

学习小组长们，加油哦！

这一学年，我到南山区桃苑实验学校支教一年。为了证明自主·协同常态体育课教学模式是具有可推广价值的，期待自主·协同体育教学模式能给桃苑实验学校的体育教师和学生们带来有益的收获，从开学第一节课，我便在我的任课班级桃苑实验学校八年级（6）班进行试验。

通过前几周耐久跑单元的学习和实践，学生们对自主·协同体育教学模式有了较清晰的了解与掌握，彼此间的协作配合已经悄然生成，在课堂的各个环节，我已经可以或多或少地看到各小组学生之间的各种主动协作配合：行政小组长与学习小组长之间的协作配合、行政小组长与组员间的协作配合、学习小组长与组员间的协作配合、组员与组员之间的协作配合。

篮球单元学习从这周开始。单元学习前我对班级学生篮球基础情况进行了初步的了解。八年级（6）班喜欢打篮球的男生不少，但有一定基础的或打得不错的并不多；女生篮球基础很弱，甚至有一部分学生连最基本的原地运球连续10次以上都不能做到。

作为单元教学，我必须要保证教学的有效性。但由于学生篮球水平参差不齐，在这种情况下，组织教学难度增加。所以在学习设计上我必须在充分考虑教学普及性的同时考虑学生的差异性，适当突出教学的针对性。不仅要让基础差的学生做到普及提高，更要让基础好的学生有进步空间。

单元第一次课中，我运用鼓励、诱导（评价加分）、规定等手段选出了6名篮球助教（学习小组长），分配到6个行政小组，协助配合我进行篮球单元的教学。设立学习小组长的用意在于：单元学习是面向全体学生的。而学生们都是一个个独立的个体，每一个人都表现为能力不同、基础不同、所擅长不同。在学习任何一项内容时，总是有一部分学生基础好、一部分学生基础不好甚至很差。所以在学习过程中，总会出现部分学生由于基础好，感觉自己都会了，往往在这个学习过程中不愿参与，有时就会成为课堂学习的安全隐患。而我恰恰要充分调动这部分学生，在学习最基本的动作技术时，安排他们担任学习小组长，发挥其优势，使他们不仅有机会在全班同学面前充分展示自己的专长，被同学们认可、羡慕，同时还能在帮助指导其他能力弱的同学的过程中进一步提升自己。

接下来的课堂学习过程中，在我的讲解示范完毕后，我给学生助教（学习小组长）分配了具体的助教任务（必须帮助指导全部组员完成练习内容，并指导提升质量），我给组员们反复强调配合的要求（下次单元学习有可能是你担任学习小组长，所以你要先学会尊重和体谅），我认真地指导学生助教（学习小组长）的教学过程（学生助教自己能做好，但教其他同学时，有些表达不准确），及时地反馈学生们的学习情况，及时协助纠正错误（教师始终是课的引领者）……

我知道，我也相信这几名学生助教（学习小组长）会很快适应岗位，因为这个年龄的学生有着强烈的被重视、被尊重、被认可的需求。只要给他们平台，只要给他们充分的信任，只要教师用心引领，这个年龄的学生就会创造出许多的不平凡。我在教上届学生学习篮球单元时，我的学生助教（学习小组长）可是功不可没，一个班49人，另一个班48人，无论男生、女生都学会了篮球基本技术：行进间运球、传接球、运传接配合、行进间上篮技术等（当然有水平区分）。

一周的三节课下来，我看到了学生助教（学习小组长）越来越尽职，组员之间越来越和谐默契。我呢？我当然变得越来越轻松。

学习是件很快乐的事！互助分享式学习更快乐！学习小组长们继续加油哦！

深圳市南山区第二外国语学校　裴玲云

（二）实践运用的反思与感悟分享

实施自主·协同体育教学模式的收获与感受

上一年开始，我们体育组全面采用了裴玲云教师原创的自主·协同体育教学模式，打造新型常态体育课堂，旨在提高我校体育课的上课效率和质量。时间飞快，我们在体育教学过程中实施自主·协同体育教学模式已经一年了。在这一年的教学过程中，我经历了很多转变，也有颇多的体会和感受。

体会一：自主·协同的教学模式充分调动了学生学习的积极性

“体育课好无聊啊，又要做这么多锻炼”“我最讨厌课前准备活动了，老是这么单调”，以往，我在上课前经常听到学生这样的抱怨。

的确如此，传统的体育教学中，教学内容全部由教师按照教学计划确定，而学生在体育课的学习过程中，也一定要严格按照教师规定的内容来进行，这对调动学生的学习积极性是不利的。新课程理念强调突出学生学习的主体地位，全面发展学生的综合能力，但传统体育教学模式无法很好地适应素质教育的要求。通过自主理念的贯彻，学生可以按照自身的情况，自由选择项目进行练习。

我们在自主·协同体育教学模式教学中，充分考虑学生的感受设计教学，例如：在准备活动中，学生可以自由选择慢跑、游戏、徒手操、搏击操等方式，充分发挥其自主性，更有利于准备活动目的的实现。在主要内容学习过程中也是如此，学生的个体差异被关注，在不同项目内容的学习中，擅长此项目的学生成了教师的“小助教”；不同能力水平的学生在小组中分层次合作练习，教师设定目标范围，学生可以根据自己的情况为自己选择或重新制定目标。

现在体育课前，我能听到如下的声音：“这次体育课，我们小组一定可以获胜！”“终于又到了体育课，我准备让老师再指导下我的篮球技术。”……这些声音显示，学生从之前的不喜欢上体育课，已经转变成了想上体育课，在这其中，自主·协同体育教学模式功不可没。这种“以学生发展为中心”的尊重学生、信任学生的教学理念模式，能够让学生充分体会成功，从而能增强学生的自信心和学习体育的兴趣，调动学生的积极性。

体会二：自主·协同的教学模式培养了学生的团队精神

从当前来看，很多学生都是独生子女，从小在一群大人的宠爱中生长，由于自小娇生惯养，多数都以自我为中心，团队精神和合作意识薄弱是他们普遍存在的最大的弱点。

体育课正是锻炼学生团队精神和合作意识的大好机会，自主·协同体育教学模式，更是为学生团结、合作意识的培养提供了沃土。在自主·协同体育教学模式下，课堂上的教师是学习的引导者，教师要充分考虑到学生的主体地位，在教学过程中，鼓励学生积极参与，互相合作，达到教学目的。比如说，在“障碍游戏”环节中，教师鼓励学生分小组合作，实现各自的目的，有效地贯彻了协同教育的思路，培养了学生的团队精神。

在教学过程中，教师还可以适时抓住机会，将教学上升到一定的高度，组织学生交流，让学生说一说自己成功和失败的体验，培养学生相互谅解、鼓励和支持的习惯，让学生能充分认识到人与人之间只有具备良好的合作意识，才能最终实现目的。

体会三：自主·协同的教学模式提升了学生的综合素质

事实证明，学生在自主·协同体育教学模式环境中学习，不仅学到了知识，掌握了技能，更培养了自己独立自主、团队合作的能力，是值得肯定的一种教学模式。在自主·协同体育教学模式中，教师要按照学生的年龄特征、身体素质、运动能力、情感意识等情况，通过因材施教，组织学生自主练习，让每个层次的学生都能得到相应的发展，培养学生自主学习、自主锻炼的意识，让学生充分展示自身的才能。

比如说，在跳远教学中，我们就把全班学生编成不同的小组，让学生按照自己的实际情况，设定自己的目标，并组织组内学生互助，通过练习、相互训练提高，从而实现自主和协同教学。通过这样的教学方式，在实践中我们发现，和传统教学手段相比，这一手段能够有效提升学生跳远的成绩，并促进了师生之间、学生之间的相互交流，实现教学相长，提高学生的综合素质。

总之，通过实施和运用自主·协同体育教学模式进行体育课堂教学，我从中收获了很多意想不到的惊喜，学生更加喜欢上体育课了，学生体育成绩提高更快了，我上课越来越轻松了，今后我会继续跟随裴教师认真学习、加深理解，扎实运用自主·协同体育教学模式，努力提升我的教育教学。

深圳市南山区第二外国语学校　陆雪丽

（三）自主·协同体育教学模式促进青年教师专业发展

自主·协同体育教学模式帮助我成长

自主·协同体育教学模式是我的师父裴玲云老师原创的一种中小学体育课堂教学模式。它是针对常态体育课的课堂常规、教学组织形式、教学内容呈现技巧、教学方法选择等方面提供相应参照的模式，能有效地提高体育课堂教学效率和教学质量。

曾经作为新教师授课的时候，课堂按照准备部分、基本部分、结束部分进行，全程由教师来主持，说实话——真心很累，而且效率并不高。作为新教师，我没有经验，经常被学生纪律分散精力，一个内容学很久，进度慢，效果差。学生练习的时候，我也安排过分组练习，但是并没有进行分组的管理，没有把小组的自主管理能力和相互帮助方面发挥出来，只是单纯把学生分散练习而已，总体来说积极性方面并没有很好地体现出来。

大家经常说，教学上一定要提高学生的自主能动性，让学生学会学习、爱上学习。这些词语常听，也懂得是什么意思，但是轮到具体操作，我却不知道如何去实施了。

裴老师带来自主·协同体育教学模式的理念，给我打开了一扇门。自主，就是学生自主管理、自主学习和练习；协同，则是与组内合作协同，与教师合作协同。通俗说是练习目标大方向一致，形式上小组可以相对自由。这样一来，学生有目标，有了自主性，更愿意动脑子，练习的积极性会更高。

例如准备部分，以前我按照传统的做法，学生排成四路横队，教师和体育委员在上面带领准备活动，队伍中时常有学生走神和打闹现象。学生们以为人多教师看不见、不好管，状态上比较懒散，效果很不好，实际上也显得很死板。后来我听从裴老师的建议，按照自主·协同体育教学模式中的分组方法，让学生以小组为单位，把全班学生分成8个小组，选小组长进行管理，保持间距，形式不限，各小组自行组织做准备活动。起初我挺担心这样学生会不会更乱、更放肆，结果出乎我意料，小组长立马发挥作用，认真地组织组员热身，有的组围成圆，有的组是方阵，平时稍调皮的学生行为也有所改善。教师对学生的信任得到了回报，让学生自主地管理，起到了很好的效果，在接下来的教学内容中，加入更多的集体游戏，让学生建立团队意识，增加组内互助、合作。在技能教学方面，让每一个学生都有机会充当教师的学习小助手，在自己比较擅长的方面帮助其他的同学协同进步。把管理任务分发下去，教师则以组织为主，解答学生的问题，评价练习的效果，整个教学环节流畅了很多，效率也提高了一个等级。

另一个让我感触很深的地方是有关场地、器材最大化方面。以篮球课为例，为了维持良好的秩序，练习时排四路队伍，每组一个到两个球，结果在队伍中，很多学生说话、打闹，无论是纪律还是练习效果都不好。我请教裴老师时，她给我两个建议：①场地最大化；②器材最大化。

每人一个球，学生不得疯了，我能控制吗？带着疑虑，我开始了自己的实验。刚开始，学生每个人都有球时的确非常兴奋，也确实有些学生有点控制不住自己，但是当我以不遵守教师的要求为由收回器材时，学生马上听话了，并且立马表示不会再犯。当大家都有某种东西的时候，谁也不希望自己没有，对孩子来说，这种想法更加明显。学生玩闹常常是因为没有目标，无事可做；多分组，学生就都有事可以做，都去练习了，练习的密度上来，打闹的现象也大量减少了，学习的效果也上来了。我的疑虑此刻都已解开，结果也让我十分满意，事后我静心地回想一下，正是把课堂还给了学生，以学生为中心，他们才会自觉自律、积极主动地学习，这也正是自主·协同体育教学模式的中心思想的体现。

曾经一心想上好体育课，但是苦于不知如何下手，自主·协同体育教学模式给了我框架，让我不再像无头苍蝇一样，课堂的条理更加清晰，给了我很多的启发和思路，学生们在课堂上更加活跃了，纪律却更好了。虽然在很多细节上面还需要继续打磨和学习，不过我已经找到了正确的方向。每次上课看到学生们认真地学习，汗流浃背地锻炼，我就感到很有成就感，这成就感来自课堂的改变，来自自主·协同体育教学模式，感谢裴老师！

深圳大学城桃苑实验学校 姚睿鹏

五、自主·协同体育教学模式的实践总结

自主·协同体育教学模式是针对中小学常态体育课创建的一种科学、高效的教学模式。它突破性地改革创新了中小学常态体育课中的课堂常规、组织形式、教学内容、教学方法等方面的模式，能够明显提高常态体育课的教学效率和教学质量。

目前，自主·协同体育教学模式在深圳市南山区体育学科领域内已经产生了较大的影响力和一定的辐射效应。许多一线教师将自主·协同体育教学模式应用于中小学常态体育课堂教学中，对于提升课堂教学质效，收效显著。

事实证明，该模式无论是在提高课堂质效，还是提高教师教学水平等方面都有非常显著的效果。该模式很大程度上帮助实现“公开课常态化、常态课公开化”的教学愿望。正确理解并运用好它，可以真正地令每一节常态体育课都成为真正有意义、有价值、有收获的体育课，令每一节常态体育课真正成为培养学生终身体育意识、增强学生体质的主阵地。

第五章　强化课外体育锻炼的策略

2016年9月，教育部发布《中国学生发展核心素养》总体框架，核心素养成为教育领域最受关注的热点。体育与健康学科核心素养是学生在体育与健康课程学习过程中形成的基本知识、技能、方法、情感态度与价值观等的综合表现，集中反映了体育与健康学科的独特品质和关键能力。它主要由运动技能、健康行为和体育品德构成，且三个维度的学科核心素养内在关联，相互影响，在教育过程中逐步提升，在解决各种问题的过程中整体产生作用。课外体育锻炼是培育学生体育与健康核心素养不可或缺的重要路径，它在培育学生核心素养，让每名学生都从体育过程中受益，逐步形成健康生活的独特品质与关键能力，发挥着十分重要的作用。

第一节　课外体育锻炼概述

一、课外体育锻炼的含义

课外体育锻炼是学校体育课的补充，是学校体育工作的重要研究与实施部分。学校体育的主要任务涵盖传授体育知识、培养运动技能、增强学生体质、培养运动习惯，以及促进学生终身体育意识的形成，要完成这些任务，单靠每周几节的体育课显然难以实现，必须依赖于课外体育锻炼的开展。课外体育锻炼既是学校体育的一种形式，又是学校体育活动的重要目标，对于完成学校体育任务、促进学生全面发展、实现体育目标具有重要意义。由此可见，课外体育锻炼不仅成为学校体育工作的又一重点工程，同时也成为学校体育工作改革的重要参考指标与评价指标，作为兼具主体性和自觉性的课外体育锻炼，可以很好地发展学生身体素质，在培养学生运动习惯、增强体育意识方面的效果甚至有着体育课难以比拟的优势。随着全民健身运动的蓬勃开展，课外体育锻炼已逐渐跨越“围墙”，与社会体育、竞技体育紧密结合在一起，成为培养全面发展的现代化建设人才的重要途径之一。

从以往的研究成果来分析，对课外体育锻炼的概念进行界定，总体上是将课外体育锻炼限于学校空间，对校外空间的课外关注不够。事实上，随着现代教育和现代体育的发展，课外体育已经远远超越了学校的“围墙”，其外延既包括校内又包括校外的各种形式的体育锻炼。[1]也就是说，学生在课余时间运用各种体育形式和方法进行的，能达到增强学生体质、促进身心健康、丰富课余文化生活等目的的体育锻炼活动都属于课外体育锻炼范畴。课外体育锻炼具有广义和狭义之分：从广义上来说，课外体育锻炼泛指学生参与的除体育课教学以外的体育锻炼活动，包含学生参与的校内外一切体育锻炼活动；从狭义上讲，课外体育锻炼指学生在学校内参与的除体育课以外的体育锻炼活动。

从当前我国学校体育改革与发展的趋势来看，学者越来越普遍地认为，课外体育锻炼是指学生利用课间、课外活动等课余时间，放学之后以及双休日等课外时间，独立或结伴在学校或校外进行的自发性的或有组织的体育锻炼，充分的自立性和娱乐性是其主要特征。[2]

二、课外体育锻炼的形式

课外体育锻炼的开展主要分为两种形式：一种形式是与作息制度相结合并有一定组织和要求的课余体育锻炼，如早操、课间操、大课间操、班级体育锻炼、校运会、有组织和指导的课外活动以及全校性的课余体育锻炼活动等。这种有组织并有一定要求的课余体育锻炼在时间、出勤率、组织形式、练习内容及负荷安排上具有规定性和指导性，与正规体育课相比，其规定性和指导性不会像上体育课那样具有较强的强制性，同时，又在很大程度上体现了自愿和自主。这种形式的课外体育锻炼活动具有以下特点：自愿性与规定性的统一，自主性与指导性的

[1] 周登嵩. 学校体育学[M]. 北京：人民体育出版社，2004：264.

[2] 牛进平. 探究课外体育锻炼对学生心理健康的影响[J]. 教学与管理，2012（4）：71-72.

统一，教育性与娱乐性的统一，深受中小学生喜爱，故一般中小学课外体育锻炼采用此种形式为多。

另一种形式的课外体育锻炼则是学生利用课间、课外活动、双休日等时间，或独立或结伴在校内或校外进行的自发性的体育锻炼，或参加某一俱乐部和单项体育协会，由学生自我管理、自主选择、自主聘任指导教师或外聘教练，参加者凭共同的兴趣爱好聚到一起，自由性和随意性较强，其目的在于休闲运动、锻炼身体，没有明确指向性的教学任务。由于这一类课外体育锻炼形式相对较自由，对自我协调和控制能力要求较高，其自发性和娱乐性占一定比重，究其自身特点，一般此种形式的课外体育锻炼更加适合在高中和大学校园实施。[1]

三、课外体育锻炼的特点和原则

（一）课外体育锻炼的特点

1. 多样性

课外体育锻炼在内容与形式上呈现多样性。课外体育锻炼不论在内容、形式还是方法的制定上多是以学生的运动动机为主体，因此，丰富及拓展适合学生的课外体育锻炼内容与形式是值得推崇的。做到充分调动学生活动意愿，使学生能够积极主动地参与锻炼，达到身体锻炼的效果，同时培养学生的运动习惯。

2. 自主性

课外体育锻炼具有鲜明的自主性。学生可以从个人的实际出发参与自己喜爱的体育锻炼，满足了学生的兴趣，调动了学生的积极性，充分发挥了学生的主动性，张扬了学生的个性，施展了学生的才能，使学生的主体地位和作用得到充分的体现和发挥，进而培养学生参与体育锻炼的热情和习惯。其目的就在于增强体质、娱悦身心、丰富课外生活。

3. 灵活性

课外体育锻炼组织方式相对灵活，既可以班级的形式进行，又可以小组或个人的形式进行，可以根据每个人的情况和要求进行选择，不像体育课那样具有强制性。从自发的游戏活动到自主的竞赛，从娱乐性的体育锻炼到竞技型的竞赛项

[1] 曲宗湖，杨文轩. 课余体育新视野[M]. 北京：人民体育出版社，1999：62.

目，从自主性的个体活动到有组织的集体锻炼，都给参与者提供了较大的选择自由，充分满足了学生的运动需求。

4. 持续性

课外体育锻炼由于组织形式灵活，不受课堂教学时间的限制，给学生提供了自由参与的时间。这样就给学生每周多次参加体育锻炼提供了保证，既有时间复习在课堂上所学的动作技术，又有机会提高自己钟爱的体育项目的技术水平，使体育锻炼的效果得到持续性的发展。

5. 针对性

课外体育锻炼具有明确的针对性。学生有年龄、性别之分，体质强弱千差万别，对活动内容要求各不相同，承担负荷的能力不一。因此，在安排学生体育锻炼时必须考虑上述的不同特点，采取区别对待的方法。例如，按不同的年龄、性别及体质强弱编成锻炼小组，施以不同的内容和负荷量。总之要使每个人都得到适宜的锻炼。

课外体育锻炼的参与者中不仅有普通群体，也有高水平的精英分子，他们通过课余体育训练，提高了运动技术水平，创造了优良的运动成绩。通过对他们参与体育竞赛的观摩与欣赏，学生进行体育锻炼的积极性也得到提高。

（二）课外体育锻炼的原则

1. 自觉性原则

自觉性原则是课外体育锻炼的优点之一。自发自主参与体育的过程是自我参与、自我觉醒的表现，自觉积极地投身于锻炼活动，明确“生命在于运动”的科学道理，在锻炼过程中做到意念专一，抛却一切杂念，达到体育锻炼身心合一的效果。

2. 适量性原则

适量性原则主要是指锻炼要有适当的生理负荷，在渐进的基础上有节奏地加大，并应随着人体机能的变化而变化。在上体育课时，出现的“体质好的吃不饱，体质差的吃不了”的现象，在课外体育锻炼中就能明显地克服，但在运用实施中也应该注意两点：一是要通过锻炼中的生理测定和锻炼后的自我感觉，做到量力而行；二是要根据实际情况，统筹安排运动负荷量、强度和间隔。

3. 针对性原则

针对性原则主要是指锻炼必须根据学生的不同情况，有针对性地进行，不要千篇一律，强行统一。这一点正合乎了学生在课外体育锻炼中的特点，学生学到了自己想学、喜欢学的内容。同时这是教学大纲内容涉及不到的，也是上课教学所达不到的。但在锻炼中应注意以下两点：第一，认真制订锻炼计划，严格执行，适时调整；第二，最好的锻炼形式是独自锻炼，能够切合个人的实际情况。若参加集体项目的活动，则应注意自我调节。

4. 自觉积极性原则

课外体育锻炼是一个克服自身惰性、战胜各种困难的自我锻炼、自我完善的过程，也是自我养成良好习惯的过程，学生只有自觉积极地进行体育锻炼，才能获取应有的锻炼效果。毛泽东曾经指出："欲图体育之有效，非动其主观促其对于体育的自觉不可"。[1]

若学生对某项体育锻炼产生兴趣，就会对这项体育锻炼表现出极大的主动性和自觉性。但是在我国目前条件下，课外体育锻炼还不可能完全根据学生的自愿与兴趣安排活动内容，往往要由学校统一安排时间、项目进行锻炼。因此学校在安排体育锻炼的内容时，除了要创造条件尽可能结合学生的兴趣爱好，做到因人制宜，还要加强宣传教育工作，不断提高学生对体育锻炼重要意义的认识，调动学生参加课外体育锻炼的自觉性、积极性。

5. 经常性原则

体育锻炼是以身体练习对人体给予刺激的过程，每次刺激都产生一定的作用痕迹。连续不断的刺激作用，则会产生痕迹积累。这种积累使动作技能形成的条件反射不断得到强化，机体的结构和机能产生新的适应，体质不断增强。如果体育锻炼时断时续或长时间停止锻炼，已形成的动作技能就会消退，身体各种机能、素质就会慢慢减弱。因此，强健的体魄和较高的运动水平，并非一朝一夕所能练就的，已取得的锻炼成果也不会一劳永逸。只有经常坚持体育锻炼，保持锻炼时间、次数、强度的衔接性和连续性，才能收到良好的锻炼效果。

学校对课外体育锻炼要有一个全面的计划，合理安排课外锻炼的时间、内容、场地器材等，组织好早操、课间操、班级体育锻炼，做到天天练，保证每天1小时。学生个人应在学校统一安排下，结合自己的特点，制订个人锻炼计划，坚

[1]　王学锋，田玫.何为体育之真义——重读《体育之研究》有感[J].体育学刊，2002（3）：7-8，11.

持全年不间断地锻炼，养成良好的锻炼习惯，做到持之以恒。

6. 全面锻炼原则

人体是一个整体，各器官系统是相互影响、相互制约的。在体育锻炼中，对某一局部机能的提高，也会促进机体其他部位机能的提高，当某一运动素质得到发展时，其他运动素质也会不同程度地有所发展，某一方面的锻炼与发展，也会对其他方面产生积极的影响。但是如果体育锻炼的内容和方法单一化，则会给体育锻炼带来很大的局限性，机体不能获得良好的整体效应。如长期只从事力量练习，心肺系统功能就不会得到较大的提高；长期只从事长跑锻炼，耐力素质会有较大发展，而速度、力量素质不会有较大的提高；长期只从事身体一侧肢体的活动，另一侧肢体就不会得到发展，则整个机体不能得到匀称发展。因此，课外体育锻炼在选择锻炼内容、方法时要尽可能考虑全面发展身体的各部位、各器官系统的机能及各种运动素质和基本活动能力。要努力掌握多种运动技能，贯彻全面锻炼的原则。

7. 从实际出发原则

我国幅员辽阔，不同地区地理气象条件差异很大，即使是同一个地区，各个学校之间的体育锻炼条件、场地器材等也都会有很大差异。对于同一学校参加体育锻炼的学生来说，虽然他们的生理结构基本相同，但在年龄、性别、体质状况、锻炼需求等方面的个体差异是普遍存在的，即使是年龄、性别、体质等条件都相似的人，随着体育锻炼过程的发展也会因机体适应能力的高低而出现差异。由于锻炼者本人及所处的锻炼环境千差万别，不可能提出一种各校都可通用的课外体育锻炼计划，更不可能提出一个人人都行之有效的锻炼方案。因此，在课外体育锻炼中必须贯彻从实际出发的原则，根据学生的个人特点、学校的锻炼条件，结合季节、地域气候等客观实际，合理地确定锻炼内容，选择方法、手段，安排运动负荷。这样，才能掌握课外体育锻炼的主动权，提高锻炼的可行性和实效性，收到良好的锻炼效果。

四、课外体育锻炼的意义

课外体育锻炼有助于丰富学生的课余生活，扩大学生的活动领域，加强学生与社会的联系，激发学生的兴趣爱好，培养学生的开拓精神和创新能力，促进学生的个性发展[1]，对学生终身从事体育锻炼具有积极的促进作用。

（一）课外体育锻炼是体育课的延续

美国学者赫灵顿研究认为，儿童青少年一天身体活动的适宜时间是：小学生4～5小时，初中生2～3小时，高中生1～2小时。如果达不到这些数量，由于运动不足而产生“运动饥饿”，不利于中小学生健康成长。西方一些国家也提出每天要保证中小学生参加1小时以上的运动。这种数字的定量，虽然不是很精确，但确实反映了客观情况。如果仅仅依靠每周2～3节体育课，其效果是很有限的，难以满足学生的需要。如果设想增加到每天上1节体育课，也是不现实的，一是中小学生每周上课的时数容量有限，二是体育师资数量等条件不具备。而广泛开展各种课外体育锻炼，则是达到这种目的的良好途径。通过课外体育锻炼可以巩固和提高体育课中学习的知识、技术和技能，还可以培养学生的体育兴趣，养成良好体育锻炼的习惯，树立终身体育意识，同时能够发展非智力因素。因此，课外体育锻炼是体育教学的延续。

（二）课外体育锻炼是培养运动习惯的重要手段

习惯的养成不是一朝一夕就可以解决的，终身体育习惯是人们在不断重复的练习中形成的固定化的行为过程，是在体育意识的支配下伴随人的一生、影响人一辈子的生活方式。终身体育习惯的养成，有赖于终身体育意识和兴趣的培养，以及持之以恒的意志努力，是一个从不自觉到自觉、从不习惯到习惯的逐步培养过程，这个过程就是参与体育实践的过程。

（三）课外体育锻炼是提高学生运动技能的重要途径

相对于课堂教学的整体性和规划性，课外体育锻炼的体育学习更具有明显的选择性和主动性，学生在课外比在体育课上具有更大的自主选择权。因此学生运动技能的学习，有明显的主体意识，可以拥有更大的选择权利。在传统的体育课堂教学中，教师掌握着教学的目的、内容、形式、组织等，学生多处于被动受教育的地位。课外体育锻炼在很大程度上克服了学生这种被动受教育的地位。学生角色的改变，参与活动的积极性、创造性也随之变化，他们不仅能认真学习体育

[1] 何元春，李钢. 论课余体育在对学生实施素质教育过程中的重要性[J]. 南京体育学院学报，2001（4）：25.

课上所学到的知识和技能，而且还能努力实践体育教学以外的内容，获取更广泛的知识和技能。这对于培养学生运动兴趣和体育能力，对于提高运动技术水平和运动成绩，对于培育体育人才，都是有积极意义的。

（四）课外体育锻炼提升自我管理能力

课外体育锻炼往往由学生自主去活动，学生在活动当中自己管理自己、自己约束自己、自己教育自己。在这种实践当中进行锻炼，突出自我教育意识，学生会真心实意地去接受教育，去陶冶自己的情操，去提高自己的人品。这种在自主意识支配下的行动，所产生的教育效果是真实的、可靠的和持久的。

（五）课外体育锻炼提升组织能力

在课外体育锻炼的过程中，学生的自主性、自律性、合作性等，通过参与并组织内容不同、形式各异的活动、讲座和竞赛，得到充分发挥。课外体育锻炼促使学生独立探索、丰富发展教师所传授的知识、技能，检验自身的参与能力；课外活动的各种体育竞赛，为学生提供了表现、创造和成功的机会，使运动场成为展示自己才能的实验场；课外体育锻炼使学生积极参与到体育实践活动中，如担任运动竞赛裁判、指导健身活动、辅导课余锻炼等，使学生能理论联系实际，在实践中增长才干，并检验自己的组织、评价能力。

（六）课外体育锻炼是提高学习效率的有效方式

体育锻炼由于能促进血液循环，加强新陈代谢，使供给大脑等器官的氧气和营养物质增多，再加上大脑皮层中枢之间存在着诱导机制，运动中枢等的兴奋，有助于消除在学习、工作中积极活动的中枢所产生的疲劳。活动场所的变化、活动内容的变化、活动形式的变化等，都有助于消除由于单纯在教室里上文化课所产生的枯燥疲乏的感觉，不仅消除生理方面的疲劳，也有助于消除心理方面单调、疲乏的情绪。研究结果证明，学生在上午第二节课以后，进行20分钟左右的课间体育锻炼，能大大提高第三、第四节课的学习效果。学生在下午参加班级课外体育锻炼以后，感到精神愉快、头脑清醒，有助于晚上的学习。

（七）课外体育锻炼为终身体育奠定良好的基础

在课外体育锻炼中，学生可以根据自己的兴趣爱好自愿选择其活动的内容、形式、方法，自觉积极地投身于体育锻炼之中，满足其娱悦身心的情感体验，也可以在课外体育锻炼中不断复习、巩固在课堂体育教学中所学的运动技能、提高及发展自己的体育特长，获得成功与满足的情感体验，激发起学生浓厚的参与体育锻炼的兴趣。这种兴趣就让学生有了自觉性，学生就能以运动为快乐，以体育为表现方式进行各种身体锻炼活动。所以，课外体育锻炼对培养学生的终身体育兴趣有着重要的作用。

课外体育锻炼内容丰富、形式多样，集自由性、娱乐性、健身性、竞技性等特性为一体，对学生具有极大的吸引力，学生在紧张的学习之余能运用所学的体育知识，根据自己的具体情况参与其中，有针对性地进行体育锻炼，及时地调整和放松自己，切身感受到体育带给自己的乐趣和锻炼所带来增强体质的实效。课外体育锻炼使学生娱悦了身心，并产生良好的情感，因而学生能够持之以恒地参加锻炼，形成主动的、有目的的良好体育意识。而终身体育习惯的养成就是在这个良好的体育意识的基础上建立起来的，这种课外体育锻炼带来的学生积极地、持之以恒地进行体育锻炼的行为是培养终身体育习惯的必经之路。

第二节 课外体育锻炼的发展

一、美国、日本、俄罗斯的课外体育锻炼发展概况

美国强调课外体育锻炼在促进人的个体社会化方面的作用，课外体育锻炼的广泛开展培养了学生积极参加身体锻炼活动的生活态度，不仅为了今天，而且为了一生的健康幸福，即为终身体育、终身健康思想打下基础。在日本，培养学生的自我教育能力已成为开展课外体育的新的目标导向，从而把课外体育锻炼放在了一个历史的高度。在俄罗斯，在课外体育锻炼过程中，要对学生进行积极生活态度、热爱劳动、集体主义、勇敢、机警、顽强、坚定目的性等方面的教育。

（一）美国的课外体育锻炼发展概况

美国历来注重课外体育锻炼在促进人的个体社会化方面的作用，特别是由于体育课时间的分配常常是极为有限的，那么指定课外体育锻炼就成了帮助学生完成课程的好办法。美国是一个典型的地方分权制国家，办教育的权力属于各州，各州的教育委员会有权决定本州的教育发展方针和发展方向，并确定不同的教育

模式。美国现阶段比较具有代表性的体育教育模式是竞技体育教育模式、健身体育教育模式、社会责任教育模式和学科联合教育模式。无论是哪一种模式，都使学校的体育教育与社会建立了广泛的联系，强调体育、卫生、保健、娱乐等几个方面的工作融为一体、同步进行，使得美国的学校体育和社会体育紧密地结合了起来。如竞技体育教育模式为了教育学生完成其目标并取得成功，必须在课外也要参加体育锻炼；健身体育教育模式不仅重视现在使学生参加体育锻炼，而且还重视培养学生终身参与体育的意识；社会责任模式则利用体育锻炼来规范学生的行为，培养其对自己和社会的责任感；学科联合教育模式更是由于体育知识和其他学科的综合，拓展了学生的知识面，提高了学生的学习兴趣。[1]

由于课外体育锻炼在促进人的个体社会化方面的作用，美国中小学体育必修大纲与课外体育锻炼之间存在着密切的联系。美国专家认为，借助课外体育锻炼除可以提高身体素质、身体技法外，还可以完成更广阔的社会教育任务。因而课外体育锻炼在美国广泛开展。据统计，美国中小学生参加课外体育锻炼的人数约占总人数的86%。课外体育锻炼的广泛开展培养了学生积极参加身体锻炼活动的生活态度，不仅为了今天，而且为了一生的健康幸福，即为终身体育、终身健康思想打下基础。

美国联邦政府再三强调中小学生为了增进健康，预防疾病，每天必须参加体育锻炼1.5小时以上的规定。中学生的课余体育是整个社会体育的重要组成部分，每年有520万中学生参加30种不同的专项运动，占整个中学生人口的1/3。中学生的课余体育，由学校体育部和运动俱乐部教师组织，其形式是根据学生的兴趣、体质状况，由学生任意选择。虽然不同学校在课外体育锻炼方面各具特色，从总体上看，仍可把课外体育锻炼分成以下三种形式：班级课外体育锻炼、校际课外体育锻炼和运动俱乐部。近年来，学生俱乐部数量有了很大的增加，不论学生水平高低均可参加，且不再限于一般的运动，还涉及教学计划中没有的各项内容，如橄榄球等。[2]

（二）日本的课外体育锻炼发展概况

日本的课外体育在第二次世界大战后较早地形成了两类活动：一类是特别活动，也称为必修俱乐部活动。这一类活动是由学校排入课表的，要求学生从艺

[1] 曲宗湖，杨文轩. 课余体育新视野[M]. 北京：人民体育出版社，1999：62.

[2] 娄晶. 吉林省西部城市中学生课余体育活动现状的调查与分析[D]. 长春：东北师范大学，2006.

术、科学、体育中选择一项活动。特别活动不仅包括上述的必修俱乐部活动，凡列入规定作息时间开展的课外活动均称为特别活动，特别活动均在同一时间展开，喜爱艺术和科学并参加这些活动的学生就没有机会参加体育活动了。而有些学生还想再参加体育锻炼，这就产生了利用课余时间再次组织活动的必要，这就是组织第二类课外体育锻炼——自由体育俱乐部的依据。[1]对于高年级学生来说，自由体育俱乐部是以学生为主体建立的，教师起辅助的作用，因此，自由体育俱乐部在培养学生自主学习和组织能力方面更具有特殊的作用。

日本学生在校内进行课外体育锻炼的一个主要方式就是参加学校内的运动部，运动部主要开展的项目有田径、棒球、篮球、排球、足球、羽毛球、乒乓球、网球、游泳、弓道、剑道、柔道等项目。这些内容有些是教学计划中出现的内容，但大多是教学计划以外的内容，这也是对教学内容的补充与延伸。学生可以不分年级、年龄、性别，根据自己的兴趣爱好，自愿参加各部的活动。活动的组织形式是由各部学生自己组织、自己管理，一般由高年级的学生负责部里的工作。因为学生是自愿参加、自己组织，所以活动开展得生动活泼，同时也提高了学生的自治能力。[2]

日本课外体育锻炼的特点：第一，将课外体育锻炼纳入学校教育计划之中——日本学校把课外体育锻炼纳入整个教育过程中，有计划、有组织、有指导，切实把提高学生素质落到了实处。第二，注重学生自主能力的培养——学生自愿参加、自我组织、自我锻炼与学习，教师起指导作用的课外体育锻炼开展模式，给了学生更多的自主、自由活动的时间和空间，去体验生活，学习自己感兴趣的东西。这样既增强了学生的体质，又培养了学生自我管理的自主能力。第三，课外体育锻炼社区化的趋势——学校体育运动部向社区化延伸，形成运动部与社区体育一体化的模式。体育青少年团实行会员制，收取一定的会费，聘请社会上有经验的体育指导员担任指导工作，充分利用社区及学校的体育设施，开展课外体育锻炼[3]。

日本在第二次世界大战后，学校要求学生每天活动100分钟，其中包括体育课、课外体育俱乐部的训练、运动部的活动、课前活动、课间活动及假期活动，以便学生得到充分的户外锻炼，增强体质。20世纪80年代末，日本的课余体育锻

[1] 曲宗湖，杨文轩. 域外学校体育传真[M]. 北京：人民体育出版社，1999：75.

[2] 席连正. 课外体育活动对终身体育的影响[D]. 武汉：武汉体育学院，2008.

[3] 肖焕禹. 日本中学体育运动部的组织活动及启示[J]. 北京体育师范学院学报，1999（2）：13-17.

炼以俱乐部形式开展，学生根据兴趣选择自己喜爱的项目，参加该项目的课外俱乐部活动，由教师担任指导，其活动内容丰富多彩，参加活动的学生达学生总数的50%左右，每天活动2小时。由于日本经济条件优渥，生活环境优越，学生中出现人际关系过于淡漠、意识行为消极、间接信息过剩而直接信息不足、生活节奏过于散漫等问题，人们期望借助课余体育锻炼使之得到改善，使学生产生积极的生活态度，培养学生的运动价值观，陶冶情操，为其体育生涯奠定相应的心理及运动项目方面的基础。[1]

20世纪80年代后期，“所有人在其一生的各个时期，根据自身的体质、年龄和目的，在任何时候、任何地方，享受体育”的终身体育受到行政上的全面重视，使得日本的学校体育与社会体育结合得更加紧密。1988年4月，日本提出了《关于21世纪体育振兴策略》，确立了终身体育和竞技体育两方面与学校体育的关系。特别是日本教育界提出了“为适应国际化、信息化社会的来临，把日本人培养成为活跃于国际社会的日本人”的跨世纪豪言壮语，培养学生的自我教育能力已成为开展课外体育的新的目标导向，从而把课外体育锻炼放在了一个历史的高度。[2]

（三）俄罗斯的课外体育锻炼发展概况

俄罗斯学校的课外体育锻炼可分为三个方面：学校日常和延长日的体育健身措施、课外体育运动形式、校际群众体育健身措施。其形式为学生体育小组，包括军事实用运动项目在内的运动部、一般身体训练组、“劳卫制”锻炼小组的活动内容。各种课外体育锻炼的内容均考虑到学生的年龄特点。在课外体育锻炼过程中，要对学生进行积极生活态度、热爱劳动、集体主义、勇敢、机警、顽强、坚定目的性等方面的教育，同时要进行军事爱国主义教育，培养学生对祖国的自豪感，随时准备为国献身。为了进一步改善中小学生课外、校外体育健身和竞技体育的组织，经苏联国家教委批准，自1990年起，在全国普遍建立了一种新的组织形式——少年儿童身体训练俱乐部，并被纳入正规的校外机构系列，负责组织少年儿童在课外、校外的体育健身和教育工作，目的在于增强他们的体质，促进他们身体的全面发展。

俄罗斯在组织学校课外体育锻炼方面，明确地分为三种类型：一是许多学校

[1] 娄晶. 吉林省西部城市中学生课余体育活动现状的调查与分析[D]. 长春：东北师范大学，2006.

[2] 曲宗湖，杨文轩. 课余体育新视野[M]. 北京：人民体育出版社，1999：62.

既有传统的体育运动的手段，又有非传统的体育运动的手段，二者并行不悖，内容与形式丰富多样。二是一些学校尽管也采用多种课外体育锻炼形式，但以一项课外活动形式为主，如有的学校以冬季运动项目为主，一到冬天全校学生均成为冰上运动的常客。三是一些有着教练员经历的体育教师工作的学校，往往以竞技运动项目的训练为中心来组织课外体育锻炼，许多经过锻炼的学生常常可以达到很高的运动水平，对活跃学校文化生活和学生将来就业也有所帮助。[1]

二、我国课外体育锻炼发展概况

（一）我国大陆地区课外体育锻炼的发展历程

近代课外体育锻炼并非是伴随着学校体育的诞生而出现的，而是随着社会的进步、执政者的理念而逐渐成为学校体育的重要组成部分。新中国成立后，我国政府十分重视课外体育锻炼的开展。1951年7月，政务院通过《关于改善各级学校学生的健康的决定》，其中规定“学生每日娱乐体育锻炼或从事生产劳动时间，除体育课及晨操或课间活动外，以1小时至1小时半为原则”。1954年，《劳卫制》的颁布，将学校课外体育锻炼推向一个新的阶段。1955年，为配合小学教学计划的执行，教育部颁发了《关于小学课外活动的规定》，对课外体育锻炼进行了详细的规定。1964年8月，国务院批转关于小学生的健康状况和改进学校体育、卫生工作的报告，要求学校体育面向广大学生，首先上好2节体育课，坚持做早操、课间操，安排好每周2节课外体育锻炼。

1982年，教育部又发出了《关于保证中小学生每天有1小时的体育锻炼的通知》。要求保证每一个学生每天有1小时以上的体育锻炼。新中国成立以来至20世纪80年代初，课外体育锻炼主要以增强学生的体质为目的，而对学生体育兴趣爱好的培养，以及培养能力和个性等方面的教育功能开发不足。1983年11月《人民日报》发表了《努力开辟第二课堂》一文，这是我国首次公开提出了“第二课堂”这一命名。随后展开了关于“课外活动”“第二课堂”（也有人提出“第二渠道”）的讨论。这是因为在研究教育和科学技术发展历史、研究学校教育方式的演变、研究人才成长规律的过程中，人们越来越深刻地认识到过去被称为“课外活动”的那部分内容，对于培养现代社会的人才有着不容忽视的重要作用，

[1] 曲宗湖，杨文轩. 课余体育新视野[M]. 北京:人民体育出版社，1999：62.

因此应当赋予它应有的地位。对这些活动的组织和引导，应把它作为一个重要的教育方式，纳入学校的年度工作计划中。1987年以前课外体育锻炼没有纳入周课时总量，但在实际工作中，有活动时间的安排。1987年首次将课外体育锻炼纳入周课时总量。1988年规定为体育锻炼课。1990年2月，国务院批准的《学校体育工作条例》和国家教委下达的《大学生体育合格标准》《中学生体育合格标准》都对课外群众性体育锻炼提出了具体要求，明确规定“中小学生每天应当安排课间操，每周安排三次以上课外体育锻炼，保证学生每天有一小时体育锻炼的时间（含体育课）”。1992年，《九年义务教育全日制小学初级中学课程计划》将活动进行分类，与学科并列纳入课程体系，体育锻炼是其中一类。[1]

1995年颁布的《中华人民共和国体育法》和开始实施的“全民健身计划”，为开展学校课外体育锻炼提供了政策基础，确立了学校课外体育锻炼的作用与地位。2001年在北京召开第21届世界大学生运动会期间，时任教育部体育卫生与艺术教育司司长杨贵仁在回答记者提问“今后我国学校体育将会在哪些方面进行改革”时就指出，在加强对学校体育课程的改革，突出“健康第一”指导思想的前提下，要大力推进“大课间体育锻炼”，改革学生课外体育锻炼形式。

2016年，国务院办公厅颁发《关于强化学校体育促进学生身心健康全面发展的意见》指出：强化体育锻炼。健全学生体育锻炼制度，学校要将学生在校内开展的课外体育锻炼纳入教学计划，列入作息时间安排，与体育课教学内容相衔接，切实保证学生每天一小时校园体育锻炼落到实处。鼓励学生积极参加校外全民健身体育锻炼，社区要为学生体育锻炼创造便利条件，逐步形成家庭、学校、社区联动，共同指导学生体育锻炼的机制。组织开展全国学校体育工作示范校创建活动，各地定期开展阳光体育系列活动和“走下网络、走出宿舍、走向操场”主题群众性课外体育锻炼活动，坚持每年开展群众性活动，形成覆盖校内外的学生课外体育锻炼体系。

（二）我国台湾地区课外体育锻炼的基本状况

我国台湾地区对学生参与课外体育锻炼很重视，制定了相关规定与计划，如《各级学校体育实施办法》《学校体育教学发展中程计划（2001—2004）》《体适能优异学生奖励要点》。其中，《体适能优异学生奖励要点》规定，凡每学期规律参与运动达12周以上，每周至少3次且每次运动30分钟以上，经体育授课教师

[1] 冯火红. 活动类体育课程产生背景及发展过程研究[J]. 辽宁体育科技，2001（3）：36-37.

审核通过者，核发运动参与奖章。根据台湾《各级学校体育实施办法》，学校体育应启发运动兴趣，体验乐趣与效益，建立规律运动习惯，开展多元化课外体育锻炼；并要求中小学每周至少进行晨操或课间健身3次。中小学课外体育锻炼亦可列入弹性课程，必要时可与综合（社团）活动配合实施。同时也要求各级学校应运用课余时间或假期，定期举办育乐营，充分提供学生参与休闲运动的机会。但从相关调查资料的情况看，台湾中小学生参与课余体育锻炼的普及度还有提升空间，大部分中小学生觉得参与的运动不够，没有形成运动习惯，想参加运动社团的人很多，但实际参加的人很少。目前台湾中小学正在积极推广多元化的早操及课间操活动，以提升学生的参与度；同时，学校也积极辅导学生成立运动社团，以扩大学生参加课余体育锻炼的层面与范围。

在青少年休闲运动方面，有青少年周末假日休闲运动，寒、暑假青少年休闲运动育乐营和海外参访队。同时，亦要求和组织青少年学生参加社区休闲运动。

在课外休闲运动方面，台湾中小学生经常参加由学校、社区和家庭组织的各类校内外休闲运动。同时，也要求和鼓励学生利用课余时间或假日时间，邀请家人或邻居、朋友，一同到户外从事身体活动。台湾很重视学校体育，在经费上相对充裕。台湾对开展学校课余体育训练也非常重视，将学校课余体育训练作为培养优秀竞技运动选手的摇篮，学生竞技运动水平也较高。在中小学体育竞赛方面，台湾每年主办一次中学生运动会，并积极组织中学生参加世界中学生运动会。台湾小学没有统一的运动会，由各级教育部门自行安排。[1]

三、我国课外体育锻炼的主要问题

（一）妨碍青少年课外体育锻炼参与行为的因素

1. 经济因素

（1）学校经济因素。中小学课外体育锻炼有一部分是在学校内进行的，学校的体育场地设施、器材情况是实施课外体育锻炼的必备条件。教育部于2016年发布了《小学体育器材设施配备标准》《初中体育器材设施配备标准》，加上近年来国家相继出台相关制度、文件，除了边远山区、农村中小学外，大部分中小学场地与器材不足这个问题基本得到了解决，但仍然存在体育场地设施、器材单

[1] 兰自力. 台湾学校体育概览[J]. 体育学刊，2003（1）：135-137.

一，为应付检查而建设场地、购买器材，后期没有及时地保养及更新，运动场地设施、器材难以满足学生需求的情况。这些因素跟地方政府投入少、学校自行建设成本过高、体育器材设备价格定位不合理等有关。部分学校存在体育经费拨款不及时、不到位的现象，有些学校甚至把本来要用于体育建设的经费应用到学校的其他建设中去，且有的学校把现有的体育场地设施改造成教学楼，从根本上影响了学生参加课外体育活动的积极性。[1]

（2）家庭经济因素。受家庭经济因素影响的课外体育锻炼行为主要有：去收费场馆锻炼；购买需要的体育器材、运动服装、比赛门票；接受各种课外体育辅导服务等。随着我国城市化进程加快及体育产业的快速发展，社会上越来越多的收费场馆出现，体育器材、课外体育辅导班品种越来越多，价格越来越贵，这些体育产品对学生的课外体育锻炼产生了足够的吸引力，但由于价格偏高，很多家庭无法负担学生的此类消费。经济压力直接影响学生的体育消费能力及课外体育锻炼的持续性。

2. 政策因素

课外体育锻炼在学校内进行的部分能否顺利开展，与学校对课外体育锻炼政策的执行和落实密切相关，主要取决于学校领导的意志。长期以来，高考不考体育也在一定程度上导致了中小学体育的缺失，尤其在高中阶段，有的学校目前仅能保证高一、高二每周上2节体育课；高三每周上1节体育课；有的学校一到下雨天就不能进行体育活动，体育课时间被挤占，课外体育锻炼更是无法保障。与高中的状况相比，当中考中加入占有一定分数的体育考试时，学校不得不保留体育活动时间，甚至为体育不是很好的学生开设体育补习班。在这两种条件下学校体育不同的“待遇”，在某些方面也反映了没有强有力的制度措施的保障，学校往往在可做可不做的情况下选择了不作为。

俗话说，没有规矩，不成方圆。课外体育活动的内容、形式丰富多彩，参与群体差异性大等决定了课外体育活动要想顺利开展必须有完善的组织机构、合理的规章制度作为保障。从对中小学课外体育活动调研的结果来看，很多中小学在课外体育锻炼方面管理松散，没有严格的规章制度来约束、量化、考核学生和教师的课外体育活动行为，制约着课外体育锻炼的有效开展。[2]

---

[1] 蔡赛. 新沂市农村初中学生课外体育活动现状与对策研究[J]. 当代体育科技，2017（18）：98-99.

[2] 张丽兰. 济南市中小学课外体育活动组织的建设与优化研究[D]. 济南：山东师范大学，2015.

3. 习惯养成

好习惯的养成是人行为的最高层次。乌申斯基有一个精彩的比喻："好习惯是人在神经系统中存放的资本，这个资本会不断地增长，一个人就可以毕生享用它的利息。"人的行为包括被动性行为、自发性行为、自觉性行为和自动性行为，而好习惯就是自动性行为。课外体育锻炼习惯是经历了被动、自发、自觉而后自动化了的行为，它的养成需要付出坚持和努力。

目前中小学生往往缺乏课外体育锻炼的习惯。[1]从其习惯的养成路径进行分析，从被动到自发阶段，由于学校、家庭、社区课外体育锻炼开展情况的影响，中小学生自身对体育锻炼的认知不足，无法产生对体育运动的兴趣爱好，导致内心对课外体育锻炼的抵触，无法将课外体育锻炼由被动行为转化为自发行为，或因为受相关规定或升学压力的约束，有部分自发行为、自觉行为，但达不到自动化的效果，从而影响了运动习惯的养成。

4. 外部条件

外部条件主要指青少年课外体育锻炼过程中是否有教师指导、是否有家长陪同、是否有同伴一起。

在教师指导方面，学生认为他们在课外体育活动中"缺乏应有的组织和指导"，也就是说，学生对体育教师的满意度不是很高，有多方面原因：部分教师工作积极性不高；有些教师的业务水平有待提高；许多教师对学生的兴趣爱好、性格特征等不太清楚，不善于了解学生的心理，从而导致教学方法和手段简单机械，不能很好地调动学生的积极性。[2]

现今大多数中小学对学生的体育成绩不重视，尤其是忽视学生的课外体育锻炼，课外体育锻炼的开展直接影响着学生体质，有些学校领导不但不重视甚至剥夺学生课外体育锻炼时间的事情时有发生。这样使得体育教师没有积极性去投入时间指导学生的课外体育锻炼，课外体育活动的组织实施过程中，无人组织指导是制约学生参与课外活动的重要因素。这样直接导致学生随意、无序、不科学地参加课外体育锻炼，很多学生干脆不参加课外体育锻炼。

在家长陪同方面，许多家长存在对课外体育锻炼的误解，因而不赞成中小学

[1] 丹豫晋，姚蕾. 中学生课外体育锻炼（家庭—个体）影响因素及路径研究[J]. 成都体育学院学报，2015（2）：115.

[2] 张洁."阳光体育运动"背景下我国课外体育活动的理论与实证研究——以长三角地区主要城市为例[D]. 上海：上海体育学院，2012.

生参加课外体育锻炼。他们认为参加课外体育锻炼是为了玩，从而影响学生的学习，而这种态度在日常生活中也会潜移默化地影响到中小学生，从而导致大部分的中小学生忽视体育锻炼的重要性。由于中小学生正处于青春发育的时期，不参加体育锻炼会影响其身体机能的正常发育，导致患有近视、肥胖、发育不良等疾病的学生人数大幅增长。中小学生家长正值中年，是家庭中的主要支柱，由于平时主要忙于工作，陪同孩子参加体育锻炼的人并不多。

集体类的运动项目，如“三大球”（足球、篮球、排球）等，出于兴趣、体质、技能等各方面的因素，部分学生觉得他们找不到伙伴一起运动，特别是非寄宿制的学校，由于学生们放学后住的地方相隔较远，社区对学生的课外体育锻炼联动不足，导致爱好集体项目的学生很难找到伙伴们一起运动。

5. 课业压力

课业学习的竞争、升学的压力是全国中小学生都无法回避的一个问题，这也是在调查的过程中对中小学生课外体育锻炼最大的影响因素，这一点在所有的影响因素中排在首位。国家虽然一直在强调推行给中小学生减负，倡导素质教育，并且国家还有相关法规保证中小学生每天锻炼1小时，但是实际上，有的学校在执行力上还是打了折扣，学校还是忽视了学生的课外体育锻炼时间。学校在学生的总体培养目标上，仍以文化知识的传授为中心，学生课业负担较重，严重影响了学生参加体育锻炼的积极性。

（二）课外体育活动网络资源的缺失

2000年，教育部关于《在中小学实施“校校通”工程的通知》指出：“用5～10年时间，使全国90%的中小学能够上网，使中小学师生都能共享网上教育资源。”依托互联网技术进行的网络教育，实现了教育资源的信息化、网络化、数字化。网络教学打破了传统的面授教学模式，孕育了以学生为主体，以主动发展为中心，以信息技术教育为手段，以主动获取知识为目标的交互式、开放式的现代化教育教学模式。[1]

教育部在2012年3月发布了《教育信息化十年发展规划（2011—2020年）》，旨在加快教育信息化建设，以实现优质教育资源共享，解决教育不均衡等问题。2014年，教育部开展“一师一优课、一课一名师”活动。此项活动力争使每位中

[1] 沈洪. 中小学网络教育资源建设现状和策略研究[J]. 图书馆工作与研究，2010（7）：108.

小学教师都能够利用信息技术至少上好一堂课，使每堂课至少有一位优秀教师能够利用信息技术讲授。目前，大多数学校有了自己的体育课程网络教育资源，但涉及课外体育活动的网络资源比较匮乏。

（三）体育课程与课外体育活动两者缺乏联动

体育课教学主要是进行知识传授与科学健身技能教育，是学校体育教育的中心环节，是实现学校体育目的任务的基本组织形式。课外体育活动则是将体育课中学得的知识与技能具体运用到实践当中，以强化学生的体育意识，养成良好的健身习惯，它是体育课程学习的延伸和补充。二者相辅相成、相得益彰，共同涵盖了体育健康教育目标的三个方面，即健康的身体、健康的心理与健康的社会适应。[1]从理论上来看，课堂教学与课外体育活动应有机结合，要有目的、有计划、有组织地把课外体育锻炼活动纳入体育课程，形成课内外有机联动的课程结构，激发学生体育锻炼兴趣，养成学生体育锻炼习惯，进而达到提高学生体质的目标。但从实际调研看，大部分学校还做不到将课外体育锻炼纳入体育课程中，两者没有起到联动作用，起不到“1+1>2”的作用。

第三节　强化课外体育锻炼的策略

一、充分挖掘课外体育锻炼资源

（一）实用性教材的编写

课外体育锻炼是体育课的补充，体育与健康教材应当涵盖课内外两方面的内容，对课堂实践教学与课外体育锻炼起到辅助作用。一本优秀的体育与健康教材应具备以下特点。

1. 激发学生的兴趣

爱因斯坦曾经说过：“兴趣是最好的教师[2]。”孔子也有所言：“知之者不

[1]　李淑菊. 石家庄市区中学体育课内外一体化发展模式探索[D]. 石家庄：河北师范大学，2009.

[2]　阿尔伯特·爱因斯坦. 爱因斯坦文集：第三卷[M]. 许良英，范岱年，译. 北京：商务印书馆，1979：144.

如好之者，好之者不如乐之者。”从重视激发与提高学生的运动兴趣、有助于促进学生养成体育锻炼习惯和终身体育意识出发，只有让学生对体育运动产生了兴趣，才能让学生自觉参与到课外体育锻炼当中来。因此，在选择教材内容的时候要充分考虑学生的兴趣所在，在教材中使用学生感兴趣的内容；同时，根据中小学生的特点，教材应该图文并茂，适当减少语言文字描述，用适量的图片配合文字介绍，达到提升学生学习兴趣的效果；此外，小学低年级的学生因文字阅读能力较差，在编写低年级教材的时候，使用文字应咨询小学语文教师的意见。

2. 内容新颖、通俗易懂

教材应精选适应时代发展变化的内容，充分满足学生不断发展的需求，使教材成为学生进行体育与健康学习的良师益友。在配合纸质文本的基础上，增加体育锻炼知识、技能与方法的视频素材。视频可以由学校师生亲自拍摄，具有一定的亲切感，有利于激发学生学习的积极性，方便学生课前预习、课后复习、理解和掌握教材内容，具有直观性和可视性，体现了“互联网+”的立体学练模式。

3. 与体育课内容相结合

作为体育课的补充，课外体育活动对巩固和提高体育课所传授的体育知识和技能，提高学生的运动能力和对体育知识的运用能力，培养学生自觉锻炼身体的意识等都有着重要的意义。因此，课外体育锻炼教材内容应努力将学生的课内外学习结合起来，以促进学生体育文化素养的提高以及良好的体育与健康的态度、行为习惯和社会责任感的形成。学生阅读教材后，能够获得体育与健康实践课上所无法学到的体育与健康知识、技能和方法，而学生在体育与健康实践课上已获得的知识和方法不必在教材中过多重复，以明确教材与实践课之间相辅相成的关系，从而提高学习效果。

4. 推广校本教材

学校应营造体育教师校本课程开发的政策环境，激发体育教师的创造性，使体育教师掌握校本课程开发的基本方法，结合当地社区和学校课外体育锻炼资源的实际情况，在国家课程和地方课程的基础上，进行再加工、再创造，推出具有当地特色的课外体育锻炼教材，使之更符合学校的特点，适应学生需要，能够激发学生的兴趣，发展学生的个性及特长。这样既有助于打造“一校一品”或“一校多品”体育特色，又有利于学生的个性化发展。

【案例1】昆明市寻甸县仁德镇第一小学体育课堂与大课间引入民族舞蹈

寻甸县仁德镇所在区域属于回族、彝族和苗族相对聚居较多的民族县，为了让具有这些民族风格和地方特点的体育舞蹈走入小学体育课堂和体育大课间活动，大胆挖掘民族集体舞动作元素，认真提炼地方民族舞蹈元素，在确保地方校园民族舞的风格时尚和健康元素前提下，合理开发校本教材，创编了一套颇具地方民族风格和特点的“民族大团结”校园民族集体舞，并在体育课堂、学校大课间体育活动中实施。整理和经过创编后的校园民族集体舞不仅动作编排花样多，有团队感，讲究协调配合，活动量不亚于广播操，更具有结构合理、动作时尚、健康、节奏鲜明、欢快的特点。它吸收了彝族舞蹈中的“打歌舞”的动作，大多以下肢为主，舞步有踏、跺、跳、抬腿和抖脚，伴有耸肩、摆、摇等手的动作，并把学生喜闻乐见的橡筋舞融入其中；而回族舞蹈大多步伐轻快，文质彬彬的绅士风度尽显其中；苗族舞蹈吸收了“团圆鼓舞”的“大摆步”“晃手”并伴有踏跳步等舞蹈动作。整套舞蹈有彝族人民如火一样的热情，回族人民的温雅和苗族人民的热情与好客的风格。

（来源：张世华，新浪微博，2013）

【案例2】九江小学开发校本课程“花样跳绳”助力校园体育发展

为推动校园阳光体育运动，增强学生体质健康，弘扬传统体育项目，打造体育强校，2016年9月，九江小学八里湖校区将花样跳绳运动定位为校园特色体育项目，并开发了校本特色课程——“花样跳绳”。

作为一门分层必修的课程，花样跳绳在一至四年级学生中进行普及推广，由该校体育组教师承担教学任务。

目前，低、中年级学生均能完成左右甩绳、并脚跳、双脚交换跳、开合跳、弓步跳、并脚左右跳、基本交叉跳、勾脚点地跳等规定动作，实现了学期课程教学目标。有的学生不仅在短时间内迅速掌握了动作要领，而且善于举一反三，跳出了自己的新“花样”。

为形成一种校园体育特色课程文化，九江小学八里湖校区将继续大力推广花样跳绳运动，同时将挖掘学生内在潜能，组建花样跳绳兴趣小组，制订训练和培养计划，激发学生的运动热情，提高花样跳绳水平，为今后各级各类的展示和竞赛活动做准备。

（来源：中新网江西新闻，2016-12-07）

5. 注重与现代体育发展的联系

通过给学生介绍一些当代时尚的运动项目，激发学生积极参与研究的兴趣和热情，可以为体育课程资源的开发拓展新的领域和思路，如轮滑、街舞、软式排球、五人制足球等项目。

【案例3】南昌将开展青少年校园足球特色学校班级联赛

2018年3月，南昌将开展青少年校园足球特色学校班级联赛，各青少年校园足球特色学校应不低于50%的班级参赛。

各青少年校园足球特色学校以班级为单位组建足球队，开展校内班级间的足球比赛和足球文化活动。组织学生广泛参与，全校应不低于50%的班级参赛。小学低年级学生参加趣味足球活动，小学三年级以上学生参与班级联赛，重点突出小学五至六年级全员参与。班级联赛小学为5人制，初中为8人制，高中为11人制。按年级划分级别，也可按小学三至四年级、小学五至六年级、初中、高中划分级别。各级别的队伍分成若干组，进行小组循环赛，每组积分最高的几支队伍进入淘汰赛，决出冠、亚和季军。具体比赛办法及场地设置，各校可根据实际情况，因地制宜，自行确定。

小学每半场15～25分，初中每半场20～35分，高中每半场25～45分。比赛分上、下两个半场，中场休息5～15分钟。比赛用球和场地，可根据实际条件自行决定。

据南昌市教育局相关工作人员介绍，各特色学校开展校园足球班级联赛的情况和校园足球的普及程度是教育行政主管部门对校园足球特色学校进行专项检查、评估的重要指标。在每年的全国校园足球特色学校复核中，已把班级联赛开展情况作为复核“一票否决”的重要项目。

（来源：中国江西网，2018-03-30）

（二）“互联网+”背景下课外体育锻炼网络资源建设

2015年，李克强总理在政府工作报告中提出了“互联网+”，进一步推动了教育的信息产业化。课外体育锻炼的网络资源建设主要包括网络教育平台、微课、新媒体等方面。

1. 网络教育平台的建设

除了体育课程外，课外体育锻炼也应加入网络教育平台的建设队伍中。各中小学做好充分调研，了解本校学生兴趣爱好，结合本校实际，组织教师根据校本教材，推动课外体育锻炼的网络教育平台建设。课外体育锻炼的网络教育平台建议由教育部门主导，参照国家教育资源公共服务平台，以“一师一优课，一课一名师”活动的模式，各级别教育行政部门、学校分别组织教师以晒课的方式，结合“一校一品”开发课外体育锻炼校本网络资源。

【案例4】“一师一优课”晒课活动（图5-1）

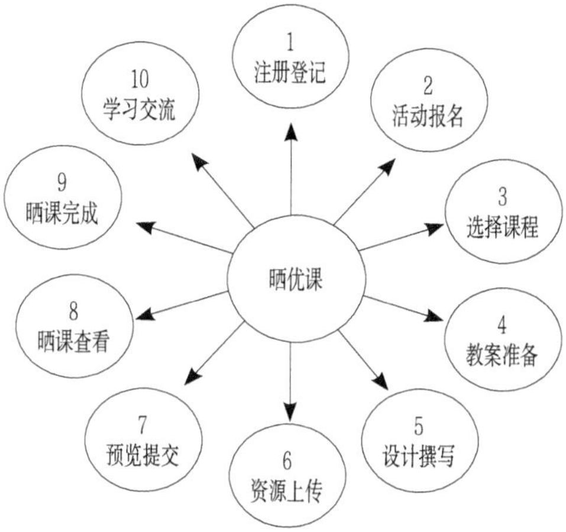

图5－1　“一师一优课”晒课操作流程

2. 微课与课外体育锻炼

微课是基于教学设计思想，使用多媒体技术，用时长5～10分钟的一段音频或视频就一个知识点进行针对性讲解。微课具有短小精悍的特点（表5－1），是课堂教学的有效补充形式。

表5－1　微课的特点

特点	描述	功用
短	微课教学活动时间短，一般不超过10分钟。	1. 符合学习者（特别是中小学生）的认知特点和视觉驻留规律，微课为其提供适量的认知负荷，使学生的注意力更加集中，有利于提高学习效率。 2. 一定程度上满足了当今微时代泛在学习的要求，即网络数字化阅读和学习越来越倾向于片段化的短小的呈现方式。

续表

特点	描述	功用
小	教学主题聚集，教学目标明确，资源容量小。	1. 内容短小，教师容易把握教学重点和主线，教学目标易实现；制作成本低，技术开发难度小，教师可以一个人完成选题、设计、制作、拍摄、合成、发布等环节，提高了工作效率。 2. 资源容量小，一般只有几兆或十几兆，易于网络传输、交流和应用共享，适合于在智能手机、平板电脑等移动设备上进行自主性、碎片化学习。
精	教学内容精练，教学设计精细，教学活动精彩。	1. 主题突出，内容精选，只聚焦于某个重点、难点、疑点、考点或某个教学环节等有重要学习价值的内容，学习针对性和有效性强。 2. 教学设计精细化。对某个知识点或教学环节进行精准、细致的划分，恰当运用各种教学方法，合理安排每个环节的教学时间，形成一个脚本式的结构化的教学设计。 3. 教师采用问题引导、启发诱导、任务驱动、讲授内容与操作演示同步展现等教学策略，教学过程（主要以视频拍摄或录屏的方式记录和表现）精彩生动，简短又完整。
悍	资源应用面广，适合不同对象，教学效果显著。	1. 微课短小聚集且交互性强，可以灵活地用在课堂教学和课外学习、校内学习和校外学习、正式学习与非正式学习等多种学习情景中。 2. 满足学习者随时、随地、随需的学习需求，是一种新的资源表现形式，更是一种新的教学模式和学习方式。

微课所讲授的内容是“点”状、碎片化的，这些知识点，可以是动作要领、教学经验、练习方法和手段等技能方面的讲解，也可以是运动技术原理、教学理论等方法的归纳和解读。对于学生而言，微课能更好地满足学生对不同学科知识点的个性化学习、按需选择学习，既可查缺补漏又能强化巩固知识，是传统课堂学习的一种重要补充和拓展资源。

【案例5】游泳微课：蛙泳腿要领——“收、翻、蹬、夹”选题（表5－2）

表5－2　微课选题明细表

选题意图	蛙泳腿要领，按教科书上分为四个步骤，我想有很多学生在学习过程中不能真正明白这四个步骤。设计制作这节微课，将重点放在四字口诀“收、翻、蹬、夹”上，让学生在观看过程中，对蛙泳腿的动作及发力情况有深入的了解，正确掌握蛙泳腿的练习方法。
内容来源	游泳教学模块
适用对象	高中学生
教学目标	1. 了解何为“收、翻、蹬、夹”，弄清楚其原理。 2. 正确掌握蛙泳腿技术。

续表

教学用途	□ 课前预习 □ 课中讲解或活动 √课后辅导 □ 其他 在进行蛙泳腿教学之后，统计学生动作出错的概率，布置出错的学生课后观摩微课，其他学生选择性观看。
知识类型	□理论讲授型 √ 技能训练型 □实验操作型 √答疑解惑型 □ 其他
制作方式	√拍摄 √演示文稿 √配音 □动画 □其他
预计时间	5分钟

【案例6】蛙泳腿教学微课脚本设计（表5-3）

表5-3　蛙泳腿微课脚本

微课结构	教学环节	设计思路
一、片头（5~10秒）	呈现微课信息。	展示微课主题及主讲讲师姓名、单位、职称等信息，提供舒缓的背景音乐，营造轻松愉快的学习氛围。
二、导入（10~20秒）	揭题设问，激趣导入。	以菲尔普斯的蛙泳腿动作视频作为背景，带出一个问题：想像职业运动员那样轻松做好蛙泳腿吗？只需要做好“收、翻、蹬、夹”，你就可以像他们一样。
三、正文教学讲解（4分钟）	围绕目标，提出问题，缓步引导，引发思考，概括提升。	以平时上课时学生练习蛙泳腿为背景，提出： 问题1：为什么同学们在练习的时候总是容易撅屁股？ 引导：做收的动作的时候，大腿收得太多。 问题2：为什么同学们在练习的时候感觉发不上力？ 引导：收、翻的时候，脚掌没有翻过来，小腿与水面没有成90°。 问题3：为什么同学们在练习的时候一直蹬腿，向前的效果却不好？ 引导：蛙泳腿要求蹬的同时，还要有主动夹水的动作。 问题4：为什么有些同学蹬蛙泳腿会很累？ 引导：收、翻、蹬、夹完，需要漂一会儿后再继续下一个收、翻、蹬、夹。 过渡到蛙泳腿的四字口诀“收、翻、蹬、夹”。
四、小结（1分钟）	教学回顾与小结，提出新的问题，引发新思考。	1. 表格小结：四次提问、四次引导。 2. 提问：“收、翻、蹬、夹”四个字中收与翻、蹬与夹是什么关系？

3. 新媒体与课外体育锻炼

新媒体是新的技术支撑体系下出现的媒体形态，如数字杂志、数字报纸、数字广播、手机短信、移动电视、网络、桌面视窗、数字电视、数字电影、触摸媒体、手机网络、手机软件等。相对于报刊、户外、广播、电视四大传统意义上的媒体，新媒体被形象地称为“第五媒体”。

新媒体中比较流行的，与课外体育锻炼相关的，是以微信、微博为首的电脑软件、App、小程序等。这些新媒体在课外体育锻炼中具有较强的交互性，它们具有及时记录、发布，即时的评论和反馈功能及不限地域的特点。在课外体育锻炼的过程中，它们能促进学生与教师间的交流，充分发挥学生自主学习的能力，对学生的科学锻炼情况进行有效的监督。

【案例7】新媒体技术在中学大课间体育活动中的促进作用——以微信为例

在课外体育活动过程中，体育教师充当一名指导者而非领导者。中学生在大课间活动开展前，体育教师可进行提前分工，不同的教师担任不同项目的指导教师。以微信为例，其中的公众号功能可协助教师发挥组织和指导功能。

在大课间指导过程中，学校在微信中开通“××学校体育课外活动指导”的公众号，将公众号的二维码张贴于宣传栏中，或直接将微信公众号告知学生，要求学生关注此公众号，学生可通过自己或家长的手机关注此公众号。

待学生关注公众号后，可做一个推送，针对学生课外体育项目的喜好做个调研，学生可以根据兴趣，选择自己喜欢的运动项目，各项目学生选择的数量可以直观地显示出爱好该项目的学生在学校中所占比例。同时，由于新媒体的多向交互性功能，教师可以根据调研统计的结果，调整开展的项目，再通过微信公众号进行新一轮的推送，并列出自己所能教授的项目种类，让学生在新媒体上进行投票，票选出学生最喜爱的类型，或根据学生的意见对自己的教学计划进行修改。

在上述工作结束后，教师就可以进行大课间前的准备工作了，即发布本周或本月的大课间各项目的具体活动计划以及活动场地。学生在大课间期间就可以来到规定的地方在自己喜欢的教师的指导下参与自己喜爱的体育活动。同时，每周所要教授的各项目课程，教师也可以提前录制好，上传到公众号中。很多学生都有这种经历，在学习课间操时，明明课堂上还记得，下课回家后就忘记了，想要复习，却没有复习资料。新媒体技术可以很好地弥补这方面的不足，可以起到帮助预习和复习的作用。在大课间的教学中，新媒体也同样可以辅助学生学习自己喜爱的运动。教师上传的视频，学生可以在大课间前看一遍，让自己心中有数，有一个初步的视觉表象；在学习后，回到家中，也可以通过视频来复习。

4. App在课外体育锻炼中的应用与开发

（1）学生课外体育锻炼。学生将通过学校OA系统或者“校园通”，直接获取校内课外体育活动（班级体育锻炼、体育社团、校内体育竞赛等）信息，所有用户在学校体育手机App中均为实名登录。同时指导课外体育活动的体育教师基本情况及其联系方式也可以实时查询，这将为学生与体育任课教师的便捷沟通提供平台。为学生的课外体育锻炼提供最需要的体育教学信息是手机App最基本的功能之一。基于中小学体育教师与学生对体育教学信息掌握不对称的现状，为打破现代体育教学信息孤岛，促使中小学体育教学以规范化、标准化为出发点；构建中小学项目化体育教学大数据云；构建中小学项目化体育教学云服务；实现中小学项目化体育教学的家校沟通和社群互动；给出科学的项目化体育教学内容、教学手段和方法、评价体系。通过对各种资源的收集、整理、汇总，学生可以通过一款手机App查询到包括体育考试成绩、校内体育场馆信息、指导教师情况等多方面的信息。

（2）课外运动锻炼考核—— 运动计时。所谓运动计时功能，是指学生通过学校教务账号登录App后，借助移动互联网及智能手机GPS定位功能，记录每次的运动路线、距离及时间，每学期对学生的跑步里程进行一次考核，并将该考核结果纳入本学期体育课程评价之中。为了保证学生锻炼的有效性，可以对跑步速度进行限制，过高或过低都将视为无效。除最基本的跑步功能外，还可以添加在校园这个大环境内的基于学生教务信息登录的运动挑战、跑步排行榜、运动社交圈功能，增加跑步运动的趣味性，以学生最易接受也最愿接受的方式去引导他们参与课外体育锻炼。

5. 体感技术的应用

体感技术的应用为课外体育锻炼提供互动支持，随着科技的发展，越来越多传统行业和领域开始借助体感、VR、AR等技术探索创新发展新模式。体感教学机已经被实际运用至体育教学中（图5-2），它采用三维立体模拟现实环境，体验者通过体感操控技术、3D技术和AR增强现实技术，能以奔跑、伸展、跳跃等肢体动作轻松操控虚拟环境中的行为。

图5－2 学生进行体感互动

将体感技术运用至教育中，通过情景式、沉浸式、交互式的体感学习方式，既打破了传统学习方式的诸多局限，又能满足学习者的好奇心和求知欲，让学习者以身体和思想的同步学习来提高学习效率，体感技术为课外体育锻炼开启了一扇新的大门。

基于Kinect体感技术设计相应的交互式体育教学运动，教学不仅具有多功能与简单操控的人机互动系统，提高学生的学习兴趣，还可以远程直观地演示教学过程，使得课堂教学的互动性增强，而且教学步骤是基于问题解决的教学方式，让学生根据自身的动作发现问题，让学生体验到体感技术在体育学习中的乐趣，提高学习的参与性。

体感技术在课外体育锻炼中的应用，就是学习者在认知策略指导下，通过自身的肢体动作和语音输入方式与体感信息设备发生交互，其技能教学设计流程如下（图5–3）。

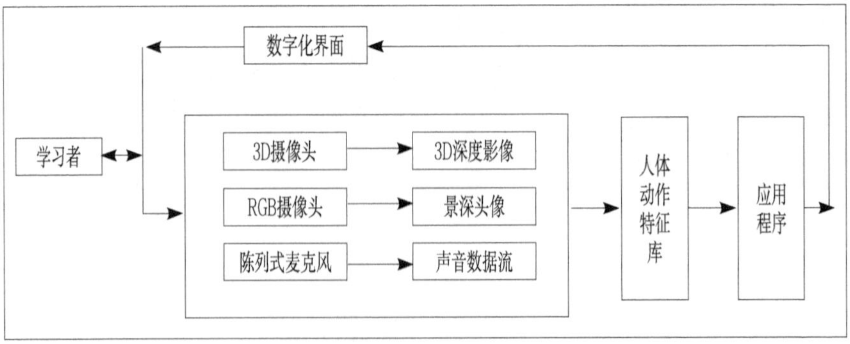

图5－3 体感技术在课外体育锻炼中应用的流程示意图

【案例8】以Kinect体感技术在高中篮球课外锻炼中应用为例

视觉观察阶段：教师要求学生课后通过电脑显示屏等数字化界面，观看教师或高水平的技术动作，建立初步的动作概念。既可在线观看，也可远程观看。

体感动作体验阶段：学生在3D摄像头前做篮球徒手模仿动作，然后通过Kinect软件，实现实时运动动作捕捉、影像辨别、麦克风输入等功能。Kinect软件采用光编码技术对测得的学生的技术动作影像进行编码，生成3D深度影像和声音数据流。

人机交互阶段：通过之前收集的篮球运动动作特征库，Kinect软件通过数据渲染（也叫数据分析），得到人体主要的20个骨骼位置，以此来判断学生运动姿势是否正确，进而实现现实与虚拟环境的人机交互（图5－4）。

图5－4　App对篮球持球动作的正误分析界面图

反馈阶段：在这一阶段，教师与学生通过电脑显示屏等数字化界面，分析学生的技术动作，教师指导纠错。这一过程可以是现场分析、在线分析，也可以是离线远程操控。学生可以面对面接受教师指导，也可以进行同学间的互评。改正技术动作后，再次通过体感技术进行循环练习。

（三）体育设施资源的利用与开发

充足的体育硬件设施是实现素质教育、提高体育教学质量、改善学生身体素质的关键。我国教育部门也制定了各级学校应配置的体育硬件设施目录，各级学校在逐步配备这些设施的基础上，在充分利用这些设施作用的同时，努力发掘它们的潜在功能。[1]

[1]　王忠杰. 辽宁省中学体育课程资源的现状调查与对策研究[D]. 大连：辽宁师范大学，2011.

体育设施资源利用和开发主要包括：充分挖掘体育器材的多种功能、现有器材设备的开发与利用和对现有场地设施的改造。

1. 充分挖掘体育器材的多种功能

根据器材特点进行开发和利用，即一物多用，可以有效地解决体育器材匮乏的现状。例如，栏架可以用来跨栏，也可以用作投射门，还可以用作钻越的障碍物；体操垫可以用来在上面做技巧运动，可以在障碍跑中做障碍物，可以在武术练习中做靶子，也可以在乒乓球练习中做遮挡物，还可以在低年级游戏中做拼图工具等。只要转换视角和思维方式，就可以开发出常用器材的许多新功能。

2. 现有体育器材设备的开发与利用

我国部分地区的学校面临着场地器材不足的困扰，经济欠发达地区、偏远山区、农村地区尤为突出。因此，对现有的运动项目进行改造，现有场地器材的合理利用与改造，对课外体育锻炼的实施、全面促进学生身心健康全面发展具有重要的意义。如，将废旧的轮胎用来进行“滚铁环”，体能练习中将空的矿泉水瓶搬运到指定位置，把旧报纸用来做跆拳道训练的靶子等。

【案例9】利用农村自然资源开展体育运动——巧用轮胎做橡皮筋

农村同学家里大多有废弃了的架子车和自行车内胎，可用来裁制橡皮筋。学习蹲踞式起跑和起跑后的疾跑时，有些同学在起跑后会过早抬起上身，为弥补这一不足，可在起跑线前5米、10米、15米处依次由低到高横置三根橡皮筋，让练习者从橡皮筋下面跑过。初学跨栏时，用橡皮筋代替栏板，能消除初学者的胆怯心理。跳高时用橡皮筋代替横竿做练习，能节省拾、搁竿时间，提高练习密度等。利用外胎可进行“滚胎赛跑”游戏，既训练了学生的爆发力和臂力，又提高了学生的协调性。

（来源：《甘肃日报》，2010-10-24）

3. 对现有场地设施的改造

体育教师可以根据现有的体育场地设施情况，进行创造性的改造，既符合学生的身心发展特点，又增加体育运动的趣味性和多样性，激发学生对参与体育锻炼的兴趣。如根据学生身高，将篮球架改造成可以升降的篮球架，使学生体验扣篮的快感；将现有的足球场改造设计成简易的笼式足球场；等等。

【案例10】充分利用山区自然环境优势，弥补体育教学中场地狭小的不足

面对山区车辆少，大有公路，小有羊肠小道，有直道、弯道，有上坡、下坡等优势，我们充分挖掘、精心策划，有序安排体育活动。如教师在备课时，预先拟订好教学计划、明确教学目的，统一指挥班委会成员带队，分组或整体进行最适合行走、跑步等田径项目的教学训练，让学生有效掌握动作要领和技巧，规范行走和跑步的姿势，纠正长期以来伏案学习、听课中形成的驼背、弓腰等不良习惯，这也对学生提高耐力起到一个良好的作用。此外，教师可以有效利用山坡、树林、河滨、草坪等自然资源，进行各种体育锻炼，其中爬山是体育教学不可缺少的内容之一。如上坡跑时学生上体稍前倾，前脚掌或全脚掌着地，调整好呼吸，加大摆臂幅度，通过不同距离（20米、60米、100米），不同组数（2～8组），增强学生腿部力量和跑的能力。利用上坡做铅球、排球、篮球的练习，如学生站在下坡向上坡推、拨铅球，进行排球的发球练习以及篮球的投篮练习等。下坡主要是放松训练，要注意脚的缓冲。再如，树可以作为铅球的辅助练习工具，练习者一手扶树反复做腿髋的蹬、转和臂的推、拨。还可两人一组，一人坐在另一人肩上两手扶树，下面的人做深蹲练习，增强腿部力量。绕树做蛇形跑练习，可提高学生的协调性和灵敏性。

（来源：《甘肃日报》，2010-10-24）

二、提高青少年课外体育锻炼参与度

（一）改善课外体育锻炼的体育场地、设施

《体育总局等八部门关于加强大型体育场馆运营管理改革　创新提高公共服务水平的意见》要求大型体育场馆免费或低费向社会开放。2014—2017年，中央财政已累计安排补助资金35亿元，有效推动了各地体育部门所属大型体育场馆向社会免费或低收费开放。学生课外体育锻炼的开展，可利用周边大型体育场馆免费对外开放时间。

国务院《全民健身计划（2016—2020年）》要求，学校体育场地设施开放率在70%以上，提高体育场馆利用率，为全民健身提供有利条件。体育场地设施条件较好的学校，应多向本校学生免费开放场地，鼓励家长参加亲子体育活动。

对于体育场地设施较为紧张的学校，可增加对场地设施资金的投入。对于资金较为紧张的学校，可考虑引入社会资金进行场地开放。在课外体育锻炼的开展过程中，注意发展中小学生锻炼过程中项目的多样化，摆脱现在锻炼项目单一的局面。

（二）提升教师指导课外体育锻炼的能力

鼓励支持教师以学习共同体为单位，结合学校和部门实际，以校内课外体育锻炼的开展为主要内容，对课内、课外如何实施有效衔接进行探讨和研究；鼓励教师外出参加交流培训，申报教研教改课题，做到以研促教、以教促研；鼓励教师进行与教学、课外体育锻炼实际需要相关的集体备课、技能培训、问题研究、合作研究、同伴互助、课题引领等教学研究活动，以此提高教学质量，提升教师指导课外体育锻炼的能力。

（三）减轻中小学生课业压力

由于受到应试教育和高考、中考等的影响，中学教育现在一般都是片面地追求学生的学习成绩与升学率，使得现在的中小学生学习任务繁重、个人压力加大。学生学习之后没有时间和精力去参加课外体育锻炼。因此，应减轻中小学生的学习负担，多给予他们一些自己可以自由操控的时间，努力做到课程学习与课外体育锻炼的有益结合，使学生有更多的时间投入课外体育锻炼中去。只有把学生的课外体育锻炼的时间释放出来，才能使学生更好地参加课外体育锻炼，也能有效地使学生产生课外体育锻炼的动机与目的。中小学生的课外体育锻炼应该以健康快乐、劳逸结合、结交朋友、磨炼意志为目的，然后再以积极健康的心态实现最终形成终身体育的目的。

三、实施体育课程内外联动

体育课担负着传授体育健康知识和运动技能的功能，但由于体育课时少，单纯依靠体育课堂的教学来提高学生体质健康水平是很难实现的。而课外体育活动是体育课堂教学的延续和补充，学生在课外体育活动过程中，运用所学健身知识，科学地进行体育锻炼，复习体育课上所学运动技术，提高运动技能，参加体育运动竞赛，培养良好的心理素质和团队合作精神。只有通过合理的运动负荷与科学的锻炼时间有机结合，保证学生的身体素质有所提高，才能为实现“健康第一”的体育课程目标提供有力的保障。

体育课程内外联动是在一定教学目标和教学理论指导下，遵循体育项目的特点，构建出以良好的师资和体育环境为保障，体育课堂教学与课外锻炼相结合的体育教学体系。

体育课程内外联动主要围绕体育课程（课内）、课外体育活动（课外）、学生体质监测与评价三方面进行（图5-5）。体育课程内外联动并非“1+1+1=3”这般简单相加的过程，而是三者相互融合、相互作用、相互促进的系统工程。面对学校全面实施完全学分制带来的体育课堂教学时数减少的变化，只有将体育课程与课外体育锻炼进行有机融合，达到精讲多练的效果，才有利于学生培养运动兴趣、掌握运动技能，进而提高学生体质健康水平。而对学生体质实行监测与评价，则是检验及评价课内外一体化实施路径的合理性及有效性的必要手段。

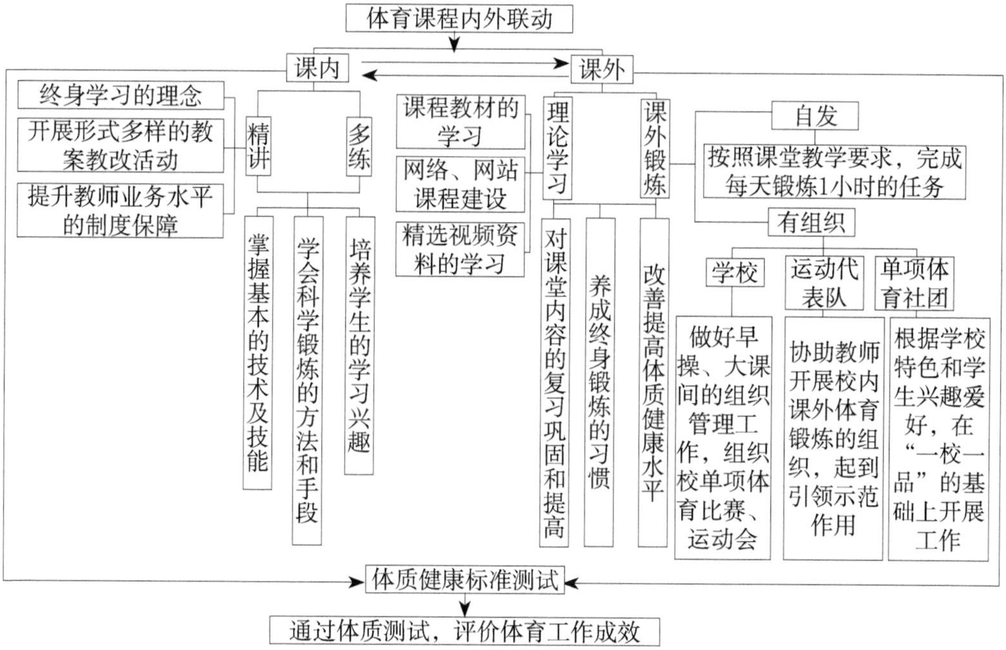

图5－5　体育课程内外联动示意图

（一）体育课的课内部分

体育课的课内部分应突破单纯课堂教学的制约，将体育教学活动向课外进行延伸与拓展，充分整合各种有利于学生身体素质提升的资源，以课内外联动的有效方式促进学生身体素质的提升。

在小学和初中阶段，学生的体育课是以班级为中心的必修课。有条件的中学，在初中可用男女分班的形式上课，以便按照男女特点开展体育教学。高中阶段可以实行必修课程选修项目的做法，由班级教学向小组教学过渡。采用课程选修制以后，每一名体育教师主要负责自己所擅长的单项教学，学生可根据自己的兴趣和身体条件选修某些项目，组成单项选修班组，教师据此进行教学。

体育课的课内部分应围绕着精讲与多练进行。一节体育课40分钟，除去准备活动及放松运动的时间，留给教师讲课和学生练习的时间非常有限。那么，要求教师要有终身学习的理念，开展形式多样的教研教改活动，学校应为教师提高业务水平提供制度保障。体育课程教材的使用，教学内容的选定，采用的教学方法与手段，必须围绕着培养学生兴趣，让学生学会科学的锻炼方法和手段，掌握基本的技术、技能这几个要素进行。

体育课的课内部分应加强学生课外体育活动中体育学习策略的运用能力。体育学习策略是指学生在体育学习过程中，为了达到特定的学习目标、提高学习效果，而主动采取的对学习活动进行自我调节和控制的一系列程序、方法和技能。提高学生的体育学习策略运用能力，是体育课程改革的一项重要任务，也只有提高学生的体育学习策略运用能力，才能为学生终身参与体育锻炼提供有力的保障。

（二）课外体育锻炼部分

课外体育锻炼部分内容要与体育课程内容相结合。优化学习形式，建立课堂、课外锻炼与竞赛活动互动的学习过程。学生在课堂中是学，在选项课、大课间活动中是练，在课余活动中是赛，以学带练，以学带赛，以赛促练，以练促学，做到学中练、练中学、赛中学、赛中练。在学中培养学生对体育的广泛兴趣和对体育知识、技能的全面了解和熏陶，促进学生身心的全面发展。通过“学练赛”这一互动的过程，有效激发学生学习的积极性，最终使学生打好基础，提高兴趣，形成爱好，发展特长，从而使学生在走出校门后有一项体育爱好与特长，并掌握科学的锻炼方法，养成自主锻炼的习惯。

课外体育锻炼部分要立足学习兴趣，开展学生体育社团活动。体育课教学往往因为受到教学时间与空间的限制，无法完全满足学生的学习兴趣爱好，教师在这一方面完全可以拓展理念与空间，开设与教学内容相关的学生体育社团，满足学生在体育方面的兴趣爱好。如针对学生喜爱的健美操、啦啦操、三大球项目，教师可以在课外成立这些项目的社团，帮助学生巩固课堂内的学习内容，激发学生对体育锻炼的兴趣，养成学生体育锻炼的习惯。此外，教师还可以根据学生体质测试的情况，成立体质促进社团，协助体质测试中成绩不及格的学生，根据对其测试成绩的分析，制订出相应的体质提升计划，指导学生进行相关体育锻炼，达到学生体质提升的效果。

要想使学生重视课外体育活动，只有把课外体育活动纳入课程评价当中，占据课程评价体系的一定比例，构建科学的评价体系，便于学校对学生课外体育锻炼进行合理的评价，对学生体育课程课外体育锻炼部分进行有效的管理，体育课内外联动模式才能健康地发展，并发挥其作用。

课外体育锻炼部分要发挥校运动队在学校体育氛围中的引领作用。中小学生崇拜偶像的主要原因在于他们认为偶像身上具有优秀品质，例如：热情、美丽、积极进取、才能出众、自信、乐观、爱国、奉献、敬业或正直无私等。在大多数情况下，中小学生是不可能将榜样、楷模和偶像的定义严格区分开来的，因此，相对现实的偶像都具有榜样和学习的对象性作用。在体育明星的感染下，他们不断努力，追求个人的进步和体验这个过程中的快乐。校运动队所代表和反映的是学校的竞技水平，是学生追求运动技术水平的榜样，是带动项目普及的良好示范。特别是部分传统体育项目学校会招收并培养体育特长生，这样的学生运动员更接地气，更容易起到偶像般的引领作用，推动普通学生参加体育锻炼。

（三）学生体质监测部分

对学生体质实施监测，是检验课内外一体化实施路径合理性及有效性的重要指标，也是衡量和评价一所学校体育工作成效的核心观测指标。获得准确的学生体质测试的数据，是进行学生体质监测的关键。

各学校应根据《国家学生体质健康标准》，结合自身实际，制订适合自己学校的体质测试实施方案。从学生入学起建立学生体质健康档案，将学生体质测试成绩与体育课程成绩、学生评先评优挂钩。

在每年测试完毕整理好数据后，在上报至教育部学生体质健康网的同时，应编制学校学生体质监测白皮书，对本年度学校的学生体质测试情况进行总结，与往年的测试数据进行对比分析，并将各班级的数据分析发给班主任及班级体育教师。对于体质测试不合格的学生，体育教师应建议其加入专为体测不及格学生设立的体质提升社团，根据学生具体情况，为其开具相应的运动处方，对其体育锻炼进行相应的指导。

由于中小学生人数相对较少，师资也相对薄弱，学校自身组织测试需要购买、维护仪器设备，存在着资金投入大、测试人员不够专业、测试数据不够准确等风险。部分有条件的学校已经开始将学生体质监测这部分业务外包给专业的供应商，达到降低成本、提高效率、规避风险的目的（图5-6）。

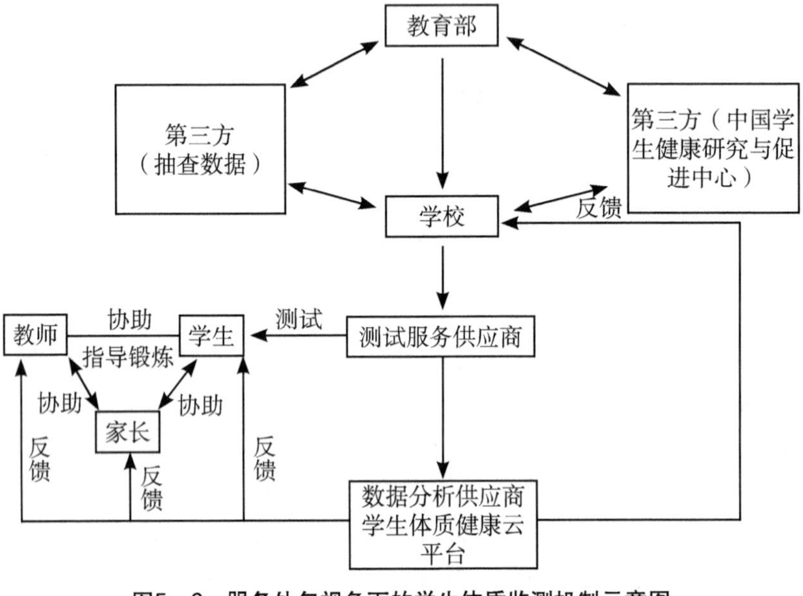

图5－6　服务外包视角下的学生体质监测机制示意图

【案例11】2012年广州市黄埔区教育局委托广东教育学会体育卫生专业委员会为该区31所公办中小学校统一进行学生体质健康测试

黄埔区教育局属中小学生体质健康测试工作已全面启动。全区31所公办中小学校的3万多名学生将接受4～5个项目的测试。据悉，从今年（2012年）开始，黄埔区属中小学生每年都将进行一次体质健康测试，学生体质健康测试累积成绩将作为初中毕业生升学和体育特长生资格认定的重要依据之一。

据了解，黄埔区教育局委托广东教育学会体育卫生专业委员会为该区31所公办中小学校统一进行学生体质健康测试。其中，小学一至四年级学生将测试身高、体重、坐位体前屈、立定跳远共四项；小学五至六年级，初、高中学生将测试身高、体重、肺活量（必测）及台阶、立定跳远、握力（三选二）共五项。黄埔区教育局相关负责人介绍，从今年起，黄埔区属中小学生每年都将进行体质健康测试，测试结果经教育部门审核后将上报纳入国家学生体质健康标准数据管理系统。

（来源：凤凰网，本书作者整理）

四、实施家庭—学校—社区联动

寄宿制学校的学生课外体育锻炼，基本依靠学校进行。非寄宿制学校的学生课外体育锻炼除了依靠学校，还需要家庭、社区进行联动。

学校、家庭、社区在青少年身体健康教育中应该发挥协同作用，共同构建学校、家庭和社区的三元联动模式。在该模式下，学校应邀请家长参与学校的各项活动，家长进校零距离体验丰富多彩的活动，使家长与学校、教师之间的关系更和谐；针对优质家长资源，开展家长了解课程、进课堂活动，更好地推进素质教育；学校积极利用社区资源，让学生走进社区，参加各类公益活动。学校利用新三好学生的评比，推进学校、家庭和社区对学生的综合评价。建立学校、家庭、社区三者齐心协力、互帮互助、互惠互利的益友制关系。[1]

从部分已经实施家庭—学校—社区联动的学校的情况看，家庭—学校—社区已经让很多家长主动参与孩子的健康促进活动，在家庭、学校和社区之间形成了良好的健康运动氛围，在提升孩子体育运动水平的同时，也促进了孩子的身心健康。

【案例12】社区、学校、家庭共建共创文明校园启动仪式暨芙蓉南路社区、仰天湖赤岭小学冬季亲子运动会

“文明我有责，创建我参与，争做文明市民。”2016年11月30日下午，天心区芙蓉南路社区代表、仰天湖赤岭小学学生代表和家长代表在社区、学校、家庭共建文明校园启动仪式上庄严宣誓。

本次在仰天湖赤岭小学举办的社区、学校、家庭共建文明校园启动仪式暨亲

[1] 曹怡静. 创建益友制——家、校、社区互动的探索与尝试[J]. 生活教育，2017（5）：64-65.

子运动会是天心区文明校园创建系列活动之一，旨在培育和践行社会主义核心价值观，提升未成年人思想道德建设工作水平，加强社区、学校、家庭三方联动，共同推进文明校园建设。

仪式上，仰天湖赤岭小学的孩子们为来宾献上了一系列精彩的武术表演：一年级学生带领家长，一起表演长拳，姿态舒展，动迅静定，配合得十分默契；五、六年级学生表演太极拳，孩子们神情专注，动作潇洒自如，赢得了观众的阵阵掌声……

校长谭春华自豪地介绍道："今天一年级家长表演的长拳，都是自家孩子教的，孩子们不光自己打得好，教出的'学生'也都不错。"

芙蓉南路社区书记熊娜表示："只有社区、学校、家庭怀抱一致的信念，形成共建、共创、共成长的新模式，才能全面提高青少年的社会实践能力，增强青少年社会责任感，全面推进文明校园建设。"

亲子运动会的展开瞬间将现场的气氛推向了高潮，篮球接力、踩垫过桥、两人三足等项目重重考验着家长和孩子们的默契度。一年级（1）班吴俊辰小朋友和妈妈报名参与了踩垫过桥游戏，妈妈负责移动垫子，他负责踩着垫子跳跃，虽然刚开始有些手忙脚乱，但在围观社区阿姨的鼓励下，他们越做越好，迅速到达了终点。

（来源：红网，本书作者整理）

"家庭—学校—社区"的核心内容是利用校外资源。除家长资源、社区资源外，还应包括周边高校、图书馆、网络、视听传媒、青少年活动中心、专业培训机构、业余体校、体育运动俱乐部等，同时，还包括各种机构、各种生产和服务行业的专门人才等。这些丰富的校外课程资源，是课程资源开发时需要充分利用的。

【案例13】2015年深圳市好课程项目：深圳市翠园中学帆船拓展课程的开发

本课程为体育素质拓展课程，是一门以帆船教学为媒介，充分利用深圳市的海洋优势，提高学生身体素质，促进学生身体健康的，综合性的，融地理、物理知识和技能为一体的课程。由于帆船帆板项目对场地的特殊要求，器材设备费用高，很难由单一的学校来承担。由翠园中学出资，委托深圳市大鹏航海学校提供高水平海训教练和海上实训基地。校内训练由校本部体育教师进行教学，每周六、日由大鹏航海学校提供海训场地和专业器材。通过课程学习，多名学生掌握了帆船运动的技术。培养青少年勇敢顽强的性格、超越自我的品质、迎接挑战的意志和承担风险的能力，有助于培养青少年的竞争意识、协作精神和公平观念。学生参加深圳市“体彩杯”少年儿童帆船锦标赛和深港澳帆船帆板精英赛，获得了四枚金牌、四枚银牌、三枚铜牌和两个第四名、一个第七名，所有参赛学生均获得了前八名的好成绩，同时，激发了青少年热爱和参与帆船运动的热情，极大地丰富了校园文化精神并留下了宝贵的精神财富，将为帆船帆板运动进校园起到重要的推动作用。

（来源：深圳市翠园中学好课程主讲教师蔡力教师口述，本书作者整理）

五、对课外体育锻炼进行有效管理与评价

（一）建立学生课外体育锻炼评价体系

课内外联动，将学生课外锻炼作为课程教学体系中的一项内容，纳入课程成绩评价当中是课内外一体化建设中重要的组成部分，能否对学生体育课程课外体育锻炼部分进行有效的管理，能否对学生的课外体育锻炼进行正确的评价，是课内外一体化改革能否顺利进行的关键。

学校要为学生的课外体育活动提供条件，多开展体育竞赛活动，保证学生每天参加1小时体育锻炼；校长要亲自动员和号召学生参加课外体育活动，班主任、体育教师及学生会则要积极地进行组织和推动，形成良好的校园体育氛围。中小学要认真执行国家课程标准，保质保量上好体育课，开展集体体育活动，抓好落实每天锻炼1小时的具体要求。

近几年来，我国颁布了一系列学校体育工作的政策、法规，为加强和做好课外体育活动工作提供了强有力的保证，为对课外体育锻炼进行有效管理和评价指明了正确的方向。学校可以根据上述文件中对学生每天锻炼1小时的要求，对学生参加课外体育活动的出勤率及时间进行考勤。以考勤的量化，作为学生课外活动评价，纳入体育课程成绩当中。

（二）中小学课外体育活动管理评价办法

要求学生每周课外锻炼（自行锻炼或者参加校内有组织的课外体育活动，如班级体育锻炼、体育兴趣小组、体育俱乐部等）不少于3次（各学校可根据自身实际情况自行确定），其中至少有1次与专项课学习内容相关（课内、课外有机结

合）；每次锻炼时间不少于30分钟（表5－4）。

表5－4　课外锻炼情况的评分标准

实施细则	具体要求
锻炼内容	具有一定负荷（最高心率达120次/分以上）的体育锻炼，其中至少有1次与本人该体育课学习内容相关。
锻炼时间	每周不少于3次，每次锻炼时间不少于30分钟。
评分标准	每周锻炼3次及以上，课外锻炼情况计10分；周锻炼0次、1次、2次，分别从总分中扣1分、0.5分和0.2分。凡弄虚作假者，课外锻炼情况按0分计。对于参加校运会、学校体育单项比赛的运动员、裁判员和工作人员，可在课外锻炼情况中给予加分，但课外锻炼情况总分不能超过10分。

（三）中小学校内有组织的课外体育活动管理与评价

当前课外体育锻炼的分类，根据课外体育锻炼组织形式可分为自发性的课外体育锻炼和有组织的课外体育锻炼。有组织的课外体育锻炼包括：早操、课间操、大课间、班级体育锻炼、体育兴趣小组、体育俱乐部、体育竞赛、体育节、校运会等（表5–5）。

表5－5　中小学校内有组织的课外体育活动管理模式[1]

组织形式	建议管理模式
早操	·校主管领导直接领导体育组和班主任； ·体育组监督管理体育委员、各班学生； ·班主任监督管理本班学生。
课间操	·校长负责制的管理体制，体育教师是其中的骨干力量； ·体育教师和班主任直接负责。
大课间	·校长负责，体育教师领头，班主任主抓； ·非体育教师、班体育委员、学生体育骨干辅助。
班级体育锻炼	·班主任、体育委员及体育小组长配合体育教师协同工作。
体育兴趣小组	·以相关体育教师为主，学生自我协同管理。
体育俱乐部	·学校各部门齐抓共管； ·建立、健全管理制度，明确俱乐部和指导教师的职责。
体育竞赛、体育节、校运会	·校团委、学生会进行组织、宣传和发动； ·体育组具体组织实施和指导； ·班主任组织本班学生进行锻炼。

[1]　张洁．“阳光体育运动”背景下我国课外体育活动的理论与实证研究——以长三角地区主要城市为例[D]．上海：上海体育学院，2012.

（四）中小学生课外自发性体育锻炼管理与评价

上述学生参加校内有组织的课外体育活动的评价相对容易，由负责教师或者负责学生做好考勤登记即可。学生课外体育活动的难点在于对学生自发性的课外体育活动进行统计。课外体育锻炼根据学校的性质可分为寄宿制学校和非寄宿制学校两种管理模式。

1．寄宿制学校学生课外自发锻炼考核办法

（1）校园信息化程度比较高的寄宿学校。建立学生课外锻炼管理系统，对校内各运动场所进行门禁管理，学生到场所锻炼需要刷卡进入，锻炼完需刷卡离开。门禁自动将学生在运动场所逗留的时间信息上传到学生课外锻炼管理系统；对于部分手机普及率较高的高中，可通过定位学生的手机访问运动场所校园网IP的时间，作为学生运动的时间上传到学生课外锻炼管理系统内；有条件的学校还可以为学生建立阳光长跑系统，在校内定几个点，安装刷卡机器，对学生的跑步进行监控；课外体育锻炼管理系统还应当兼容第三方可穿戴设备的数据采集，方便使用运动手环等可穿戴设备的学生进行课外锻炼数据上报。

（2）校园信息化程度比较低的寄宿学校。课外锻炼情况实行小组长负责制，每学期上课第一周，任课教师将学生分组并选定小组长。个人自行锻炼的，由学生个人每周向小组长申报课外锻炼情况；参加体育社团活动或参加学校体育竞赛活动的，由社团或者赛事主办方提供相应的证明。整个过程强调诚信，由小组长经常性公示小组学生的课外体育锻炼情况，接受全班同学监督。

2. 非寄宿制学校学生课外自发锻炼考核办法

充分发挥学校—家庭—社区的三方联动，在开学的第一周给每位学生发放课外体育锻炼记录表，由家庭、社区对学生课外自发的锻炼进行有效统计及监督。学生在每周第一次体育课时将记录表交给体育教师进行审核。

第六章 学生体能发展策略

青少年是民族的未来，增强青少年体质健康，促进青少年身心健康关系到国家和民族的强盛。目前，青少年体质健康现状与体能锻炼促进体质健康创新体系研究是世界各国研究的一个新领域，也是一个热点和难点问题。青少年体能发展是促进青少年体质健康的重要抓手，不断发展与改进提升青少年体能的方法与手段，不仅是提高青少年体质健康的需要，也是中小学体育教学改革的趋势。完善与拓展促进青少年体能发展的方法与手段，创编相关指导内容不仅是对青少年体能发展促进体系的丰富与发展，更是青少年体质健康发展的需要。运用简单易学的方法和手段指导青少年进行科学的体能发展，有助于学生根据自身情况合理安排运动负荷，使学生体能发展更有目的性和针对性。

第一节 学生体能概述

一、体能的概念

（一）国内主要观点

“体能”是20世纪80年代中后期在我国各类体育报刊和文献上出现频率较多的词汇，也是当前各项运动中使用频率很高的一个概念性词汇。

从广义上讲，体能包括人的有形能力和无形能力。有形能力——身体能力；无形能力——心智能力，即由身体结构、身体机能和智力意志三部分组成。从社会生活上讲，体能是积极适应生活的身体能力、工作能力和抵抗疾病的生存适应能力。[1]我国1984年出版的《体育词典》和1992年出版的《现代汉语新词典》对体能做出了相同的解释："体能指人体器官系统的机能在体育活动中表现出来的能力，包括力量、速度、灵敏、耐力和柔韧等身体素质与人体基本活动能力（如走、跑、跳、投掷、攀登、爬越和支撑等）。"显然广义的体能概念根据人体各器官、系统的功能结构特点，主要指人的身体形态、身体机能和运动素质三个方面，并受健康的影响。身体素质是指机体在活动时所表现出来的各种基本运动。[2]广义的体能主要分为四大类：①力量素质；②速度素质；③耐力素质；④协调柔韧素质。[3]

狭义的体能是指完成高水平竞技所需要的专项力量体系及其相关的运动素质的综合，如在100米跑中，涉及专项力量分别是力量（起跑）、爆发力量（加速）、反应力量（最快速度）和快速力量耐力（速度耐力），而其他相关的素质和能力（如柔韧、平衡、协调、节奏等）分别影响运动员步长、支撑稳定、动作实效及速度分配。[4]在此，运动员的竞技表现则依赖于协调能力，如肌肉力量、肌肉收缩速度、有氧能力、无氧能力等因素的有机整合，表现出高质量的技术动作和高水平的竞技能力。

我国使用的《运动训练学》教材中，把体能视为运动员先天具有的遗传素质和运动员后天训练形成的在专项中表现出来的机体持续运动的能力。对其所给出的定义为：运动员体能是指运动员机体的基本运动能力，是运动员竞技能力的重要组成部分。广义上的体能包括形态、机能和素质三个方面的状况；而在狭义上，运动员的体能水平主要通过运动素质表现出来。运动员的体能水平是由其身体形态、身体机能和运动素质的发展状况所决定的。其中身体形态是指反映人体生长发育状况的各环节高度、围度、长度、宽度和充实度等外部形态特征与心脏大小、肌肉的横截面等内部形态特征；身体机能是指人体各内脏器官的机能状态；运动素质是指在运动过程中，有机体在中枢神经系统的控制支配下，通过肌肉活动表现出来的各种基本运动能力。

徐本力、柳佰力等教授认为："体能是运动员为提高运动技、战术水平和创造优异成绩所必需的各种身体运动能力的综合。包括运动员的身体形态、身体机

[1] 王向宏. 体能训练理论与方法[M]. 北京：北京航空航天大学出版社，2010：1.

[2] 全国体育院校教材委员会. 运动训练学[M]. 北京：人民体育出版社，1990：184.

[3] 王卫星. 体能训练理论与实践[M]. 北京：高等教育出版社，2012：3.

[4] 王卫星. 体能训练理论与实践[M]. 北京：高等教育出版社，2012：3.

能、身体健康和运动素质。”[1]何雪德等认为，体能可进行广义与狭义的定义，但都仍有不确定性。广义的体能，它包括身体形态、身体机能、运动素质、适应能力几个方面，与传统一般身体训练相比，它强调的是适应能力；狭义的体能是指上述各种身体能力在技能类对抗项目中的应用，与传统专项身体训练相比，它强调的是对抗性和竞技性。王兴等认为“体能即体力与专项运动能力的统称”[2]。杨世勇等将体能定义为运动员机体的运动能力，是竞技能力的重要组成部分，是运动员为提高技、战术水平和创造优异成绩所必需的各种身体运动能力的综合。[3]这些能力包括身体形态、身体机能、运动素质，其中，运动素质是最重要的决定因素，身体形态、身体机能是形成良好运动素质的基础。王保成认为：“从社会生活角度讲，体能是积极适应生活的身体能力、工作能力和抵抗疾病的生存适应能力。狭义地讲，竞技体育中的体能是指运动员在专项训练和比赛负荷下，最大限度地动员有机体各器官系统克服疲劳、高质量完成专项动作和比赛的机能能力。”[4]

国外多数学者认为“体能”一词最初形成于第一次世界大战时期的美国，由于各国存在文化上的差异，在英文表述中与“体能”意思相近的词主要有“physical fitness”“physical conditioning”“strength training and conditioning”“physical capacity”“physical efficiency”“physical power”等，其中“physical fitness”和“strength training and conditioning”最为常用。

香港体育界的学者将“physical fitness”翻译成“体适能”，即身体适应能力。“体适能”是指人在不借助外力的情况下，所能表现出来的适应生存环境的运动能力，如力量、耐力、速度、柔韧、灵敏和耐饥渴、耐寒暑、耐眩晕、耐乏氧的抵抗力以及耐病菌、病毒侵犯的免疫能力等。[5]

台湾学者林正常认为，体适能是指身体适应能力，是心脏、血管、肺脏与肌肉效率运作的能力，是指能完成每天的活动而不致过度疲劳，且尚有足够体能应付紧急情况。体适能因个人的需求不同分为竞技体适能和健康体适能。竞技体适

[1] 体育院校成人教育协作组，《运动训练学》教材编写组. 运动训练学[M]. 北京：人民体育出版社，1999：27.

[2] 王兴，蔡犁，罗慧慧，等.对竞技运动中体能训练若干问题的认识[J].上海体育学院学报，1998（1）：30-33，39.

[3] 杨世勇，李遵，唐照华. 体能训练学[M]. 成都：四川科学技术出版社，2002：2.

[4] 王保成，匡鲁彬，谭朕斌. 篮球运动员体能训练的评价指标与指标体系的研究[J]. 中国体育科技，2002，38（2）：3-5.

[5] 夏培玲，王正树. 大学生体能锻炼指南[M]. 大连：大连理工大学出版社，2012：2.

能主要包括速度、反应、爆发力、协调性和灵敏性等素质，这是选手为在竞技比赛中夺取最佳成绩所追求的体适能；健康体适能主要包括心血管耐力、体脂成分、肌肉力量和肌肉耐力及柔韧性等素质。

（二）国外专家的阐释

美国健康体育休闲舞蹈学会把体能作为人体的适应能力（以下简称“适能”）的一个重要组成部分，他们对适能的定义是“适能是个人运作的能力”，适能好的人具备下列能力：①配合遗传的适度器官健康以及应用现代医学知识的能力；②足够的协调性、体力和活力以应付突发事件及日常生活的能力；③团体意识和适应团体生活的能力；④充足的知识和充分的了解以决定面临的问题及其可行的解决办法；⑤参加全面的日常活动应有的态度、价值观和技巧；⑥有利于民主社会的精神和道德特质。

美国运动医学学会（ACSM）认为，体能指的是体适能，其构成成分有：①心肺适能——心脏输送血液与氧气至全身的能力；②肌肉适能——肌肉的力量与耐力；③柔韧度——无痛且自如移动关节的能力；④身体组成——脂肪占身体重量的百分比。[1]

美国国家体能协会（NSCA）认为，体能就是“strength training and conditioning”，主要从力量训练和其他身体素质训练的角度出发，提出了训练原则、训练方法、训练评价等方面的内容。

（三）体能的定义

尽管“体能”一词内涵多样，有多种不同的理解和表达，但综合以上诸多对体能的定义，它至少阐明了以下要点：经过先天遗传和后天身体训练获得，包含各项运动素质，受外界环境影响。它是我国在体育科学实践中融合了古今中外的诸多概念与思想而形成的具有我国特色的东西。我国《义务教育体育与健康课程标准（2011年版）》及其解读对体能的定义是：体能也叫体适能，主要通过体育锻炼而获得。保持良好的体能可以使学生的身体更健康，精力更旺盛，学习更有效，适应自然环境的能力更强，生活更美好，生命更有价值。

根据我国的体育科学实践来界定体能，定义如下：体能是指有机体在先天遗传的基础上，通过后天训练而获得的在形态结构、功能和调节方面及其在物质能

[1] 苟波，李之俊，高炳宏，等.“体能”概念辨析[J].体育科研，2008（2）：47-52.

量的贮存与转移方面所具有的潜在能力以及与外界环境相结合所表现出来的综合运动能力。其大小是由机体形态结构、系统器官的机能水平、能量物质的贮备与基础代谢水平及外界环境等条件决定的，运动素质是体能的主要外在表现形式，在运动时表现为力量、速度、耐力、柔韧和灵敏等各种运动能力。体能可以分为健康体能和竞技体能，根据体能和专项运动的关系，它又可分为一般体能和专项体能。从供能系统方面又可以分为有氧代谢能力和无氧代谢能力，发展和提高体能的最主要手段是运动训练。[1]

二、竞技体能与学生健康体能的异同

《运动训练学》[2]认为，运动员体能指运动员机体的基本运动能力，是运动员竞技能力的重要组成部分。运动员体能发展水平是由其身体形态、身体机能及运动素质发展状况所决定的。身体形态是指机体内外部的形状；身体机能是指机体各器官系统的功能；运动素质是指机体在活动时所表现出来的各种基本运动能力，通常包括力量、耐力、速度、柔韧和灵敏等。我国现行的全国体育学院通用教材《运动训练学》提出:“竞技体能是运动员先天具有的遗传素质与后天经过训练形成的运动员在专项运动中所表现出来的机体持续运动的能力。运动员体能是指运动员机体的基本运动能力，是运动员竞技能力的重要构成部分。”据此，可以认为，竞技体能是指运动员在专项训练或比赛负荷下，最大限度地动员有机体器官系统，克服疲劳，正确完成专项训练或比赛的能力。因此，竞技体能也可以看作运动员正确有效地持续从事专项工作的能力，竞技体能训练的突出特点是最大限度地挖掘人体的极限机能潜力。

有专家也提出了学校体能的概念，如李鸿江在《学校体能教程》中指出：学校体能是学校学生体质与健康水平的具体体现，是由学生的身体形态、身体机能、运动素质和心理品质构成的。它是学生适应学习与生活的身体机能能力、体育运动能力和抵抗疾病的生活适应能力的客观反映。学校体能锻炼旨在促进学生的身体发育，提高健康水平以及个性心理品质的良好发展。[3]竞技体能和健康体能有明显的差别，针对竞技体能的训练是运动训练，针对健康体能的训练则被称为

[1] 王向宏. 体能训练理论与方法[M]. 北京：北京航空航天大学出版社，2010：2.

[2] 体育院校成人教育协作组《运动训练学》教材编写组. 运动训练学[M]. 北京：人民体育出版社，1999：4.

[3] 李鸿江. 学校体能教程[M]. 北京：北京体育大学出版社，2003：7.

体育锻炼或者健身运动。台湾学者林正常对竞技体能和健康体能做了一个对比，具体如下（表6-1）。

表 6-1　健康体能与竞技体能的比较

项目	健康体能	竞技体能
目标	健康	胜利
对象	大众	选手
属性	一般	特殊
要求	适度	严格
时间	终身	短暂
收获	容易	困难

健康体能是学校学生体质与健康水平的具体体现，是由学生的身体形态、身体机能、运动素质和心理品质构成的。它是学生适应学习与生活的身体机能能力、体育运动能力和抵抗疾病的生活适应能力的客观反映。学校体能锻炼旨在促进学生的身体发育，提高健康水平以及推动个性心理品质的良好发展。

身体素质（也叫运动素质）是体能在体育运动中的表现，是体能的构成因素，也是运动实践中评价和检查体能的常用指标。身体素质实际上是体能水平的外在表现形式。身体素质水平取决于人体器官和系统的机能能力水平。体能与身体素质有密切的联系，两者既有联系又有区别。学生体能从提高学生健康水平的角度出发，从培养全面发展人的角度出发，是对人体器官和机能系统在结构和机能能力上适应性的改造工作，是对学生心理意志品质的有目的的塑造工作。

综上所述，竞技体能训练要求最大限度地挖掘人体的机能潜力，对人体体能水平的要求永无止境。健康体能教育主要是围绕德、智、体全面发展人的培养，体能发展的目的，是根据人体的生长发育规律，在不同年龄阶段、不同学习阶段提出不同的健康要求标准，保证学校教育能培养出符合时代要求的各类人才。换句话说，学生的健康体能发展的目的，是为达到国家要求的学生健康标准服务的，是为学校的人才培养服务的。

三、学校体育与学生体能发展

回顾以往的体育课教学，可以认为是以学习运动技术和发展运动技能为主，课堂教学主要是围绕某一技术动作的学习和掌握进行的，其考核和评价标准也是以技术动作的优劣和运动成绩的高低为主。学生的身体条件、身体机能、运动素质、体育兴趣以及性格特征都不尽相同，用单一死板的运动技能类考核与评价方法，既不能调动广大学生锻炼身体的积极性，又不利于学生体能和健康水平的提高与发展。因此，要更新观念，树立现代体育健康教育观，改革以竞技运动形式统领学校体育活动和体育教学课的做法，遵照体育与健康课程标准提出的课程目标体系，构建21世纪的体育与健康学科教学体系，创建发展学生体能的新的策略和方法。

在体育与健康课程评价系统中，创建学生体能与健康发展和提高的评价体系。切实把发展和提高学生的体能放在体育课考核评价的重要位置，充分调动广大学生进行体育锻炼、学习体育技能的积极性，使体育课真正与终身体育结合起来，为提高全体学生的健康和个性发展服务。

学生体能的锻炼与提高过程，也是对学生良好心理品质的培养和个性特征形成的过程。发展体能应与学生的个性特征形成相结合。要注意培养吃苦耐劳、顽强进取、团结合作、积极创新的优良品质。促进全体学生身心的健康发展是学校体能锻炼的基本任务。体育课教学是发展和提高学生体能和健康水平的重要渠道，所以，提高认识，更新观念，迎接体育教学改革，通过体育课尽快提高我国广大儿童青少年的体能与健康，是每一名学校体育工作者的历史使命。

学校课余体育活动是课堂教学的延伸，要建立学生体能与健康发展的系统观与整体观。学生体能的发展与健康水平的提高，取决于体育课与课间操、课外体育活动等共同构成的培养体系，甚至应考虑将社区体育与家庭体育纳入其中。在学生体能与健康培养系统中，体育课是基础，要满足并完成国家颁布的体育与健康课程标准的要求，系统全面地提高学生的体能、技能与心理品质；课外体育锻炼是体育课的延伸与补充，以提高学生的体育能力、活跃学生身心为主，具有较大的灵活性与自主性；社区体育是课堂体育、校园体育的延伸，主要是满足学生身心健康要求、培养学生参加体育锻炼的习惯。因此，课外体育与课堂体育一样重要，是学生体能发展的不能忽视的重要途径。

四、发展学生体能的必要性和可行性

1999年6月发布的《中共中央国务院关于深化教育改革，全面推进素质教育的决定》指出，健康体魄是青少年为祖国、为人民服务的前提，是中华民族旺盛生命力的体现，学校教育要树立健康第一的指导思想，切实加强体育工作。然而，随后几年的全国儿童青少年体质测试与统计结果表明，我国儿童青少年学生的各项身体素质全面下降，这客观地反映了我国学校体育，尤其是体育教学，在提高和发展学生的体能与健康方面存在较大问题。基于此，为建立健全国家学生体质健康监测评价机制，激励学生积极参加身体锻炼，引导学校深化体育教学改革，推动各地加强学校体育工作，促进青少年身心健康、体魄强健、全面发展，教育部在认真总结各地实施《国家学生体质健康标准》的基础上，结合新时期青少年体质健康状况和学校体育工作实际，组织对《国家学生体质健康标准》进行了修订，并于2014年印发了《国家学生体质健康标准（2014年修订）》，要求各学校每学年开展覆盖本校各年级学生的测试工作，新修订的《国家学生体质健康标准（2014年修订）》适用于全日制普通小学、初中、普通高中、中等职业学校、普通高等学校的学生，将学生按照年级划分为不同组别，以身体形态类中的身高、体重，身体机能类中的肺活量，以及身体素质类中的50米跑、坐位体前屈为各年级学生的共性指标。2014年新出台的《国家学生体质健康标准（2014年修订）》，取消了选测项目，中学生和大学生必须测长跑，初中以上男生必须测引体向上；同时规定，普通高中、中等职业学校和普通高等学校的学生毕业时，测试的成绩达不到50分者按结业或肄业处理。

随着我国国民经济的快速发展，人们生活水平的全面提高和物质资源的不断丰富，现代文明病在青少年身上已逐渐地显示出来。城市肥胖儿童青少年不断增多，视力下降、身体机能和适应能力衰退等，是当前威胁我国儿童青少年健康成长不可回避的问题。因此，要充分认识发展学生体能的重要性、时代性和紧迫性，发展和提高学生的身体机能是我国学校体育面临的重大课题，发展和提高学生体能是我国体育教育当前和今后的一项基本任务。

第二节　学生体能发展的特点与原则

一、学生身体发育与身体素质发展的特点

（一）儿童青少年的身体发育特点

学生体能的发展以儿童和青少年为主要对象，由于发育阶段不同、目的不同以及需要不同，所以其自身独具特点。这就要求在开展学校体能教育时，必须根据儿童青少年生长发育的规律以及心理发育特点，在不同的年龄阶段有针对性地选择练习内容、练习手段、练习形式以及练习负荷，实现增进学生健康、增强学生体质、促进学生身体生长发育的目的，实现全面发展的目标。

一般情况下，中小学生的内脏器官，尤其是心血管系统的发育明显落后于运动器官，在安排体能练习时，应充分考虑到他们身体发育的不平衡性。对一些暂时处于薄弱的环节，应加强保护。例如，憋气和静力性练习宜少不宜多，以免心脏负担过重。由于中小学生骨骼柔软，骨化过程尚未完成，软骨成分较多，关节支撑能力较差，不宜采用大负荷、大重量的器械练习，否则有可能阻碍骨骼的生长发育，或者造成脊柱变形；完成动作速度快的练习，容易使关节和韧带损伤。但在提高神经系统和动作频率方面，中小学阶段则是最佳训练时期。

年龄在16～18岁的高中学生身体发育已逐步接近成熟，生理机能也逐渐能够承受较大的运动负荷。这一时期可以适当地增加练习的量和强度，进一步促进身体素质和运动能力的发展，使骨骼、肌肉变得更坚实有力。高中学生的神经系统的兴奋和抑制过程较为均衡，分析和综合能力显著提高，中枢神经系统对肌肉活动的协调作用增强，但不宜过多采用对兴奋或抑制要求较高的练习，以便保持他们的神经系统兴奋与抑制过程的均衡，应参加多种项目的练习，使身体全面协调地发展。

（二）儿童青少年的身体素质发展的敏感期

人的生长发育在不同的年龄阶段具有不均衡性，青少年时期身体素质会表现出发展的敏感期，在此阶段就应该抓住有利时机，采取相应内容的训练，促使其最大限度地得到发展，充分挖掘身体素质潜力，为创造高水平成绩打下良好的基

础。青少年身体素质的提高，受身体发育过程的影响，存在自然增长的规律。

身体素质发展的敏感期是指各种身体素质在儿童青少年时期机体自然生长发育的基础上，在某些特定的年龄阶段发展较快，呈现出发展的最佳时期（表6-2）。在这个阶段，教师应通过有效的方法和手段，充分利用儿童青少年身体发育的优势挖掘其身体潜力，以达到良好的练习效果。必须及时利用这一时期，抓住身体素质发展的敏感期进行体能练习，从而获得事半功倍的练习效果。

表6-2　身体素质发展的敏感期

运动素质	力量	速度	耐力	柔韧	灵敏
敏感期	绝对力量：10~13岁 速度力量：7~13岁 力量耐力：7~17岁	6~12岁	9~16岁	4~12岁	6~12岁

注：本表根据杨世勇主编《体能训练》（人民体育出版社2012年版）绘制。

实践证明，儿童青少年的身体素质如果在敏感期得不到锻炼，在成年后很难得到提高或取得较高的水平。由于儿童青少年的身体正处于发育的过程，锻炼的可塑性较大，所以，教师应当在体能锻炼中依据各身体素质训练的可能性，利用儿童青少年生长发育的特点，在身体素质敏感期按照规律培养，安排有计划性、科学性、系统性的体能锻炼方法和策略，让儿童青少年的不同身体素质在适宜的年龄阶段能得到相对应的发展。教师在学生的儿童青少年时期，应当注意观察学生的敏感期，尽可能地在学生的敏感期帮助他们提高身体素质，为以后的终身体育夯实基础。

二、学生体能发展的特点

（一）学生体能发展的全面性

身体的全面发展是增强体质、增进健康的根本，对于儿童青少年来讲，体能是各自身体做功能力的综合，包括运动能力、感知能力、思维能力、分析与判断能力、身体形态和身体机能。所以，学生体能发展具有全面性的特点。在发展学生体能的过程中，教材内容的选择和安排要全面多样，使学生身体的各部位、系统、器官的机能和各种身体素质及基本活动能力都得到发展。采用多种教学手段有利于学生身体的全面锻炼和协调发展，在制订教学计划时，应注意各项内容的搭配；在一堂课中，要使学生的身体得到全面锻炼；对考核内容的确定也要体现全面性，引导学生体能的全面发展。

（二）学生体能发展的不均衡性

尽管儿童青少年生长发育具有共同的规律，但由于遗传因素和后天环境因素的影响，体能的发展更具有明显的个体不均衡性特点。素质教育是以提高全民族素质为宗旨的教育，它是根据《中华人民共和国教育法》规定的国家教育方针、着眼于受教育者及社会长远发展的要求，以面向全体学生、全面提高学生基本素质为根本宗旨，以注重培养受教育者的态度、能力，促进他们在德、智、体、美等方面生动、活泼、主动地发展为基本特征的教育。素质教育要使学生学会做人、学会求知、学会劳动、学会生活、学会健体和学会审美，为培养他们成为有理想、有道德、有文化、有纪律的社会主义公民奠定基础。学校体育既是素质教育的重要内容，又是素质教育的重要手段，素质教育具有全体性、全面性、主体性、基础性特征。由于学生智力水平的不一致，体质状况和运动能力的差异，学校体能教育发展应面向全体学生，引导每一个学生从不同的起点，以不同的速度实现掌握技能、增强体质、发展体能、培养意志品质和开发智力的目标。为此，学生体能发展的方法、要求以及练习负荷等都要区别对待，尤其是对特体学生、体弱学生、残疾学生，更要注重个别对待以使所有学生都能得到相应的体能发展。

（三）学生体能发展的渐进性

人体运动能力的发展与学校教育任务的要求紧密相关，特别是体能发展一定要遵循人的认识规律以及身体发育、发展的规律，做到有快有慢，有先有后，循序渐进，不断提高，切忌强求，更不可盲目追求练习的效果和练习的成绩。同时要将体能发展与科学监测有机地结合起来，从体能发展的安排上要求体能的发展无论是练习的内容、练习量、练习的强度、练习的要求，还是技术理论学习等方面，都要按照由简到繁、由易到难、由已知到未知逐渐深入。特别是作为在不同阶段所运用的同一练习手段，不能只做简单的重复，而是根据练习者的具体情况在练习时提出更高的要求，达到不断提高的目的。

三、学生体能发展的原则

（一）系统性原则

学生体能的发展也类似于运动训练，没有多年有计划的、系统科学的练习，学生体能的发展就不可能获得良好的效果。学生体能发展应按照体能发展的内在规律，做出相应的合理规划，持续不断地进行训练。系统性原则不仅要求对整个训练过程的体能训练进行系统规划，而且要求对多年训练中不同发展阶段的体能训练，在内容、比重、手段、负荷等方面都要做出系统安排，尤其是在青少年时期更应周密考虑。人的生长发育在不同年龄阶段具有不均衡性，如青少年时期身体素质会表现出发展的敏感期，因此应该在此阶段抓住有利时机，进行相应内容的体能练习，促使其最大限度地发展，充分挖掘身体素质潜力。

（二）全面性原则

全面性原则是指在儿童和青少年时期应全面安排和充分发展学生的各项身体素质和提高一般身体机能能力。全面性原则的依据主要有三点：第一，广泛的、全面发展的身体素质和全面提高的身体机能能力，是达到高水平专项运动技术水平的基本前提和基础。第二，人体各器官系统之间是相互依赖的，训练后人体产生的各种变化也是相互依存的。发展身体素质要求人体若干系统同时介入，因此，在练习初期，必须采用正确的全面发展身体素质的方法，使发展技术与技能所要求的所有形态与机能能力，都得到高水平的全面发展。第三，要达到高水平的运动成绩，必须在早期训练阶段全面提高身体素质，因为各项身体素质的发展是相互影响、相互制约的。

（三）合理安排运动负荷原则

运动负荷是指身体练习时给予人体的生理和心理的负荷。安排运动负荷要从教学任务、学生体能水平等方面出发细致地考虑，无论运动量还是运动强度都应经历由小到大，由加大到适应，然后再加大到再适应的过程。学生在体能发展中承受一定的练习负荷刺激后，机体必然会产生相应的练习效应。但并非只要施加了负荷，就一定会产生良好的练习效应，只有适宜的负荷才能使机体的应激以及随之产生的一系列变化都保持在一个适度的范围内。如果负荷过小，不能引起机体必要的应激反应，得不到良好的练习效应；而过度负荷，则会出现负面影响。

所以，只有遵循合理安排负荷的原则，通过循序渐进地增加运动负荷量，才会加快学生体能的提高。练习负荷的增加要符合学生的实际情况，宁慢勿快，而且学生体能发展练习负荷的增加，主要是负荷量的增加，负荷强度是随学生体能提高而自然加大的。因此，运动负荷要根据不同年龄阶段学生的生理、心理特点稳步增加，体现节奏性和科学性。

（四）体能发展与技能习得相结合原则

发展学生体能和掌握运动技术、技能相互统一，相辅相成，提高运动技术、技能必须要以一定的体能作为保障，否则难以达到较高水平。同样，掌握一定的运动技术、技能也有助于提高学生的体能水平。体育教学中存在的问题就是难以融合身体素质的练习与技术动作的学习，两者明显割裂与分离。如体育课中大多先进行技术动作的学习，在课即将结束时再进行耐力与力量的练习，学生在单一的练习下感到枯燥与乏味，大大降低了学习兴趣。总之，根据课的任务和教材内容的性质，在组织教学上要安排得科学合理，既帮助学生掌握运动技术、技能，又促进学生体能的发展。

（五）健康性原则

健康性原则是指在学生体能发展中必须围绕增进学生健康这一目标来发展体能。从练习项目的确定到练习内容的选编，从学练方法的选择到手段的运用，都将渗透这一原则。在体能发展中，练习的重点不仅指向学生的身体发展，而且更要指向学生的心理发展与完善，促进学生身心协调健康地发展。过去在体能发展方面较偏重于生物观，现在更要从心理的、社会的、生物的观念去全面认识体能发展。

通过科学的方法、手段发展学生体能是增进学生健康的重要途径。由于体能这一概念来源于运动训练，而运动训练的体能发展是为了挖掘人体的潜能，提高运动成绩，这与学生体能发展无论在目的上还是方法上均有很大的差异。如果盲目地追求运动负荷以片面追求各项身体素质的提高，不仅不利于增进学生健康，而且会妨碍学生机体的正常发育生长和带来不必要的损伤，乃至影响终身。根据体能发展的健康性原则，体育教师要关心学生的锻炼情绪和身体状况，十分注意锻炼中的安全防护和日常的自我保护，尽最大可能防止伤害事故的发生。

第三节 学生体能发展的常用方法与手段

一、学生体能发展的常用方法

学生体能发展的常用方法主要有：重复练习法、变换法、持续法、间歇法、游戏法、比赛法、循环法、保护与帮助法。[1]

（一）重复练习法

重复练习法是指不改变动作结构和运动负荷的表面数据，即在相对固定的条件下，根据动作的基本要求进行反复练习的方法。重复练习法的特点是练习的条件固定并反复进行练习，且每次练习的间歇时间没有严格规定。重复练习法的主要作用是有利于学生在反复的练习中掌握和巩固动作技术，提高运动负荷量，发展体能，培养意志品质。因此，重复练习法通常在掌握动作技术、技能和发展各种身体素质时采用。重复练习法又分为单一重复练习法、连续重复练习法和间歇重复练习法三种不同的形式。

1. 单一重复练习法

单一重复练习法是指对同一动作的每一次练习后，根据需要安排适当休息的一种重复练习法。此法的特点是练习持续的时间短，休息控制灵活，练习数量少，运动负荷较小。因此，单一重复练习多用于动作的初学阶段。在掌握动作的初学阶段，可在较慢速度、较短距离、较低要求的情况下进行，其主要作用是有利于学生集中精力学习以及教师对学生完成动作的观察。

2. 连续重复练习法

连续重复练习法是指动作练习之间没有间歇、连续不断地重复练习的方法。这种练习法的特点是有周期性、练习持续时间较长、练习的重复次数较多、练习密度和运动负荷较大。因此，一些周期性教材和发展耐力的练习多采用此法，如游泳、中长跑。用于非周期性项目动作练习时，可根据练习需要人为地赋予周期性特点，连续地进行重复练习，如连续做网球的挥拍练习等。该方法既可以加速学生动作技能的形成和巩固，又可提高其神经系统、循环系统和呼吸系统的功

[1] 杨文轩，张细谦，邓星华. 学校体育学[M]. 北京：高等教育出版社，2016：127-132.

能，还能够发展练习者的灵敏、协调和耐力素质等身体素质及意志品质。连续重复练习在练习初期运用时要注意控制好连续重复的次数，用于发展学生体能时要注意负荷与休息的合理安排。

3. 间歇重复练习法

间歇重复练习法是指练习后安排相对固定的间歇时间再重复进行练习的一种方法。间歇练习的主要特点是适当地控制练习间歇时间，以加强对机体的影响。该方法对提高学生的心肺功能、发展与速度耐力和力量相关的身体素质、提高掌握和运用动作技术的适应能力、提高负荷强度的承受能力，以及培养学生的意志品质均具有重要作用。运用间歇重复练习的关键是要根据教学、锻炼的需要和学生的承受负荷能力，安排好间歇时间。因此，练习时要加强医务监督，防止学生在练习中机体产生过度疲劳。

运用重复练习法的注意事项：

（1）根据练习时的实际情况，选择重复练习的内容、时机及改变重复练习的条件。

（2）根据动作练习的任务和学生个体的具体情况确定练习的距离、时间、强度、间歇时间。

（3）尽量选用简单而有实效的或已基本掌握的练习手段，以保证练习的准确性，提高练习效果。

（4）使学生明确发展身体素质的目的和意义，激发锻炼动机，克服单纯从兴趣出发及枯燥感，并要采取灵活的调整措施，调节课堂的气氛。

（二）变换法

变换法是根指据练习任务的需要，在变化的条件下进行练习的方法。其主要特点是练习的条件变换，改变练习对机体所起作用的某些因素。在实践中，通常采用变换动作技术的某些要素（如速度、幅度、速率等），变换动作的形式和动作的组合，变换练习的环境、器械的高度和器材的重量等办法进行。练习条件和运动负荷的不断变换，对提高中枢神经系统的调节机能、人体对不断变化的练习环境和运动负荷的适应能力，以及提高学生的兴趣、掌握动作技术、提高运动能力等都有很好的作用。变换法有连续变换法与间歇变换法两种。

1. 连续变换法

在动作内容与形式、组合结构、运动负荷的表面数据以及环境、设备等变化的条件下，无间歇地进行练习的方法。如越野跑中环境的不断改变等。

2. 间歇变换法

在间歇后改变动作的内容与形式、组合结构、运动负荷的表面数据以及环境、设备等条件再进行练习的方法。例如，某种距离跑间歇后增快或降低跑速，体操、武术套路练习中动作组合的改变等。

运用变换法的注意事项：

（1）要根据特定需要选择和安排变换的条件。变换条件要根据实际需要有针对性地安排，如在改进提高动作技术时一般改变练习要素（降低练习速度、减小运动负荷等），在提高应用能力时一般改变环境和条件因素。

（2）对变换的条件和内容要做出明确的要求和限定。

（3）用于发展学生身体素质时，要使运动负荷符合练习的要求以及学生承受负荷的能力。

（4）运用变换法练习时应注意对正确动作的强调，防止错误动作的产生。

（三）持续法

持续法是指在体育教学中，组织学生练习时，在相对较长的时间内，用相对稳定的强度，不间歇地连续进行练习的一种方法。持续法的特点是练习时间相对较长，一次练习的量较大，强度相对稳定。因此，运用持续法可使学生心血管系统和呼吸系统的机能得到稳步的提高。持续法多用于周期性项目中发展一般耐力以及球类项目的练习。

运用持续法的注意事项：

（1）因人而异，控制好负荷强度。在体能练习中，要依据不同教材、季节气候和学生的体质妥善安排运动负荷。如果练习强度较大就要缩短练习时间，而当延长练习时间时练习强度就不能太大。

（2）加强医务监督。教师在练习中要善于观察学生练习时所产生的生理、心理反应，及时进行调整。

（3）加强思想教育。由于持续法较枯燥，因此，练习中除广泛采用多种练习组织形式外，应不失时机地对学生进行吃苦耐劳、坚韧不拔的意志品质教育。

（4）培养学生自练、自控的能力。练习中应向学生传授持续法的基本知识及控制与调节运动负荷的方法。使学生自觉而科学地参与练习。

（四）间歇法

间歇法是在一次（组）练习之后，严格控制间歇时间，在机体未完全恢复的情况下又进行下一次（组）练习的方法。间歇法由每次（组）练习的时间和距离、练习重复的次（组）数、每次（组）练习的负荷强度、每次（组）练习的间歇时间和间歇时的休息方式五大要素构成。根据这五个要素，可组成不同的间歇练习方案。间歇法的主要特点是每次（组）练习时有间歇，但必须控制间歇时间和休息方式，即机体还没有恢复，就要进行练习且要采用积极性休息方式。因此，间歇法能有效地提高练习者呼吸系统和心血管系统的机能。

应用间歇法的注意事项：

（1）根据教学目标确定间歇法五个因素的参数。

（2）根据学生的实际情况安排、调节和控制间歇时间，避免负荷过大或过小。

（3）间歇时应采用慢跑、走步、放松等积极性休息方式，以加速排除乳酸和恢复体力。

（4）由于间歇法对机体的影响较大，所以应注意总负荷和局部负荷的安排和控制，注意加强医务监督。

（五）游戏法

游戏法是在练习中，以游戏的内容、方法、形式组织学生进行练习的一种方法。游戏是一种综合运用所学知识、技术、技能，在规则许可的范围内，充分发挥个人的主动性和创造性的方法。它不仅能有效地发展学生的智力和体力，提高学生掌握运用体育知识、技术、技能的能力，更对提高学生的灵敏素质以及激发学生的兴趣有着重要的作用。游戏法的主要特点是有竞争性和娱乐性，且有一定的规则限定。因此，游戏法能有效地调动学生练习的积极性，发展体能，培养学生的创造性和集体主义精神。

运用游戏法的注意事项：

（1）应按教学的意图和计划来组织游戏者的活动。

（2）严格遵守游戏规则，裁判工作要严肃、认真、公正、准确。应在规则允许的范围内发挥主动性和创造性，并应不失时机地利用游戏对学生进行思想品德教育。

（3）要注意通过游戏内容、规则、时间，以及组织游戏和场地器材等其他间接途径调节和控制运动负荷。

（4）游戏的结束应掌握好时机，公正评价游戏的结果。

（六）比赛法

比赛法是在比赛条件下组织学生进行练习的一种方法。比赛法的主要特点是竞争性强、学生情绪高涨，能促进学生最大限度地表现出机体的机能能力。完成同样的练习，比赛时的机能变化要比非比赛时大得多。因此，运用比赛法时，对机体机能能力提出了更高的要求，它能有效地发展身体素质，提高动作技术、技能，以及在复杂变化、具有竞争因素的条件下合理运用动作技术、技能的能力，充分发挥学生在学习中的主动性、积极性，更好地完成练习任务。

练习中采用比赛法的形式是多种多样的，可以是游戏比赛，也可以是练习比赛或专门组织的测验比赛；可以是个人与个人的比赛，也可以是小组与小组的比赛。按练习的具体任务和动作的性质，可以比快、比高、比远等。

运用比赛法的注意事项：

（1）应根据练习的目标、练习的性质、学生的特点和具体条件，正确、灵活地运用各种比赛形式和方法，并注意在比赛过程中，切实贯彻练习要求。

（2）要注意明确比赛规则，在分队比赛时，各队实力应大致相等。

（3）正确、公正地评定比赛成绩。

（七）循环法

循环法是根据练习的任务与要求，选择若干练习或动作，分设若干“练习作业站”，使学生按规定顺序、路线和练习要求，逐站依次循环练习的方法。循环法既是一种练习方法，又是一种练习组织形式。循环法的特点是：技术要求不高，简单实用，效果显著，能充分利用时间加大运动负荷，能全面协调地发展学生的基本活动能力和身体素质，利用各种练习互相更替的效果使机体发挥高度的工作能力，并能培养学生的独立工作能力。因此，循环法对全面发展学生的身体素质、提高心肺功能、增强学生体质具有良好的作用。

循环练习的方式有多种，基本分为流水式循环和分组轮换式循环两种。流水式循环是按练习的顺序、路线和要求，学生排成一路纵队依次循环练习。分组轮换式循环是把学生分成若干组，各组学生分别在各“练习作业站”，按练习要求同时开始练习，一站练习完成后，按一定顺序到下一站练习，依次循环。

运用循环法的注意事项：

（1）根据练习的目标要求和学生的实际情况，选择“练习作业站”、练习的数量和强度、练习手段以及循环练习的方式。

（2）各站选用的练习手段应以学生已掌握的和简单易行的身体练习为宜，要尽可能使各组练习手段的安排对身体各部位以及发展各项素质具有不同的影响。

（3）各“练习作业站”的顺序应尽可能使难易程度及负荷大小不同的练习交替进行或渐进安排。

（4）由于循环练习的总负荷积累较大，各站的运动负荷可依学生状况从最小负荷开始，练习过程中再逐步增大。

（5）发挥学生骨干的作用、布置好场地器材是保证循环练习顺利进行的关键。

（八）保护与帮助法

保护与帮助法是指在练习中正确地使用保护与帮助，使学生发展体能、尽快掌握动作技术、提高动作质量、防止伤害事故的方法。维护和增进从事体育练习者的健康，是我国学校体育的宗旨，也是体育教师的基本职责，“健康第一”是我国学校体育的指导思想，预防运动损伤的工作就显得更加重要。教师和学生正确地运用保护与帮助的方法，是预防运动损伤的有效措施之一。另外，在练习过程中，正确地运用保护与帮助，有助于减轻学生的身体负担，消除顾虑，增强练习信心，便于尽快建立动作概念，掌握动作技术要领和提高动作质量，并且是防止伤害事故的有效方法之一。

保护与帮助两者各有侧重，但两者的关系是十分密切的，因为，保护在某种程度上带有帮助的意义，与此同时，帮助也是一种可靠的保护。保护中有帮助，帮助中有保护。在练习中，应有目的、有计划地培养学生掌握保护与帮助的方法；同时，在保护与帮助的过程中，注意培养学生互相关心、互相爱护的集体合作精神。在练习中，培养学生骨干掌握保护与帮助的方法，对协助教师完成练习，具有现实的意义。

在练习过程中，保护与帮助的方式、方法多种多样。一般来说，根据动作的技术和练习者的水平与程度，保护与帮助可分为：保护（他人保护、自我保护），帮助（直接帮助、间接帮助），利用器材的保护与帮助。

他人保护：练习者由于完成动作技术不熟练或意外的原因而失手发生危险时，保护者根据实际情况，及时采取使其摆脱险境的措施，维护他的安全，叫他人保护。

自我保护：练习者由于意外的原因或在动作失败时，独立运用自救动作来摆脱危险，叫自我保护。这也是一种维护安全的有效方法。

直接帮助：练习者做动作的过程中，帮助者给予直接的助力叫直接帮助。它使练习者更好地掌握、改进和提高动作的技术，更快地建立正确的动作概念。这是一种最基本、最简便的帮助方法。

间接帮助：帮助者不直接加助力于练习者身上，而是采用信号、标志物和限制物等手段叫间接帮助。它使练习者掌握正确的用力时机和节奏，感受身体所在的空间和方位，以帮助建立正确的动作概念，尽快学会动作和提高动作的质量。

利用器材的保护与帮助：为有效保障练习者的安全，使用海绵垫、海绵包、沙坑、保护腰带、护掌、保护凳等保护器材进行保护与帮助。

运用保护与帮助法的注意事项：

（1）保护者要有高度的责任感，不仅要把保护与帮助看作有效的练习方法，更重要的是要看到这是维护和增进学生健康的有力措施。

（2）在运用保护与帮助时，既要做到及时给予保护和助力，又不妨碍练习者完成动作，要求每个教师、学生在实际运用中不断总结经验，在实践中形成自己的一套保护与帮助技巧。

（3）注意被保护者的特点、各体育项目的特点和保护与帮助位置的选择。

（4）由于各运动动作的类型和难易程度各不相同，在动作练习中，对单个动作进行保护与帮助，要注意恰到好处地抓住保护与帮助的时机。

（5）在成套动作练习时进行保护与帮助，不但要了解单个动作的技术与规格，同时还要掌握动作之间的有机联系的规律，运用几种不同的保护与帮助手法，切实做到不失时机地给予练习者保护和帮助。

（6）处理好保护与帮助和独立完成动作之间的关系。

（7）熟悉动作技术和规格，努力钻研保护与帮助的方法，要不断地摸索运用保护与帮助的一般规律，又要不墨守成规，在练习中总结和创造出更加切合实际的新方法，以适应练习发展的需要。

（8）要重视培养学生掌握保护、帮助和自我保护的方法。

二、发展学生身体素质的实用方法

发展学生的身体素质是学校体育的核心目标之一，而力量、速度、耐力、柔韧、灵敏等身体素质是体能的基本构成要素，因此，学会设计和运用发展身体素质的实用方法具有十分重要的现实意义。[1]

（一）发展学生力量素质的实用方法

1. 力量素质概述

力量是人体运动技能的一种表现形式，是人体或身体某部分肌肉收缩和舒张时克服阻力的能力。人体的任何活动都离不开肌肉力量。当人体从事体育运动时，都需要特殊的肌肉力量能力，这些特殊的肌肉力量能力是通过运动训练获得的，它是衡量学生身体素质水平的重要指标，也是掌握运动技能、技巧，提高运动成绩的重要基础。力量素质对体能发展有如下作用：①力量素质是进行一切体育活动的基础；②力量素质的好坏直接影响并促进其他身体素质的发展；③力量素质的好坏直接影响技术动作的掌握和运动成绩的提高；④力量素质是各运动项目选拔人才时的重要指标。

目前，世界各国的力量训练专家和教练员对各类力量分类的认识尚不完全统一，针对学生体能力量锻炼中青少年的生理、心理特点，可以将力量分为以下几种。

（1）静力性力量。静力性力量是指肌肉收缩时产生的力量，可以完成某些静止不动的用力动作，或在整个动作中肢体不产生明显位移的力量，又叫等长力量。例如直角支撑、平衡动作等所表现出来的力量就属于静力性力量。

（2）动力性力量。动力性力量是指肌肉收缩或拉长时，使身体或身体某一部分产生位移或推动别的物体产生运动的力量，又叫等张力量。动力性力量实际上又包括绝对力量、相对力量、最大力量、速度力量和力量耐力等。

①绝对力量。这是指不考虑人体的体重因素，人体或人体某部分用最大力量所能克服最大阻力的能力。

②相对力量。每千克体重所表现出来的力量称相对力量，它主要反映运动员的绝对力量与体重之间的关系。

③最大力量。这是指人体以最大肌肉力量强力收缩，对抗一种刚好能够克服的阻力时所发挥的最高力值。

④速度力量。速度力量也叫快速力量，指人体在特定的负荷条件下所表现出来的最大动作速度。速度力量最典型的表现形式是爆发力，它是指在尽可能短的

[1] 杨文轩，张细谦，邓星华. 学校体育学[M]. 北京：高等教育出版社，2016：134-138.

时间内，以最大加速度克服一定阻力的能力。

⑤力量耐力。这是指人体在克服一定外部阻力时，能坚持尽可能长的时间或重复尽可能多的次数的能力。

2. 发展力量素质的方法

（1）负重抗阻力练习法。这种练习可作用于机体任何一个部位的肌肉群，其主要依靠负荷重量和练习重复的次数刺激机体发展力量素质。可以运用一些带有重量的器械，如杠铃、哑铃、沙袋等。

（2）对抗性练习法。这种练习需要双方力量相当，依靠与对方不同的肌肉群的相互对抗，以短暂的静力性等长收缩来发展力量素质。如双人顶、双人推拉等练习，对抗性练习几乎不需要任何训练器械及设备，也容易提高练习者的兴趣。

（3）利用力量练习器的练习法。这种力量练习器，可以使练习者的身体处在各种不同的姿势（坐、卧、站）练习，它不但能直接发展所需要的肌肉群力量，还可以减轻心理负担，避免伤害事故发生。

（4）利用外部环境阻力的练习法。如在沙地、雪地、草地、水中的跑、跳等。做这种练习要求轻快用力，所用力量往往在动作结束时较大。

（5）克服自身体重的练习法。这种方法是无负重的情况下，由身体的局部来承受体重，完成特定训练动作，达到增强力量的目的。例如平板支撑、俯卧撑、仰卧起坐、“V”字对抗、俄罗斯转体、徒手深蹲、跨步跳、纵跳等练习。

3. 核心力量理论与练习方法

核心是腰椎—骨盆—髋关节形成的一个整体，其形状类似于一个圆柱形的“汽缸”，具体指膈肌以下、盆底肌以上的中间区域，并包括附着在它周围的神经、肌肉、肌腱、韧带和骨骼系统，同时也受呼吸调节系统的影响和作用。核心力量是指附着在人体核心区的肌肉群在神经支配下收缩所产生的力量。提高核心力量可以直接提高核心部位的稳定性，保持身体姿态，提高身体的控制能力和平衡能力，传递并提高肌力。[1]

对核心力量的要求存在于所有运动项目中，所有技术动作都是以中心肌群为核心的运动链（在整个运动过程中将不同关节的运动和多块肌肉群的收缩力量协同整合起来，形成运动链），强有力的核心肌群对运动中的身体姿势、运动技能

[1] 杨世勇. 体能训练[M]. 北京：人民体育出版社，2012：103.

和专项技术动作起着稳定和支持作用。[1]核心区域的肌肉不仅本身能够产生力量，成为人体的运动力量来源的原动力，而且能够为肢体肌肉的收缩创造支点，使肢体肌肉的收缩力量增大，整合肌群间协同用力，加快整体力量的传递，从整体上提高运动效率。任何运动项目的技术动作只依靠某单一的肌群是不能完成的，它必须动员许多肌肉群协调做功。核心肌群在此过程中起着稳定重心、环节发力、保持平衡、传导力量等作用，同时也是整体发力的主要环节，对上下肢体的协同工作及整合用力起着承上启下的枢纽作用。提高核心力量、稳定核心部位，可以加强对人体脊柱这一薄弱环节的保护，预防运动损伤。核心力量练习的本质不同于传统力量练习，它能够弥补传统力量练习在提高协调、灵敏、平衡能力等方面的不足。

核心力量练习最初只是作为一种有效的康复练习手段应用于医疗和健身。近年来，随着体能训练理论的不断发展，核心力量训练也逐渐应用于竞技体育领域。研究结果表明，核心力量训练作为一种辅助力量训练手段，不仅能使运动员核心区域肌肉力量得到提高，而且能促进专项技术水平稳步提升。

核心力量练习方法中具有代表性的有徒手练习法、瑞士球练习法、实心球练习法及悬吊练习法。

（1）徒手练习法。徒手练习法适用于核心力量练习的初始阶段，其目的在于使练习者深刻体会核心肌群的用力和有效地控制身体。在练习过程中，可根据练习者的核心力量增长情况，通过延长用力时间和不断地减少支撑点来增加训练难度。徒手练习方法有：俯撑桥、侧撑桥、仰撑桥、仰卧屈膝上抬、俯卧两头起、平板支撑。

（2）瑞士球练习法。瑞士球练习法的主要目的是增强核心力量，提高身体稳定性和增加关节柔韧性。瑞士球具有不稳定性，通过在不稳定的球上做练习，可以获得充分刺激核心部位的肌肉，使躯干部位深层肌肉参与运动并维持身体平衡与稳定的功效，摒弃了传统力量练习中借助外力来支撑躯体的弊端。瑞士球练习方法有：直臂双腿撑球俯卧桥、肩脚撑球仰卧桥、仰卧球屈体。

（3）实心球练习法。实心球练习的主要目的是加大核心训练的强度，通过有限的训练时间达到训练效果的最大化，从而提高练习者发展力量所必需的身体控制能力，也可通过增加不稳定因素来提高训练的难度。实心球练习方法有：仰卧持球、仰卧夹球。

[1] 王卫星，廖小军. 核心力量训练的作用及方法[J]. 中国体育教练员，2008（2）：12-15.

（4）悬吊练习法。悬吊练习法起源于康复训练，是目前国际上流行的不稳定训练方式之一，是指通过在悬吊器械上进行训练达到对中央躯干部位深层肌肉的加强。悬吊练习法可最大限度地激发躯干肌肉和身体各大肌群之间的神经肌肉的协调收缩能力，加强四肢以及核心部位的稳定性，提高身体在高速运动中与不稳定状态下运动的能力。悬吊练习方法有：俯卧悬吊、仰卧悬吊、侧卧悬吊。

4. 发展力量素质应注意的事项

（1）力量练习要符合儿童青少年生理特点。儿童青少年的骨骼系统正处于发育成长期，该阶段骨组织中的水分和胶质较多，钙质较少，骨密质较薄，所以弹性和韧性很好，但是坚固性差，容易弯曲变形。力量练习可促进骨密质增厚，提高骨骼的坚固性。但是，在这一阶段训练负荷仍应适当控制，因为在极限负荷（特别是静力负荷）强度作用下容易使骨变形。

（2）全面发展学生力量素质。在发展学生力量素质的过程中，一方面应使四肢、腰、腹、背、臀等部位的大肌群和主要肌肉群得到锻炼；另一方面也要注意发展那些薄弱的小肌肉群的力量，因为体育运动中许多动作需要身体各部位许多大小不同的肌肉群协调工作才能完成。应注意的是，发展不同类型的力量素质并不意味着面面俱到，应该在全面发展的基础上针对项目特点有所侧重。

（3）普通学生应以发展一般力量为主，部分身体条件较好的学生可发展力量耐力及爆发力。中学生特别是低年级学生应避免大强度练习，可以做些克服自身体重的练习。中学高年级的学生用最大力量可以有效地发展绝对力量，采用中等、多次的负荷则有利于发展速度力量。

（4）力量练习要紧紧抓住力量素质发展的敏感期。在少儿时期，速度力量的发展比绝对力量发展快一些，并且早一些，7～13岁是速度力量发展的敏感期。绝对力量自然增长的敏感期为10～13岁，绝对力量增长速度很快。

（二）发展学生速度素质的实用方法

1. 速度素质概述

速度素质是指人体（或身体的某部位）在短时间内进行快速运动的能力。它包括三个方面，即对各种刺激快速反应的能力，快速完成动作的能力，快速通过某一距离的能力，即速度素质包括反应速度、动作速度和移动速度。速度是完成各种运动技能以及完成各种运动技术的基础，有些运动项目（如100米跑）本身比的就是快速运动的能力，速度练习能够促进多种身体素质的发展，对正在成长的青少年来说，是发展灵活、协调、爆发力等素质的好手段。发展速度素质能够提高大脑皮层兴奋与抑制过程转换的灵活性。动作速度和移动速度具有快速、爆发瞬间完成的特点，是一种综合能力的表现。速度练习可以使运动器官功能得到增强，特别是肌肉的力量和弹性，只有肌肉有力量才有可能达到肌肉的快速收缩，发挥出快速完成动作的能力。

反应速度是指人体对各种信号刺激（声、光、触）的快速应答能力，如短跑练习者从听到发令枪声到起动时间、球类练习者在瞬间变化情况下做出反应的快慢等。

动作速度是人体或人体某一部位完成某一动作的能力，它是技术动作不可缺少的要素，表现为人体完成某一技术动作时的摇摆速度、蹬伸速度和踢踹速度等。

移动速度，指人体在特定方向上位移的速度，它以单位时间内人体快速移动的距离为评定指标。

2. 发展速度素质的方法

（1）反应速度练习方法。学生对教师突然发出的各种信号（声音、光、手势等）做出反应完成各种动作。提高练习者对简单信号的反应能力，适合于初学者和短跑项目的训练。例如，在走或跑过程中，按口令“两人一组”“三人一组”组成相应小组；随口令迅速做起跑练习或组织一些躲闪的活动性游戏等；对移动的目标（如球、对手等）的变化做出反应的练习方法。

（2）动作速度练习方法。提高动作速度常用方法有加速动作法、减小阻力法、利用后效作用法、负重练习法、完善技术法、加大练习难度法。[1]发展动作速度一般常用游戏和比赛法，如限时进行投篮比赛；两人一组进行足球快速传球比赛（定时计数）；也可以组织一些快速跳绳比赛等。

（3）位移速度练习法。发展位移速度主要有发展力量法、重复法、综合练习法、比赛法、接力跑和游戏法。[2]例如教师可以广泛运用各种快速跑、冲刺跑、下坡跑的练习，也可以组织一些接力跑的游戏或追逐游戏等，以发展学生的位移速度。

3. 发展速度素质应注意的事项

（1）发展速度素质应在学生精力充沛、精神饱满、运动欲望强的情况下进行

[1] 杨世勇. 体能训练[M]. 北京：人民体育出版社，2012：144.

[2] 杨世勇. 体能训练[M]. 北京：人民体育出版社，2012：148.

练习，要避免在其精神恍惚、身体疲劳的情况下练习，只有这样，才有利于形成快速能力的动力定型。

（2）中小学时期是学生发展速度素质最佳的时期，但必须在全面发展各项素质的基础上重点发展速度素质。由于速度素质的发展与力量、柔韧、灵敏等素质的水平有关，因此，速度练习应注意适当采用发展其他有关素质（如力量、柔韧等）的方法，以促进运动素质间的良好转移。

（3）应采取多样化的方法如游戏法、比赛法进行练习，提高学生的兴趣和情绪，力求在自然、主动的条件下发展学生的速度素质。

（三）发展学生耐力素质的实用方法

1. 耐力素质概述

耐力素质是指人体在长时间进行工作或运动中克服疲劳的能力，也是反映人体健康水平或体质强弱的重要标志。因此，提高耐力素质对发展体能和人体克服疲劳的能力非常重要。

耐力素质的提高对身体机能发展有着良好的促进作用，主要表现在如下几个方面。

（1）对心血管系统的作用。发展耐力素质可增大心肌力量，进而增加心输出量，心率减少，心脏功能得到改善。经常从事耐力素质练习还有一个显著的效果，就是使血管的口径变大，毛细血管增多，从而提高人体活动能力。

（2）对呼吸系统的作用。耐力素质练习对呼吸系统的作用主要表现在呼吸肌增强、肺活量增大、呼吸深度加大三个方面。

（3）对肝功能的作用。耐力素质练习时，由于能源物质——糖的消耗增加，肝脏的后勤供应加强，因而使肝脏的机能得到锻炼。

（4）对消化系统的作用。经常进行耐力素质练习能提高胃肠的消化功能。

（5）对神经系统的作用。长期进行耐力素质练习能使神经兴奋与抑制、传导与反应等机能得到明显的改善。

此外，耐力素质的提高对培养学生的意志品质也有显著成效。根据不同的标准，耐力素质可以分为以下多种类型：按照生理系统分类，可分为心血管耐力和肌肉耐力；按照与专项的关系分类，可分为一般耐力与专项耐力；根据氧代谢特征对耐力的分类，可分有氧耐力与无氧耐力；按照肌肉的工作方式分类，可分为静力性耐力和动力性耐力。

2. 发展耐力素质的方法

（1）持续练习法。持续练习法是指负荷强度较低、负荷时间较长、无间断地连续进行练习的方法。持续练习法的一组练习的持续负荷时间至少应为10分钟，负荷强度心率指标平均为160次/分，练习过程不中断。例如：20世纪20年代源于北欧山林中的法特莱克练习是一种以发展有氧代谢系统为主、适当发展有氧与无氧代谢系统混合供能能力的耐力练习方法。该方法的练习环境不稳定，运动路线不固定，负荷时间较长，运动速度的快慢变化不具有显著的节奏性，而是表现出明显的随意性；运动过程始终不断，练习过程负荷强度呈现高低交错，心率指标为130～160次/分；心理感受相对轻松。

（2）间歇练习法。间歇练习法是指对多次练习的间歇时间做出严格规定，使机体处于不完全恢复状态下，反复进行练习的方法。使用间歇练习方法练习时的心率控制在每分钟170～180次即可，间歇时间以心率降至120次/分为开始下一次练习的确定依据，动作结构前后稳定。

（3）重复练习法。重复练习法是指多次重复同一练习，两次（组）练习之间安排相对充分休息的练习方法。使用重复练习法时的一次练习的负荷时间较长、负荷强度较大并与负荷时间呈现负相关性；能量代谢主要由糖酵解供能系统完成，间歇时间充分。

（4）循环练习法。循环练习法是指根据训练的具体任务，将练习手段设置为若干个“练习作业站”，练习者按照既定顺序和路线，依次完成每站练习任务的练习方法。使用循环练习法时的各“练习作业站”有机联系，各“练习作业站”平均负荷强度相对较小，各组循环内各“练习作业站”之间无明显中断，一次循环的持续负荷时间较长，负荷强度大小交替搭配进行，循环组数相对较多。

发展耐力素质的手段和方法很多，如各种形式的长跑、持续跑、变速跑、变换训练环境的越野跑、法特莱克跑、长距离竞走、游泳、滑冰、骑自行车、划船、跳绳等；长时间重复做某一周期性运动，如篮球训练中经常做的各种不规则滑步、跑的练习，排球运动中多次做滚动练习；多种长时间游戏及循环练习；反复做克服自身体重的练习，坚持较长时间的抗小阻力的练习等。

3. 发展耐力素质应注意的事项

（1）掌握好练习的时间，控制好练习的强度和密度。耐力素质练习应首先从加量开始，逐步加大强度。例如，用跳绳练习来发展学生耐力，开始连续跳绳15秒或20秒，休息5秒，而以后练习时间逐步延长到1～3分钟，休息的时间和重复练习的时间与次数可依据学生的实际情况灵活加以安排。

（2）中学生应以有氧耐力训练为主，以提高学生心血管系统和呼吸系统的功能为目标。过早地进行无氧耐力训练，会严重地影响到他们的循环系统未来的功能水平。中学高年级的学生可适当进行无氧耐力练习。

（3）中学生进行耐力训练的内容、手段应是多种多样的，不应只局限于长跑练习，应采取多种教学方法，活跃课堂气氛，调动学生的积极性。广泛运用游戏法、比赛法、球类活动、骑自行车、滑冰、登山和循环练习等，也可用学生喜闻乐见的形式，如个人跳绳和集体跳绳计数或比赛，踢毽子、跳皮筋等作为辅助手段，有条件的学校可组织学生就地就近进行爬山或在野外、沙滩、树林、公园练习长跑。

（4）加强意志品质的培养和教育。结合耐力练习向学生进行不怕困难、吃苦耐劳、勇敢顽强、拼搏进取等优秀心理品质的教育。

（四）发展学生柔韧素质的实用方法

1. 柔韧素质概述

柔韧素质是指人体关节在不同方向上的运动能力以及肌肉等组织的伸展能力。柔韧素质包括两个方面的含义：一是关节活动幅度的大小；二是跨过关节的肌肉、肌腱等软组织的伸展性。发展柔韧素质是有效改进技术的必要基础，也是保证提高运动技术水平的基本因素之一。发展柔韧素质不仅可以加大动作幅度，使动作更加优美、协调，而且能加大动作的力量与速度，加速机体疲劳的缓解，减小受伤的可能性。因此，正确地进行柔韧素质练习，对于提高学生的体能水平与运动技术水平具有重要的意义。

柔韧素质的分类从需要来说可分为一般柔韧性、专项柔韧性；从完成柔韧性练习的表现上看，柔韧素质又分为主动柔韧性和被动柔韧性两种。主动柔韧性是学生依靠相应关节周围肌肉收缩与放松的积极工作，完成大幅度动作的能力；被动柔韧性则是通过外力协助促使关节、肌肉等所能达到的最大活动幅度（如在教师或同学协助下做压腿练习）。

2. 发展柔韧素质的方法

发展柔韧素质的练习方法如下（图6-1）。

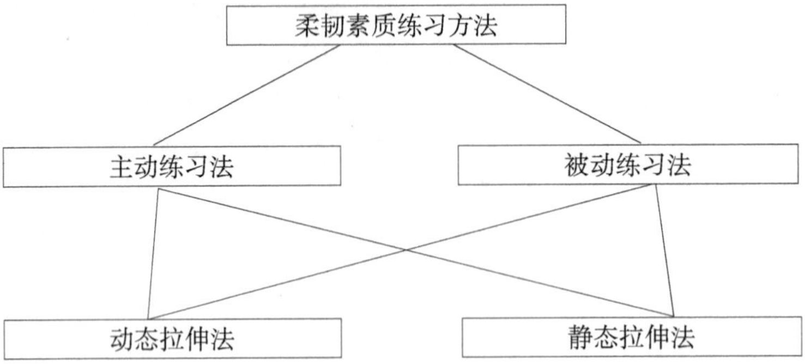

图6-1　柔韧素质练习方法

（1）主动练习法。它指人体依靠自己的力量，通过与某关节有关联的肌肉的主动收缩，来增加关节灵活性的方法。它又分为主动的动态拉伸练习和主动的静态拉伸练习两类。主动的动态拉伸练习有站立体前屈、前后摆腿、拉肩等；主动的静态拉伸练习有把竿控腿、体前屈后的静止等。

（2）被动练习法。它指依靠外力的作用，促使关节灵活性增大的方法。它又分为被动的动态拉伸练习和被动的静态拉伸练习两类。被动的动态拉伸练习包括依靠同伴的帮助来逐渐提高后举腿的动作幅度等；被动的静态拉伸练习包括依靠同伴的力量来保持体前屈的最大幅度等。

（3）青少年发展柔韧素质的锻炼方法示例。青少年发展柔韧素质个人（双人）练习方法如下（表6-3）。

表6-3　青少年发展柔韧素质个人（双人）练习方法[1]

内容	作用	方法	要求
头顶健身球	发展颈部肌肉的柔韧性	两脚开立，手背在身后，用头去顶同伴投过来的健身球，把球顶向不同的方向。	球不要太重，练习者要尽力把球顶得更远。
含胸展体	发展胸部肌肉的柔韧性	两脚开立，与肩同宽，抬头、挺胸的同时两臂向两侧展开，然后低头、含胸，手臂收拢。	振动时要有节奏，5～8次为一组。

[1] 李建臣，任保国. 青少年体能锻炼与体质健康[M]. 北京：化学工业出版社，2014：74.

续表

内容	作用	方法	要求
压肩拉肩	发展肩部肌肉的柔韧性	两人面对面，两脚开立（距离大于肩宽），两臂与同伴交叉，双手放在对方两侧肩膀上，利用躯干部重力，两人主动用力向下压肩；或者甲队员分腿站立，重心压降，向前伸出一只手臂，乙队员双臂伸直放在同伴伸出的手臂上，以此为支撑，躯干主动用力向下振肩，甲队员还可用另一只手帮助乙队员向下压肩；或者两队员肩并肩面对同一方向站立，相邻的两手在体侧相握，另一只手在头顶上握，两队员主动向两侧发力以牵拉肩部肌肉，完成几次后换方向。	动作幅度与用力程度应适宜，防止拉伤。
肋木蹲起	发展肩部肌肉的柔韧性和腿部肌肉的力量	练习者背对肋木站立，两手后伸握住肋木，两腿并拢，做蹲起练习。	上体直立，每次做8～10次。
垫上柔韧组合循环	全面发展身体的柔韧性	仰卧交换举腿、仰卧双腿举腿、身体侧转、两臂前伸触脚、反握双腿、跪姿上体后倒。按顺序每个姿势坚持10秒左右，循环练习，组间间隔5分钟，可做些甩臂、甩腿、慢跑等放松活动。	练习前做适度的身体预热活动，练习时动作幅度加大。
垫上柔韧组合循环	全面发展身体的柔韧性	手臂上抬、仰卧转腰、俯卧两头起、坐姿两腿左右转（上体直立）、仰卧手腿反向转、垫上波浪。按顺序每个动作8～10次，循环练习，组间间隔5分钟，可做些甩臂、甩腿、慢跑等放松活动。	动作幅度由小到大。
髋绕环	提高髋关节的灵活度，发展髋关节周围肌肉的柔韧性	两脚并拢站立，两手轻卡在腰间，以躯干为轴，髋关节按顺时针或逆时针转动，两个方向可做4个8拍的练习。	动作幅度要大，充分体会重心在两腿间的转移。
前俯后仰	发展全身的柔韧性	身体充分放松，上体向前或向后充分做屈伸运动；上体前屈时，保持两腿伸直，两手尽量触地，手掌与地面接触面积越大越好；后仰时尽量用双手去摸自己的踝关节或脚跟。	身体充分放松，动作幅度由小到大。
侧屈压腿	发展全身的柔韧性	两脚开立，距离大于肩宽，身体保持正直，两手臂侧平举，上体侧转的同时向一侧大腿靠拢，两臂随之下垂，上体下振几次后可保持一段时间，然后上体恢复到准备姿势后向另一侧大腿靠拢。	身体充分放松，动作幅度由小到大。
原地身体波浪	发展腿部和躯干的柔韧性	腿部、髋部、胸部、肩部依次伸展，形成波浪。	注意动作伸展顺序。

3. 发展柔韧素质应注意的事项

（1）发展中小学生柔韧素质较为容易，这是因为儿童青少年与成年人相比，其关节面的角度大、关节面的软骨厚、关节内外的韧带较松弛等。因此，对柔韧性要求很高的运动项目，应在7岁以前进行练习，力争在12岁以前得到较好的发展。

（2）中小学生的柔韧性练习，应多用缓慢式和主动性活动。这是因为儿童青少年关节牢固性差，骨骼易弯曲变形，长时间用力掰、压等，容易造成关节、韧带的损伤和骨骼的变形，不利于健康成长。

（3）外界温度以及一天中安排练习的时间和疲劳程度对柔韧性练习效果有着不同的影响，为取得最好效果，练习时要注意外界的温度高低。外界温度过高或过低，都会影响肌肉的伸展能力。一般来说，当外界温度在18℃时，有利于柔韧性的发展。每个伸展练习之后，应做与动作方向相反的放松练习，从而有助于伸展肌群的放松和恢复。

（4）虽然柔韧性发展较快，但在停止锻炼后，肌肉、肌腱已获得的伸展能力消退也快，因此，柔韧性锻炼必须要持之以恒。

（五）发展学生灵敏素质的实用方法

1. 灵敏素质概述

灵敏素质是指人体在各种突然变换的条件下，快速、协调、准确地完成动作的能力。它是学生的运动技能和各种运动素质在运动过程中的综合表现。灵敏素质建立在力量、速度（反应速度、动作速度）、耐力、柔韧、协调性、节奏感等多种素质和技能之上，这些素质和技能取决于神经系统的灵活性和可塑性以及已建立的动作的储备数量。如果学生的身体素质在某一方面（或更多方面）得到了发展，并熟练掌握了运动技能，灵敏素质就能得到充分发展和提高。

根据与专项运动的关系，灵敏素质可分为一般灵敏素质与专项灵敏素质。一般灵敏素质是指学生在各种运动活动中，在各种突然变换的条件下，迅速、合理、准确地完成各种动作的能力，它是专项灵敏素质发展的基础。专项灵敏素质是指学生在专项运动中，迅速、准确、协调地完成专项运动各种动作的能力，它是在一般灵敏素质的基础上，多年重复专项技能和技术环节训练的结果。

2. 发展灵敏素质的方法

（1）徒手练习法。①单人练习：包括弓箭步转体、立卧撑跳转体、正踢腿转体、前后滑跳、屈体跳、后扫腿、快速后退跑、旋风腿、跳起转体、燕式平衡、腾空飞脚、障碍跑、快速折回跑等练习。②双人练习：包括障碍追逐、过人、手触膝、躲闪摸肩、模仿跑等练习。

（2）器械练习法。①单人练习：包括各种形式的运球、传球、顶球、颠球、托球、追球、接球、多球练习、滚翻传接球练习、悬垂摆动、杠端转体跳下、翻越肋木、钻栏架、钻山羊、各种专项球类练习和技巧、体操练习。②双人练习：包括多种形式的运球、传球、接球、抢断球，以及跳障碍球、踢过顶球接滚翻等练习。

（3）组合练习法。组合练习包括两个动作组合、三个动作组合和多个动作组合的练习。例如：交叉步接后退跑、侧手翻接前滚翻、立卧撑接原地高频跑；交叉步侧跨步接滑步和障碍跑、转髋接前滚翻、弹腿接腾空飞脚和鱼跃前滚翻；倒立前滚翻接单肩滚翻—侧滚跪—跳起，双杠上支撑摆动接转体双杠跳下—钻山羊—走平衡木，跨栏接钻栏—跳栏—滚翻。

（4）游戏法：发展灵敏素质的游戏方法很多，如各种应答性游戏、追逐性游戏、集体游戏等。

3. 发展灵敏素质应注意的事项

（1）练习手段应多样化并经常改变。一旦学生对某一动作技能熟练到自动化程度时，再用该动作去发展灵敏素质的意义就不大了。

（2）灵敏素质练习在整个练习过程中都应适当安排，使之系统化，但练习时间不宜过长，练习重复次数不宜过多。

（3）灵敏素质练习一般安排在体育课的前半部分，在学生体力充沛、精神饱满时进行。教师在指导灵敏素质练习时，应采用各种有效的方法与手段，消除学生在进行某些专门练习时的紧张和恐惧心理，以保证取得最佳效果。

三、学生体能发展的常用手段

（一）较适合学生体能发展的手段：抗自身体重练习

抗自身体重的练习主要包括：第一，腹桥练习，针对身体正面运动链的练习，主要目的在于加强三角肌、胸大肌、腹直肌、腹横肌、股四头肌等肌肉的训练；第二，侧桥练习，针对身体侧面运动链的练习，主要目的在于加强三角肌、腰方肌、臀中肌、臀大肌、臀小肌、阔筋膜张肌等肌肉的训练；第三，背桥练习，针对身体背面运动链的练习，主要目的在于加强三角肌、竖脊肌、背阔肌、菱形肌、斜方肌、臀大肌、股后肌群等肌肉的训练。在此基础上，逐渐增加不稳定性，如四点支撑变三点支撑甚至两点支撑，提高控制姿势的难度，动员更多的神经参与运动，强调多关节、多肌肉群的参与。

（二）抗自身体重练习的具体方法

1. 俯卧撑

动作技术：双臂伸直与肩同宽，双腿并拢；以双手掌、双脚脚尖撑地，成俯卧姿势，屈双臂撑起。

练习要求：颈、背、腰、臀成一条直线，双手与肩同宽。

2. 俯卧双臂前伸俯卧撑

动作技术：双臂伸直与肩同宽，双腿并拢；以双手掌、双脚脚尖撑地，成俯卧姿势；双臂向前方缓慢伸出，成双臂前撑姿势，屈双臂，双手掌在眉毛下方，然后撑起。

练习要求：颈、背、腰、臀成一条直线。

3. 双臂前后对角线俯卧撑

动作技术：双臂伸直与肩同宽，双腿并拢；以双手掌、双脚脚尖撑地，成俯卧姿势；双臂向前后方缓慢伸出，成双臂交叉支撑姿势，屈双臂撑起。

练习要求：颈、背、腰、臀成一条直线，目视下方；注意后撑的手臂肘关节与腕关节的姿势，避免肘关节过伸。

4. 双臂宽距俯卧手撑

动作技术：双腿并拢；以双手掌、双脚脚尖撑地，成俯卧姿势；双臂向外展缓慢向体侧伸出，成外展俯卧姿势。

练习要求：注意双臂肘关节与腕关节的姿势，两臂前后伸展幅度应量力而为，避免肘关节过伸。

5. 双臂窄距俯卧撑

动作技术：双腿并拢；以双手掌、双脚脚尖撑地，成俯卧姿势；双臂内收双手并拢，保持俯卧姿势。

练习要求：注意双臂肘关节与腕关节的姿势。

6. 双臂交替俯卧撑

动作技术：双腿并拢；以双手掌、双脚脚尖撑地，成俯卧姿势；双臂交替屈臂撑。

练习要求：注意双臂肘关节与腕关节的姿势。

7. “T”形俯卧撑

动作技术：双臂伸直与肩同宽，双腿并拢；以双手掌、双脚脚尖撑地，成俯卧姿势，然后依次转体成单臂支撑。

练习要求：颈、背、腰、臀成一条直线，转体后面向侧方，左右交替进行。

8. 单臂俯卧撑

动作技术：单臂伸直支撑，双腿分开与肩同宽，双脚脚尖撑地，成俯卧姿势，单臂撑起。

练习要求：颈、背、腰、臀成一条直线。

9. 屈臂俯卧四点支撑

动作技术：双臂屈肘与肩同宽，双腿并拢；以双肘、双脚脚尖撑地，成俯卧姿势，并保持该姿势。

练习要求：颈、背、腰、臀成一条直线。此动作为静力性练习，保持30秒以上。

10. 屈臂俯卧三点支撑（单肘双脚撑）

动作技术：双脚、双肘与肩同宽，以单肘、双脚脚尖撑地，成俯卧姿势，并保持该姿势，不能出现任何形式的晃动或代偿。

练习要求：颈、背、腰、臀、腿成一条直线。此动作为静力性练习，保持30秒以上，双肘交替支撑。

11. 单脚双肘撑

动作技术：双臂屈肘与肩同宽，双腿并拢；以双肘、单脚脚尖撑地，成俯卧姿势；抬起一侧腿至水平位置，保持该姿势。

练习要求：颈、背、腰、臀、腿成一条直线。此动作为静力性练习，保持30秒以上，双腿交替支撑。

12. 单脚单肘撑

动作技术：双臂屈肘与肩同宽，双腿并拢，成俯卧姿势；抬起一侧腿与异侧手臂时，身体保持起始姿势，不能出现任何形式的晃动或代偿。

练习要求：手腕、肘、颈、背、腰、臀成一条直线。此动作为静力性练习，保持30秒以上，双腿交替支撑。

13. 单脚单手撑

动作技术：双臂伸直与肩同宽，双腿并拢；以双手掌、双脚脚尖撑地，成俯卧姿势；抬起一侧手臂与异侧腿至水平位置，保持该姿势。

练习要求：手腕、肘、颈、背、腰、臀成一条直线。此动作为静力性练习，保持30秒以上，两侧交替进行。

14. 肘撑屈膝团身

动作技术：双臂屈肘与肩同宽，双腿屈膝以脚尖为支撑，收腹团身；膝关节与垫面保持1厘米距离。

练习要求：低头、收腹、缩臀，保证膝关节与垫面距离。此动作为静力性练习，保持30秒以上。

15. 单肘侧撑

动作技术：侧卧以单侧肘部及其同侧踝关节为支点，向上抬起身体。

练习要求：躯干核心部位主动上抬，双腿并拢夹紧，身体侧面、正面均成一条直线。初始阶段为静力性练习，保持30秒以上；能力提高后，可变为动力性练习（髋部上抬与下降）。

16. 单肘单腿侧卧撑

动作技术：侧卧以同侧肘和踝关节为支点，向上抬起身体；对侧手臂向头前伸出，对侧腿主动抬高外展，身体成“X”形。

练习要求：对侧手、对侧腿主动抬高，以提高保持躯干稳定的难度。初始阶段为静力性练习，保持30秒以上；能力提高后，可变为动力性练习（髋部上抬与下降），两侧交替进行。

17. 单肘单腿侧卧撑抬起腿外展与内收

动作技术：侧卧以同侧肘和踝关节为支点，向上抬起身体；对侧手臂向头前伸出，对侧腿主动抬高，身体成“X”形；抬高腿，向身体两侧做缓慢、大幅度的内收、外展。

练习要求：支撑腿的脚外侧为支点，抬起腿，内收或外展时，身体姿态要保持稳定。此动作为动力性练习。

18. 单肘单腿侧卧撑抬起腿屈伸

动作技术：侧卧以同侧肘和踝关节为支点，向上抬起身体；对侧手臂向头前伸出，对侧腿主动抬高，身体成“X”形；抬高腿，向身体前后做缓慢、大幅度的屈伸运动。

练习要求：减缓屈伸腿的速度，增加屈伸的活动范围以提高保持躯干稳定的难度。此动作为动力性练习，双侧交替进行。

19. 手撑大腿外展、内收与屈伸

动作技术：侧卧以同侧手和踝关节为支点，向上抬起身体；对侧手臂向头前伸出，对侧腿主动抬高，身体成“X”形；抬高腿，向身体两侧做缓慢、大幅度的外展和内收运动，向躯干前后做屈伸运动。

练习要求：减缓抬高腿的动作速度，增加活动范围以提高保持躯干稳定的难度。此动作为动力性练习，双侧交替进行。

20. 仰卧挺身

动作技术：仰卧于垫上，双臂自然外展，双腿屈膝并拢勾脚尖；以肩胛骨及双脚脚后跟为支点，髋关节主动上抬并保持该姿势。

练习要求：逐渐减少双臂外展幅度以提高保持躯干稳定的难度。初始阶段为静力性练习，保持30秒以上；能力提高后，可变为动力性练习。

21. 仰卧单脚挺身

动作技术：仰卧于垫上，双臂自然外展，双腿屈膝并拢；以肩胛骨及单脚为支点，髋关节主动上抬，一侧腿上抬并与躯干成一条直线，保持该姿势。

练习要求：逐渐减少双臂外展幅度，上升抬起腿的高度，以提高保持躯干稳定的难度。初始阶段为静力性练习，保持30秒以上；能力提高后，可变为动力性练习。

22. 仰卧肘撑

动作技术：仰卧于垫上，双臂屈肘与肩同宽，双腿伸直并拢；以双肘及双脚为支点，髋关节主动上抬并保持该姿势。

练习要求：颈部后伸与躯干保持在同一直线上。

23. 单脚仰卧肘撑

动作技术：仰卧于垫上，双臂屈肘与肩同宽，双腿伸直并拢；抬起一侧腿，以双肘及单脚脚跟为支点，髋关节主动上抬并保持该姿势。

练习要求：颈部后伸且抬起腿与躯干保持在同一直线上。

24. 俯卧双肘单腿屈伸

动作技术：双臂屈肘与肩同宽，以双肘、单脚为支点，俯卧于垫上；一侧腿折叠后伸，在保持该姿势的前提下单支撑腿做上下屈伸。

练习要求：要求单支撑腿达到屈伸的最大幅度，小腿伸时膝关节没有弯曲，小腿屈时膝关节不接触垫面。

25. 俯卧四点换两点支撑平衡

动作技术：双臂屈肘与肩同宽，双腿屈膝并拢，以双手、双膝为支点，俯撑于垫上；一侧手臂与异侧腿做平衡动作，两侧交换进行。

练习要求：在腰背部放置一个水平物体（木棍或装有半瓶水的矿泉水瓶），以检验动作的稳定程度。

26. 俯卧“超人”

动作技术：俯卧于垫上，双臂伸直与肩同宽，双腿自然分开，双臂与双腿同时上举；以腹部撑地成“超人”姿势，保持该姿势。

练习要求：初始阶段为静力性练习，保持30秒以上；能力提高后，可变为动力性练习。

27. 仰坐成“V”形

动作技术：仰卧于垫上，双臂伸直上举与肩同宽，双腿并拢，双臂与双腿同时上举；收腹成“V”形姿势，保持该姿势。

练习要求：初始阶段为静力性练习，保持30秒以上；能力提高后，可变为动力性练习。

28. 抱头半蹲

动作技术：双手抱头站立，双脚与肩同宽，屈膝下蹲成半蹲姿势并起立。

练习要求：膝关节不能过脚尖，臀部尽量低于膝关节，下蹲时膝关节不能内扣。

29. 单腿下蹲

动作技术：双臂平举于胸前，单腿站立，另一腿自然屈膝置于体侧；支撑腿屈膝下蹲成半蹲姿势并起立。

练习要求：支撑腿屈膝时膝关节不能过脚尖，膝关节不能内扣，臀部尽量低于膝关节。

第四节　学生体能发展案例

一、发展灵敏性和下肢爆发力的跳绳锻炼

（一）周锻炼计划的制订

该锻炼的主要任务是通过负荷的改变引起新的生物适应现象，提高学生的身体能力。锻炼内容安排的主要依据是实现锻炼目标的需要和不同锻炼内容负荷后机体的反应和恢复状况，也就是说，小周期的锻炼必须与本周期的锻炼所要达到的目的、任务相吻合，包括身体、技术、战术和心理锻炼。

不同锻炼水平的学生的负荷结构的特点，在锻炼日和锻炼课次上有显著差别。少儿初期锻炼，每周2～3次，最多锻炼4次。随着锻炼水平的提高，锻炼课次可增加。增加课次的途径起初是从增加锻炼的日数开始的，即由每周2～3个锻炼日增加到6～7个锻炼日，每天锻炼1次；而后则将一周某些锻炼日的锻炼次数增加为2次，最后基本达到每日锻炼2次。负荷变化的途径主要表现为：① 增加负荷量，同时保持负荷强度不变或降低；② 提高负荷强度，负荷量保持不变或减小；③ 负荷量与负荷强度都保持不变。

周锻炼计划案例如下（表6-4）。

表6-4　初中男生发展灵敏性和下肢爆发力跳绳周计划案例

日期	基本内容安排	运动时间/分
星期一	60次×30秒×7组，间歇1分钟	10.5
星期二	65次×30秒×9组，间歇1分钟	13.5
星期三	120次×60秒×11组，间歇1分钟	21
星期四	60次×30秒×7组，间歇1分钟	10.5
星期五	65次×30秒×9组，间歇1分钟	13.5
星期六	130次×60秒×11组，间歇1分钟	21
星期日	休 息	—

（二）课锻炼计划的制订

课锻炼计划是构成小、中、大锻炼周期锻炼计划的最基本的实施方案。锻炼

课的长短不一，短者不足30分钟，长者可达2小时。

1. 课锻炼计划的结构

锻炼课的计划应包括三个部分，即准备部分、基本部分（主要部分）和结束（整理）部分。

（1）准备部分。主要练习目的是使学生的身体与心理达到适应基本部分练习的要求，时间为总课时的15%~20%。

（2）基本部分。在学生的身体处于工作能力稳定状态下完成锻炼课的任务。内容多在周锻炼计划中明确规定，但更为具体，时间为总课时的60%~70%。

（3）结束部分。主要是放松、有组织地结束一堂锻炼课，尤其是必须安排放松活动，时间为总课时的15%~20%。

2. 课锻炼计划的安排要点

（1）内容安排。课的内容应符合课的任务，并以此选择锻炼内容与手段，主要表现在基本部分中。一般来讲，在身体锻炼中可将发展速度、力量、最大力量及协调性的练习安排在前，速度耐力、力量耐力、一般耐力的练习在后。在技术、战术锻炼中，可将技术强、难度大、战术思维复杂的内容安排在前，巩固性、实践性的练习安排在后。在锻炼手段、练习形式的选择上，应避免采用固定手段、固定程序和固定时间。

（2）运动负荷的安排。一要符合锻炼计划要求达到的程度；二要适应学生当时的状态；三要与课的任务及内容一致；四要符合人体生理机能变化的规律。

（三）体能评价：跳绳[1]

测试目的：测试学生协调性、灵敏性、下肢肌肉爆发力的发展水平。

测试场地：平整、干净的场地，材质不限。

器材标准：秒表、发令哨、各种长度的跳绳若干条。

测试方法：2人1组，1人测试，1人记数。受试者调整绳长至适宜长度，听到“开始”信号后开始跳绳。动作规格为正摇双脚跳绳，每跳跃一次且摇绳一回环，计为一次。受试者听到“结束”信号后停止跳绳，测试员计数并记录受试者在一分钟内的跳绳次数。测试单位为次。

[1] 徐向军. 青少年体能训练指导 [M]. 北京：北京体育大学出版社，2014：133.

注意事项：

（1）小学低年级学生参加跳绳测试时，应由教师计数。

（2）测试过程中跳绳绊脚，该次不计数，应继续进行。

一分钟跳绳评分标准如下（表6-5）。

表6-5 一分钟跳绳分值表 单位：个

年级	优秀		良好		及格		不及格	
	男	女	男	女	男	女	男	女
初一	>130	>128	100～129	94～127	55～99	53～93	<55	<53
初二	>135	>130	105～134	99～129	60～104	55～98	<60	<55
初三	>140	>133	108～139	101～132	64～107	58～100	<64	<58
高一	>145	>135	110～144	102～137	66～109	62～101	<66	<62
高二	>150	>136	112～149	102～134	68～111	66～101	<68	<66
高三	>153	>138	112～152	102～137	70～111	68～101	<71	<70

二、体能“课课练”发展上下肢力量的练习

体能“课课练”（简称“课课练”）始兴于 20 世纪 80 年代，它是以增强学生体质为目的，在每节体育课中都安排一定时间让学生进行身体素质练习的教学活动范式。在当时的条件下，“课课练”确实起到了增强学生体质、促进学生身体素质发展的作用。进入 21 世纪，“课课练”在体育课堂教学中逐渐兴盛起来。其原因是：第一，近年来，我国中小学生体质水平逐年下降，已经引起中央的高度重视。为切实提高学生体质健康水平，国家颁布实施了《国家学生体质健康标准》，相应地增加了体育课时，并在全国范围内开展了“亿万青少年阳光体育运动”，执行“每天锻炼一小时”活动计划，这些都为“课课练”的重新提出做好了时间准备与舆论宣传。第二，青少年体能已经成为学生体质发展的瓶颈。学生基本技术和技能的掌握需要以一定的身体素质为基础，但由于近年来学生体质下降，学生想跑跑不快、想跳跳不动、想投投不远，学生身体素质欠缺已经严重地影响教学任务的完成。第三，随着经济发展和体育科技的进步，国内外出现了许多形式多样的身体素质练习的方法和手段，为体育教学与训练提供可以改进与发展的手段。[1]

[1] 韩桂凤，李京诚，燕凌. 体能素质“课课练”教学模式的研究[J]. 体育科研，2014（3）：32-34.

（一）体能“课课练”发展下肢力量的练习

体能是通过力量、速度、耐力、协调、柔韧、灵敏等运动素质表现出来的人体基本的运动能力，是学生运动技能的重要构成因素。下肢力量练习是体育教学中发展身体素质的重要形式，其目标是让腿部有肌肉和力量。以下例子以徒手为基础，以兴趣为驱动，以合作为手段，以竞争为导向，通过多种跳跃、蹲起等练习，提高学生的弹跳力和协调性，发展下肢力量。[1]

1. 同心圈

目标：发展下肢力量，培养协作能力。

准备：将全班分成 4~8 个小组，每个小组的队员手拉手围成一圈，面向圆心站立。各小组成散状或方形站在场地上。

方法：发令后，各组边做 1 次蹲起边喊 1 个数字，连续完成 10~20 次蹲起，看哪组最快完成。

规则：① 队员必须同步完成，否则本次为无效。② 边做边喊，比动作整齐度和声音响亮度。

拓展与变化：① 蹲起动作可以替换成深蹲跳起、全蹲走、双脚跳转 1 圈、移行（双脚跳一段距离）、各种单脚跳（类似开火车动作）等。② 为营造良好的游戏氛围，开始前先让各组设计一种庆贺方式（摆出造型和呼喊），在小组任务完成后，立即做出自己的庆贺动作，以示意完成任务，也便于评判优胜。

分享与讨论：顾名思义，同心圈就是为同一心愿、同一目标而努力。在这样的驱动下，加上练习手段的多样性，让学生在不知不觉中完成任务，真正体现“累并快乐着”。

练习对象：小学生、初中生、高中生。

2. 坐巴士

目标：培养学生协作能力，发展跳跃能力。

准备：3~5 米松紧带若干条。

方法：学生 8~15 人 1 组，指定 2 人做“巴士”（2 人相距约 3 米面对面站立，两手拉起两条松紧带，组成一辆“巴士”），其余人员做乘客站在“巴士”内。发令后，做“巴士”的 2 名学生迅速下蹲将松紧带降低，“巴士”内乘客及时从松紧

[1] 叶海辉. 中小学体育“课课练”下肢力量的体能游戏[J]. 青少年体育，2016（1）：6-9.

带上方跳（跨）出“巴士”，随即松紧带上抬，乘客再从松紧带下方钻进“巴士”，如此一出一进反复进行，看哪组在规定时间内完成次数多。

规则：每次进出必须要全体人员都完成，缺一不可，否则本次视为无效次数。

拓展与变化：① 可要求双脚跳跃。② 可规定完成次数，看哪队用时少。③ 可要求参与队员站成纵队双手搭肩来完成。④ 松紧带可用跳高横竿或长绳代替。

分享与讨论：在校园里也能亲身体验一把乘坐巴士的疯狂，感受大都市繁忙的生活节奏。

练习对象：小学生、初中生、高中生。

3. 指令蹲

目标：发展灵敏性和下肢力量。

准备：全班分成 4~8 个小组，每个小组的队员手拉手围成一圈，面向圆心站立。各小组成散状或方形站在场地上，并记住自己所在的组别。

方法：教师（主持人）发出“AA 蹲，AA 蹲，AA 蹲完 BB 蹲;BB 蹲，BB 蹲，BB 蹲完 CC 蹲”的令词，学生听到与自己相符的内容时，就立即下蹲，如此反复进行。

规则：若有队员蹲错、慢蹲，须接受相应的惩罚。

拓展与变化：① 令词内容：男生、女生、全班、第 × 组、长头发、短头发、戴眼镜、穿校服、戴校徽、穿鞋子、穿白袜子、没吃早餐、早上迟到、班干部、今天值日……也可以采用叠加方式发指令，如第 × 组 + 男生、戴眼镜 + 女生、穿白袜子 + 男生。② 分成 4 组安排传统的指令蹲练习，但对蹲错、喊错的组不淘汰，用惩罚来代替。③ 可以邀请学生轮流来做主持人。

分享与讨论：惩罚方式以做体能或表演为主，如单（双）脚跳、高抬腿、小马跳、动物走绕圆圈一圈，或俯卧撑、立卧撑，也可讲笑话、狂哭、狂笑、对着某物体说“我爱你”等表演。

练习对象：小学生、初中生、高中生。

4. 毛毛虫

目标：发展协调性和下肢力量，培养团队精神。

准备：画 2 条相距 10~30 米的平行线，一条作为起点线，另一条作为终点线。

方法：全班分成 4 组成纵队分别站于起点线后，后面学生的双手搭在前面学生的肩上，然后全体学生全蹲组成一条“毛毛虫”。发令后，学生前后搭肩，像毛毛虫一样蹲着前行，中间不能脱节，直到第一人的两脚越过终点线为止，以用时少者胜出。

规则：① 必须全蹲着走，不能半蹲着走。② 若有脱节或半蹲走，须原地停下连接或纠正后，方可继续比赛。

拓展与变化：可以采用后面学生的双手抓住前面学生的脚踝组成一条“毛毛虫”的方式，或每人左手从胯下向后伸，右手握住前面学生的左手组成一条“毛毛虫”，或连接成屈膝爬，后面学生双手抓着前面学生的脚踝。

分享与讨论：一条可爱、好玩的毛毛虫，需要大家的齐心合力才能完成。

练习对象：小学生、初中生、高中生。

5. 扫腿跳

目标：提高弹跳力和协调性。

方法：2 人相对互拉双手站立。一人一腿稍屈膝，另一腿伸出做左右有节奏的来回摆动。同时，另一人不得触及其摆动腿，向上跳起躲开同伴左右摆动的腿。跳一定的次数后，2 人互相交换角色继续。

规则：每摆腿 1 次，就要向上跳 1 次，游戏中不得松手。

拓展与变化：① 左右摆动腿的幅度越大越好，熟练后可以加快左右摆动的频率和高度。② 2 人为 1 组，A 并拢双腿坐在地面，B 两脚左右分开跨越 A 腿而立。A 两腿向两侧分开，与此同时 B 两脚跳起并落于 A 的两腿之间，如此重复。

分享与讨论：虽不是横扫千军万马，但可感受这般霸气和气势。

练习对象：小学生、初中生、高中生。

6. 千斤顶

目标：发展下肢和腰腹部力量。

方法：2 人为 1 组，甲俯卧直臂撑姿势做“小车”，乙站在甲身后（与甲同一方向），两脚开立与肩同宽，双手握住甲的双脚腕做“千斤顶”。开始后，乙连续做蹲起 6~15 次，然后 2 人互相交换角色练习。

规则：做“千斤顶”的人蹲起时要收腹挺胸，后背挺直，尽量上下直线运动。

拓展与变化：① 做“小车”的人可以屈臂撑地。② 对于腿部、腰部力量好的学生，可以在“千斤顶”学生后面再加一“小车”。③ 每“顶”1 次，就喊“1,2,3……”

分享与讨论：难得做一次“千斤顶”，让我们一起“顶”起来，共同感受“千斤顶”的乐趣。

练习对象：小学高年级学生、初中生、高中生。

7. 拖拉机

目标：发展跳跃能力，体验合作的乐趣。

方法：3 人为 1 组，甲、乙同向并肩而站，内侧手相勾，内侧小腿后摆并交叉，由丙在后双手扶住，3 人组成一台“手扶拖拉机”。发令后，甲、乙、丙同时单足跳，步调一致地前进，先到终点而不散架的组为优胜。

规则：若出现散架须停下，重新组合后继续。

拓展与变化：① 丙可以由单脚跳变为双脚跳或行走，以减小难度。② 可以让几架“拖拉机”左右相连组成“超级拖拉机”进行角逐。

分享与讨论：那造型组合就像手扶拖拉机，获胜需要 3 人齐心协力，千万不能光顾自己快。往往只有通过体验，才能感悟到团结合作的真谛。

练习对象：小学中高年级学生、初中生、高中生。

8. 编花篮

目标：发展下肢力量和身体平衡能力，体验合作的重要性。

准备：取与小组人数相同的瓶子摆成圆形或多边形。

方法：小组成员站在瓶圈内围成一个圆圈，每人以一腿支撑（外侧脚），另一小腿弯曲（内侧脚），互相勾在一起（前一人内侧脚脚背放在后一人内侧腿的膝后腘窝处），最后形成一个封闭的圆圈。发令后，整个圆圈跳移，根据事先的商定，每人自取一个瓶子，以用时最少者为胜出。

规则：① 瓶子圈与人圈距离为 2~5 米。② 跳移中学生相连的小腿不能分离，否则须停下连接后继续。

拓展与变化：① 可以将瓶子间隔 2~5 米摆成一条直线。② 可以在组成的脚架上放置大球或小折垫进行搬运。

分享与讨论：将传统的编花篮游戏注入新元素，在增强体能的同时又丰富了体育的人文精神。

练习对象：小学中高年级学生、初中生、高中生。

9. 爬楼梯

目标：发展下肢力量和协作能力。

方法：3 人为 1 组，其中 2 人面对面手拉手做“楼梯”，另一人站进“楼梯”当爬“楼梯”人。游戏开始，大家齐唱：“天天爬楼梯，好处不胜数，现在去几楼？”主持人如果说“上 6 楼”，则当“楼梯”的人抬高双手，让爬“楼梯”人钻出，紧接着做“楼梯”的人拉手蹲下，让爬“楼梯”人跨进“楼梯”，就这样一出一进连续做多次，先完成的组得1分。接着各组人员互换角色进行。主持人可以任意说几楼，在规定的局数里，积分多的小组为胜。

拓展与变化：可以5人为1组，3人做“楼梯”，2人做爬“楼梯”人，如此可增加到多人参与游戏。

分享与讨论：以说唱形式进行游戏，既吸引学生的注意力，又可以激发学生的情绪，让学生积极地参与进来，同时潜移默化地教育学生爬楼梯运动的好处。

练习对象：小学生、初中生、高中生。

10. 海宁潮

目标：发展下肢力量和身体协调性。

方法：学生10~60人，按人数均分成2组，分别手拉手围成2个同心圆，面向圆心站立。发令后，内圈队员放低手、弯腰下蹲向后退，如退潮；同时，外圈队员高举手向圆心走去，从内圈队员的手上跨过，如涨潮。这样一涨一退算一次，规定时间内看哪队完成次数多。

规则：活动中不允许松开手，若松开须停下连接好再继续，否则本次为无效。

拓展与变化：① 面向圆心成同心圆队形，外圈向内走，从内圈手架下钻过（钻过时拉手松开，钻过后马上重新拉手）。同时，内圈向后退。② 队形可以变为背向圆心的两个同心圆。③ 若加上“哗啦啦”的涌潮声，让场景更加逼真。

分享与讨论：海宁潮是世界三大涌潮之一，是世界一大奇观。在校园里模拟海宁潮的波涛汹涌、飞奔而来、惊涛骇浪，仿佛身临其境。

练习对象：小学生、初中生、高中生。

（二）体能“课课练”发展上肢力量的练习

上肢力量练习是体育教学中发展身体素质的重要形式，其目标是让上肢和胸部有肌肉和力量。以下例子以徒手为基础，以兴趣为驱动，以合作为手段，以竞争为导向，通过多种练习，发展上肢力量，培养合作能力。[1]

1. 做时钟

目标：发展上肢力量，培养协同能力。

准备：告诉学生“点钟方向”，并让学生掌握。

方法：2人1组做“时钟”，商定一人做“时针”另一人做“分针”，然后2人

[1] 叶海辉. 中小学体育“课课练”上肢力量的体能游戏[J]. 青少年体育，2016（2）：3-6.

脚靠脚俯撑组成12点30分（或9点15分）形状。主持人发令（如6点整），2人以脚尖为圆心，通过双手交替移动来旋转身体，并摆成指定时间（时针指向6点方向，分针指向12点方向），看哪个“时钟”最快走到指定时间。接着继续游戏，适时结束游戏。

规则：① 活动中身体须成俯撑姿势。② 身体要向顺时针方向转动。③ 若“指针”出现交叉，可一人趴在地上，另一人从其身上移行过去。

拓展与变化：① 可以单人做“时针”。② 中学生可3人1组做“时钟”，分别扮演时针、分针、秒针，以增加游戏的难度。③ 小学低年级学生最好学习过“认识时钟”一课后再做此游戏，游戏中可降低俯撑标准，允许俯跪撑或抬高臀部。

分享与讨论：通过此游戏，既发展上肢力量，又可了解时钟和军事上的“点钟方向”。（“点钟方向”以单兵自身为参照物，把单兵周身分为12等份，用以指示最准确的方位。通常正前方是12点钟方向，正后方是6点钟方向，右手方为3点钟方向，左手方为9点钟方向，以此类推。）

练习对象：小学生、初中生、高中生。

2. 蜈蚣行走

目标：发展上肢力量，培养团队精神。

准备：在地上铺体操垫、地毯或广告布等。

方法：各队学生成纵队站立，然后全体坐下，后面学生将双脚经前面队员的体侧放于其大腿内，每人双手撑地，第一人双脚放于地面，形成一条蜈蚣状。发令后，大家配合用力，利用双手撑地、臀部前移。在不脱节的情况下，看哪队最先完成规定的距离。

规则：若脱节须原地停下，连接好后方可继续比赛。

拓展与变化：“蜈蚣”除向前运动外，还可以向后运动，也可以横向运动，或以中间节（学生）为圆心，以“蜈蚣”为轴，沿顺时针或逆时针方向运动一周。

分享与讨论：难得做一回蜈蚣，齐心协力才是硬道理，要懂得“欲速则不达”的道理。

练习对象：小学中高年级学生、初中生、高中生。

3. 快乐大转盘

目标：发展上肢和腰腹力量，培养合作能力。

准备：呼啦圈，草坪或平地。

方法：学生4~12人为1组，背向圆心围成圈，呼啦圈放在圆心，然后俯撑在地上，双脚放进呼啦圈内。发令后，大家利用双手向顺（逆）时针方向移行，双脚也跟着做小幅度移动，移行一圈后回到原地，看哪组最先完成。

规则：① 移行中身体须成俯撑姿势。② 脚不能离开呼啦圈。

拓展与变化：① 可不用呼啦圈，直接双脚靠在一起或围成小圈（人数多时）来代替。建议做一个圆形滑板来代替呼啦圈，效果更好。② 可以向一个方向横向移行，全体人员通过终点线为止。③ 可以在撑地上的双手前各放置一个瓶子，通过转动，每人推倒一个瓶子，也可重新将瓶子竖立。

分享与讨论：快乐转盘的游戏过程虽然艰难，但结果是快乐的，让学生共同体会先苦后甜的道理。

练习对象：小学中高年级学生、初中生、高中生。

4. 翻斗乐

目标：发展上肢力量，培养与人通力合作的能力。

准备：将若干块海绵包捆绑在一起，组成一个“超级海绵包”。

方法：3~8 人为 1 组（视海绵包大小），齐心协力将“超级海绵包”向前翻转 3~10 次，然后再向后翻转 3~10 次，看哪组用时最少。

规则：海绵包必须沿纵向进行翻转。

拓展与变化：① 可以将若干块海绵包和体操垫混合捆绑在一起，以增加体积和重量。② 可以先将海绵包翻转到指定区域，然后众人用手抬回原处，抬回时也可安排 1~2 人坐在垫上被抬回。③ 根据学生的年龄大小，合理安排“超级海绵包”的大小与重量。

分享与讨论：翻斗是可以翻转过来的。学生看见“超级海绵包”就会兴奋，然后零距离地翻转起来，都会乐翻天。

练习对象：小学中高年级学生、初中生、高中生。

5. 长征火箭

目标：发展上肢力量，培养合作能力。

准备：平地。

方法：3 人 1 组并排站立，两边人做“发射平台”，中间人做“火箭”。中间人双手扶边上 2 人内侧的肩膀，然后向上跳起做肩上支撑，组成一架待发射的“火箭”。开始后，边上 2 人同步向前走动，到达规定距离后，相互交换角色继续进行，直到 3 人都做过“火箭”，看哪组完成得又快又好。

规则：若“火箭”从支撑者肩上掉落，须原地架好后方可继续。

拓展与变化：① 3 个人的身高基本相等，至少保证 2 名支撑者的身高基本相等，以增加支撑平衡。② 可以 5 人、7 人并排组成 2 架、3 架“火箭”进行游戏，以此类推。③ 可以原地支撑比时间，若人多也可组成一个圆形的大“火箭”。④ 对于小个子“火箭”可让两边支撑者下蹲，中间人原地完成支撑后，2 名支撑者再慢慢站起。

分享与讨论：组装好的“火箭”需要从“技术场”转至“发射场”，采用垂直转场的方式。转场中的“火箭”必须要“小步慢走”以确保安全。

练习对象：小学高年级学生、初中生、高中生。

6. 螺旋桨

目标：发展上肢力量，培养协作精神。

准备：草坪或平地。

方法：3 人 1 组站成纵队，前后 2 人面向外面，然后双手撑地成俯撑姿势，双脚放置于中间学生的体侧，中间学生用双手抓扶，形成一架“螺旋桨”。发令后，以中间学生为圆心，前后俯撑的 2 人沿顺（逆）时针方向移行，整体像双叶螺旋桨一样旋转，看哪队先完成规定的圈数。

规则：俯撑学生只能利用撑地的双手移行。

拓展与变化：① 可进行计时（或计圈）赛。② 可向前后左右方向移行。③ 可 4 人 1 组组成三叶“螺旋桨”或 5 人 1 组组成四叶“螺旋桨”。

分享与讨论：用身体组成一台“螺旋桨”，而且要旋转起来，敢不敢来挑战？

练习对象：小学高年级学生、初中生、高中生。

7. 爬绳索

目标：发展上肢力量，培养合作能力。

准备：草坪、拔河绳一条和体操垫若干。

方法：全班分成 2 组，分别拉在拔河绳两端，留出拔河绳中间无人段约 8 米，将体操垫放在拔河绳无人段的正下方。开始后，一人双手抓绳、两条小腿勾挂在绳的一端，采用手拉脚移爬行到另一端，然后加入拉绳队伍，下一位学生以同样的方法开始爬绳，以此类推，直到每人体验过爬绳。

规则：为有利于爬行，拔河绳必须尽量拉直。

拓展与变化：① 危地取物。画一长方形作为危险区域，在长方形正中间放置若干个羽毛球。大家拉好绳子，让一位取物者双手抓绳、两条小腿勾挂在绳上，通力合作让取物者从危地中取出羽毛球，每次只能取走一个，且所有人的身体所有部分都不得触及危地。② 可以将拔河绳两端固定在固定物上，这样最省力；也可一端固定，另一端用手拉。这要根据学生的力量大小来选择。

分享与讨论：要想完成这个任务，大家必须心往一处想，劲往一处使。

练习对象：小学高年级学生、初中生、高中生。

8. 手拨球

目标：发展上肢力量，培养协作能力。

准备：足球。

方法：2 人面对面相距 1~3 米，俯撑在地，其中一人单手扶足球一个。发令后，2 人交替用手拨球，让足球贴着地面来回滚动，看哪组先完成规定的次数。

规则：① 游戏中身体成俯撑姿势，可用任意一只手拨球。② 若出现足球漏接、跑偏，则需接球方站起捡回球后，回到原处成俯撑姿势继续游戏。

拓展与变化：① 足球可用排球、篮球、实心球、纸球等代替。② 由 2 个人可增加到 3 个人、4 个人、5 个人……可围成三角形、方形、圆形进行依次拨球传递。③ 2 个人从起点开始，一边来回拨球，一边向终点移动，看哪组先到终点。④ 若人数为 3 个人及以上，可将传球数量增加到 2 个及以上，类似篮球的传接球练习，以增加练习的趣味性和挑战性。

分享与讨论：看似简单的游戏，其实需要体能、技术和责任心，只有具备这三者方可顺利完成任务。

练习对象：小学生、初中生、高中生。

9. 杠上猜拳

目标：发展上肢力量，培养竞争意识。

准备：单杠。

方法：2 人面对面相距约 0.5 米悬挂在单杠上（双手一正一反握杠），一起喊“石头、剪刀、布”，然后用脚做石头、剪刀、布决定胜负。下杠后，负者做俯卧撑 5 个，然后继续游戏。

规则：采用三局两胜制。

拓展与变化：① 可在双杠上进行猜拳。② 可 2 人悬挂在单杠上，相互用双脚夹击对方，在保护好自己的同时让对方先松手落地。③ 根据学生的力量大小，可采用一局定胜负或五局三胜制。④ 奖罚方式多样，如蹲起、开合跳、立卧撑等体能项目，或让负者抱胜者（悬挂在单杠）腿部向上抬 3 次，胜者在借力下完成 3 次引体向上。

分享与讨论：玩惯了站着猜拳，如今用悬挂猜拳，新奇又刺激的玩法值得一试。

练习对象：小学中高年级学生、初中生、高中生。

10. 活动单杠

目标：发展上肢力量，培养合作能力。

准备：体操棒（活动前先检测体操棒的强度）。

方法：学生 3 人 1 组，2 人（抬棒人）用手分别抬着体操棒一端组成一副“活动单杠”，1 人（练习人）站在体操棒前面。发令后，练习人双手正握棒，双脚前移，身体成斜身引体预备姿势，接着连续做 3~10 次斜身引体；然后起身与其中一位抬棒人交换角色，以此类推，直到第三人完成斜身引体后还原成直立为止，看哪组最快。

规则：斜身引体时，先屈臂引体，当胸部触到横棒时（或上臂、前臂呈 90°），伸臂复原，完成一次。

拓展与变化：① 体操棒可用竹竿、细圆木、镀锌管、PPR 管等代替。② 可改为支撑、悬挂。③ 可 2 人抬 2 棒（或 4 人抬 2 棒）组成双杠状做双杠支撑。④ 在做单杠或双杠支撑、悬挂时，可进行原地旋转或移动一段距离，以增加练习的趣味性和挑战性。

分享与讨论：将原本固定的单杠变为活动式，而且是靠人来做立柱，一定能激起学生练习的热情，这就是创新的独到之处、魅力所在。

练习对象：小学中高年级学生、初中生、高中生。

11. 超级起重机

目标：锻炼手腕和前臂力量，培养协作能力。

准备：取直径 3 ~ 5 厘米、长 1.8 米的竹竿；用胶带将实心球缠绕牢固，并将长约 1.5 米的绳子一端固定在实心球上。

组合：将做好的 3 个吊球采用“三套结”打结法系在竹竿上，1 个系在竹竿中间，2 个分别系在离竿端 30 厘米处，这样即完成多人卷吊球器材。

方法：学生 3 人 1 组，双腿直立，双臂直臂前伸，手心向下，双手握紧卷棒（吊球两侧），好像一台“超级起重机”。开始后，3 人同时用力，双手交替向前（或向后）卷动棒，直至卷完吊绳（或球体碰到棒）再放下，如此反复。完成规定的卷吊球次数，看哪组用时最少。

规则：每次由裁判判定是否卷完吊绳（或球体碰到棒），待裁判发出确认指令后，方可松手让吊球下落，继续下一次。

拓展与变化：①器材：卷棒可用体操棒、跳高横竿、木棍等代替，长度越长，参与游戏的人越多。②数量：悬挂在卷棒上的吊球数量和卷吊球的次数，根据学生的年龄安排。③场地：一般站在平地上即可，也可站在体操凳、领操台、台阶、绿化带水泥沿等场地，这样可以放长吊绳，以增加练习的难度。④参与比赛的学生可根据自身体能状况，在吊球长度不变的前提下，自主地调整吊球的固定位置，满足个体差异。

分享与讨论：靠一个人的力量完成不了这个任务，只有大家齐心协力才能完成。

练习对象：小学中高年级学生、初中生、高中生。

12. 猜拳俯卧撑

目标：锻炼上肢、腰腹部力量，培养顽强的意志力。

准备：草坪或平地。

方法：2 人 1 组对抗，先面对面俯撑，各出一只手进行“石头、剪刀、布”猜拳，输的人做俯卧撑一个，接着再继续猜拳，以此类推，最后看谁先累趴下。

规则：猜拳时，可用任意一只手猜拳，另一只手撑地。

拓展与变化：①可以 3~8 人同时玩，当出现 2 种手形即决出胜负关系，出现 1 种和 3 种手形时为无效，需要继续猜拳。②可以一人做队长挑战多人，当队长输掉 3 次后，换另一人当队长，看谁做队长的时间久。③对于上肢力量偏弱的小学生可以采用跪姿俯卧撑或双手交替拍打异侧肩 2~4 次来代替俯卧撑。④俯卧撑可改为仰卧起坐、立卧撑、深蹲、高抬腿、背人等体能练习。

分享与讨论：①游戏前，教师要让学生鼓起勇气，挑战自我，坚持不懈；游戏中，不断地激励学生坚持到底，不要轻易放弃；游戏后，对表现突出的学生加以表扬。②老游戏新玩法。对传统游戏进行巧妙加工，有助于激发学生浓厚的练习兴趣，让学生在愉悦的氛围中发展体能。

练习对象：小学生、初中生、高中生。

三、运动处方发展学生体能的案例

运动处方的概念最早是由美国生理学家卡波维奇在20世纪50年代提出的。20世纪60年代以来，随着康复医学的发展及对冠心病等疾病康复训练的开展，运动处方开始受到重视。1969年，世界卫生组织（WHO）开始使用运动处方术语，从而在国际上得到认可。运动处方的完整概念是：康复师或理疗师，对从事体育锻炼者或病人，根据医学检查资料（包括运动试验和体力测验），按其健康、体力以及心血管功能状况，用处方的形式规定运动种类、运动强度、运动时间及运动频率，提出运动中的注意事项。运动处方是指导人们有目的、有计划、科学地进行锻炼的一种方法。

（一）运动处方的分类与特点

1. 运动处方的分类

按照不同的标准将运动处方进行分类，有助于认识运动处方的特点，更有效地发挥它的作用。按照对象和目的不同，运动处方可分为如下三类。

（1）健身运动。健康人进行运动处方锻炼，以提高体能、促进健康、预防运动缺乏病（高血压、冠心病、糖尿病、肥胖等）为目的，主要包括有氧体适能运动处方、体适能运动处方和控制体重运动处方。

（2）竞技运动。专业运动员按照运动处方进行锻炼，以提高专业运动成绩为目的。

（3）康复运动。对患者应用运动处方，以治疗和康复为目的。

2. 运动处方的特点

运动生理学是运动处方最重要的理论基础，在运动处方的制定和实施过程中，临床医学是其重要的依据，疾病的临床诊断、功能评价和医务监督等是运动处方的重要内容，运动处方的主要特点有以下几点。

（1）目的性强。运动处方有明确的远期目标和近期目标，运动处方的制定和实施都是围绕运动处方的目的进行的。

（2）计划性强。运动处方的安排有较强的计划性，在实施运动处方的过程中容易坚持。

（3）科学性强。运动处方的制定和实施过程是严格按照康复体育、临床医学、运动学等学科的要求进行的，有较强的可行性。

（4）针对性强。运动处方是根据每一个参加体能锻炼的个体情况来制定和实施的。

（5）普及面强。运动处方简明易懂，容易被大众接受，收效快，是青少年体能锻炼促进体质健康的理想方法。

（6）安全性强。运动处方的实施过程中有医务监督和运动效果评价，可以有效防止体能锻炼中的伤病，具有较高的安全性。

（二）运动处方的内容与形式

1. 运动处方的内容

青少年体能锻炼促进体质健康运动处方的内容主要包括：运动目标的确定、运动项目的选择及负荷强度、负荷密度、持续时间的制定。

2. 运动处方的形式

青少年体能锻炼促进体质健康运动处方的形式主要是通过力量、耐力、柔韧、速度、灵敏等身体素质的锻炼来有效促进青少年体质的提升。

（三）运动处方的制订方法

1. 运动处方的制订步骤

（1）制订运动处方前将学生个人情况汇总。制订运动处方前必须对学生个人基本资料进行汇总，包括学生姓名、性别、年龄、疾病史、运动史、过去及现在的身体锻炼状况和精神状态，从而确定锻炼目标。

（2）健康状态评价。可采用直接医学检查，也可直接索取近期的身体检查证明，获取人体器官系统的功能状况信息，看是否有运动危险因素或潜在的疾病，为运动处方提供健康信息，为制订运动处方提供重要依据。

（3）运动负荷和体力测定。它们是制订运动处方的基本依据和必要条件。运动负荷测定主要通过运动实验对安静状态和运动状态下生理机能的检测内容进行对比、评价。主要测定心跳频率、最大摄氧量等机能指标，为确定运动处方的负荷提供依据。体力测定主要是对锻炼者身体素质的测定，具体包括肌力、爆发力、柔韧性、平衡性（12分钟跑等）。

（4）制订运动处方。结合身体锻炼的原则以及此人的健康状况、体力水平和身体的限度等制订运动处方的内容、时间、强度、次数等。运动处方是指导人们有目的、有计划、科学地进行运动训练的个性化方案。当前，在国外制订运动处方时，一般遵循FITT-VP原则。其中，“F”指锻炼频率（Frequency，每周进行多少次）、“I”指锻炼强度（Intensity，费力程度）、第一个“T”指时间（Time，持续时间或总时间）、第二个“T”指方式（Type，锻炼模式或类型），“V”指量（Volume，锻炼总量），“P”指进度（Progression，锻炼进阶）。运用FITT-VP原则为病患群体制订运动处方时，需根据个体的健康水平、体能状况、健身目的和需要、健身禁忌、运动适应性等进行调试。亦即，为有临床症状或特殊健康状况的人士制订运动处方时，应对这些基本原则进行相应调整。[1]

2. 促进学生体能发展的运动处方案例

以下是某位小学低年级学生体能发展促进体质健康运动处方（表6-7和表6-8）和训练计划与记录表（表6-9和表6-10）。[2]

表6-7　小学低年级学生体能发展促进体质健康运动处方（正面）

姓 名	×××	性别	女	年龄	8岁
健康状态	体重40千克，超出同龄儿童标准（8岁标准体重28千克）。				
体能状况	属于肥胖儿童，体能状况不理想。				
锻炼目的	减轻体重至标准体重。				
锻炼内容	中低强度、长时间、有氧运动。				
锻炼中应达心率	85～130次/分。				
每次锻炼时间	30分钟。				
每次锻炼次数	5次。				
复查日期	处方实施1个月后。				
注意事项	复查时带上训练计划与记录表。				

表6-8　小学低年级学生体能发展促进体质健康运动处方（背面）

日 期	略
体能锻炼情况	略
身体反应与本体感觉	略

[1]　李建臣，任保国. 青少年体能锻炼与体质健康[M]. 北京：化学工业出版社，2014：99.

[2]　美国运动医学学会. ACSM运动测试与运动处方指南（第9版）[M]. 王正珍，主译. 北京：北京体育大学出版社，2015：162.

表6-9　小学低年级学生体能发展促进体质健康训练计划与记录表（正面）

实施对象	小学三年级肥胖儿。
处方内容（处方强度、密度等运动负荷）	慢跑：100～110米/分，每天20～30分钟，心率从90次/分开始逐渐达到120～130次/分；第九套广播体操轻音乐节奏练习。
练习频度	每周5次。
练习时间	每周一至周五下午4：00—5：00。
心率控制	90～130次/分。
锻炼内容	可根据儿童实际的身体情况，选择慢跑、游泳、骑自行车、跳绳、踢毽子等运动项目。在练习过程中，随时按照计划的运动负荷节奏控制好强度，经过复查后再对处方进行修改及补充。
注意事项	复查时带上训练计划与记录表。

表6-10　小学低年级学生体能发展促进体质健康训练计划与记录表（背面）

日 期	××××年3月15日—4月15日。
体能锻炼情况	本人在这个月中逐步适应了本阶段的运动负荷，能完成训练任务，感觉良好。
身体反应与本体感觉	身体状况良好，体重呈现明显下降的趋势，下一阶段的处方内容希望能加大体能锻炼量，变换新的体能锻炼内容，以便继续改善身体状况。

第七章 学生运动技能习得策略

运动技能是体育课程目标的重要组成部分，若能掌握和熟悉运动技能习得过程及教学原理，体育教学理论界的诸多争端也将迎刃而解。运动技能也是一线体育教师组织教学、筛选教学内容与方法、开发课程资源等的重要依据，对运动技能的认知、掌握、运用将直接影响课程实施的效率和课程目标实现的效果。对运动技能理论和教学实践案例进行全面深入的剖析，有助于为体育与健康课程实施提供理论指导和实践借鉴。

第一节 运动技能概述

在美国，运动技能学习在中小学体育课程中备受关注，它是美国体育教师、体育专业学生必修的课程。在我国，运动技能也是体育界理论研究比较热门的方向。随着研究的延续与深入，运动技能的概念层出不穷，学者们对概念的认识与理解也存在差异，在一定程度上给学习者和实践者造成了困扰。

一、运动技能的概念

运动技能是指学生在体育学习和锻炼中完成运动动作的能力，它反映了体育与健康课程以身体练习为主要手段的基本特征，是课程学习的重要内容和实现其他学习目标的主要途径。

（一）概念界定

1. 范围界定问题

多数文献表述中将运动技能等同于动作技能，而有的学者认为运动技能只是动作技能的一种。前者是从广义角度而言，即运动技能泛指有特定操作目标的身体或肢体运动的技能，不局限于体育活动中，还包含日常生活、学习活动、生产劳动中的各种行为操作，如日常生活中的刷牙，学习活动中的写字，生产劳动中的锄草等。后者则是从狭义角度而言，即运动技能特指在特定的体育运动条件下表现出来的种种动作的技能，如篮球运动技能、足球运动技能。

2. 属概念界定问题

学术界有的将运动技能的属概念概括为动作方式或系统活动等，有的将之概括为完成动作技术的能力。[1]前者属于描述性的定义，是动作技能的外在表现形式，难以揭示其内涵；后者落脚点在“能”，更准确地揭示运动技能是一种能够完成动作任务的能力和条件。

3. 研究领域问题

运动技能涉及生理学、心理学和社会学等多个领域。不同学科领域研究的重点不同，定义的侧重点也就不尽相同。从生理学的角度表述，主要是从肌肉—神经建立的条件反射来体现运动技能形成的条件和外在特征；心理学则对运动技能概念的表述加上了认知的成分，强调了运动技能的学习特征；训练学角度则强调运动技能的获得方式，即必须通过练习才能学会和熟练掌握。

随着运动技能学术上的不断探索、不断创新，无论从事物的外在表现特征描述概念还是从事物内部规律阐释概念，无论从生物学研究领域还是心理学研究领域进行概念的表述，都有特定时期的里程碑意义，使得运动技能学的研究更加全面、充实。从体育与健康课程的特定领域去探讨运动技能问题，不仅有助于促进学生运动技能的习得，而且有助于其他学习方面的达成。

（二）构成要素

从概念的界定看运动技能的构成要素，可以确定目标、知觉、动作、练习是运动技能不可或缺的构成要素。目标是运动技能的导向，没有目标，动作便失去

[1] 中国体育科学学会. 体育科学词典[M]. 北京：高等教育出版社，2000：400.

了意义，更谈不上技能之说，这也与生物性反射活动划清界限；知觉是运动技能形成的生物学条件，运动技能形成包含神经系统对有关肌肉的控制，没有知觉便无意识，无意识就谈不上目标；动作是运动技能外部具体的表现元素，系列动作组合成动作技术，运动技能则是通过系列动作技术展现的；练习是运动技能形成的途径，通过反复练习和修正，达到炉火纯青，形成稳定的动力定型。

（三）易混淆术语

动作、运动技术和运动技能是体育与健康课程中的常用术语，三者既有联系又有区别，容易混淆。为了让体育教师对运动和教学有一个清晰的认识，就必须弄清楚三者的关系。

动作是构成运动技术的单个元素，如跨栏步技术包含了摆动腿的抬、伸、压和起跨腿的蹬、展、提多个动作组合。技术是以“有效性原则”构建的人的活动，是如何以最小支出获取最大收益的一种思维方式。[1]在体育与健康课程的特定领域的运动技术则是有效促进身心健康而采用的活动方式，形成动作技能的具体外在表现形式，是具体学习内容，是一个客观概念，且客观存在不以人的意志为转移。动作技能是一个主观概念，是动作技术学习掌握的结果，在具体的动作技术活动中显现，在具体的动作技术活动中强化和发展。如跨栏跑动作技术，是学生因学习掌握跨栏跑动作技术才具备了跨栏跑动作技能，即个体从事跨栏跑技术学习时是按照现有的活动方式或已具备的跑跳等能力投入实践，逐渐熟悉、掌握，提高跨栏跑技术，达到得心应手、运用自如，形成个体稳定的跨栏跑技能。所以运动技术的学习过程，即为运动技能的个体化过程。运动技能则是衡量活动主体个体化程度的量度。运动技能的形成，不仅以已有运动能力为前提，也以发展已有运动能力为目的，运动技能的提高，不仅表现在个体掌握运动技术的稳固程度和应用的熟练程度——运动技术水平的提高（相对提高），更为重要的是表现为在相应过程中运动能力的绝对提高。若运动技术是运动技能的外在尺度，那运动能力就是运动技能的内在尺度。运动能力只有在活动中才能显示或表现，运动能力也只有在活动中才能强化与发展，它是在新生儿本能的基础上，通过后天的活动不断扩展延伸。运动技能的习得不仅受个性心理特征的影响，还受限于个体机能特性、身体素质、环境条件等，因此，虽然掌握了同样的运动技术，但不同学生形成的运动技能水平高低不同。

---

[1] 王广虎，冉学东. 论运动技能[J]. 上海体育学院学报，1994（1）：8-14.

二、运动技能的分类

体育运动项目表现的身体活动形式多样，不同运动项目具有不同的运动技能特征，通过它们的相似特征和共性对运动技能进行分类，可以更科学、更有效、更深入地进行某类技能的探究，制订出有针对性的行之有效的教学策略与训练方法。

（一）单维度分类

以运动技能的某个特征为分类维度，维度不同，分类结果不同。有学者以技能生成为维度将运动技能分为选择生成性运动技能与内在生成性运动技能。[1]有学者以技能的竞技程度为维度将运动技能划分为竞技性运动技能和非竞技性运动技能。[2]有学者以技能的运动和认知因素的重要程度为维度将运动技能划分为运动性技能和认知性技能。[3]有学者以身体的位置与器械关系将运动技能划分为身体静止、物体稳定、身体运动、物体运动；以暗示情况，将运动技能划分为内在暗示技能和外在暗示技能。有学者认为现实中的运动技能分类体系没有揭示出各类型运动技能与体育教学方法、教学步骤之间的特殊关系，分类的结果对体育教学缺乏指导意义，以“会能度”为维度对运动技能分类更适合，将运动技能划分为“会与不会有明显区别的运动技能”“中间型的运动技能”“会与不会没有明显区别的运动技能”。[4][5]基于反应时及无反应时分类法，根据动作执行所需的认知策略多少而划分的低策略性技能、高策略性技能[6]，前者主要是田径、射击、游泳等项目，后者主要是球类、拳击等项目。

（二）多维度分类

以上分类都是从某一个维度进行的一维分类。一维分类比较简单易行，但当技能结构和操作环境比较复杂的时候，可以考虑两个维度进一步细分，深入细致

[1] 陈敏.选择生成性运动技能的信息加工层次与认知编码策略的研究[J].体育科学，1998（6）：86-90.

[2] 王健.运动技能与体育教学——大中小学学生运动技能形成过程的理论探讨与实证分析[M].北京：北京体育大学出版社，2009：45.

[3] 张英波.动作学习与控制[M].北京：北京体育大学出版社，2003：7.

[4] 董文梅，毛振明.对运动技能进行分类的新视角及运动技能“会能度”的调查[J].广州体育学院学报，2006（4）：5-8.

[5] 董文梅，毛振明.基于“会能度”分类的运动技能学习过程规律研究[J].广州体育学院学报，2008（6）：115-117.

[6] 王晋.开放式运动技能学习理论与实践[M].北京：高等教育出版社，2016：3.

地了解运动技能的特征，便于有效掌握运动技能，其中以金泰尔的二维分类法较有影响。他通过操作环境背景特征（固定调节条件、运动调节条件）和表征技能的动作功能（身体确定性、身体移动）这两个维度，并将操作环境背景特征进一步细分为无尝试间变化和存在尝试间变化，将动作功能又细分为无操作和有操作，最后形成了一个16种技能类型的分类系统。

（三）较常用分类

目前较为广泛使用的分类有以下三种：①以参与操作的肌肉系统的大小为依据，分为大肌肉群运动技能和小肌肉群运动技能。如跑步、跳远、投实心球等都需要动用大肌肉群，而乒乓球的发侧旋球则需要手腕小肌肉群的精细动作完成。②以动作任务的组织方式为依据，分为连续技能、序列技能、分立技能。如游泳是连续性动作技能，重复性的活动，没有明显的开始和结束的界限；而掷沙包是分立技能，单一的活动，在沙包离手掷出后动作就结束了。③以环境背景的确定性为依据，分为开放式运动技能和封闭式运动技能。开放式运动技能和封闭式运动技能的这种分类法是由美国学者波尔顿·E. C. 在1957年提出来的，后被运动技能学专家学者王晋进行深入研究。如篮球运动中，队员的位置是随机变动的，在不确定的情况下传接球，是开放式运动技能；篮球罚球则是相对静止的背景环境，是封闭式运动技能。在环境背景这个连续区间中，完全可预见的环境为封闭式运动技能，完全不可预见的为开放式运动技能，处于部分可预见的环境背景中则要结合具体背景环境双重考虑运动技能的影响因素，以便发挥最佳效果，达成目标。因此，在研究运动技能时，不能固化思维，要结合实际情况具体分析。

第二节　学生运动技能习得的过程与特征

一、运动技能的习得过程

（一）“习得”的内涵

“习得”一词最开始应用于语言学习研究领域。从字面上看，可以将“习得”理解为学习并获得，和“学习”的含义存在着交叉和重叠。“习得”重点在“获得”，强调结果而非方式。20世纪80年代以来，斯蒂芬·克拉申最早明确地将“学习”和“习得”对立起来，认为“学习”是有意识的活动，而“习得”是下意识的活动。比较而言，“学习”主要是指主动获取知识的行为及过程；“习得”主要是指知识内化的过程及其结果。[1]克伦巴赫认为运动技能是习得的。美国心理学家R.M.加涅认为运动技能是人类学习的五类主要的习得能力之一。[2]

在运动技能形成的过程中一般分为运动技能学习、运动技能习得和运动技能训练三个阶段。运动技能学习是在运动技能习得之前，为了掌握运动技能，有意识地在练习中不断模仿技术动作、演练技术动作、修正技术动作。运动技能习得则是已经掌握运动技能，并能潜意识地发挥该能力，这个才是体育课程中所需要的核心素养。运动技能训练则是在运动技能习得之后，为了达到提高技能水平的目的而进一步重复训练。如刘翔掌握了跨栏的技能，但是为了获得更高水平的成绩仍需要进行技能训练。通过学习和练习，练习者可以相对轻松地完成动作，但这并不是技能习得。真正的技能习得需要达到一定的训练量，才会有质的飞跃。

（二）运动技能习得的机制

动作发展研究进程中，从埃斯彭沙德、格拉索和拉里克开始关注运动技能，推进了动作技能学习理论的研究，研究力图解释怎样学习运动技能以及如何促进学习。该阶段以信息加工模型来解释运动技能的习得过程。他们认为运动技能习得和诸如记忆、知觉、注意、练习效应以及对表现结果的认识等概念有关。大脑根据内在感官信息反馈和外在刺激反馈建立动作信息并输送到联合皮质，这些抽象的动作信息再被传输到小脑和肌底神经节进行转换和加工，加工的动作程序再通过大脑皮质运动区进一步向前和向下传导，通过脊髓神经元，最后达到骨骼肌，由骨骼肌执行动作。大脑的信息加工过程，适用于开放式和封闭式运动技能，王晋教授将大脑信息处理划分为外在刺激认知阶段、做动作决定阶段和编程阶段。为了让读者更深入理解信息加工理论，笔者结合王晋教授的认知三阶段[3]，以开放式运动技能篮球运动为例，进行具体分析，篮球运动员拿到球的瞬间会结合外在环境进行动作决定，决定传反弹球后再编辑传反弹球系列动作的程序，大脑神经控制系统在完成这个信息加工过程的同时才会发出动作指令给运动系统，进而完成动作的输出（图7–1）。

[1] 李柏令.第二语言习得通论[M].上海：上海交通大学出版社，2013：19.

[2] 宋元平，马建桥.排球运动技能学习分析[M].北京：北京体育大学出版社，2011：2.

[3] 王晋.开放式运动技能学习理论与实践[M].北京：高等教育出版社，2016：24–39.

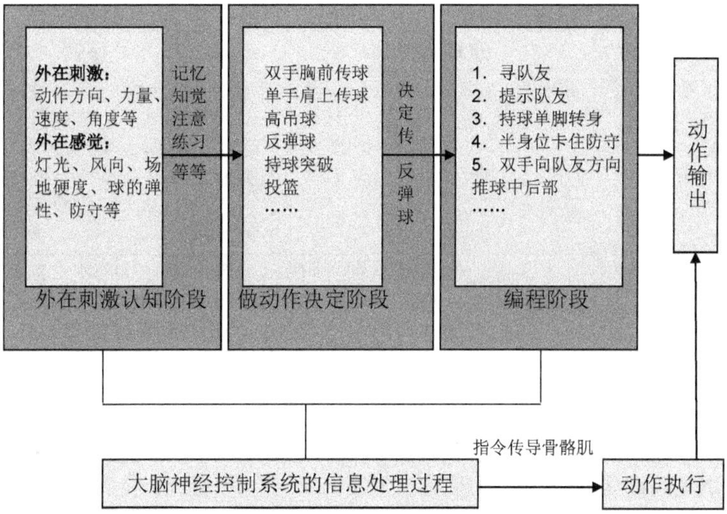

图7-1　运动技能习得的信息加工机制

但随着研究的深入，信息加工理论就越来越站不住脚了，因为人们的身体和中枢神经系统不是一成不变的，在执行动作时会有很大的灵活性，动态系统观点则逐渐被人认可。克拉克和怀托（1989）引入动态系统观点并证实中枢神经系统不是人类动作习得过程中唯一的系统。运动技能的习得是在生理、心理和社会环境因素的共同作用下完成的，是多种影响因素的结果。

（三）运动技能习得的阶段及表现特征

不同人掌握运动技能的难易程度不同，为了更好地帮助学生习得运动技能，教师必须从学生的角度去看待技能的获得，让学习、指导、反馈和练习等与学生的需要相协调。运动技能研究者发现运动技能习得是有规律可循的，在所有运动技能习得的过程中，几乎无一例外都需要经历截然不同的几个阶段。

比较有代表性的模型是费茨和麦克尔·包斯纳于1967年提出的经典学习模型。该模型中将学习运动技能分为认知学习阶段、学习的联结阶段、学习的自动化阶段三个阶段。为了让读者更深入理解该学习模型，结合玛吉尔[1]对该学习模型的分析进行梳理，以开放式运动技能篮球运动为例进行内容的拓展与延伸（表7-1）。

[1]　Richard A.Magill.运动技能学习与控制：第七版[M]. 张忠秋，等，译.北京：中国轻工业出版社，2006：203.

表7-1　经典学习模型的阶段划分、目标任务及表现特征

阶段	目标任务	表现特征	案例
认知阶段（开始阶段）	以认知为主，明确学习目标，了解、认知动作结构。	易出现很多或大错误，且动作易变形，每次练习缺乏一致性，对动作正误无意识，即便有意识也不知道如何纠正。	学习单手肩上投篮，持球时左手该放什么位置？右手手肘该对着什么方向？上下肢用力顺序如何？投球瞄准哪里？在不断地提示与演练中，开始对动作有一个初步的了解，但仍出现用力不协调等多种问题。
联结阶段（中间阶段）	以如何成功完成技能为主，发现并找出错误，在反复练习中提高动作质量。	基本掌握动作技术原理，犯错越来越少、越来越小，动作变形的可能越来越小；有意识地去完成动作，并在练习中不断反思、改进动作。	单手肩上投篮动作技术基本掌握，但投篮时动作会有些小错误，需要充足的准备时间，投完篮知道自己没投进的原因，并会在接下来的练习中不断调整，动作技能逐渐趋于一致，投篮命中率不断提高。
自动化阶段（最后阶段）	自主、连贯、准确地完成技能，并能随环境等变化恰当调整、纠正动作技能。	动作定型，几乎没变化，动作自如，习惯化，无意识完成，不再思考细节，随机应变能力强，可以根据外界环境等变化，发现错误并及时恰当地做出调整。	在赛场上，时间紧迫的情况下，运动员仍可以做到，投篮动作信手拈来，连贯流畅，可以根据自己的位置、离篮筐的远近准确地调整投篮力度，命中率高。

另外一个具有代表性的模型是金泰尔于1972年提出并不断完善的金泰尔模型。该模型中根据每一阶段不同的目标将学习过程分为前期和后期两个阶段。前期阶段基本是经典学习模型中认知阶段和联结阶段的写照，目标任务是获得运动协调模式和学会区分所处环境中调整和非调整的条件状况。如排球扣球前期阶段则需要学习并建立扣球动作模型，并能领会排球扣球需要根据对方站位及时调整扣球力度和方向。该模型突出的贡献在于后期阶段意识到动作技能的类型（开放技能、闭锁技能）对学习过程、学习目标的影响，不同技能类型的目标不同（表7-2）。值得注意的是，开放技能后期阶段虽以形成运动协调模式的多样性为目标，但多样性仅是改进前期阶段获得的运动协调模式的动作技术特征，并非改变。如案例中的排球垫球技术动作是没有改变，只是根据所处的环境对上体、手臂动作稍做改进，每次垫球都不一样。

表7-2　金泰尔模型的后期阶段不同类型技能的目标任务及表现特征

阶段	目标任务		表现特征	案例
后期阶段	开放技能	形成基本运动模式的多样性。	很快适应不断改变的空间和时间的调整条件，动作反应时很短。	排球运动中，根据球的位置高低，离网的远近、方向等调整条件，快速决定上一步垫球还是上两步，手臂垫球时是上体正直、两臂平衡用力，还是身体稍左偏、右臂稍高于左臂。
	闭锁技能	形成基本运动模式的稳定性。	熟练掌握动作，动作操作稳定，几乎一致，完成动作质量高且省力。	艺术体操球操中，练习者熟练地将球垂直抛向空中，在完成系列动作时又能随心所欲地接住落下的球，每次抛球高度几乎精准，动作位置和幅度基本一致，形成稳定的时空感和运动协调模式。

二、运动技能习得的基本特征

（一）运动技能习得的共性特征

从运动技能习得过程可以认为它的本质特征是：具有目标、肢体动作组成、需要练习和经验。有效的运动技能习得过程的特征则是：目标达成的确定性最大、肢体动作能耗最小、动作时间最短（练习和自身经验结果）。

体育教学过程中，运动技能习得与否是教师判断教学效果的一个客观标准，是教学评价的一个重要依据。另外，体育教师还需把握运动技能习得过程的共性特征去设置内容、教学时数，评判教学效果。共性特征有：①熟练性。已经掌握了主要技战术，达到了擅长的程度。②规律性。以技术为先导，遵循运动技术学习的规律性。③规范性。运动技能的传授应正规化，有一定的规范要求，防止不伦不类。④完整性。保证运动技能相对完整，做好大、中、小学运动技能教学的衔接，不能半途而废。⑤层次性。根据学生年龄、水平分层，先易后难、循序渐进地安排教学计划和教学过程。⑥系统性。运动技能习得应遵循其自身的规律系统进行。⑦练习律。运动技能通过在后天学习中不断练习而逐步完善。⑧ 反馈律。运动技能学习的初期，学习者主要依靠外部反馈（自己行为结果的知觉）来改进运动技术。运动技能学习的中后期，学习者主要通过内部反馈（肌肉运动刺激所提供的信息）完善运动技术。

（二）运动技能习得的差异性现象

除了这些共性特征，运动技能习得过程中也存在一些差异性现象。运动技能习得的三个阶段，从认知阶段（易出现很多错误或大错误）到联结阶段（犯错越来越少、越来越小）到自动化阶段（动作定型）是一个从量变到质变的过程。虽然每项运动技能的习得都经历这三个阶段，但不同运动技能的难易程度不同，导致学习过程中各阶段持续的时长不同，外部表现特征的显著性就存在差异。会与不会有明显区别的运动技能的习得难度大，如背越式跳高，会与不会间很容易辨认，存在质的差别，习得过程三阶段的外部表现特征则比较明显，从不会到会经历了突飞猛进的变化，或者说质的飞跃。简单易学、会与不会没有明显区别的运动技能三阶段的外部表现特征并不明显，所以没有质的飞跃。中间型的运动技能的学习难度一般，不会和会的动作水平之间相差不远。另外，中间型的完整运动技能包含多元动作结构的运动技能，这类运动技能由许多的动作元素构成，动作之间的联系并不是十分紧密。基于以上两点原因，认为中间型的运动技能在三个学习阶段的动作外在表现特征不明显。质变的临界点是判断运动技能是否习得的一个临界点，动作练习的量、教师的指导和练习的程度是能否实现质的飞跃的决定性因素。就体育教学的现状来看，这一阶段要经历比较长的学习时间和大量的重复练习[1]，由于授课时数和场地条件等因素的限制，学习者的学习效果远远没有达到质的飞跃。

第三节　运动技能习得的影响因素

学习不是简单的刺激反应，还包括一个中介变量，即“S→O→R”刺激加工反应公式。大脑加工是一个复杂的过程，包括内部因素参与（感知觉、记忆、思维、情感、意志等）和外部因素影响（身体素质、教练水平、环境因素等）。[2]在大脑神经控制系统的影响下，不同的运动技能类型控制系统不同，开放式运动技能受闭环控制系统影响，封闭式运动技能受开环控制系统影响。从教育学角度看，可把影响运动技能习得的因素分为主观因素和客观因素，也有学者将其归纳为内部因素和外部因素。主观因素包括生理因素和心理因素，客观因素包括技术环境、教师的基本素质和器材设备与场地等因素。[3]

[1] 董文梅，毛振明，包莺. 从体育教学的视角研究运动技能学习过程规律[J]. 体育学刊，2008（11）：75-78.

[2] 谷春强. 认知风格与运动技能学习的探究分析[J]. 当代体育科技，2015（36）：213-216.

[3] 刘清黎. 体育教育学[M]. 北京：高等教育出版社，1994：220-225.

一、主观因素

学生的主观因素在运动技能习得过程中非常重要，从而导致学生运动技能学习存在个体稳定的、持久的差异。影响人们动作质量差异的主观因素有身体素质、性格、体形、文化背景、情绪、体能水平、学习方式、发育水平、动机水平、社会交往经历、运动经历等，虽然不完全，但也比较典型。为了更好地把握影响运动技能学习的主观因素的主次，有学者根据专家排列的结果采用秩和比法进行排序，得出影响运动技能学习的主观因素主次排列顺序依次是身体素质、学习动机、自信心、原有的动作经验、学习兴趣、学习意志。[1]

根据再塑性对这些主观因素进行细分，可以分为先天因素和后天因素。先天因素是通过练习和经历很大程度上无法改变的遗传因素，如性格、视觉的敏锐度、感觉—运动系统、发育水平等。比如个子高的人投掷有优势，而个子矮的人平衡项目有优势；空间位置感觉比较好的学生在开放式运动技能练习中表现更优越。先天能力是运动技能习得的基础，但它与运动技能有本质区别，前者数量少，是遗传获得，且稳定持久；后者数量多，是通过练习获得并修正，但它依赖于不同的先天能力构成。后天因素是通过练习可以引起人的特征变化的因素，如体能水平、身体素质等。

虽然先天因素对习得运动技能的影响不可忽视，但先天因素的可塑性不强。体育教学是从后天出发，为学习者的运动技能习得创造良好的条件，挖掘学习者的潜力，尽可能提高学习者技能习得的可能性和有效性，因此，有必要重点探讨身体素质、学习动机、自信心、运动经历等后天因素对学习者的运动技能习得的影响。

（一）身体素质

身体素质是人体各器官系统的功能在肌肉工作中的综合反映。通常把人体在肌肉活动中所表现出来的力量、速度、耐力、灵敏和柔韧等机能能力统称为身体素质。[2]良好的身体素质是习得运动技能、提高运动成绩的基础。身体素质较好的学生，运动技能习得所用时间比较短且不易消退；而身体素质较差的学生，特别是对复杂的运动技能，学习时间长且不易掌握。但由于中小学体育教学时数少，

[1] 张秀丽，董翠香. 影响运动技能学习的内部因素研究[J]. 山东体育学院学报，2010（1）：66-67.

[2] 邓树勋，等. 运动生理学[M]. 北京：高等教育出版社，1999：362.

很多体育教师在课堂教学中重视技术、技能的教学而忽视了身体素质的练习，导致欲速则不达。所以，教师应根据课的内容，合理地安排身体素质练习，把身体素质练习融入运动技术、技能练习中，把技术、技能动作元素渗透到身体素质练习中，才能更好地达成教学目标。将“课课练”纳入课程标准也说明身体素质练习在体育教学中的重要性。

（二）学习动机

学习动机是推动学生进行学习活动并维持这种活动的主观原因和心理状态。良好的动机是进行学习活动的前提条件。它与运动技能是有目标的活动这一特性相一致。运动技能习得过程中的动作指向是有目的的，是主体主动改造自我的行为活动，是受学习动机驱使的。学习动机明确的学生学习态度好、积极性高，主观努力程度就会增强。有学者通过教学实验，将技能好的学生和技能差的学生的学习动机进行比较，他们在提高技能和体验快乐的学习动机上无差异，应付考试的学习动机存在显著差异。说明技能差的学生对技能学习的认识度不够，较被动。此外，也说明了主体的运动技能学习动机不是从改造自我出发，很容易演变成敷衍、被动的局面。[1]因此，在体育教学中，教师要善于挖掘教学内容的学习价值，激发学生的学习动机。

（三）自信心

所谓自信心就是个体在运动情境中，对自我拥有达到成功的能力的信念或确定的程度，是影响运动表现的一个重要因素，也是运动技能习得过程中一个重要的心理因素。自信心与运动表现之间存在着正相关[2]，它能唤起积极的情感使学习者保持镇静；使学习者将注意力集中在自己的学习目标上，能增加学习者的努力程度。有研究表明，杰出的运动员都有较高而稳定的自信心。自信心不足导致学习者的学习积极性下降，学习欲望不强，以至于体验不到成功的喜悦，导致一些恶性循环。有学者实验调查发现，信心百倍的学生和普通学生相比优秀学生更多，而在没有信心的学生中，71.4%是成绩不理想。[3]

[1] 张秀丽，董翠香. 影响运动技能学习的内部因素研究[J]. 山东体育学院学报，2010（1）：65-67.
[2] 刘子众. 运动员自信心的研究现状及发展趋势[J]. 沈阳体育学院学报，2002（3）：88- 89.
[3] 张秀丽，董翠香. 影响运动技能学习的内部因素研究[J]. 山东体育学院学报，2010（1）：66-67.

（四）运动经历

任何运动技能的学习都必须建立在个体现有经验的基础上，所以运动经历是运动技能学习的影响因素之一。运动经历即一个人在此之前所参与过的体育运动，它与后期的运动技能学习有很大的关联：①影响动作技能的正负迁移。不同项目技术动作之间存在一定程度的相似性，相似度越高，运动技能学习过程中的正向迁移就越多，而相近但又非相同的动作，则可能会出现负向迁移。如学习过跳远掌握了一步起跳，再学习跳高的起跳、篮球投篮的起跳、排球扣球的起跳等就会简单了，这是正向迁移；学习健美操的快节奏动作后，则很难适应太极拳慢节奏动作学习，这是负迁移。②影响动作技能学习的态度。不同时期学生的认识能力不同，当学习动作技能的难度超出了当时学生的认识能力，经过努力还不能顺利完成的，则运动技能发挥不了作用，容易让学生产生挫败感，以致后期技能学习欲望不强，影响学习成效。而体验过成功的学生，则会获得运动带来的乐趣，更愿意尝试新的运动技能，并积极参与其中。加拿大有学者指出，“以前的运动经历对近期的体育运动的习惯和态度有着明显的影响”，日本有学者在与加拿大学者的比较研究中也得到了类似的结论，认为近期参加运动的程度不仅受早期参加运动的经历的影响，也受过去参加活动时愉快的情绪体验的影响。③影响运动技能所需体能素质。人的体能发展过程中，速度、耐力、柔韧、灵敏、协调、力量等素质的发展时期不同，按照人类动作发展规律来发展学生的体能素质，将会获得最佳的发展。若不遵循规律发展则会导致不可逆的严重后果。如幼儿时期协调性没有得到很好的发展，高中阶段学习需要协调性的运动技能则受限于协调性很难获得最佳效果，甚至导致体能缺陷。

二、客观因素

客观因素是相对主观因素而言的，是个体无法改变的因素。个体在运动技能学习过程中不是与外界完全隔离的，所以会受外界客观因素的影响。结合班杜拉的三元交互作用理论即学习受任务、环境和个体要素的影响，可以从社会环境、教师的基本素质、教学环境与条件、动作技术的难易程度四个方面谈影响运动技能习得的客观因素。

（一）社会环境

人是社会的人，人的行为也受社会大环境的约束，所以运动技能的习得受整个社会环境的影响。不同时期的运动技能教学都是以学校教育理念为风向标的，不同时期体育课程的使命不同。中国学校体育改革走过了百年的奋斗历程，它随着时代的发展而不断进步。不同的观点代表着在不同时期的社会快速发展过程中人们对体育教学的社会属性的认识。

改革开放以来，我国学校体育改革逐渐走向成熟，由应试教育向素质教育转变，改革发展以人为本，促进学生全面发展。近期教育部提出深化课改、立德树人，实现各学科、学段统筹规划，切实发展学生的核心素养，学校体育改革也顺应当前制度形势，又往前迈进了一步，体现了新时代的制度影响力。而长期以来，在设置运动技能领域的教学内容时，更多的是依据教育学、心理学、体质研究的成果和体育教学的经验，从宏观上来证明这个内容是否适合这个年龄阶段学生的动作发展。这反映了我国的学校体育教学研究还没有完全确立起对学生动作发展规律的科学认识，影响了动作技能教学内容选择的合理性。[1]内容选择一旦偏离了学生动作发展的规律，则会产生事倍功半的效果，甚至是不可逆的伤害，如水平一、二阶段不进行柔韧练习，水平五时柔韧就成了大难题；3～4岁孩子进行下桥练习，会导致脊椎骨间的椎间盘受损。

运动技能信息的获得除了学校体育教学外，还有很多途径，如父母的引导、网络视频的传播、同伴的交流与互助等，这些途径均受到社会环境不同程度的影响。家庭教育理念是粗放型还是保守型将直接影响孩子尝试动作体验的主动性，如家长过分注重卫生，婴儿期不让孩子爬，则会对孩子协调性锻炼产生不可弥补的损失；幼儿期经常被叮嘱“不要跑”或被限制跑，这会对孩子运动技能的发育产生很大影响。美国孩子从小都爱玩滑板等，而中国部分家长则会指责说这项运动太危险，会受伤。当大地到处孕育着运动的气息，媒体到处充斥着运动的色彩，街头到处张贴着运动的海报，小区到处充满着运动的笑声，这样的社会环境将会呈现出运动技能学习的无限生机。

（二）教师的基本素质

学校体育教学过程除了学生的学还有教师的教，虽然随着教育改革前进的步

[1] 樊江波，任爱君，刘惠芳. 3～11岁儿童投掷沙包动作发展研究[J]. 中国学校体育，2010（12）：42-44.

伐，教师在教学中的地位存在一些微妙的变化，但是教师的主导作用是不变的。学生是运动技能学习的主体，但是教师扮演的是学生运动技能习得过程的催化剂，所以教师的基本素质一定程度将影响学生技能习得的进程。例如：①教师的运动技能储备。教师的动作示范是学生最直观、快捷的动作认知基础。规范、标准的动作示范将会给学生建立正确的动作表象，反之不规范、不标准的动作示范则会给学生建立错误的动作表象，甚至使学生形成习惯性错误动作，与正确的运动技能渐行渐远。②教师对运动技能的理解。简单的动作技能可以进行完整教学，复杂的动作技能则需要进行分解教学，如何进行分解则需要教师抓住动作技能的核心要素。如跳箱屈腿腾越的动作包括助跑、踏跳、腾空、推手、第二腾空与落地几个过程，其中学生最难掌握的是屈腿前跃推手，一位教师为了让学生能轻松地腾越过箱，在跳箱上将推手位置用泡沫垫垫高，学生只需要支撑垫高部分就可以顺利地越过箱体，多次练习后，虽然学生都能过跳箱但没有了推手腾越过程，变成了支撑越过跳箱。③教师的教学指导能力。自己会做不代表会教，教师则需要自己会做也要会教。教师除了要有清晰的语言表达，还应善于观察发现学生的动作问题，动作好说出好的地方让其他学生学习，动作不好说出是哪里不好，因为什么不好，并能给予正确的指导建议。④教师的个人魅力。学习的心境直接影响学生学习的成效。个人魅力强的教师则会吸引学生喜欢他的课堂，并认真地学习他所授的内容；反之，个人魅力弱的教师则会令学生心生厌烦，并迁移到学习上，使得学生学习时产生抵触情绪。

（三）教学环境与条件

运动技能的学习过程离不开场地与器材设备，这些外在物质环境与条件是协助动作技术完成的基础，所以场地与器材设备也会影响运动技能的习得过程。例如：①不同环境学习的情境不同。在一个狭小的空间学习瑜伽会使人压抑、沉闷、紧张感增加，动作学习的效果可想而知。在一个清新的绿道上学习瑜伽则会让人心旷神怡，轻松自然。②不同场地设备学习的要求不同。不同场地设备的性能不同，如弹性、延展性、硬度、亮度、曲度等。在一个光滑的水泥场地上进行篮球运球练习，要额外克服地面摩擦力小的弊端，从而影响正常的技能学习效果和效率。③不同的外部感觉影响内部感知觉。色彩鲜艳、外形可爱的运动器械更受小学生喜爱，使其情不自禁就投入到运动中；暖色调的地垫，无形中增加了学生的胆量和信心，使学生更愿意进行运动。

随着教育教学技术的发展，在运动技能学习过程中，除了场地与器材设备外，还引入了先进的教学理念和模式，如计算机云教学，打破了教师示范时空的局限性。学生可以随时调出教学示范，甚至可以实现同系列动作的比较学习。

（四）动作技术的难易程度

动作技术的难易程度是影响学生运动技能学习最主要的客观因素。运动技能是完成动作技术的能力，而这些能力是在完成动作技术过程中得以获得和提升的。动作技术由系列动作组合而成，有单一动作组合，也有包含跑、跳、投等多种动作组合；有重复循环式动作技术，如跑步，也有非重复循环式动作技术，如排球的扣球。不同难度的动作技术，学习要求也不同。简单的动作技术，现场模仿都可以学会，如健美操的单个基本步伐动作，而熟练掌握健美操组合步伐则需要反复练习才能达成目标。在有节奏的音乐伴奏下完成组合步伐不仅需要协调性好，还需要良好的腿部力量和心肺功能等作为支撑。

人类动作发展有一定的规律，如婴儿时期“三翻六坐九爬”，忽视规律就如揠苗助长，必定事倍功半，如幼儿期练习下桥将对孩子产生不可逆的影响。另外，动作技术难易程度跟学生的认知水平有关，这就要求教材的安排要符合学生的认知水平，不能太难也不能太易。教材的难度太大，学生经过努力还不能掌握，则会慢慢失去学习兴趣和信心，这样不利于学习；教材太易，学生不经过努力就能掌握，则不利于激发学生的学习热情。所以动作技能的学习也应遵循规律的发展，循序渐进，由简到繁、由易到难。

第四节　基于课程标准的运动技能习得策略

一、课程标准中运动技能目标分析

体育与健康课程标准是该课程实施的依据与准则。随着时代的发展，教育改革一路探索前行，体育与健康课程也紧跟教育改革的思路和步伐。体育教育工作者应认真研读体育与健康课程标准，正确理解体育与健康课程性质与基本理念，把握课程目标，创新课程实施的方法与策略。

（一）课程标准中运动技能目标内容

中小学体育与健康课程的目标设置、课程结构的设计、教学内容及方法的选择、课程的组织实施、课程评价等环节都紧紧围绕着“健康第一”的指导思想，在这个理念的基础上，体育与健康课程划分为“运动参与”“运动技能”“身体健康”“心理健康与社会适应”几个方面的学习。在《义务教育体育与健康课程标准（2011年版）》的课程目标部分提出：“运动技能是指学生在体育学习的锻炼中完成运动动作的能力，它反映了体育与健康课程以身体练习为主要手段的基本特征，同时也是课程学习的重要内容和实现其他学习目标的主要途径。”由此提出“学习体育运动知识”“掌握运动技能和方法”“增强安全意识和防范能力”三个目标维度，并对每一个水平阶段提出了“身体基本活动类”“球类”“体操类”“游戏与冰雪类”“武术类”“民族民间传统体育类”六大板块的具体形式，中小学体育教师依照此六类不同体育技能分类，参照各学段或水平阶段学生的特点进行体育技能教学。

在以核心素养为统摄的基础教育课程改革中，各学科将核心素养与学科内涵进行整合，提出学科核心素养。体育与健康学科核心素养是学生发展核心素养的重要组成部分，是学生在体育与健康学习过程中形成的基本知识、技能、方法、情感态度与价值观等的综合表现，集中反映了体育与健康学科的独特品质和关键能力。它是义务教育阶段运动技能三维目标的综合体现和提升，具体体现为培养学生运动能力、健康行为、体育品德的载体，在培养全面发展的人，引导学生养成良好的体育素养，指导学生的运动实践方面具有重要的作用。

（二）运动技能目标水平划分依据

不同运动技能目标水平的划分与制定，不同水平教学内容的实施，必定要遵从学生身体发展水平和人类动作发展的客观规律。动作发展是一个跨越整个生命周期的复杂过程，从儿童期到成年期，在所有可能影响动作技能表现因素的制约下，人们学习、应用、精细化并改善着各种各样的动作模式。[1]纽威尔将这些制约因素划分为任务、环境和个体，毫无疑问，环境与任务制约了个体动作技能的发展和变化，这就解释了中小学体育与健康课程标准划分不同水平阶段以及要循序渐进地学习各类动作技能项目的原因，只有当学生充分掌握了“身体基本活动

[1]　人民教育出版社课程教材研究所体育课程教材研究开发中心. 人类动作发展概论[M]. 北京：人民教育出版社，2008：194.

类”动作技能，才有可能发展更高水平阶段的“球类”“体操类”等技能的动作组合，如“球类”运动中篮球教学的开展也是按照从原地运球步入到行进间运球再到各种动作组合的篮球比赛，同样“体操类”教学也是由基本的垫上滚翻到腾跃最后才有各种成套动作的习得过程。因此，在动作发展视阈下运动技能与各水平阶段的教学应遵循人类动作发展的顺序和方向，在不同的阶段形成有效的技能目标，为学生培养终身体育意识做好充分的准备。

二、不同水平阶段运动技能习得的策略分析

（一）水平一阶段运动技能习得的策略分析

在个体生长发育过程中，动作是评价、诊断、监测个体身心发展状况的重要指标，也是认知发展的外在反映。[1]学习需要以个体的生理发展为自然前提，个体的生理发展为有效的学习提供物质可能。[2]水平一阶段是义务教育的初始阶段，以7～8岁学生为主。此阶段的学生身体形态迅速成长，以学习认知动作、控制肢体、发展协调功能、使肢体控制能力达到一定娴熟度为动作发展特征。将动作发展特征、认知水平与课程标准中运动技能的具体目标、要求相结合，提出以下运动技能习得策略。

1. 学习体育运动知识

水平一阶段以“获得运动基本知识和体验”为目标，知道所学运动项目或体育游戏的名称或动作术语，初步了解一些运动现象。例如：①此阶段应考虑学生的心理年龄，以儿童常见事物为原型进行模仿学习为主，以儿童色彩语言来启发思考，如以“车轮为何能滚动”为开场白来让学生模仿车轮滚动，引入滚动的学习；用飞机起飞、慢速飞、快速飞、慢速飞、降落等为例来让学生体会速度的快慢。②通过游戏强化、快速反应、动作体验、言语表达来促进习得。如“我说你做”——教师说体操类活动的基本动作，学生做动作；“我做你说”——教师做出一些运动项目的动作，学生说具体项目名称；听掌声节奏跑，来体验节奏的变化和快慢的变化。③通过不同的组织形式和练习方式让学生更多地认知动作概念。如“Z”字形、蛇形、背向、迎面、圆圈、加速、暂停等，只有掌握了这些概

[1] 李红，何磊. 儿童早期的动作发展对认知发展的作用[J]. 心理科学进展，2003，11（3）：315-320.

[2] 冯忠良，伍新春，姚梅林，等. 教育心理学[M]. 北京：人民教育出版社，2010：215.

念才能为运动技能的学习奠定基础。当然，运动概念的学习和运动技能的学习应结合起来，如“围成一圈进行单脚跳”可以让学生理解圆圈和单脚跳的概念，也可以进行运动技能的训练。

2. 掌握运动技能和方法

水平一阶段以“学习基本的身体活动方法和体育游戏，学习不同的体育活动方法”为目标。此阶段学生正迅速成长，他们需要时间来适应成长中神经系统、体觉系统、视觉空间系统、前庭位觉系统的发展。另外，水平一阶段的学生的自我协调性较差，正处于努力完成控制肢体的阶段，只有达到肢体动作最低程度自动化后，学习新的运动技能才成为可能[1]。例如：①结合学生的以上动作发展特征，从学生的“能”出发，教学应以学生自我肢体的身体活动和游戏为主，如过平衡木、抛接飞盘等。②采用丰富多样的教学方法，以鼓励和表扬为主要评价手段，激励学生积极尝试运动，促进学生体验体育学习的乐趣。③通过隐喻，借用学生熟悉的、明显的或更形象的符号来使学生的运动技能学习变得生动、形象，将日常的记忆表象与动作结合，如“抱西瓜”等。④以基本身体运动为内容，而不是只与某一项目或某一身体活动相关，它们穿越或超越结构化运动项目，是各项运动的基础，避免运动技能学习的成人化模式。⑤学生好动，注意力易分散，教师讲解要准确到位、简单易懂，可以通过固定的互答模式提高学生的注意力，如教师说：“小眼睛看哪里？”学生答：“看教师。”

3. 提升安全意识和防范能力

培养水平一阶段的学生的安全意识和防范能力应从日常生活入手，初步了解安全运动以及日常生活中有关安全避险的知识和方法。在运动训练时，将常规检查养成习惯，从学生的着装、场地的要求、活动的基本常规做起，而日常的生活中，了解如在过红绿灯时、在池塘和水库边活动时的注意事项等，结合常见紧急电话号码来告诫学生如何处理生活中的安全事件。

（二）水平二阶段运动技能习得的策略分析

水平二阶段以9～10岁为主。此阶段的学生身体比例稳定，身体形态稳定成长，重心下移，要使学生有一定的抓、握、拧等精细手部活动能力，并进行以大

[1] David L. Gallahue, Frances Cleland-donnelly.DevelopmentalPhysicalEducationforAllChildren[M].Champaign: HumanKinetics Publishers，2007.

肌肉群为主的简单运动，完善身体动作行为，发展力量，提高身体协调能力。将动作发展特征、认知水平与课程标准中运动技能的具体目标、要求相结合，提出以下运动技能习得策略。

1. 学习体育运动知识

水平二阶段以“学习奥林匹克运动的相关知识，体验运动过程并了解动作名称的含义”为目标。奥林匹克基本知识的学习，对儿童积极的态度和人生观养成有非常大的意义。例如：①教师可以讲解奥运项目基本常识和体育运动中应当遵循的行为规范，包括遵守规则、诚信自律、公平正义等，引导学生学习和掌握更多的动作术语，并逐步让学生理解不同动作名称的含义，同时对引导学生树立正确的价值追求和精神风貌，形成良好的体育道德发挥积极作用。②教师可结合奥运冠军成长的故事来叙述冠军之路的点点滴滴，包括自尊自信、意志顽强、超越自我、勇于进取、文明礼貌、相互尊重、社会责任感、正确的胜负观等，引导学生树立正确的人生观、价值观，形成良好的体育精神、体育品格。

2. 掌握运动技能和方法

水平二阶段以“提高身体活动的能力，初步掌握多种体育活动方法”为目标。学生身体发育进一步完善，身体基本活动能力也进一步增强，与之相应的运动需求也在提升。体育运动技能教学过程中应根据学生的身心发展特点和生活中的现实情况，从各种体育活动中让学生学会自主选择喜爱的项目，教师可以在这个基础上让学生体验学习不同体育活动的乐趣，并初步让他们掌握一些运动项目的基本动作。

结合维果茨基教育理论进行教学内容和目标的设置：①发展“最近发展区”。“最近发展区”是指“现有水平”和“在指导下可以达到的水平”两者之间的差距。运动技能习得过程受个体的身体素质和能力的影响，从学生现有的“能”出发，以发展学生的手部精细动作和大肌肉群简单动作为主，可以利用轻器械设计手部活动内容，以协调性、灵敏性为基础设计大肌肉群活动内容，如握竿跑、抓“尾巴”、抢抛气球等。②教学应走在发展的前面。教育是促进人的发展，促进发展的教学原则是略前性原则。教学目标应高于现有水平，学生经过努力又能达到。而个体运动能力的差异性，导致课堂教学中学生的技能学习不可能同步化，为此，运动技能学习过程中要从学生的初始能力出发，制定不同层次的学习目标。这就要求教师应把握学情，让每个学生都有所学，有所获。③把握学习和指导的最佳期限。由于个体身体素质和能力发展的需要，在适当的时机给予适当的刺激，否则可能出现不可逆的损失。可以通过了解学生的运动能力基础，预判运动技能学习目标设置的合理性，也是教师引导学生在不同运动能力的基础上进行同一运动技能教学时技能结构的划分和教学过程设计的依据。如三年级的学生学习跳远，将跳远按照发展的能力划分为“速度和节奏感、力量、弹跳力、空间感”，对应“助跑、起跳、腾空、落地”几个技能结构，三年级学生的空间感发展不足，此时腾空和落地技能对他们来讲很难领会和感知，为此，三年级学生的跳远技能的学习重点应放在助跑、起跳上，腾空和落地待高年级再进一步学习。

3. 提升安全意识和防范能力

该水平阶段以“重视体育活动和日常生活中的安全问题”为目标，学生应能主动规避运动伤害和危险，此时学生的学习能力逐步提高，同样也是安全意识培养、安全知识学习的最佳时期。例如：①在日常体育教学过程中，教师以三令五申的语言强调和细致的安全检查等行为示范来提高学生的安全防范意识。②通过视频、课件等方式让学生了解一些基础的日常活动中的安全问题及处理方法，如流鼻血的处理方法。③用健康知识问答活动来提高学生的安全认知和学习健康知识的积极性。

（三）水平三阶段运动技能习得的策略分析

水平三阶段以11～12岁为主。此阶段学生的体重增长速度大于身高增长速度，肌肉力量发展相对滞后，个体在动作行为上表现出适应基本运动技能学习和应用的现象。首先，此阶段学生的体重增长速度正在赶上、超过身高增长速度，符合身体功能上的应用条件，这一特征促进了动作发展技能的表现。其次，肌肉力量发展滞后，呈现出先发展身高，而后增长体重，最后发展肌肉力量的特点。肌肉力量伴随着体重增长发展，肌肉的相对功能却在14个月后才能跟上。儿童个体的动作行为虽然表现出类似成人的动作技能和行为，但是在功能效果上远不如成人。比如，在立定跳远动作技能的巩固练习中，儿童可以熟练掌握该技能，但是跳的远度不及成人。将以上动作发展特征、认知水平与课程标准中运动技能的具体目标、要求相结合，提出以下策略。

1. 学习体育运动知识

水平三阶段以“丰富奥林匹克运动知识，了解运动项目的知识，学会体育学习和锻炼，观看体育比赛”为目标。进一步丰富了学生的奥林匹克知识，由此对学生在自主学习、合作学习和探究学习等方面的能力要求更高，学生具有自主选择不同运动项目的能力，进而提出体育比赛欣赏的目标要求，以此丰富学生的体育知识和素养。为达到目标采取以下策略：①重大赛事阶段，教师可以以提问形式或讲述比赛经典片段形式，引发学生的好奇心，激发观赛意识和兴趣。②以课后作业形式，让学生结合自我喜好，搜集相关运动的国际或国内赛事视频，了解相关知识和规则，提高学生自主学习能力。③让学生搜集各自喜爱项目的体育明星，并分析他们的技能专长、制胜的关键因素，以此发挥偶像效应，让学生从体育名人的训练与比赛中激发体育学习激情，找到学习和锻炼的精神支柱。

2. 掌握运动技能和方法

水平三阶段以“掌握有一定难度的基本身体活动方法，基本掌握运动项目的技能动作组合”为目标。学生已经具备完成有一定技术难度动作的学习能力，他们的身体活动能力显著提高，教学时教师应适当增加动作在速度、高度、难度方面的要求，为学生探索更具挑战的学习环境打下基础。

个体的学习基础从动作学习的角度可以将动作技能分为反射动作、功能性动作、基本动作、技术动作和技能动作五个层次，前一个层次是后一个层次的学习基础[1]，水平三阶段以巩固基本动作、学习技术动作的层次为目标，要基本掌握动作技术必须以基本动作为基础。

在动作技能的学习过程中，教师要仔细观察学生在预设活动中动作学习的初始动作行为表现。此时的动作行为表现反映了学生现阶段的运动能力，在此基础上便于发现学生在技能学习中哪个方面受限，是力量不足还是协调性不够等。从这个角度去给学生出具个性化的运动指导方案，更好更有效地为技能学习扫除障碍。

分散练习更利于运动技能的习得。不同的练习形式对运动技能的习得也有很大影响，相对于集中练习，分散练习具有较长间隔时间，且单元或单次练习安排间隔时间较短的特征，在运动技能保持阶段，练习间隔效果优于单元间隔。[2]水平三阶段的学生的生理特征可促进动作发展技能，但功能效果欠缺，且学生易疲倦。建议在体育教学中，采用练习间隔的方式，以更有利于运动技能的习得。分散练习具体间隔时间的长短则需要依据运动技能的难易程度以及练习者的年龄、性别和技能水平等情况来设计安排。

[1] 樊江波，祝芳.基于概念分析探讨个体动作学习的基础——以投掷运动项目的分析为例[J].中国学校体育，2012（2）：50-52.

[2] 王健，曲鲁平，赖勤.分散练习和集中练习对运动技能学习效果影响的研究[J].天津体育学院学报，2015（1）：1-6.

教师可通过学生口述动作要领，并修正其不正确的地方，使学生更好地集中注意力，观察并理解所学内容。运动技能是受意识支配的复杂运动，它是在第二信号系统的参与下，受语言的刺激，由大脑皮层第二信号系统扩散到第一信号系统。所以让学生口述动作要领，可以加深其对动作的理解和对动作的控制，加强第二信号系统与第一信号系统的联系。

3. 提升安全意识和防范能力

水平三阶段以“掌握运动损伤及常见意外伤害的预防与简易处理方法”为目标。此阶段学生本身的能力也不断提高，他们在处理一些常见意外伤害时，也应当表现出对体育知识运用的基本能力。体育教学应联系实践，为达成目标可以采用以下策略：①加强健康理论课教学与管理，形成一套完善的课程体系。水平三阶段的学生在语言表达和理解上有很大的提高，可以利用因雨天等天气状况而无法进行室外课的情况，进行健康理论课教学。结合水平三阶段的学生日常的运动损伤、常见意外伤害等建立一套完整的健康课程内容体系。②以多种形式开展健康知识宣讲活动。以健康讲座、健康海报等形式提高学生的健康意识和常见损伤、意外伤害的预防与简易处理能力。③以竞赛活动来激发学生的学习兴趣。可以进行健康预防手抄报比赛、运动损伤处理实操比赛等。

（四）水平四阶段运动技能习得的策略分析

水平四阶段以13～15岁为主，此阶段学生处于身心发展突变的时期。在生理上，初中阶段学生出现了第二性征，身高、体重有了明显增加。在力量提高方面，中学时期学生速度力量的发展比绝对力量发展快一些并且早一些，且存在性别差异，男孩增长比女孩快，力量耐力的发展也是男孩基本呈直线上升趋势，女孩则增长速度缓慢，甚至出现下滑。由于机体发育和肌肉力量的增长超过神经系统对各运动器官的调节能力的发展，导致动作不协调、不灵活。在心理上，他们成人意识感强，活动能力有了很大提高，虽思维能力有所提高，但认知水平有限，自我意识片面、不客观及情绪稳定性较差。将以上动作发展特征、认知水平与课程标准中运动技能的具体目标、要求相结合，提出以下策略。

1. 学习体育运动知识

水平四阶段以“简要分析体育比赛中的现象与问题、提高体育学习和锻炼的能力”为目标。此阶段学生基本上能独立完成对某一问题的思考，他们的独立学习能力已经具备，教师在这个阶段的引领作用比“满堂灌”更有效，此时也恰恰是学生终身体育意识形成的关键时期。为此，教学中应引导学生以自主、合作、探究的学习方式为主，方法多样。为达到目标应采取以下策略：①教师事先结合重大赛事视频进行赛事要点的评析，以布置课后作业形式，让学生结合自我喜好，搜集视频并进行赛事评析，在提高学生自主学习能力的同时让学生学会分析。②让学生参与教学比赛的赛事分析，以运动员身份参与教学比赛，以裁判身份参与执裁，以旁观者身份直接近距离观看赛事，以评论员身份剖析比赛得失，在多重身份的轮换中更多地采集视觉表象和动觉表象，运动表象越丰富，表象训练在运动技能习得过程中越有效。③给予学生自主空间，让学生组织并实施课外体育赛事，在班级或团队的带动下，让学生积极主动地了解比赛规则，学会分析比赛现象与问题，积累比赛经验，提升分析技战术能力，为进一步习得运动技能提供良好的认知感和视觉表象，为体育学习和锻炼提供一个良好的思维基础。

2. 掌握运动技能和方法

水平四阶段以“基本掌握并运用运动技术”为目标，运动技能教学要注重学生对运动项目技术的运用能力，体育教学过程中教师应从本校实践出发，结合学生的运动能力，选择合适的教学内容，重点关注学生对所学技能的运动能力是否有所提高，密切留意学生在体育学习方面的态度变化。此阶段，学生随着认知水平的提高，思想也日趋成熟，对待问题有自我的价值观，激发学习内驱力是首要任务。需要和动机是个体行为产生的内在动力，运动技能学习过程中主动学习和被动学习的区别就在于学生是否有学习的内驱力。如何发掘学生的需要和动机，激发学生的潜在能动性是提高学生运动技能学习效率的策略重点。

明确技能学习的价值。为什么学这项运动技能，它可以给我们带来什么？答案可能是个体身体的健康、娱乐消遣的快乐、跌宕起伏的心境体验、自我保护的技能等，目标越细，动机越明确。由此，制定个体的学习目标，想象技能习得以后会是什么样子。一旦努力的方向定下来，达到目标就更容易。

满足不同时期学生的心理需求，如好奇心、安全感、满足感、被认同感等，增加技能的趣味性、竞争性。当学生对某项技能感到特别好奇时，只要掌握了方法，他们就会自然而然地去学习，并乐此不疲。如提出疑问：“篮球45° 擦板投球是不是更容易进球？”让学生先尝试求证，产生好奇后，再进行篮球45° 擦板投球的方法教学，要比直接进行45° 擦板投球教学的效果要好。

除了挖掘个体的内在动力，还需要适应个体的需求。所以，体育新课程标准改变了传统教学大纲强调体育知识、技能的系统性、完整性的理念，更加强调体育与健康知识、技能和方法的“必要性”。[1]这里的“必要性”体现了以人为本，教学内容从之前强压式的“面面俱到”到“精选适合”，选择能够促进学生健康发展的知识、技能和方法，选择能够激发学生兴趣的知识、技能和方法。学生喜欢什么项目就设置什么教学内容，从学生的个体需求出发，个体需求得以满足将为教学的可持续性发展提供良好的心理基础，这在一定程度上为培养终身体育意识和能力打下了扎实根基。

3.提升安全意识和防范能力

水平四以“提高安全运动的能力，将安全运动的意识迁移到日常生活中”为目标，不仅要求学生掌握常见的安全运动方法及运动损伤的处理方法，而且要求学生具有面对各种常见自然灾害时的应变能力，这也是体育教学中应该重点灌输的一种安全意识。例如：①模拟自然灾害，学习应对灾害的技能，现场演练逃生。②学习常见运动损伤处理方法，设置情境或偶然事件，让学生现场操作，提高实操性。③让学生收集运动损伤案例、视频等，并进行案例分析，让学生主动思考缺乏安全意识带来的后果。

（五）水平五阶段运动技能习得的策略分析

水平五阶段是高中阶段，以16～18岁学生为主。该阶段学生的认知水平有所提高，是人生观、价值观形成初期。在生理特征上表现为：生长发育开始进入缓慢增长期，增长的幅度不像初中那样突飞猛进；但是身体形态、技能和运动能力向着成熟发展，身体更强壮，运动能力达到或接近成人水平。另外，随着学业的加重，心理负担增加，情绪易受环境的影响。普通高中体育与健康新课程标准中以学科核心素养为统摄，以发展学生学科核心素养作为课程目标，运动能力、健康行为、体育品德三个方面在实际体育教学过程即运动技能习得过程中得以提升，并在解决复杂情境问题的过程中得以整体发挥作用。为此，高中生运动技能学习应从学科核心素养即运动能力、健康行为、体育品德三方面入手。结合高中生认知水平、身心特征与课程标准中运动技能的具体目标、要求，提出以下策略。

1.运动能力

高中学生运动能力发展的重点是发展体能、运用技能和提高运动认知。良好的体能是运用技能的支撑，而运动认知也是技能得以发挥和提升的保证。运动技

[1] 杨文轩，张细谦.体育与健康课程实施模式探索[M].北京：高等教育出版社，2015：56.

能习得有以下策略。

（1）发挥“课课练”功效。每节课保证5～10分钟的“课课练”，结合学生体能状况，系统规划“课课练”内容，如针对上肢力量相对弱的学生，可适当增加课时数等。结合单元教学，处理好一般体能与专项素质的关系：可以是互补关系，如耐力跑课中以上肢力量作为“课课练”内容；也可以是促进关系，如羽毛球高远球教学单元中，以上肢力量为“课课练”内容。

（2）提高课堂练习密度。练习时间是个体运动技能习得的影响因素之一。技能习得需要长期持续、专注地练习，真正的技能习得需要达到一定的训练量，才会有质的飞跃。“一万小时定律”说明练习时间在技能习得过程中的重要性。高中每周两节体育与健康课，每节课40分钟或45分钟，但按练习密度来折算，传统课堂教学中的练习时间往往达不到一半。这个分析也回答了在体育教学中一直困扰广大学者的问题——“基础教育阶段学了12年体育却没有掌握一门运动技能”，为此，体育专家、学者普遍认为，体育课堂教学的练习密度必须超过50%。

（3）提供技能展示机会，提高技能的应用性。传统的运动技能教学根据运动技能的动作结构割裂成几个部分，在分解教学后再进行整合，如篮球单手肩上投篮动作，课堂上动作技能教学很细致，平时学生动作非常标准，投球命中率很高，可到了比赛却基本投不中，出现面对防守无法瞄准篮筐、投球位置随机无法预估出手高度等问题。篮球运动是一种对抗性的项目，随机移动和应变性强，除了熟练技术动作结构外，还要有处理外在感知觉信息的能力，快速做判断和反应。若常处于静态的动作练习，个体缺乏外界感知觉的刺激，则很难适应对抗环境下的篮球运动，导致篮球运动仅能满足课堂需求而无法持续进行，失去了教学的真正意义。高中生的运动技能学习达到第四、第五层次，即动作技术和动作技能，如何将动作技术转化为运动技能，就在活学活用上。“书读百遍，其义自见”，动作技战术也需要反复演练，凭借身体感知觉和肌肉记忆的提升，逐步达到灵活运用的境界。而反复演练，越接近真实运用情境越好，教学比赛后进行技战术点评，让学生在实际情境中真实体验技战术应用。

2. 健康行为

高中学生健康行为养成的重点是锻炼习惯、情绪调控和适应能力。运动技能是通过练习而巩固下来的，自动化的、完善的动作活动方式。[1]有良好的锻炼习惯才能

[1] 季浏. 体育心理学[M]. 北京：高等教育出版社，2006：280.

为运动技能的习得提供时间保障，有良好的情绪调控能力才能为运动技能习得提供良好的心理素质基础，有较强的适应能力才能为运动技能的应用提供环境支持。

在培养学生锻炼习惯上可以采用以下方法：①高中生思想接近成熟，自我意识强，学习具有较强的方向性、目标性，为此培养学生的锻炼习惯需要让学生认识到体育锻炼的价值。从生物进化论和长远发展角度看，运动技能学习除了健身外，还能提高人的功能性，防止科技进步带来肢体功能的用进废退，提高应激反应能力：如危险性的向前飞出时顺势一个前滚翻；脚被绊住后，异侧顺势快速抬脚向前支撑。②让学生明确各个教学内容学习的目的，为了达到目的应采用什么训练方法。让学生能够有目的、有意识地练习，不仅可以增加学生的健身知识，也可以提高学生练习的积极性。如健美操专项的学生了解快速跳绳可以提高步伐灵活度后，也会欣然接受该练习方法。这些也有益于学生课外自我开运动处方，为终身体育打下良好的基础。③教师要结合技能的日常实用情景，创设应用环境，既增加了学生技能学习的趣味性，也提高了学生学习的目的性。如跳远教学中设置助跑起跳摸高，一方面解决了起跳的腾起角度问题，另一方面有目标参照物，也增加了学生的学习趣味。

在情绪调控方面，应做到以下两点：①以兴趣为导向。体育课程标准强调在技能学习中坚定兴趣的重要性。选项教学则是体育课程中的一个亮点，既照顾了学生的运动兴趣爱好，也发挥了体育教师的专项特长。长期持续、专注地练习某一项运动技能，更利于掌握运动技能，为此，高中体育与健康课程标准中提出学生可以选择多项运动项目进行学习，也可以多个学期重复选择某一运动项目持续学习。但部分学校由于师资、场地等的局限性，将分项教学变通地开展成便于学校管理与实施的方式进行。如行政班级按教学时数依次进行不同项目的教学，突出了项目的多样性却缺失了学生的选择。类似的分项在学生接触专项运动的初期，对学生了解各个运动项目、明确自我兴趣爱好有一定的帮助，而对已有明确兴趣爱好、需要进行发展和提升专项技能学习的学生则是一种壁垒。②以积极情绪为导向。以积极心理学理论为基础，用一种积极的心态来激发人自身内在的积极力量和优秀品质，是人固有的、实际的、潜在的且具有建设性的力量，如积极的情绪、积极的人格特质等。高中体育课程中心理健康促进的方法是在课程顺利进行的同时，把积极品质和积极力量的培养融合进去，让高中生学会获得并发展自己的积极情绪，建立自尊、自信等。如体育教学中口号的力量、教师激励性言语“坚持住，你可以的，加油”。

适应能力可以从以下两方面展开：①以日常生活为背景设置情境教学或类比

学习。如模仿火场逃生的情境，进行捂鼻下蹲快速跑、背人跑、翻越障碍、爬梯等。过程中情境设置越接近真实生活，越能提高技能的实效性和应用可能性。②以自主、合作、探究的学习方法为主。学生是体育知识、技能和方法的主动构建者，让学生积极、主动、自觉地从事和管理自己的体育学习活动，改变学习的被动状态，增强主体意识。采用学习任务卡的方式创建任务，激发学生内在学习动机；采用问题串设疑引导学生主动将运动和思考结合起来；采用异质分组，让不同特质的学生在合作中互补，提高学生的社会交往技能；等等。

3. 体育品德

高中学生体育品德培养的重点是勇于进取、遵守规则、富有社会责任感。可以采用以下策略：①将单纯的计数或节拍换成励志口号。体育活动是受大脑意识支配的，在第二信号系统的参与下，大脑受语言的刺激，由大脑皮层第二信号系统扩散到第一信号系统，所以让学生大声喊出自己的口号，加强第二信号系统与第一信号系统的联系作用，可以加强对自我信念的强化，提高坚韧不拔的意志品质。如20个俯卧撑计数改为4次“我——是——最——棒——的”。②以竞争激发斗志。如投掷实心球，到达A区域为“博士”，B区域为“硕士”，C区域为“学士”。为减少个体差异性带来的负面情绪影响，也可以采用差异化的竞争规则，比如女生篮球投篮比赛，上肢力量足的学生在罚球线位置投篮，而上肢力量不足的学生在罚球线前一步投篮，以提高不同层次学生的学习积极性，不伤害进取心。③通过日常教学比赛中严格遵守比赛规则来提高学生的规则意识，以不同身份如队员、裁判员来体验规则的作用，认知到遵守规则的重要性，并延伸到日常学习、生活中的规则，如交通规则、国家法律等。④在体育运动中能够正确对待比赛的胜负结果；胜任运动角色，表现出负责任的行为。在体育运动中表现出负责任、敢担当的社会行为。在体育活动中自觉表现出负责任、敢担当、善担当的行为，并将在体育运动中形成的良好品德迁移到日常生活中。

第五节　基于运动技能的实例赏析

课程标准根据学生的身心发展特征和学习内容的特点划分为不同的学习水平，为不同地方、学校、教师因地制宜、因人制宜地安排教学内容留下了选择的余地和创造的空间，这样既提高了对教师的要求，又调动了广大教师的积极性和创造性。[1]因此，在运动技能的教学中，教师要善于根据不同学习水平的目标和学习内容的特点，恰到好处地做到因材施教。

一、水平一（一至二年级）实例赏析

※课例1：掷飞盘单元（二年级）[2]

1. 指导思想

在课改背景下，教师的教学理念要从“教师本位”“学科本位”向“学生本位”“能力本位”的方向转变，以发展对学生终身有益的知识、技能、方法及情感、态度、价值观等。本单元的教学将关注四个维度：投掷动作的多样性（内隐着协调素质与多样化的本体感知）、投掷结果（内隐着达成远度或高度的力量素质）、跟踪与锁定目标的能力（内隐着准确快速捡到投掷物的视觉跟踪、图形—背景知觉以及变向跑、躲闪跑、快速跑等灵敏性与协调性）、安全运动（内隐着空间认知、躲闪等运动知觉能力）。以上四个维度既是本单元的具体教学内容，又是要达成的目标和评价的内容。

2. 教材分析

本单元的教学对象是一至二年级的学生，主要教材是各种形式的原地侧向投掷（抛投）轻物。“各种形式”主要体现在动作七要素的变化上，如身体姿势、速度、轨迹、方向等，也体现在动作模式上的不同，如上手投掷、下手投掷、双手投掷等。《义务教育体育与健康课程标准（2011年版）》强调“各种形式”，其用意要在于：一是通过形式的变化吸引学生的参与兴趣；二是通过形式的变化丰富学生的运动本体感知，积累多样的投掷运动经验。本单元在继承传统的基础上，增加了协调、灵敏（躲闪跑、变向跑）以及空间判断能力（如视觉跟踪及图形—背景知觉能力）等。

本单元设计的练习模式：学生进行多种形式的掷远（高）——视觉跟踪投掷物——安全跑动空间判断（躲闪跑、变向跑）——捡到自己（或同伴）的投掷物

[1] 教育部基础教育课程教材专家工作委员会. 义务教育体育与健康课程标准（2011年版）解读[M]. 北京：高等教育出版社，2012：75－76.

[2] 祝芳，江月蓉，孙德金. 体能视角下水平一投掷单元教学设计与反思[J]. 体育教学，2014（6）：121-122.

（事先在投掷物上标上数字，便于评价）——快速跑回指定位置。器材为沙包、软式网球、纸飞机、飞盘，即便是择取相似的投掷动作模式，后面器材所发生的运动轨迹也比前者更多变，距离也更远，视觉跟踪与锁定目标过程中躲闪跑难度也增加了。

3. 学情分析

二年级学生还处在形成良好课堂学习秩序的关键期，他们的注意力经常分散，并喜欢用肢体去碰触他人，无视同伴和自身的安全空间。这个时期也是发展空间认知、空间定向等空间知觉能力（如左右方位、同侧或异侧协调、判断与拦截空中物体等）的关键期。本单元所设计的各种抛接投掷轻物、跟踪投掷物以及跟踪过程中的跑动所反映的就是神经肌肉的协调性与灵敏性。而力量素质的发展并不是小学低段的主要任务，何况投掷轻物对个体所产生的力量负荷也是十分有限的。

4. 教学流程（单元第三次课）

大风车上玩飞盘（强调在安全空间下玩耍）——圆上向上抛飞盘（强调抛的高度与躲闪的灵活性）——向圆外抛飞盘（强调抛的远度以及追踪飞盘的准确性）——圆内肩上掷飞盘（同时向圆内投，强调图形—背景变复杂后的捡盘安全与准确）——四列横队相向反手投掷飞盘（强调投掷的远度、投掷形式的变化、同时投掷飞盘的人数变化、捡飞盘形式的变化、增加空间判断的难度）。

5. 教学反思

投掷单元教学紧紧关注“四个维度”，并通过“四个变化”来达成单元的目标：一是投掷动作的变化，有改变身体姿势的坐着投、仰卧着投、跪姿投，有改变上肢运动轨迹的肩上投、下手投、反手投，有原地投转向运动中投等，动作的多样给学生带来练习的趣味和丰富的本体感知，拓展了投掷动作模式。二是投掷器材的变化，如第一课时所用的沙包的飞行轨迹固定且只有一个落点，第二课时使用的软式网球，落地后还会连续反弹向前滚动，而纸飞机和飞盘在空中的盘旋轨迹更加复杂，对学生视觉跟踪与奔跑躲闪能力的要求较高。三是组织队形的变化，由两列横队相对投、向外投。其中，向内与相对投时，空中投掷物更集中，给学生的跟踪判断带来挑战，如第二、三课时多次出现数名学生找不到自己的投掷物的情况。四是同时投掷人数的变化，从每排依次投到全班一起投，空中投掷物的增加，提高图形—背景知觉的难度，学生在复杂背景中奔跑躲闪并准确捡到自己的投掷物会十分有成就感。

另外，本单元针对水平一学生的特点，发展的是一般体能，如协调性、灵敏性及空间判断能力等。而与投掷有关的专门体能（如上肢和躯干的绝对力量、爆发力，上肢柔韧性等），则适合在高年级发展。

在练习形式的安全问题上，防止“越保护越脆弱”，因而应该安排集体捡取投掷物的环节。儿童具有本能的自我保护意识，这种自我保护功能也许可以在特定的环境下加以体验、锻炼与提高，当出现从不同方位奔向同一方位时，在教师的引导下，学生就像水中的鱼儿一样，自觉减速、变向、躲闪，极力避免与同伴的冲撞。体育运动本身存在着许多不安全因素，教师的可作为之处就是让学生了解、判断不安全因素，提高规避不安全因素的运动知觉能力。

6. 课例评析

投掷在水平一阶段是身体基本活动类的运动技能，该实例在提高学生运动技能习得上有三点策略：①体现学生本位、能力本位，一改传统投掷教材发展学生上肢力量和躯干力量的做法，以学生年龄特征和动作发展特征为主线，增加了协调、灵敏以及空间判断能力等。遵循动作发展规律、利用多种手段刺激、促进本学段应发展的能力，使儿童变得更加灵活、自信，有利于今后学习更复杂的运动技能。②认真参悟《义务教育体育与健康课程标准（2011年版）》，主要教材是各种形式的原地侧向投掷轻物，以动作七要素的变化来设“各种形式”，不仅提升了学生的参与兴趣，也丰富了学生的运动本体感知，积累多样的运动经验。③让学生在特定环境下体验、锻炼与提高自我保护能力，安全意识和自我保护能力不是在教师的呵护下提升的，教师的可为之处是让学生了解、判断不安全因素，提高规避不安全因素的运动知觉能力。

※课例2：乡土体育游戏（二年级）[1]

1. 指导思想

本课以“健康第一”为指导思想，以学生身心发展为中心，促进学生身体、心理和社会适应能力的综合发展，激发学生对体育运动的兴趣，体现学生的主体地位与主动参与的活动意识，培养他们的想象力、创造力和表现力。让学生在轻松、愉悦的情境教学中体验成功，了解家乡的历史与人文，传承民族文化，使学生从小树立民族自豪感，进一步热爱自己的家乡。

[1] 霍晓培. 水平一（二年级）乡土体育游戏单元教学计划[J]. 体育教学，2014（4）：34-35.

2. 教材分析

乡土体育游戏可以较好地发展和提高儿童走、跑、跳、投、钻、爬、平衡等基本动作技能，为提高学生的运动能力奠定了良好的基础，经常开展乡土游戏教学有利于学生基本技能的形成和发展。由于乡土游戏不受场地、空间、器材的约束，可以在户外进行跳房子、踢毽子、跳绳、打沙包等活动，让学生自由结伴，发展学生的团结协作能力。还有些游戏如“绞花子”“石头剪刀布”“围老虎”“东南西北”等简单易操作，能促进学生小肌肉及手眼协调能力的发展，有利于培养小学生的兴趣爱好。

3. 学情分析

小学二年级的学生好动，他们对乡土体育活动有广泛兴趣，喜欢学习别人的运动技巧，自信心强，但有时过高地估计自己的能力，还可能存在着任性、娇气、依赖性强、缺乏合作精神等不良心理倾向，不过他们的团体意识逐渐加深，除对个人的竞争有兴趣外，对团体精神也产生浓厚兴趣，开始注意教师和其他学生对自己的态度。因此，在教学中针对学生的心理特点，灵活地安排多样的乡土体育游戏练习，在课堂上为学生创设公平竞争的气氛，留给学生一定的活动天地，让学生自由学习，在观察思考中得到启示，得到锻炼。同时让学生自由组合，有效地激发团队意识、合作意识，有益于各层次学生得到提高。

4. 学习目标

（1）激发体育学习兴趣，培养参加体育锻炼的积极性。

（2）初步学会几种民间体育游戏，在活动中能尽情玩耍。

（3）注重情感交流，发展灵敏素质、协调性、反应素质，提高活动能力。

（4）能够积极进取、顽强拼搏、团结互助、提升与他人合作完成活动的意识和自我调控的优良品质。

5. 教学流程（单元第二次课）

（1）庆新年——答疑方式，让学生自主创设活动心境，营造良好课堂气氛。

（2）挂灯笼——分组自主合作抱高移动。

（3）舞龙狮——模仿舞龙狮动作合作跑，由小龙逐渐变成长龙，由直线变为曲线，手臂由上举变为随路线变动而左右摆动。

（4）放鞭炮——听声音快速反应跑，并进行安全教育。

（5）拜年了——对每一位同学进行新年问好，放松身心，交流情感。

6. 实例评析

该课例选自乡村学生日常生活中的某些片段，许许多多源自学生熟悉的、喜闻乐见的生活情境很容易将他们的学习兴趣调动起来，在此基础上形成的运动技能展示完全出自原生态的视角，同时也可以引发对传统体育教学的思考和审视，能否将更多的乡土体育文化引进课堂，又一次成为体育与健康课程值得思考的重点。

二、水平二（三至四年级）实例赏析

※课例1：集体握竿跑（四年级）[1]

1. 指导思想

本课以《义务教育体育与健康课程标准（2011年版）》为依据，以“健康第一”的课程理念为指导，根据小学四年级学生的认知、生理、心理等特点，以学生的发展为中心，重视学生的主体地位，注重激发学生的学习兴趣，挖掘“长竿”的健身功能来丰富体育课程内容资源。通过教师引导、学生自主学练、体验比较、交流展示、师生共同评价的教学过程，学生在实践的体验中学会并掌握一些运用“长竿”进行身体锻炼的知识、方法和技能，努力达成本课的运动参与、身体健康和社会适应等主要学习领域方面的教学目标。

2. 教材分析

长竿是人们生活中常见的物品，根据国家、地方、学校三级课程管理制度和体育学科特点，增加了有地方特色和校本特色的“长竿健身活动”的教学单元。本课依据水平二的教学目标和要求，结合小学四年级学生的身心特点，选择了“长竿健身活动”教学单元中的集体握竿跑为本次课主要的教学内容。

3. 学情分析

四年级学生身体比例稳定，身体形态稳定成长，重心下移；有一定的抓、握、拧等精细手部活动能力和大肌肉群为主的简单运动能力，完善身体动作行为，发展力量，提高身体协调能力；第二信号系统的语言和文字反应能力增强，

[1] 杨旭琛，刘侠. 集体握竿跑教学设计[J]. 体育教学，2015（1）：48-49.

情感需求胜过严格要求，开始形成自我评价的意识，很大程度上依赖他人评价，注意力增强，开始从被动的学习主体向主动的学习主体转变，但社交经验缺乏，为此，课堂活动应以提高趣味性、培养学生合作的意识为主，评价以表扬、鼓励为主。

4. 学习目标

（1）学会运用长竿进行各种身体锻炼的方法，能主动观察和评价同伴的运动动作，并表现出参与的态度与行为。

（2）发展位移速度、反应速度、灵敏、协调等身体素质。

（3）懂得与同伴协作配合，具有良好的合作意识与团队精神，在体育活动中增强安全意识。

5. 教学流程

教学常规——情境导入——小游戏“木头人”——用肢体语言进行自我介绍——集体仰卧起坐——集体握竿跑（横向、纵向）——游戏“快速列车”。

6. 实例评析

集体握竿跑是人教版小学四年级教材内容之一，符合学校体育特色的条件。集体握竿跑是身体基本活动类的运动技能，该实例在提高学生运动技能习得上有三点策略：一是趣味吸引法。学生好奇心强，竹竿的辅助为跑步增添了新的乐趣，提高了学生的学习积极性，积极参与运动是技能习得的基础。二是内容设置应时法。三至四年级的学生有一定的抓、握、拧等精细手部活动能力和大肌肉群为主的简单运动能力，而握竿跑的应时训练，是发展力量、提高身体协调能力的较好素材，另外，学生身体形态稳定成长，重心下移，身体稳定性有了保证，减少了握竿跑的安全隐患。三是情境设置泛童化，教学应符合学生的认知心理，以童真般的情境设置内容，童真般的语言引导交流，让学生更易理解并沉浸在童真的快乐中。技能则在体验、练习中无形地内化。

※课例2：游泳——蛙泳腿（四年级）

1. 指导思想

本课以《义务教育体育与健康课程标准（2011年版）》为依据，以“健康第一”的课程理念为指导思想，根据小学四年级学生的认知、生理、心理等特点，做好安全防范工作，提高学生的安全意识，使学生掌握蛙泳技术。

2. 教材分析

游泳是一项集生存技能、健身、休闲娱乐、竞技和康复等功能为一体的运动项目。“初步掌握蛙泳基本动作，并进行一定距离的动作练习”是水平二阶段的教学目标。蛙泳技术中腿部技术是通过下肢的收、翻、蹬、夹动作对水的作用力，增加下肢、腰腹的力量和弹性，对发展学生的下肢力量素质和灵活柔韧作用显著。此动作对初学者难度较大，要掌握规范的技术需要多加练习。这个技术对以后蛙泳完整技术的走水效果起到主要作用。

3. 学情分析

四年级学生在水平一阶段学习的基础上，有了一定的水中呼吸和蛙泳基本动作基础，怕水心理减弱。另外，学生腿部力量增加，身体协调性有所提高，注意力增强，第二信号系统的语言和文字反应能力增强，对动作的理解能力增强，在掌握蛙泳技术的过程中，渗透游泳安全知识和自救常识，有利于游泳教学的顺利开展。另外，学生开始形成自我评价的意识，很大程度依赖他人评价，情感需求多于严格教育，但社交经验缺乏，为此，课堂应以激励教育为主。

4. 学习目标

（1）初步学习蛙泳腿部技术动作，使学生能正确做出蛙泳腿。

（2）通过练习，提高下肢、腰腹力量和踝关节灵活性。

（3）培养课堂组织纪律性，激发积极向上的学习态度，提高安全防范意识。

5. 教学流程

教学常规——专项准备活动（提踵拉伸、蛙泳腿压腿）——陆上模仿练习蛙泳腿（两人一组互相讲解、互相纠错，教师巡视，发现问题并提问，学生回答）——有固定支撑（臀部半搭池边，双手后撑或水下扶池边，面对泳池做蛙泳腿）——半固定支撑（浮板）——水中徒手练习（连续做出蛙泳腿技术的收、翻、蹬、夹技术动作，注意慢收快蹬）——勾绷脚注意力游戏（下达口令1时，勾脚，下达口令2时，绷脚，错的同学做20个蹲起）。

6. 实例评析

此课例在促进游泳技能习得方面采用了以下策略：①表象训练法。让学生两人一组互相讲解动作过程，提高动作认知和强化动作记忆，在问答中提高学生主动分析问题的能力。②动作迁移训练法。为了安全，便于动作操作，防止水下训练受心理和不便观察的影响，让水中动作陆面化，采用模拟动作训练，增强动作感觉，由陆地动作模拟训练向水下动作迁移。③循序渐进改进训练条件，让学习逐步接近真实环境。由固定支撑到半固定支撑，再到无固定支撑，逐步提高学习要求，符合动作技能学习的规律。④趣味游戏，提高水性，改善惧水心理，提高学习兴趣，为进一步技能学习打下良好的心理基础。

三、水平三（五至六年级）实例赏析

※课例：足球——原地正面头顶球（五年级）[1]

1. 指导思想

在“健康第一”的思想指导下，以激发学生的运动兴趣为起点，注重学生身体、心理等整体健康水平的提高，激发学生的足球运动热情。

2. 教材分析

足球是学生最喜欢的体育活动之一，其特点是集体性和竞争性强，是综合锻炼身体的较好素材，是树立群体意识，培养应变能力、团结合作精神的有效手段。五年级的小足球教学应让学生多熟悉球性，提高控球能力。其为以游戏的形式为教学手段，培养学生学习的兴趣，充分体现小足球集体性和趣味性强的特点。

3. 学情分析

本课的教学对象是五年级的学生，他们正处在生长发育的关键时期，对体育活动有着广泛的兴趣。他们生性活泼好动，模仿能力强，个性突出，敢于表现自我，但自控能力差、集体意识淡薄、学生身体素质差异大，同时他们注意力集中时间短，且容易受外界影响等。

4. 学习目标

（1）了解头顶球的基本技术、练习方法和锻炼价值。

（2）掌握头顶球的基本动作，以及蹬地、收腹、额头顶球的技术要领。

（3）发展腰腹力量和全身的协调能力，提高互相配合的合作意识和合作能力。

[1] 范德举.“足球：原地正面头顶球”教学设计[J].体育教学，2015（8）：2.

5. 教学流程（单元第二次课）

热身：戏球（自创戏球动作和方式）、活动操——找准额头部位，头触固定球——学习原地正面头顶球（展板学习、讲解示范、口诀复述）——顶手持固定球、自抛自顶网兜球——顶同伴的手抛球——顶球射门练习、竞赛——课课练：掷“幸运色子”（“色子”六面分别是腹部夹球跳、头顶球半蹲起、俯卧撑头触球、抛球击掌、坐立夹球举腿、高抬腿膝触球）。

6. 实例评析

该课例中促进学生运动技能习得的策略有：①以自主探究的戏球为切入点，激发学生学习的兴趣。兴趣是最好的教师，当学生自创戏球动作和方式出现新的玩法，学生的注意力即可被吸引。②遵循运动技能学习规律，由浅入深，逐步提高动作技术要求和难度。五年级学生虽然有一定的动作理解能力，但是肌肉感觉、空间感觉，特别是身体与物体间的空间感觉欠佳，先从静态的头触球，到自抛自顶网兜球，再到头顶同伴的手抛球，最后顶球射门，逐渐增加难度。③采用多样的教学手段，多层面增加学生的运动表象。直观的展板、动态的示范、简要的口诀从视觉、动觉、语言全方位建立学生的运动表象。④竞赛法。竞争激励是激发运动技能学习动机的常用方法。有竞争就有比较，有比较就有差距，有差距就有学习的方向和目标。⑤练习的不确定性使得枯燥的“课课练”更加趣味化，趣味带来的积极情绪可以消除体能练习的疲劳感，快乐的学习过程可以提高学习效果，为学生运动技能学习打下良好的身体基础。

四、水平四（七至九年级）实例赏析

※课例：田径——蹲踞式跳远（八年级·同课异构）

本教材内容将引用两位教师的不同教学课例进行评析。课例1中教师是对八年级的男女生混合班进行的教学，为蹲踞式跳远教材内容设置了五个课时，本次课是第二课时。课例2是对八年级的男生班进行的教学，为蹲踞式跳远教材内容设置了六个课时，本次课是第三课时。

1. 教材分析

蹲踞式跳远是通过快速、有节奏地助跑，积极有力地起跳，克服自身重力取得跳跃远度的项目，是学生运动会中常见的比赛项目，具有一定的竞争性，是学生非常喜欢的一个运动项目。课程标准在七至九年级“运动技能”之“掌握运动技能和方法”中，明确要求基本掌握并运用一些田径类的运动项目，跳远名列其中，说明在初中教材中，跳远占据一定的位置。蹲踞式跳远的学习，对于学生锻炼下肢、躯干肌肉群力量有显著效果；同时可培养学生勇敢顽强、积极进取的精神，对学生良好心理素质的形成和意志品质的培养有积极的促进作用。

蹲踞式跳远分为助跑、起跳、腾空和落地四个技术环节，助跑积极，踏跳果断，起跳腾空后，起跳腿积极向摆动腿靠拢、屈膝团身，控制成蹲踞姿势，落地前小腿积极前伸缓冲落地。在蹲踞式跳远教学中，从助跑与起跳的结合、腾空身体控制、多种多样的跳跃方式练习三个方面发展学生速度素质、节奏感，增强学生体质，提高学生弹跳能力和身体的协调性。

2. 两位教师不同的蹲踞式跳远的教学课例

（1）课例1[1]：

①指导思想：在“健康第一”的思想指导下，充分体现“以生为本”的教学观，以培养兴趣为基础，从学生掌握技术动作入手，提高学生在学习中思考、在思索中求发展的能力。以自主合作学习和探究学习为手段，充分利用多功能跳远辅助教具帮助学生学习蹲踞式跳远起跳的技术动作。让学生在小组合作中学习知识，锻炼身体，培养顽强拼搏的良好意志品质。

②学情分析：在第一次课时中，学生基本熟悉完整动作，并学习巩固了助跑技术，本课是第二课时，重点学习蹲踞跳远的起跳技术，通过多种辅助练习，强化起跳技术中的“三快”（上板快、摆动快、蹬伸快），学会正确的起跳技术，为完整技术奠定基础。八年级（初中二年级）学生正处于快速生长发育期，接受新鲜事物的能力和好奇心都特别强，学习锻炼非常积极。但是学生坚持锻炼能力较弱，心理承受能力和稳定性都不高，这需要在教学中采用灵活多样的学习方法，激发兴趣，提高注意力，确保教学活动的顺利进行。

③教学目标：了解蹲踞式跳远中起跳技术的“三快”；在学习中，85%左右的学生完成蹲踞式跳远快速起跳动作，40%左右的学生能做出蹬摆充分的动作；学生在学习中能相互关心鼓励，并合作完成练习。

④教学流程：课堂常规——行进间热身操活动——学习三步助跑起跳——学习五步助跑起跳——自然助跑起跳——游戏：海龟上岸——整理、放松、总结。

[1] 李超：《田径——蹲踞式跳远（八年级）教学设计》，《第六届全国中小学体育课堂教学观摩活动优秀展示课教案集》，2015年出版。

⑤教学策略：在自主、合作、探究学习的基础上，充分利用辅助教具进行教学，使用踏板发声教具进行三步助跑踏板练习，解决上板快技术；使用具有可调节升降支架的摆腿辅助教具，摆动腿触碰装置进行五步助跑踏板练习，解决摆动快技术；使用蹬伸辅助教具即悬挂小球进行起跳蹬伸头顶球练习，解决蹬伸快技术；最后使用全套辅助教具进行自然助跑踏板起跳的完整练习。

⑥辅助教具图（图7-1）：

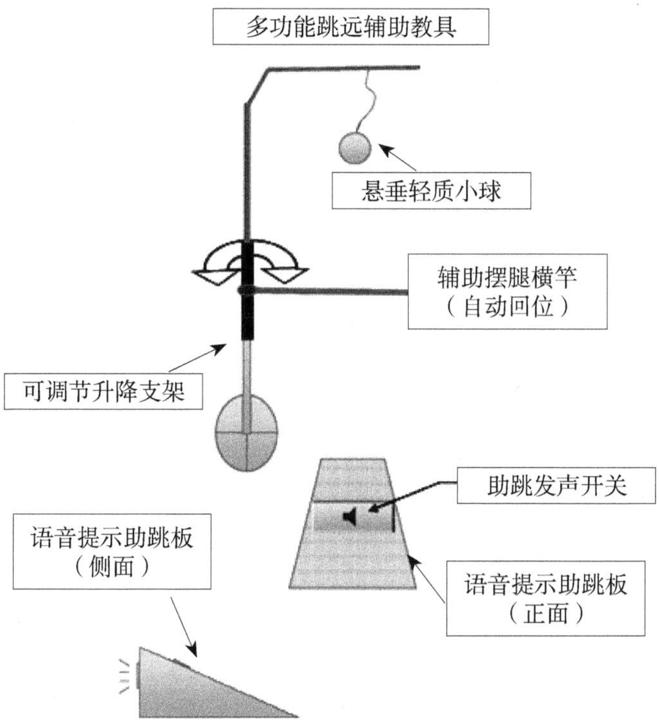

图7-1　多功能跳远辅助教具

（2）课例2[1]

①指导思想：本次课设计以《义务教育体育与健康课程标准（2011年版）》为依据，贯彻国家体育课程改革精神，坚持“健康第一”的指导思想。根据学生的个体能力差异，在教学中进行区别对待，以讲解、观察、示范、启发、模仿、

[1]　常连霞:《田径——蹲踞式跳远（八年级）教学设计》，《第六届全国中小学体育课堂教学观摩活动优秀展示课教案集》，2015年出版。

分解、展示为主要教学方法，增强学生的合作探究能力，充分发挥教师的主导作用。在课堂教学中，教师不断引导学生思考，学生主动参与到课堂教学中来，每位学生都能体会到学习的乐趣与成就感，通过教学既能够掌握运动技能，又能够增强学生体质，促进学生的全面发展。

②学情分析：在身心基础方面，学生处于青春发育的旺盛时期，具备了一定的身体素质，有比较强的思维能力，强烈的求知欲和表现欲。对新鲜事物的接受力强，乐于接受挑战，但也存在情绪化强、注意力不集中、容易受环境和他人影响的情况。同学之间友爱团结，善于模仿和学习，敢于表现自我。在技能方面，大部分学生有一定的跳跃基础，但在运动技能的掌握方面还停留在一个较低的水平，例如，助跑与踏跳衔接不够、没有腾空等。为此，本单元的教学从基础开始学起，利用多种多样的跳激发学生的学习欲望。本课采用多种学习方法，由简到难，层层深入，充分发挥学生的主体作用，努力促进学生达到教学目标，利用自主学习法、探究学习法、协作学习法，培养学生的团队精神。本课练习中，学生可能会遇到起跳身体前旋、臀部坐回沙坑、小腿前伸不够等问题。

③学习目标：了解蹲踞式跳远的基本技术环节，明确腾空与落地的动作方法，知道提高跳跃能力的方法。通过学习，基本掌握正确的腾空与落地动作方法，80%的学生能够做到腾空后起跳腿向摆动腿积极靠拢，屈膝团身成蹲踞，落地时小腿积极前伸，着地瞬间屈膝缓冲；50%的学生能在腾空后很好地控制身体姿势。通过教学发展身体平衡能力和协调性，提高肌肉力量和弹跳力。培养勇于挑战、大胆创新的拼搏精神和坚强、果断的意志品质，提升团队协作的意识和乐于自我展示、主动发展的人格魅力。

④教学流程：课堂常规——热身搏击操——专门性练习：双人提膝跳——学习蹲踞式跳远腾空步与落地技术——腹肌力量练习——放松游戏：节拍器——总结下课。

⑤教学策略：采用分组不轮换形式进行五个内容的练习（30米小步跑接冲刺跑和高抬腿跑接冲刺跑；复习上一步腾空步；利用跳箱上一步腾空步并腿落地练习；利用跳箱三步助跑从高往低的腾空步并腿落地练习；利用双层垫子从低往高的腾空步并腿落地练习）。采用循环练习法进行分层练习（沙坑5～7步的完整练习；3～5步从高往低腾空与落地练习；从低到高腾空与落地练习；利用踏板过障碍练习）。除了练习形式多样外，还采用分解动作挂图、教师讲解、示范、展示、评价等多种教学策略。

⑥辅助教具：大体操垫、标志桶、跳箱盖、皮筋。

3. 课例评析

跳远是课程标准在七至九年级“运动技能”之“掌握运动技能和方法”中的一个项目，在初中教材中占据一定位置。两名教师对蹲踞式跳远教材都有很好的理解，对该运动技能有深层次的分析，结合各自学生学情如何进行运动技能的教学，他们都有一定的想法和策略。

第一个课例抓住了学生的身心特点，从教学道具上下功夫，改进踏板。这名教师爱动脑筋搞发明，创新的多功能跳远辅助教具由发声踏跳板、可调节升降支架和悬挂小球组成。学生正确踏中踏板，则会发出声音，没有踏中踏板则不会发声。除了提高学生的新奇感，也是运动技能学习的一种反馈方式，解决了教师观察不力、反馈不到位和不及时的弊端。另外，教具的辅助也解脱了教师，教师可以将精力分配在动作的分析或个体辅导上，学生也可以快速获取运动技能学习过程中的信息，加工信息，提高或反思、改进动作，如踏板时听到声音迅速立腰、蹬伸，没有听到声音则在之后回忆踏板为何不到位。升降支架可以提醒学生摆动腿快速收腿，根据学生不同的水平层次调节高度，从学生的能力水平出发，区别对待，更利于个人运动技能的提升。蹬伸顶悬挂小球则提示学生有意向上充分蹬摆，既增加了学习的趣味性，也符合动作技术原理，从而促进学生的运动技能习得进程。

第二个课例从动作的特点出发，在对细致入微的技术动作的模仿练习上下功夫：从热身开始就专门针对腿部的协调性、柔韧性进行热身，为运动技能习得提供良好的身体素质基础；结合跳远的动作技术结构，对空中的动作进行模拟练习——提膝跳，体会向上收大腿的感觉，这个专门性练习可以提高蹲踞式跳远腾空步的正向迁移；之后进行主体部分学习，将教学中的重点（起跳腿向摆动腿积极靠拢，屈膝团身成蹲踞，落地时小腿积极前伸，着地瞬间屈膝缓冲）利用跳箱、双层垫子、踏板等教具模拟转化为从低往高腾起和从高往低着地两部分的教学，也有助于运动技能的正向迁移。

五、水平五（高中阶段）实例赏析

※课例1：田径——跨栏跑[1]

1. 指导思想

坚持“以生为本、健康第一、健身育人”的指导思想，以教材为依托，结合学生的年龄、身心特点，面向全体学生，营造自主体验、愉快合作的学习氛围；提供让学生思考的空间，倡导学有所思、思而后学的教学过程，学生在观摩演练、比较发现、感受领悟中掌握动作，提高学生参与练习的兴趣，让学生在跨栏跑学习中能有效地发展力量、灵敏性和柔韧性等身体素质，培养克服困难和勇敢顽强的精神，同时提高学生在日常学习和生活中的突发情况下跨越障碍的能力。

2. 教材分析

跨栏跑是田径项目中观赏性很强但技术较复杂的项目之一，它要求在短时间内，在保持快速跑动的情况下，连续跨越栏架，对学生的速度、力量、柔韧性、节奏感和时空感有较高要求，也是培养学生勇于克服困难、敢于挑战自我、努力超越自我的较好项目。本单元共六个课时，本课为第三次课，重点是起跨腿的技术动作，难点是起跨腿的快速提拉。通过队友激励、探究学习，培养学生友好交际、合作互助的良好途径，也顺应了新课程标准中心理健康与社会适应的目标要求。

3. 学情分析

授课对象为高中二年级男生，他们具备一定的身体素质，但他们在空中的本体感觉能力较差。另外，随着年龄的增加，模仿能力逐渐减退，他们对动作技术的分析能力尚未形成，所以在高二年级开展跨栏跑存在一定的难度。在教学中应多进行一些辅助性练习和身体协调配合的练习，以帮助学生在初学的过程中消除恐惧心理，引导学生利用各种方法反复练习且在教师的启发下通过相互间的学习和交流，了解跨栏跑的相关知识，形成必要的动作技术，为全过程学习的顺利进行打下良好的基础。同时，学生正值青春期，朝气蓬勃，在保障安全的情况下，引导学生追求成功，培养学生勇于尝试、不畏困难、挑战自我、超越自我的积极健康心态。

---

[1] 李晓芸：《田径——跨栏跑教学设计》，《第六届全国中小学体育课堂教学观摩活动优秀展示课教案集》，2015年出版。

4. 学习目标

（1）基本了解起跨腿动作技术要领，建立较规范的起跨腿动作概念。

（2）体验跨越低栏，发展腿部力量，提升灵敏性、柔韧性等素质。

（3）培养自主、探究、合作学习能力，消除恐惧心理，建立健康交往、勇于尝试、挑战自我的积极健康心态。

5. 教学过程

开始部分：热身游戏——“找朋友”。调节课堂氛围，同时活动身体各关节，培养学生的交际能力，激发学生的兴趣，达到最佳运动状态，预防运动损伤。

主体部分：学生尝试跨越，结合教师的完美示范，引发进一步学习起跨腿动作技术的兴趣。①进行辅助性练习（跨栏坐、摆臂）。②结合栏架上动作技术图示，进行起跨腿的分解技术动作学习：无栏架的动作模仿练习（原地的单人练习、两人互助练习、行进间集体练习）和有栏架的辅助练习（原地栏侧体会快速提拉、行进间栏侧体会快速提拉、自主尝试跨越低栏）循序渐进地学习跨栏跑技术。③自主、合作、探究学习。在小组长的带领下分组进行练习，学生结合教师点评和互评，利用展板动作图示、平板电脑播放视频反思自我，自主选择需要练习的内容。④小组推荐或学生自荐展示完整跨越5个栏并给予点评，鼓励其他同学挑战自我、超越自我。⑤体能训练，结合本课学习内容将上肢力量和腹肌作为体能训练的主要内容。

结束部分：在音乐的伴奏下进行肌肉放松，自我放松和互助放松相结合，充分放松身心，然后进行小结，肯定成绩，提出表扬，鼓励大家继续努力，精益求精。

6. 课例评析

此课例在提高学生运动技能习得上有五点策略：①游戏引导学生互动、交际，结合游戏进行各种热身辅助跑，提高了热身的趣味性，辅助跑结合跨栏动作选择，也提高了热身效果。②利用辅助练习进行动作表象训练，将空中动态动作地面静止化、复杂的技术简单化，降低完成动作的难度，突出重点，循序渐进地解决难点。③通过学生喊口令提高动作技术要领记忆，每次布置学生任务时，师生反复地问答“面对困难——跨过去”，来增强学习信心，克服心理障碍，活跃课堂，营造互帮互学的氛围。④利用自制栏架上动作图示、平板电脑播放视频进行自主学习，分小组并在组长带领下合作、探究学习，最大限度地调动学习的积极性和主动性，人人都是教师，人人都是学生，互相学习，共同进步。⑤以竞赛形式进行小组动作展示，在竞争下既培养了学生团结互助的意识，又激发了学生挑战自我、超越自我的精神品质。

※课例2：羽毛球——正手发高远球[1]

1. 指导思想

本课以“健康第一”为指导思想；以《普通高中体育与健康课程标准（2017年版）》为基本理念；以面向全体学生为宗旨；以发展学生专长、培养终身体育意识为目的，结合实际，充分利用课程资源。通过各种教学手段，让每个学生参与其中，体验运动带来的乐趣。使学生身心得到全面发展，为终身体育奠定基础，形成长期坚持锻炼的意识和能力，促进学生体育与健康学科核心素养的培养。

2. 教材分析

羽毛球运动具有较强的趣味性和竞技性，中学生参加羽毛球活动，不仅可以使身体得到全面的锻炼，还能培养青少年自信、勇敢、果断等优良的心理素质。羽毛球正手发高远球技术是羽毛球运动中最基础和最主要的部分，因此，学好该技术对羽毛球运动以后的动作技术学习有着积极的促进作用。

3. 学情分析

本课的教学对象是高中一年级的学生，这一时期的学生具有独立思考、自主探究的能力，接受能力比较强而且快，在课堂上能够自我约束，学生的观察力具有一定的目的性、系统性、全面性。本次课是羽毛球模块中羽毛球移动与发球技术单元的第二次课，学生有一定的羽毛球运动基础，但水平参差不齐，且部分学生的动作不规范。通过学习正确的羽毛球技术动作，能够提高学生的羽毛球运动水平和兴趣。

4. 学习目标

（1）知道正手发高远球的各个动作名称及动作要领，知道练习发球及提升专项身体素质的方法和手段。

（2）初步掌握正确的正手发高远球技术动作，60%的学生能流畅完成发球动作，且发过对方中场，20%的学生可以准确发高远球到底线附近；提高上下肢协调运动的能力。

[1] 潘月光. 羽毛球选修模块正手发高远球教学设计[J]. 体育教学，2015，35（6）：49-52.

（3）能够与其他学生互帮互学，体验羽毛球运动带来的快乐。

5. 教学过程

（1）专项热身：热身跑（U形、S形、8字形跑，按教师提示进行并步、交叉步、单脚跳、跨越垫子、钻球网等动作）——热身操——旋臂转腕的挥拍练习。

（2）学习正手发高远球：熟悉球性练习（复习正手握拍、自述动作重点）——教师讲解示范正手发高远球动作技术要领，学生复述——正手发高远球挥拍练习——释放球练习、原地轻击球练习、轻击球与定位击垫子轮换练习——指定场地发球（提示由近及远，逐渐拉大发球距离）——对角线发球练习——教师适时选出学习小组体会体操垫上挥“重”拍——教师适时选出目标完成较好学生进行拓展练习。

（3）力量—灵敏素质练习：跳绳——仰卧举腿交叉——仰卧起坐（女）、俯卧两头起（男）——脚部高位直臂俯卧撑（女）、脚部高位俯卧撑（男）。

6. 课例评析

此课例在提高学生运动技能习得上有五点策略：①遵循运动技能学习规律，注重运动技能学习的层次性、逻辑性。先进行挥拍练习，再进行释放球练习、轻击球练习、击垫子练习，接着进行由近及远拉大距离发球练习、对角线发球练习，最后结合学生的练习情况进行学习小组练习和拓展练习。②遵循教育的发展性原则，教学目标应高于现有水平。由于个体运动能力的差异性，导致课堂教学中学生的技能学习不可能同步化，这就要求教师把握学情，区别对待，让动作不规范的学生进行体操垫上挥“重”拍练习，让完成目标较好的学生进行拓展练习。③加强第二信号系统与第一信号系统的联系作用。运动技能是受意识支配的复杂运动，它是在第二信号系统的参与下，受语言的刺激，由大脑皮层第二信号系统扩散到第一信号系统，让学生口述动作要领，可以加深对动作的理解，加强对动作的控制。此课例中让学生自述已授课内容动作要领来回忆复习动作和复述新授课内容动作技术要领，可以使学生将注意力集中在动作自省、自查上，自主改进动作技术。④尊重学生的性别差异。从生理角度来讲，高中男女生在形体和身体素质上的差异日益显著，这是不可忽视的事实。教师在体能练习过程中以不同要求来解决男女生差异问题，体现了人文关怀。⑤借助辅助器材，创新练习形式。为了让学生体会击“重”拍的感觉，结合动作特征，借助垫子，调整高度，让学生在动作体验中获得直接的肌肉感觉，为运动技能习得提供更多的认知基础。

第八章 体育教师专业发展策略

当今社会，育人为本、实践取向、终身学习的教师教育理念已经被广泛认同。对于体育教师而言，如果仅仅凭借其在高等教育阶段获得的知识与技能，已经无法胜任工作，不远的将来终将被所从事的教育事业所淘汰。因此，体育教师必须在学校教育教学工作中不断地加强体育教育理论与实践的研究，提升与教学活动相关的知识、技能、能力等综合素质，并使此过程持续整个职业生涯，从而实现自身专业发展。本章主要对体育教师专业发展的时代要义、相关概念、基本现状、目标体系、课程设置、发展路径及新理念下体育教师专业发展的策略等方面进行了分析、阐述，以期对体育教师的专业发展有所增益。

第一节 体育教师专业发展概述

一、教师专业发展的时代要义

在国际社会，美国于20世纪80年代中后期，掀起了教师专业发展的改革热潮，先后发布了《国家处于危险之中，教育改革势在必行》《国家为21世纪的教师做准备》《明日的教师》等关于教师教育的改革报告，其主旨都在于加强教师的专业发展。日本于1971年在中央教育审议会上通过的《关于今后学校教育的综合扩充与调整的基本措施》中指出，“教师职业本来就需要极高的专门性”，强调应当确认、加强教师的专业发展。在英国，随着教师聘任制和教师证书制度的实施，教师专业发展进程不断加快，20世纪80年代末建立了旨在促进教师专业发展的校本培训模式，并于1998年由教育与就业部颁布了新的教师教育专业性认可标准“教师教育课程要求”。

我国自20世纪80年代以来，教师的专业发展成为教师专业化的方向和主题。人们越来越认识到，提高教师专业地位的有效途径是不断改善教师的专业教育，从而促进教师的专业发展。只有不断提高教师专业发展的水平，才能使教师成为一种受人尊敬的职业，成为一种具有较高社会地位的行业。我国在2010年7月颁布的《国家中长期教育改革和发展规划纲要（2010—2020年）》（以下简称《纲要》）中明确指出：百年大计，教育为本。教育是民族振兴、社会进步的基石，是提高国民素质、促进人的全面发展的根本途径，寄托着亿万家庭对美好生活的期盼。强国必先强教，优先发展教育、提高教育现代化水平，对实现全面建设小康社会奋斗目标，建设富强、民主、文明、和谐的社会主义现代化国家具有决定性意义。为了贯彻落实《纲要》精神，教育部研究制定了《幼儿园教师专业标准（试行）》《小学教师专业标准（试行）》《中学教师专业标准（试行）》。这一系列“专业标准”是国家对幼儿园、小学和中学合格教师专业素质的基本要求，是教师实施教育教学行为的基本规范，是引领教师发展的基本准则。[1]对于教育的发展而言，最重要的因素之一在于教师队伍的建设，习近平总书记于2014年9月9日在北京师范大学座谈时就着重强调了教师队伍建设对教育发展的重要性。[2]由此可见，教师专业发展是我国教育发展的基本内容，也是深化课程改革、提高教育质量的基本要求。

二、教师专业发展的概念

教师专业发展是当代教师教育研究领域的一个国际流行的概念，既涉及政府的教师管理，也涉及学校的教师队伍建设；既有群体动力学的因素，也有个体自主选择的意愿；既是学术界研究的热点领域，又是实践中的现实对象，没有一个领域像教师专业发展这样全方位地触及学术、实践和政策领域。对教师专业发展概念的理解，由于不同学者之间的研究视角和侧重不同或领域不同，在认识上存在着一定的差异。

霍伊尔认为，教师专业发展是指为了能有更好的实际教学效果的过程，教师

[1] 杨文轩，张细谦. 体育与健康课程实施模式探索[M]. 北京：高等教育出版社，2015：282.

[2] 习近平. 做党和人民满意的好教师——同北京师范大学师生代表座谈时的讲话[EB/OL]. [2014-09-09]. http://www.moe.gov.cn/.

需要在其职业生涯发展的每个阶段不断更新和充实自己的知识和技能。[1]

佩里认为，教师专业发展是指在教师职业生涯中，教师个人的教学技能不断地提高、知识结构不断地完善与深化、教育观念和创新意识不断地更新与强化，是教师自身在本专业领域的不断成长、进步与成熟。[2]

叶澜、白益民认为，教师专业发展是教师的专业成长或教师专业结构不断更新、演化、丰富的过程。依据教师专业结构，教师专业发展可有观念、知识、能力、专业态度和动机、自我专业发展需要、意识等不同侧面；根据教师专业结构发展水平，教师专业发展可有不同等级。[3]

吕达和刘捷认为，教师专业发展是教师个体连续不断发展的专业历程，这个过程是动态和终生的，是教师不断更新和丰富知识、提高专业能力的过程。[4]

任其平认为，教师专业发展是教师以自身专业素质的提高与完善为基础的专业成长、专业成熟的过程，也是由一个非教师专业人员在其知识、技能和情感等方面素质转向教师专业人员具有的素质的过程。[5]

教育部师范教育司（现更名为教师工作司）在组织编写的《教师专业化的理论与实践（修订版）》中指出，教师专业发展是教师个体不断发展和不断更新知识、提高专业能力的过程，是教师职前培养与职后进修一体化的必然要求。[6]

综合上述，国内外学者关于“教师专业发展”的理解，主要强调了教师的个体专业发展，是教师个体自身的内在素质与职业环境等因素相互关联的变化过程，也是教师变化中的一种状态，可以是从事教师职业中的人的发展，还可以理解为教师在专业上的成长。可以从教师成长的过程去审视，也可以从教师成长的结果来期待。从教师成长过程的角度看，教师专业发展贯穿一个教师整个职业生涯过程，是一个包括了有着不同发展特点的阶段、逐步迈进和提高的过程；从教

[1] Hoyle E. Professionalization in deprofessionalization in education. In Eric Hoyle&Jacquetta Megarry（Eds.）, World yearbook of education 1980：Professional development of teachers [M]. London：Kogan Page, 1980：42.

[2] Perry P. Professional development：the inspectorate in England and Wales. In Eric Hoyle&Jacquetta Megarry（Eds.）, World yearbook of education 1980：Professional development of teachers [M]. London：Kogan Page, 1980：143.

[3] 叶澜，白益民，王相，等. 教师角色与教师发展新探[M]. 北京：教育科学出版社，2001：226.

[4] 吕达，刘捷. 课程发展、教师专业发展与学校更新——第七届两岸三地课程理论研讨会综述[J]. 课程·教材·教法，2005（6）：4-9.

[5] 任其平. 论教师专业发展的生态化培养模式[J]. 教育研究，2010（8）：62.

[6] 教育部师范教育司. 教师专业化的理论与实践（修订版）[M]. 北京：人民教育出版社，2003：46-50.

师成长结果的角度来看，教师专业发展是教师达到所期待的一种专业发展水平或专业成熟程度，但它不是一个静态结果的期待，包括了教师具有的专业理想和信念、专业知识与能力、专业伦理和精神等。因此，教师专业发展既需要有专业成熟水平标准对照，也需要有教师不断成长迈进的过程，而更需要的是在教育教学实践中实现教师在职业生涯中的不断提高，并主动、积极地向专业成熟和更高水平方向迈进。当然，应当知道或者很明确的是，存在于社会发展中的教师职业，教师专业发展是不可能独立于社会发展的时代背景和整个教育环境而进行的，需要社会各方面的关心和支持，教师专业的发展过程中需要与教育教学中各个环节的主体有千丝万缕的联系，如国家出台的关于教育和教师的相关政策支持，教育管理者的信任与配合，教学过程中学生、家长和同事的合作与配合等，这些对教师的专业发展或多或少都会产生一些有效的作用。因此，教师专业发展是一个多主体协同努力并参与的过程。

三、体育教师专业发展的概念与内涵

（一）体育教师专业发展的概念

通过对教师专业发展的理解，对于体育教师而言，其专业发展是指在整个职业生涯中，通过专门训练（包括体能、技能等训练）和终身学习，逐步习得体育教育的专业知识与运动技能，并在教学实践中不断提高自身的教学艺术水平，从而成为一名优秀的体育教育专业工作者的整个过程。[1]从专业发展的本质来看，体育教师专业发展的终极目的就是要通过选择合适的发展模式、手段、途径与方法，实现从职业到专业的蜕变，成长为真正的无可替代的专业人士。[2]

从教师专业发展的理论中可以知道，在体育教师专业发展的动态过程中，其职业生涯的不同阶段有着不同的发展需求与特征。体育教师的专业发展与从事的专业时间有关，但并不表明体育教师有了一定时间的从事体育教育教学的经历就等同于有了同样时间的体育教育教学经验。因此，体育教师的专业发展虽然是一个与时间和人的身体机能状况存在着必然关系的过程，但它并不仅仅是体育教师

[1] 尹志华，汪晓赞. 农村中小学体育教师专业化的现实困境与路径重构——基于社会学的视角[J]. 南京体育学院学报（社会科学版），2009，23（4）：116-120.

[2] 尹志华，毛丽红，汪晓赞，等. 对话、规训与权力：一个分析体育教师专业发展的三维框架[J]. 北京体育大学学报，2013，36（2）：100-104.

在其职业生涯中的一个时间上自然延伸和人体生理机能上的变化，而更是体育教师在其职业生涯中的思想观念、知识与能力、情感与品质上的一个动态的、不断向前迈进的过程，是体育教师在其职业生涯过程中始终需要不断地努力提高自己在培养学生方面所需要的知识、教育教学水平和职业理想、职业道德以及虚心学习与刻苦钻研的过程。

体育教师专业发展是体育教师作为一种职业，从体育教师职业状态转变为体育教师专业状态的过程和程度。体育教师专业发展是建立在体育教师职业的独特性即体育教师专业性基础上的，旨在明确体育教师职业的不可替代性，提高体育教师职业的社会地位，保障体育教师队伍的专业水平，实现体育教师队伍素质水平及其工作质量的全面优化。体育教师专业发展是一个持续不断的发展过程，在这个过程中，体育教师的专业知识不断增长、不断丰富，专业技能不断提高，体育教师专业发展既是一种状态，又是一个不断深化的过程。

（二）体育教师专业发展的含义

体育教师专业发展是增进体育教师的专业知识、技能和态度的过程。它包含着体育教师作为一个专业技术人员在职业道德、专业知识、专业能力、专业人格等方面有意识的、持续的、系统的发展，这个过程是一个由表及里、由浅入深，不断丰富、升华的过程。

1. 强化职业道德

体育教师的职业道德是体育教师从事教育教学活动时的基本道德规范，是体育教师对职业行为的自觉追求，也是体育教师专业发展的道德基础。如果不能认真遵守职业道德，那么体育教师的专业发展就是无源之水、无本之木。体育教师职业道德是以敬业精神为基础、以协调师生关系为主要内容的道德规范。乐于奉献、坚持公正是时代对体育教师职业的基本道德伦理要求。

2. 拓展专业知识

体育教师的专业知识是体育教师职业区别于其他职业的理论体系。体育教师在具体教学情境中，把学科知识、学生知识、课程知识、评价知识、教学方法知识等“活化”之后，经由自身价值观做出判断、选择、重组而形成的动态知识，是体育教师主动建构、积极创造的结果。可以说，体育教师在创造了新的学科教学知识时，也创造了崭新的自己。

3. 提升专业能力

专业能力的实质是体育教师在教育教学活动过程中运用一定的专业知识和经验顺利完成某种教育教学任务的活动方式和本领。体育教师的专业能力是其综合素质的最突出的外在表现，也是评价教师专业性的核心因素。体育教师的专业能力主要包括：教学设计能力、教学讲解示范能力、教学沟通能力、驾驭课堂能力、教育研究能力和创新能力。创新教育思想、教学内容、教学方法、教学模式等的能力，是提升教师专业能力的追求与归宿。

4. 构建专业人格

体育教师的人格形象是学生亲近或疏远体育教师的首要因素。理想的体育教师人格包括善于理解学生、和蔼可亲、真诚质朴、公平正直、富有耐心、善解人意、开朗乐观、诙谐幽默、宽容大度等。专业人格的建构，是体育教师在教育教学过程中随着对教育的本质与价值、对学生生命与特征、对自我生命与生活的深切感悟理解的基础上而逐步形成的，是体育教师在长期的教育实践中对职业道德和教育理想自觉追求的结果与内化，是体育教师专业发展、心智成熟的表现。

5. 发展专业自我

体育教师的专业自我，就是体育教师在职业生活中创造并体现符合自己志趣、能力与个性的独特的教育教学生活方式以及个体自身在职业生活中形成的知识、观念、价值体系与教学风格的总和。体育教师专业自我的形成过程是在体育教师与外界环境的相互作用过程中，教育教学素养不断提高的过程，是体育教师职业生活个性化的过程，也是良好教师形象形成的过程。

四、体育教师专业发展的基本现状

（一）当前体育教师专业发展日益受到重视

随着教师专业发展在全球范围内的广泛实施，对教师的专业素质要求越来越高，教师的专业发展也进一步受到重视。体育教师在学校体育教育中承担着促进学生健康成长和全面发展的重要使命，体育教师的专业发展也日益受到各方面的重视。各级教育管理部门开始强调体育教师培养培训的连续性以及体育教师的可持续发展性，体育教师的业务学习日趋频繁，为一些体育教师的专业发展提供了很好的提升及拓展平台。

对体育教师专业发展的重视也主要体现在以下两个方面：一是体育教师自身发展的需求。体育教师从思想认识上加以重视，使得教师的专业发展根植于自身的教育教学实践中，能够摆正自身的工作态度，在教中学，在学中教，专业能力不断自我提升，成为一名终身学习者。二是外界对体育教师的重视。蓬勃开展的全国及省市中小学体育教师教学技能比赛、各省市高校体育专业师范生教学基本功比赛、全国各地设立的不同等级的体育教师工作室等都体现出各级教育管理部门对体育教师培养的重视，越来越多的体育教师得到外出学习、培训、交流的机会，从而提升了体育教师专业发展的水平。

（二）体育教师专业发展的制度化建设程度逐步提高

为促进中小学教师专业发展，建设高素质中小学教师队伍，根据《中华人民共和国教师法》和《中华人民共和国义务教育法》，我国制定了《中（小）学教师专业标准（试行）》（以下简称《专业标准》）。《专业标准》的制定与实施意味着教师专业标准化时代的到来，是落实《国家中长期教育改革和发展规划纲要（2010—2020年）》提出的“严格教师资质，提升教师素质，努力造就一支师德高尚、业务精湛、结构合理、充满活力的高素质专业化教师队伍”的重要举措[1]。《专业标准》的制定，也填补了中华人民共和国成立以来明确教师专业要求，健全教师专业管理制度的政策性文件。《专业标准》“学生为本、师德为先、能力为重、终身学习” 的基本理念从专业（行业、职业）领域，对教师教育改革和教师发展指示了方向，反映了教师专业发展的时代诉求。[2]

目前，国内一些学者也在积极地探索体育教师专业标准的理论与实践。体育教师专业标准一旦出台，将标志着体育教师专业发展的新高度。全面认识体育教师专业标准构建的意义与价值，有助于体育教师教育教学工作的主动开展与实施，树立学科自尊与他尊，提升体育教师整体素质，实现体育教学质量的提高。体育教师专业标准将促使体育教师由职业向专业转变，实现体育教师专业发展，从而更好地促进我国教育事业的发展。

[1] 中华人民共和国中央人民政府. 国家中长期教育改革和发展规划纲要（2010—2020年）[EB/OL]. [2010-07-21]（2017-12-20）http：//www.gov.cn/jrzg/2010-07/29/content_1667143.html.

[2] 教育部教师工作司. 中学教师专业标准（试行）解读[M]. 北京：北京师范大学出版社，2013：1-3.

（三）体育教师专业发展的自主意识有待加强

体育教师的专业发展与体育教师自主意识的发展有着密切的关系。体育教师专业发展的过程也是体育教师自身发挥其主观能动性的过程。当前对体育教师实施的诸如校本研修、高端培训、参与科研、撰写论文等培训方式不胜枚举，但发展的现状仍然不够理想，归纳起来包括以下问题：一是对专业发展的起点认识不清，导致体育教师发展的功利性；二是对工作本身的认同感不强，导致体育教师发展的滞后性；三是薄弱的专业发展基础，导致体育教师发展的低层次性；四是专业发展途径的表面化，导致体育教师发展的低效性；五是对专业发展效果缺乏及时反馈，导致体育教师发展的弱实效性。[1]实际上，之所以存在这么多的问题，关键在于发展方式存在弊端。因此，体育教师专业发展的驱动方式亟须转变，最基础的转变在于出发点的转变，即由“自上而下”转变为“自下而上”。[2]也就是说，体育教师的专业发展并不能简单地依靠外部的支持来实现，它需要体育教师在其职业生涯中不断反思、不断学习、不断自主发展来完善。体育教师只有通过主动参与、不停探究和不断反思，才能实现教师专业素质的持续发展和个性的全面提升。当然，沿海地区因为经济发达，外部给予体育教师专业发展的机会相对比较多，而中西部地区则情况较为严峻，很少有机会参与外部专业发展活动。另外，在很多农村地区，仍有相当多的兼职体育教师存在，在行政村一级的小学阶段尤为明显（表8-1）。

表8-1 2003—2014年我国中学体育教师城乡数量同比增幅

年份	城市	县镇	农村
2003—2004	52.84%	52.94%	105.19%
2004—2005	-0.79%	11.23%	-7.53%
2005—2006	-4.45%	7.45%	-1.66%
2006—2007	15.60%	-12.98%	-12.98%
2007—2008	-0.96%	3.68%	6.93%
2008—2009	2.02%	3.09%	-1.67%
2009—2010	2.54%	4.16%	-3.01%
2011—2012	3.81%	2.31%	-8.45%
2012—2013	2.97%	1.05%	-5.19%
2013—2014	5.26%	0.86%	-4.59%

[1] 汪晓赞.体育教师的专业发展需要突破瓶颈[J].上海教育（健康教育专刊）2011：70.

[2] 尹志华，汪晓赞，季浏.论体育教师专业发展方式的转变[J].北京体育大学学报，2015，38（5）：97-98.

2003年，在城乡分布上，中学体育教师城市4.0万人，县镇5.6万人，农村3.8万人。到2010年，我国中学体育教师城市、县镇、农村体育教师的数量分别为6.9万人、11.6万人、6.3万人。体育师资力量城市、县镇、农村分别比2003年增长73.5%、107.3%、65.6%，农村学校体育师资力量仍在相对萎缩。[1]这使得农村学校体育教师专业发展水平总是在低层次徘徊，体育教师的自我专业发展很少，大多处于一种等待“被发展”的状态。

在这种情况下，需要各级教育行政部门做好引导工作，为体育教师的自我专业发展营造和谐的氛围和尽量创造良好的条件。教育行政部门要从整体上进行全面协调和统筹兼顾，考虑不同层次、学历、性别、地区人员的共同发展。

第二节　体育教师专业发展新趋势

一、教师教育新理念下中小学体育教师专业发展的新要求

（一）育人为本理念对中小学体育教师专业发展的新要求

育人为本理念的具体内涵是：“教师是幼儿、中小学学生发展的促进者，在研究和帮助学生健康成长的过程中实现专业发展。”育人为本理念是对学科知识本位教育理念的一种嬗变。在苏联凯洛夫教育思想的深刻影响下，我国传统教育十分强调教师的绝对权威，否定学习者的主观能动性，将课程等同于教学内容，将教学内容窄化为教材，把教材窄化为知识点，最终把教学窄化为现成知识的授受。[2]教师职业是育人的职业，教师教育理应引导教师深刻认识育人是自己的职责所在，并将学生的发展作为自己专业实践的终极追求。

在我国德、智、体、美全面发展的教育体系中，学校体育具有十分独特的地位和价值。学校体育在近现代中国的演进，发轫于内忧外患的近代民族危机之中，其价值取向必然是社会本位；在历经了中华人民共和国成立初期的曲折发展

[1] 潘建芬，毛振明. 全国中小学体育教师数量结构发展概况分析[J]. 体育科技文献通报，2013，21（7）：123.

[2] 王艳玲. 儿童本位：中国课程发展的转型——钟启泉教授访谈[J]. 基础教育课程，2010（1）：13-20.

之后，体育被定位为一门学科，其价值取向转变为学科知识本位。正是在学科知识本位的理念下，体育教师的角色被演绎为“万金油”，其职责就是系统、规范地向学生传授体育知识和运动技能。21世纪，我国基础教育课程改革倡导“为了每一位学生的发展”的理念，其价值取向变革为儿童本位。在育人为本的理念下，在职中小学体育教师的专业发展理所当然要服务于立德树人根本任务和健康第一指导思想的落实，服务于促进学生健康、快乐地学习和成长，服务于学生现实生活和未来发展的需要。

（二）实践取向理念对中小学体育教师专业发展的新要求

实践取向理念的具体内涵是：“教师是反思性实践者，在研究自身经验和改进教育教学行为的过程中实现专业发展。”[1]教师职业是通过实践育人的职业，其中，实践是途径，育人是目的。教师的专业发展必须落实到教师实践育人能力的提升上。理论性知识与实践性知识都是教师职业知识体系的重要组成部分，必须通过教育实践加以整合，才能更为有效地提升教师实践育人的能力。从世界教师教育的发展趋势来看，增加教师教育的实践性课程逐渐成为教育学界的普遍共识，在职中小学教师培训课程的设置，应在增加实践性课程比重的同时，强调即使是理论性课程也应十分注重与中小学教育教学实践情境的紧密结合。

与学校教育体系中的其他文化课程相比，体育课程具有更加鲜明的实践性特点，对体育教师实践能力的要求更高。当前，在职中小学教师的专业发展越来越注重贴近教师的教育情境，强调在情境中学习，从案例中学习，在具体的情境中丰富和构建理论；倡导案例教学、对话教学、合作学习等多种教与学的方式。从实践取向的理念来看，中小学体育教师专业发展应该强化实践意识，关注现实问题，加强实践性课程，提高实践性课程的实效。如果说职前培养中系统的专业学习为在职发展奠定了坚实基础的话，那么，在职中小学体育教师的专业发展就应该更加贴近现实的教育情境和学生的生活世界，更好地体现教师实践育人的宗旨。

（三）终身学习理念对中小学体育教师专业发展的新要求

终身学习理念的具体内涵是：“教师是终身学习者，在持续学习和不断完善

[1] 教育部教师工作司.教师教育课程标准（试行）解读[M].北京：北京师范大学出版社，2013：79-81.

自身素质的过程中实现专业发展。”[1]教师教育概念在我国兴起，源于2001年6月国务院召开的全国基础教育工作会议。这次工作会议上发布的《关于基础教育改革与发展的决定》中，正式以教师教育概念取代师范教育。这不仅意味着教师职前教育和在职教育的一体化和系统化，还标志着教师职业生涯进入到终身发展的时代。从形式上讲，这是一个从职前教育、入职教育到在职教育的分阶段发展过程；从内涵上讲，这是一个从系统学习知识与技能，到体验、实践、熟练的持续提升过程。

当前正在日益深化的基础教育体育与健康课程改革是一系列的全方位变革，这种剧变给中小学体育教师带来了诸多不适应，这使得他们职后教育的重要性比以往任何时候都显得更加突出。教师教育概念从提出到践行，要求对体育教师的职前培养、入职教育和在职培训进行整体规划，促进体育教师的能力和素质在育人实践中得以持续提升。从终身学习的理念来看，必须厘清中小学体育教师专业发展不同阶段的特点，实现体育教师职前培养、入职教育和在职教育课程体系的一体化。在职中小学体育教师的专业发展，要考虑不同发展阶段的特点和学习需求，处理好不同发展阶段的目标设定、课程构成及培训方式的关系，避免内容雷同、重复低效的现象。

二、中小学体育教师专业发展目标体系的立体化

（一）在职中小学体育教师需厘清不同层次的纵向发展目标

体育教师的职业生涯是一个不断积累工作经验、不断实现专业提升的持续过程。综观国内外相关研究成果，普遍认为中小学体育教师的专业发展可以划分为不同的阶段，且在专业发展的不同阶段具有不同的阶段性特征。有学者认为，根据教师专业发展过程中表现出来的鲜明特点和内在规律性，从体育教师教育教学能力发展的角度出发，结合体育教师的教龄和职称分析，可将在职体育教师的专业发展过程划分为五个阶段：适应期、熟练期、成熟期、发展期和卓越期。[2]

在实际工作中，可以把在职中小学体育教师专业发展合并成三个发展阶段，即适应期、成熟期和发展期。这三个不同的发展阶段具有各自不同的阶段性特

[1] 马啸风. 中国师范教育史[M]. 北京：首都师范大学出版社，2003：58.

[2] 潘建芬，毛振明，陈雁飞. 体育教师论[M]. 北京：北京体育大学出版社，2014：271－274.

征，需要确立不同层次的专业发展目标（表8-2）。

表8-2　在职中小学体育教师专业发展的阶段性特征和阶段性目标

发展阶段	专业发展的阶段性特征	专业发展的阶段性目标
适应期（1～5年）	尝试把职前教育学到的专业知识和技能运用于学校体育的实践工作，有时会感到理论与实践的脱节，感觉有些力不从心。	认识学校体育工作的基本规律，学会把职前教育学到的专业知识和技能运用于实践工作，初步具备各种专业能力。
成熟期（6～15年）	积累了较为丰富的实践经验，专业技能逐步成熟，能够较为熟练地完成各种实践工作。	全面熟悉学校体育工作的专业知识，逐步掌握有效促进学生体能发展和技能习得的实践技能 。
发展期（15年以上）	实践工作驾轻就熟，逐步积淀了自己的专业思想和工作风格，部分追求卓越的教师进一步发展为专家型教师，部分教师则可能出现职业倦怠。	克服“高原现象”和倦怠思想，进一步提升专业知识和技能，谋求更高层次的专业发展，逐渐形成教学风格，实现由教书匠向教育家的飞跃。

（二）中小学体育教师专业发展目标需指向不同领域

2012年2月，教育部关于印发《幼儿园教师专业标准（试行）》《小学教师专业标准（试行）》和《中学教师专业标准（试行）》（以下简称“三个《专业标准》”）的通知，颁布了幼儿园和中小学教师的专业标准。这三个《专业标准》是国家对合格中小学教师专业素质的基本要求，是中小学开展教育教学活动的基本规范，是引领中小学教师专业发展的基本准则，是中小学教师培养、准入、培训、考核等工作的重要依据。这三个《专业标准》的主体部分，是基本理念统领下的专业理念与师德、专业知识和专业能力的三维立体结构。在中小学教师专业素质的三个维度下，分别设置了13个或14个领域。

教师专业素质三维立体结构的确立，要求其专业发展目标指向不同的专业领域。在职中小学体育教师专业发展立体化目标体系的创建，既要考虑每个领域各自的基本要求，又要考虑在职中小学体育教师专业发展不同阶段的层次性目标，还要充分考虑学校体育工作的实际需要；既要遵循中小学教育教学的基本规律，也要注重体育学科的独特性。体育教师专业素质的基本理念与其他学科大同小异，专业理念与师德也有许多共通之处，区别主要在于专业知识和专业能力。体育教师的专业知识主要包括教育教学知识、体育运动知识、健康教育知识和课程开发知识。专业能力主要包括体育课堂教学能力、课外锻炼指导能力、课外体育训练与竞赛能力、体育课程开发能力、体育资源管理能力、反思与发展能力。据此，我们可以创建中小学体育教师专业素质的结构示意图（图8-1）。

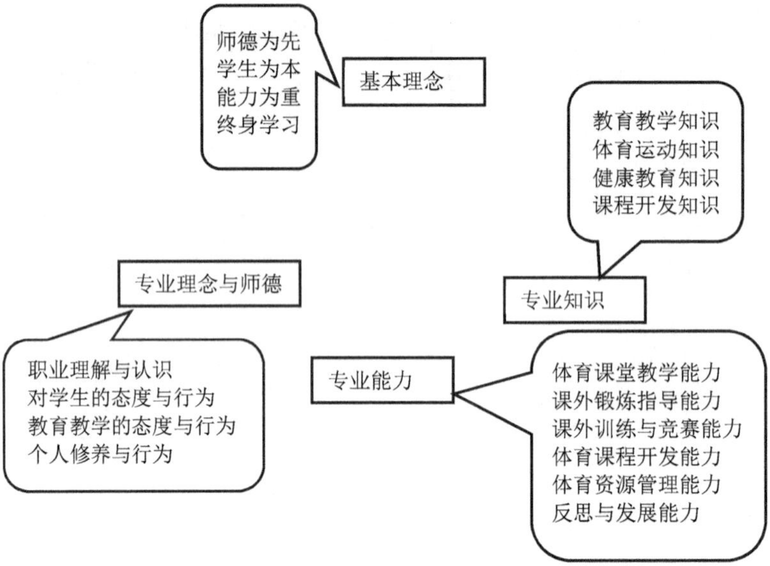

图8-1　中小学体育教师专业素质的结构示意图

（三）中小学体育教师专业发展目标需实现基于立体化体系的个性化定制

中小学体育教师专业发展目标是指在一定时期内中小学体育教师专业发展预期达到的效果。从我国在职中小学体育教师的整体队伍而言，其专业发展目标需创建立体化体系。这个立体化目标体系由纵、横两个维度构成。从纵向维度来看，要从在职中小学体育教师不同发展阶段的发展特点和发展需求出发，设定不同层次的发展目标，这是教师教育终身学习理念的要求；从横向维度来看，在职中小学体育教师的培训和学习要在实践育人的理念下，全面涵盖中小学体育工作知识与技能的方方面面。

在系统创建中小学体育教师专业发展立体化目标体系的基础上，要注重基于不同教师个体需求的个性化定制。按照不同的标准，可以对体育教师进行不同的分类。有学者按教学、训练的作风和风格，把体育教师分为四种类型：自由型、武断型、民主型、综合型，学者们普遍认为综合型的体育教师是一种比较理想的类型。体育教师可通过日常教学实践，不断提升自己，使自己成为综合型、全能型的体育教师。[1]也有学者按照工作特长把中小学体育教师分成教学见长型、训练见长型、科研型见长及复合型四种类型。事实上，不管以什么标准对体育教师进行分类，中小学体育教师专业发展目标的个性化定制都要定位于取长补短和扬长避短。取长补短的目的是体育教师要实现自身的全面发展，成为一名复合型人才；扬长避短的目的是体育教师要逐步形成自身的独特风格，成为专家型能手。

三、基于实践育人取向的课程体系集群化

（一）中小学体育教师专业发展的课程体系建设亟须加强

当前，我国体育与健康课程改革已经全面深入到推广实施的新时期。国内外课程改革的经验表明，体育教师对新课程的参与热情、理解程度及实施能力，在很大程度上决定了体育与健康课程改革的最终效果。“新课程的实施为教师的‘教学创新’提供了广阔的舞台。‘文本课程’‘实施课程’‘习得课程’都需要教师去体认、去再造、去落实。”[2]有研究表明，新课程的有效实施需要体育教师实现由传统型体育教师向现代型体育教师的转变：从课程教材的执行者转变为课程开发的参与者，由体育教学的控制者转变为学生主动学习的引导者，从体育教材的传习者转变为体育教材的使用者。[3]

自教育部1999年颁发《中小学教师继续教育规定》以来，我国中小学教师在职培训工作取得了较好的成果，有效地促进了基础教育课程改革。不过，在职中小学体育教师专业发展课程体系的建设依然存在一些亟须改进的问题。一是课程体系建设尚未得到应有的重视，个别高校教师甚至还在用职前教育的内容对在职中小学教师进行简单、无效甚至负效的“指导”。二是学科知识本位的思想仍然比较严重，培训内容依然围绕体育学科知识的授受来设计，不能有效地指导中小学体育教师的工作实践。三是课程体系缺乏整体规划，因人（授课教师）设课的现象普遍存在，课程设置存在随意性和零散性的问题。

（二）强化课程体系的实践育人取向

课程体系是实现在职中小学体育教师专业发展的重要载体，课程体系的建设

[1] 叶显芳. 体育教师类型研究[J]. 教育理论与实践，2009（9）：45－47.

[2] 季浏. 体育与健康课程与教学论[M]. 杭州：浙江教育出版社，2003：1.

[3] 杨文轩，张细谦. 体育与健康课程实施模式探索[M]. 北京：高等教育出版社，2015：256－259.

必须在教师教育课程理念引领下进行。近年来，教师实践性知识在增强教师专业特性、改善教师教育和促进教师专业发展方面具有的重要作用越来越为研究者所认识，越来越多的研究者在强调实践性知识对教师教学实践的支配作用时，都倾向于将它看作教师专业发展的知识基础。[1]在当今教育思想由学科知识本位向儿童本位转变的时代潮流下，中小学体育教师专业发展的课程体系必然要突出强调实践育人的课程理念。

强化课程体系的实践育人特性，是由中小学体育教师的工作职责和职业特点所决定的。教书育人是我国中小学教师的共同职责，不同学科的教师承担着各自的职责。具体就体育学科而言，学校体育界的学者越来越倾向于认为，体育教师的主要职责应是致力于培养学生的运动能力、健康行为、体育品德等核心素养，这无疑是中小学体育教师专业发展课程设置的重要依据。体育教师的育人不仅体现在任务分工上的不同，还体现在实践形式上的不同，其实践特色更加鲜明，不仅需要言传，更应注重身教。

（三）集群化是优化中小学体育教师专业发展课程体系的发展方向

为了加强课程内容之间的内在联系，有学者提出过课程体系模块化的设想。其主要观点认为，一个模块就是一个相对独立而完整的学习单元，它包括旨在为帮助学习者掌握某一明确陈述的学习目标而设计的一系列学习经验。当然，尽管每一模块具有相对独立性，但它也可以与相同或相关学习领域的其他模块发生联系，从而组合成指向更大培养目标的完整的模块课程。[2]根据课程体系模块化的设计思路，有学者把中小学体育教师专业发展的课程体系划分为七个方面：职业道德修养类课程、教育理论类课程、现代教育技术类课程、教育教学技艺类课程、教育科研类课程、教育改革类课程、知识拓宽类课程。[3]各类课程下面再细分若干课程模块。

课程体系模块化理论在当时无疑具有一定的先进性，不过，从当今教师教育的新理念来看却存在一定的局限性，因为模块化不够宏观，不足以引领全局，不能满足学习需求的个性化和层次感。从国内外在职中小学体育教师专业发展课程体系的发展趋势来看，集群化是发展方向之一。所谓集群化，是指根据立体化的

[1] 陈向明. 实践性知识：教师专业发展的知识基础[J]. 北京大学教育评论，2003（1）：104－112.
[2] 时伟. 当代教师继续教育论[M]. 合肥：安徽教育出版社，2004：259.
[3] 陈雁飞. 新中国体育教师队伍建设与发展之路[M]. 北京：北京体育大学出版社，2009：114－116.

专业发展目标体系分设若干个课程群，每个课程群再分设若干课程模块，每个课程模块再细分不同层次的课程内容。课程群的设置有利于从宏观上统领整个中小学体育教师的专业发展，课程模块内容的细化，有助于加强课程内容的针对性和实效性，进而有助于中小学体育教师专业发展个性化目标的实现。有学者根据体育教师专业发展适应期、熟练期、成熟期、骨干期、卓越期五个层次，按照小学、初中、高中三个学段共设计了15套体育学科教师培训课程指南。[1]这种分层次、分学段、分领域（问题模块）的课程体系，初步具备了课程体系集群化的特征。

四、优化和整合中小学体育教师专业发展的实现路径

（一）中小学体育教师专业发展实现路径具有在职性与反思性的特点

中小学体育教师专业发展的一个显著特点是在职性，也就是说他们通常需要在职在岗的情况下实现专业发展。体育教师在中小学校的教育工作中是一个比较独特的角色，他们不仅需要完成体育课的教学工作量，还需要负责组织课外体育活动、课外运动训练与竞赛、学生体质健康测试等实践工作。因此，他们很难完全脱离自己的工作岗位，这在无形中增加了他们专业发展的难度，也在一定程度上影响了他们参加各种培训学习的积极性。

中小学体育教师的在职性特点决定了他们的专业发展往往具有反思性，也就是说，在专业发展的过程中，中小学体育教师通常会把学习内容与自身的实践工作联系起来，反思如何进一步改进工作。在学习活动中，中小学体育教师并不是被动的接受者，他们是有着问题意识的反思者，希望在专业发展的过程中寻找解决问题的办法。这种从实践中来，到实践中去的特点，更加强调中小学体育教师在职培训实践取向的必要性，使得培训学习的过程必然成为一种积极互动和交流的过程，使得理论与实践的联系更加紧密。

（二）中小学体育教师专业发展组织机构的多元化和培训形式的多样化

国内外中小学体育教师专业发展的组织机构普遍呈现出多元化的特征。在我

[1] 北京教育学院体育教师培训课程指南项目组. 中小学体育教师培训课程指南[M]. 北京：北京师范大学出版社，2015：3－4.

国，承担中小学体育教师专业发展工作任务的组织机构主要有成人高等院校、普通高等院校、政府职能部门、中小学校等。这些组织机构分别有着各自的优势，也各自存在一定的局限性。

培训形式多样化是中小学体育教师专业发展实现路径的另一特征。从培训层次来看，可分为骨干培训和全员培训，骨干培训又可分为地市级、省级、国家级等层次；从培训参与方式来看，可分为集中培训、远程培训和校本培训等；从培训活动方式来看，可分为专家专题讲座、教研活动与交流、考察观摩与调研、跟岗学习等。不同的培训形式对于中小学体育教师的专业发展有着不同的作用。从终身学习的理念来看，处于不同发展阶段的中小学体育教师有着不同的发展特点和学习需求，其专业发展也必然需要不同的实现路径。

（三）优化与整合是中小学体育教师专业发展实现路径的发展方向

在中小学体育教师专业发展的实现路径中，不同的组织机构承担着不同的职责，不同的培训形式有着不同的培训效果。成人院校以继续教育为主要职责，有着其他组织机构所不具备的积极性，其运作机构也相对成熟；普通高校特别是师范院校通常兼有培训职责和热情，其师资队伍的理论水平较高，但往往与学校体育实践工作存在脱节现象；政府职能部门主要包括教育厅（局）、教育教学研究院（室），承担着落实国家文件精神和促进教师专业发展的职责，具有较高的强制性和权威性；中小学校是中小学体育教师实现专业发展的实际场所，最为了解中小学校体育工作和体育教师的实际需要，其培训活动具有最强的针对性。不过，上述任何一种组织机构都不足以承担所有的培训任务，必须进行优化整合，充分发挥各种组织机构的合力，才能实现中小学体育教师专业发展路径的最优化。

各种培训形式也有着各自的优势和作用。骨干培训有助于促进优秀教师的进一步提升，而全员培训则是实现教师队伍整体提升所必需的。集中培训有助于促进专业理念、专业知识、专业水平和育人技能在短时间内的升华；远程培训充分利用了网络的便利优势，极大地拓展了学习时间和空间；校本培训有助于解决学校自身的实际问题；专家专题讲座有利于专业理论和基本理念的提升；教研活动有利于针对具体的问题情境展开探讨并解决问题。不过，它们在具备各自优势的同时，也难以避免地存在着各自的局限性。这就需要扬长避短，对不同的培训形式进行优化和整合，以有效实现中小学体育教师专业发展实现路径的最优化。

第三节 新理念下体育教师专业发展的实施策略

一、从教学资源的使用到建构，发展体育教师创造能力

强调体育教师专业发展的今天，许多体育教师致力于如何开发校本课程、如何创建微课甚至慕课，有些教师团队在着力建设基于云平台的教学资源库等。这些行为表明，体育教师已经不再是既定教学资源的使用者，同时还是教学资源的建构者。过去，教材和教学参考书是体育教师最重要的教学资源，体育教师的使命是尽可能地将教材和教学参考书中的知识、技术与技能传授给学生。如今，体育教师专业发展要求体育教师至少要从以下两个方面学会构建体育教学资源。

一是生活化的教学资源建构，强调学科和生活的联系。教育部《基础教育课程改革纲要（试行）》提出：教材内容的组织形式要多样、生动，加强内容与学生生活以及现代社会的联系。这就需要突破原有的课堂教学的时空限制，教学内容要与学生的思想实际、生活体验紧密联系，强调学生对习得知识的运用能力。基础教育课程改革的课程内容目标是改变课程内容“繁、难、偏、旧”和过于注重书本知识的现状。加强课程内容与学生生活以及现代社会和科技发展的联系，关注学生的学习兴趣和经验，精选终身必备的基础知识和技能。回归生活是课程改革的必然归属。生活化的教学资源要求体育教师不再将教学和生活视为两件不相关的事情，而是在生活的情境中寻找教学内容，或是将已有教学资源“返回”到生活中去，实现学科的应用。体育课堂教学中知识、技术、技能的传授，只是体育教育的一部分。健康是生活的出发点，体育课堂教学必须以“健康第一”为中心，以学生发展为中心，让学生学会做人、学会求知、学会健体、学会生活。让体育课堂教学源于生活，高于生活，又回归生活。没有体育的生活，不是一种健康的生活；没有生活的体育，不是一种健全的体育。

二是信息化的教学资源建构。利用信息化手段进一步丰富教学资源的来源、表现形式、效用，建设交互、协作的学习方式和学习氛围，是新时期教师在专业发展过程中的追求。这对体育教师的专业能力提出了更高的要求。如体育教学中的微课、二维码等教学资源的建构，以教学视频片段为主线“统整”教学设计（包括教案或学案）、课堂教学时使用到的多媒体素材和课件、教师课后的教学反思、学生的反馈意见及学科专家的文字点评等相关教学资源，构成了一个主题

鲜明、类型多样、结构紧凑的“主题单元资源包”，营造了一个真实的“微教学资源环境”，易于实现“隐性知识”等思维能力的学习并实现教学观念、技能、风格的模仿、迁移和提升，从而迅速提升体育教师的课堂教学水平、促进体育教师的专业发展。

【案例分享】

体育教师专业发展案例——记深圳市南山区第二外国语学校裴玲云老师

裴玲云，深圳市南山区第二外国语学校体育教师，广东省“南粤优秀教师”、广东省“百千万人才工程”“名教师”培养人、深圳市“名教师”、南山区“卓越教师”、南山区“精英教师”。

体育教师，往往是学校里容易被忽略的一个群体。因为，在人们的传统印象中，体育相对于其他学科距离“文化”最远，体育教师能说会道的不多，更很少写文章，所以，他们总是默默无闻的，名师工作室一般也没有体育教师的份儿。

但是，不鸣则已的人，往往会一鸣惊人。深圳市裴玲云名师工作室就是这样一个稀有的体育工作室。不仅学科稀有，主持人裴玲云还是女教师，而且个子小，与体育教师通常高大威猛的形象相去甚远。

个子虽然小，在人群中她却总是那么显眼——眼神炯炯，仿佛有永远释放不完的能量，“小小个子的我有着大大的梦想和情怀”。裴玲云身上那股取之不竭的能量来自她的梦想和情怀——她希望促进并改变常态体育课“一只口哨两个球”的现状；她希望每一位教师的体育课都能做到公开课常态化，常态课公开化；她希望每一节常态体育课都是高质量、高效率的；她希望自己原创的自主·协同体育教学模式能帮助更多的年轻体育教师进步成长；她希望所有的体育教师都能成为温暖而有力量的体育人；她希望自己能成为一名拥有正能量并传播正能量的体育教学的践行者和引路人……

从教22年，裴玲云在各式各样的学校都待过。时代的变迁和外部环境的巨大变化，都没能改变裴玲云的梦想和情怀。也许很多人会看轻体育这个学科，会瞧不起体育教师，可她从未看轻过自己的职业和自己的专业！这22年里，因为有了这些大大的梦想和情怀，她工作起来总是那么精力充沛。不管别人怎么看、怎么想，她永远身体力行，坚持扎扎实实地做最好的自己。

1. 自主·协同——体育"高效课堂"

在课改的大背景下，自2002年起，裴玲云开始探索课堂教学改革的路径，渐渐地摸索出一套自主·协同体育教学模式，并逐步形成了一系列较成熟的理论与实践案例。这种教学模式以小组合作为最基本的组织形式，一个班的学生被分成七八个小组，每组设常态行政小组长1名和动态学习小组长多名。学生在教师的引导下自主锻炼，在小组内和小组间学习协同合作。"体育课上，没有一个学生是'局外人'，每一个人都要得到锻炼。"裴玲云说。

小组在她的教学中是常态存在，每一节课的每一个环节都以小组为单位进行。每组的行政小组长负责管理和组织小组学习，督促学习任务的完成并反馈。小组内的所有成员都可以根据自己的优势项目成为动态学习小组长或小助教。学习小组长在学习自己擅长的运动项目的过程中为其他组员提供学习指导或帮助，同时提升自己，因为教别人是最佳的主动学习方式。

裴玲云摸索出的这种教学模式与传统体育课最大的区别是打破了教师"一言堂"，充分调动了学生的学习主动性和积极性，由学生自主管理，鼓励组员之间的互帮互助，肯定学生个人的自我提升。学习评价是以小组为单位，通过每一节课学习任务的完成性评价以及单元学习的发展性评价，给小组评分，小组得分即为个人得分。这样就能很好地培养团队精神和协作意识，也能让每个学生没有太大的压力和负担，形成阳光心态。

在这种模式下，教师只是课堂的引领者，这种引领不是高高在上的权威姿态，而是以良师益友的身份存在。采用这种模式教学的教师一定要从几个维度进行角色和观念的转变：愿景比管控更重要，团队比个人更重要，授权比命令更重要，平等比权威更重要。这样才能真正把课堂时间还给学生，让学生成为学习的主人。当然，这绝不是说教师就什么也不管。模式使用初期，教师一定要有耐心，帮助每一个小组逐渐形成团队意识，帮助组长协调管理小组。

裴玲云的这套教学模式，目前在南山区的不少学校已经开始推广，而且得到高度认同。2015年，深圳市裴玲云名师工作室正式成立，她借助深圳市教育局搭建的名师工作室平台，积极主动地在全市范围甚至全国范围与更多的体育教师分享她的自主·协同体育教学模式，她希望更多的体育教师能够参与到体育常态教学的改革中，尽职尽责为体育学科教学发展贡献力量，担当使命与责任。

2. 体教梦想，为中国而教

在多年执着追梦的路上，裴玲云只有一个人，曾经的孤独和困难让她对现在的"深圳市名师工作室"这块牌匾格外珍惜。她说"有了它，更多的人走近我，了解我，信任我，愿意加入我的团队，与我并肩努力。我有了志同道合的伙伴。”

工作室从2015年9月开始组建，到现在已经走过一年半时间。“星星之火，可以燎原——我想做的，就是让心中依然怀有体育情怀与梦想的教师们抱团，为年轻体育教师输送正能量，为学生上实实在在的课，帮助孩子们强体魄、健人格。‘少年强则国强’，学生是民族的未来。”裴玲云如是说。

“名额所限，工作室成员名单上只有20人，但实际上不止！”裴玲云说着，打开电脑上的QQ群组……一些认识的、不认识的体育教师找到她，想加入工作室。有的校长甚至从新疆喀什打来电话表达了“教研共享”的愿望。这个本来只限于做初中体育教研的工作室，现在有了50多名“编外成员”，涵盖了小学、初中、高中阶段的教师。

一个团队，必须有共同的追求，凝聚大家的精气神是很重要的。于是，裴玲云让大家设计自己的标识，她想通过这种梳理提炼的过程，让大家更加清晰“我们到底要干什么”。标识主要由红色、蓝色、绿色三种颜色构成，分别代表热情、包容、希望；最外圈有八种运动项目简笔画——指代体育学科；最外圈还有牵手卡通人物，由代表教师的蓝色人和代表徒弟的绿色人牵手组成图案，既象征“青蓝工程”的结对师徒互尊互重、互敬互助，也说明名师工作室主持人以奉献精神引领青年教师专业成长；红色的“师”——意指名师工作室的教师们积极乐观、有正能量；“云”取自裴玲云名字中的最后一个字，另外还有云平台的概念，两朵小云像一对翅膀，象征工作室平台为有梦想的体育教师们插上翅膀起飞前行；云朵组合和“师”字结合，代表裴玲云名师工作室为青年体育教师搭建提供线上、线下的平台和空间，借助云平台促进大家共同进步成长。同时，大家提出了“体教团队，体教梦想——为中国而教”的团队口号。

3. 成长 = 经验 + 反思 + 写作

从教22年，其间十多年裴玲云都坚持写作，作为一名体育教师，这也是特别难得的。她写教学随笔，写教学日志，“这一路写下来，我发现对于一名教师而言，坚持写作真的太重要了。”

“勤学习多实践，勤思考多总结，及时写作是关键。如果我们把每天的所做、所听、所见转变为所思、所想，再把有价值的所思、所想记录下来，这真的是非常非常美妙的，非常非常重要的！有价值的思考如果没有记录，就没有意义，更是莫大的损失。写作可以促进写作者的记忆和思维；写作可以让写作者的理解更深刻、阐述更详细、概括更精确、梳理更缜密……”裴玲云觉得，写作的重要性对于体育教师更要强调才行。

根据自己成长的经验，裴玲云坚持运用“成长＝经验＋反思＋写作”指导工作室的教师们。平时，她会搭建各种平台，组织教学研讨、问题讨论、专题讲座、听课评课等各种具体活动或网络研讨。在每一次活动中，她都积极鼓励教师们多方面进行反思——有什么收获？成功之处在哪儿？有哪些不足？如何改进？她还要求大家将反思形成文字。体育教师大都不擅长写，裴玲云理解他们的畏难情绪，她并不要求字数很多，也不要求文字有多美，开始时可以是几句话或一小段文字，不要顾虑自己写得好不好，文字美不美，只要能真实反映自己的经验和感悟。

每一次教师们写完反思都会发给裴玲云，她会为他们逐字逐句地修改，并将最终的反思编辑整理成集，共享到工作室的QQ群或推送到工作室的微信公众平台，分享给教师们一起交流、学习。

这样的思考一直在继续，这样的写作也一直在继续。裴玲云名师工作室的每一位教师都有自己专属的“成长记录册”。“成长记录册”的构成是：一师一册，一册三篇。“一师一册”，指每一位教师准备一个文件盒，装自己的“成长记录册”；“一册三篇”，指“成长记录册”包含基础篇、荣誉篇、成长篇三方面内容资料。成长篇是教师的公开课或展示课教案、反思、总结、感悟、论文、案例等不同形式的教研成果，以文字形式记录下来，打印后装入“成长记录册”。随着“成长记录册”纸张厚度的增加，教师们越来越认识到写的重要性：通过这些记录，他们清楚地看到自己的成长足迹，教学水平、理论水平、写作水平、研究水平有了提升，也为接下来的写论文、做课题奠定了坚实的基础。

4. 微课带动教科研

“我的工作室吸收了两名信息教师。”裴玲云说，“因为我有一个想法，就是把我们这些行动通过网络化辐射全国。”为了顺应数字时代教育发展需求和体育教学改革创新需要，裴玲云决定以微课为突破点成立专项课题组，带领工作室团队开始了“中小学体育系列微课程”开发设计研究工作，她希望充分利用无处不在的手机、平板电脑、台式电脑，逐步实现学校体育教学信息化、网络化。她认为，微课程可以帮助体育教学实现两大转变——学生体育学习方式的转变、体育教师教学培训方式的转变，让体育学科的翻转课堂成为现实，让体育教师专业成长更加便捷高效。

这个研究过程汇聚了众多体育学科专业特长突出的名师、骨干体育教师和优秀的信息技术教师，他们开发设计了篮球、足球、排球、田径、体操五大类运动项目的“中小学体育系列微课程”。每一节微课的制作都经过反复讨论、仔细推敲，每一节微课最终都将是教材内容的精练呈现，每一节微课都将是优秀体育教师教学讲解的精彩呈现。

“等到我们‘中小学体育系列微课程’开发成功后，可以让体育教学打破时间、空间、场所的限制；可以让体育知识传授变得更生动形象，更易于被学生理解和内化；可以让以‘学生为中心、问题为中心、活动为中心’的体育翻转课堂成为真实可能；可以让‘互联网+体育教学’成为新时代体育教学一种新趋势。”裴玲云带着她的团队加班加点在研究、在设计，又朝着梦想迈进了一步。

5. 因过程而成长

越努力越幸运。在深圳市南山区举行的“百花奖”教学大赛中，在所有学段40个学科共8000余名教师中，裴玲云名师工作室的成员和学员教师们收获满满。体育学科中小学组各取前五名，获奖共10人，其中8人出自裴玲云名师工作室，并包揽了全部的特等奖和一等奖。这些成绩的背后，是团队成员共同的努力和付出。从课题内容的选择、教材内容的加工、教案设计的修改、教学方法的确立、教学问题的设计、组织队形的布置、课堂语言的组织……他们在每一个细节、每一个步骤上都精益求精，力求完美。不过，相对于比赛的结果，裴玲云更注重和享受参赛过程，“因为这种磨炼过程才是真正最好的收获。我们因过程而不断进步，因过程而逐渐强大，因过程而最终成长”。

一年半的时间不算长，但“这是一段记忆深刻的历程”，在别人看来，工作室是荣誉，但在裴玲云看来，更多的是职责和使命；也许别人看到更多的是教师们的成长和成绩，而其中的各种艰难、困苦、辛劳、委屈，她却不能与任何人说。裴玲云一直鼓励自己：“路漫漫其修远兮，吾将上下而求索！”

愿景比管控更重要，团队比个人更重要，授权比命令更重要，平等比权威更重要。这是裴玲云自主·协同体育教学模式的精髓所在，也是她带领团队的信念。教师们因为自主·协同体育教学模式带给学生快乐学习的同时，自己也享受到成长的快乐。每次看到教师们的进步与变化，裴玲云的梦想与情怀就会再次燃烧起来，让她重新鼓起勇气和信心，继续砥砺前行。

二、从教法研究到学法研究，更新体育教师教育观念

学生面对同样的教材、教师、教法及教学环境，也可能产生差异相当大的教学效果。这种教学效果除了来自学生的个体差异以外，应该说有相当部分是和个人的学习方法优劣有关的。体育是以身体活动为主的学科，而且是思维活动和身

体运动共同作用下的学习。其他学科多以脑力劳动为主，因此，其他学科在谈影响学生学习成绩好坏的因素时，会注重智力因素，而体育学科谈学生学习成绩好坏，会更多地考虑学生的运动素质、技术基础等，而学习方法无论在体育学科还是其他学科中对学生的学习效果都有一定程度的影响。[1]

2001年6月颁布的《关于基础教育改革与发展的决定》也强调：积极开展教育教学改革和教育科学研究，开展研究性学习，培养学生提出问题、研究问题、解决问题的能力。2001年7月颁布的《基础教育课程改革纲要（试行）》强调：新课程的培养目标应体现时代要求。要使学生具有适应终身学习的基础知识、基本技能和方法；改变课程过于注重知识传授的倾向，强调形成积极主动的学习态度，使获得基础知识与基本技能的过程同时成为学会学习和形成正确价值观的过程。2011年颁布的《义务教育体育与健康课程标准（2011年版）》强调：体育与健康课程要在充分发挥教师教学过程主导作用的同时，重视学生在学习过程中的学习主体地位，注重培养学生自主学习、合作学习和探究学习的能力，调动学生的学习积极性，发挥学生的学习潜能，帮助学生学会学习和锻炼。2016年9月，《中国学生发展核心素养》总体框架正式发布，明确指出中国学生应具备的六大素养，即人文底蕴、科学精神、学会学习、健康生活、责任担当、实践创新（图8-2）。

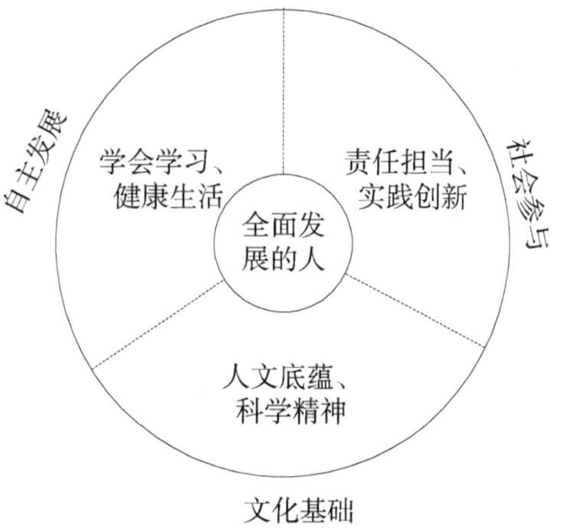

图8-2　《中国学生发展核心素养》总体框架图

其中对六大素养之一学会学习的描述是：学生在学习意识形成、学习方式方法选择、学习进程评估调控等方面的综合表现，具体包括乐学善学、勤于反思、信息意识等基本要点。由此可见，进入21世纪以来，随着我国教育观念的更新，教学思想的转变，在课程与教学改革指导性文献的倡导下，研究学生的学法以及如何对学生进行学法指导，已成为热门的课题。

当前虽然已经认识到了在体育教学中学法指导的重要性，也认识到了教学中既要重视教法研究，又要重视学法研究，但研究中却存在着诸多理论问题和实践

[1] 于素梅. 体育“学法”研究的必要性[J]. 武汉体育学院学报，2007，41（7）：79-83.

问题。例如，对学法的概念认识不一；对学法研究的广度和深度不够，研究大多集中在对学法指导的研究上，而忽视了学法本质的探讨、学法结构的探讨和学法的应用研究；在深度上多集中在教学经验之谈，缺乏科学的、定性与定量相结合的、多元化的研究方法共同参与研究等。

学法的研究是件十分困难的事，因为教的线索通常是单向的，主要体现在讲解、传递和评价等方面，而学的线索则是相对复杂的语脉，需要立足于学生的需求和个性，建构对话、讨论、合作、探究的课堂，需要在教学设计、教学资源利用、师生互动中颠覆原有的模式等。为广大热衷于教学改革实践的教师和广大学生提供较为系统的体育学法指导，已成为当务之急。更新体育教师的教育观念、提升专业能力，也成为体育教师专业发展过程中必须面对的挑战。

【案例分享】

体育教师专业发展案例——记中山市第一中学李涛老师

李涛，中山市第一中学体育教师，中山市优秀教师、中山市体育学科带头人、广东省优秀教练员、全国体育科研先进个人、中山市首位体育学科正高级教师。

一直以来，李涛都深知一个道理：作为人民教师的责任，不在于过去的成绩多么辉煌，而在于在教书育人中对学生发挥持久性的影响，让他们能在自己的启蒙下发挥自己的特长，引领他们走向正确的人生之路才是自己的使命。多年来，李涛也一直以身作则地走在学习的路上，在教学期间也不断充实自己、提升自己，力争成为一名学者型、科研型教师，不断丰富自己的人生简历。李涛曾这样说道："我相信，经过挫折和坎坷的洗礼，才能有更多资本和底气去面对考验。教育是一份职业，更是一份事业，而身为体育教师，肩负的不仅是教书育人的使命，还有促进学生身心健康的责任。所以，我希望我们教师、我们体育教师应该是自信的、勇敢的、坚定的！为中山的教育事业而努力，为发展中山的体育事业而奋斗，为实现中山的体育教育而拼搏！努力促进教师可持续发展，努力打造中山'体育人'的品牌。"

1. 做一名有理念的教师

不重复过去的教学，根据学生的需求选择合适的方法，是李涛的教学准则。在承担体育特长班专业教学时，李涛一切从体育高考出发。体育高考项目包括100

米跑、立定三级跳远、实心球以及专项项目，这些项目无非是考查学生的速度、力量、爆发力、柔韧等素质，因此，在训练过程中重点是发展学生的身体素质。他把高考项目合理分配到每一节课时中，科学训练，为学生参加高考打下坚实基础。

在承担普通班乒乓球模块教学时，李涛针对学生基础差、水平参差不齐的情况，进行分层次教学，对基础差的学生从基本的握拍开始，对基础好的学生，在适当提高难度和要求的同时，请他们当“小老师”，帮助教师指导起点低的学生。在此过程中，既解决了学生多，教师照顾不过来的问题，又加深了学生对乒乓球基本动作的理解，更重要的一点是加强了学生之间的交流，培养了学生之间的合作意识，体现了课改的精神。

在担任田径队教练时，李涛针对队员特点，按照短跨类、跳跃类、耐力类、投掷类项目进行规划，科学训练，讲求实效。既要加强力量、速度、耐力、柔韧、灵敏五个方面的全面身体素质训练，又要突出各个项目的专项素质有机结合，才能取得好成绩。

课堂中，李涛经常运用场地、器材的布置，使学生产生新奇感。如利用球类区各种几何图形组成的图案进行练习，来扩大学生的想象空间；利用纵横交叉的跑道来激发学生的求练欲望，使课堂充满生机与活力，深受学生喜爱。他曾多次承担市、省、全国体育教学示范课、研讨课、公开课，受到同行和专家的好评。

2003年6月，李涛参加由中国体育科学学会主办的全国教学创新设计大赛，其所授课例“小小神枪手”获得一等奖；2004年6月，李涛所授课例“模特大赛”获得全国体育教学创新奖；2005年10月，李涛设计的教案“持轻物投准”获得全国中小学体育优秀教案评比一等奖；2005年11月，李涛所授课例“椅子之乐”获得中国教育科学院全国优秀课评比二等奖；2008年6月，李涛参加广东省第四届中小学体育教学录像评比活动，获得一等奖；2013年，李涛参加广东省三位一体名师大讲堂活动，并展示“快速跑”课例。

2. 做一名懂训练的教师

作为一名体育教师，除了搞好教学工作外，还要抓好运动训练。在专业上，李涛执着追求，力求精益求精；在理论与实践中，他总结了一套行之有效的训练方法，在传授中让学生从技能上不断得到完善。除了担任教学工作外，他还开设了“体育游戏放松减压”“运动训练与健康”“运动损伤的预防”等活动和选修课程，扩大学生视野，增长学生知识，培养学生能力，发展学生个性特长，增进学生身心健康，促进学生全面和谐地发展，深受学生喜爱。

李涛自编的教材《跑》，2009年荣获中山市精品课程评比入选奖。2008年9月至2014年7月，其所带学校田径队获市田径传统校比赛团体总分冠军3次、亚军4次，获市青少年锦标赛亚军6次、季军1次；2011年，其所带学校田径队参加广东省田径传统校比赛获团体总分第四名、广东省中学生田径锦标赛团体总分第六名。

李涛先后培养了26名国家二级运动员。2011年，其所带班级参加体育高考，学生的专业成绩平均分为232.8分，排名中山市第一，其中，雷海燕同学以287分名列全省女生第一名；2014年，其所带班级参加体育高考，学生的专业成绩平均分为235.2分，名列中山市第一。李涛教师所带两届学生共有53人被高等院校录取，其中12人考上一本院校，且有3人被北京体育大学录取。

3. 做一名会研究的教师

新时代要求体育教师具备的不只是操作技巧，还需具备直面新情况、分析新问题、解决新矛盾的本领。

在李涛看来，教学与教研虽然是相对独立的两项工作，但是它们具有相互促进的内在联系。教研具有强大的综合功能，它能确保教师的精力和智力准确、恰当、高效地投入到教学实践中去。比如，科研意识就是一种寻求问题和不断探索问题解决方案的积极倾向。科研型教师突出地表现在具有较强的科研意识，对于同样的教育现象，别人可能会无动于衷，而科研型教师却会从中发现问题，做出精彩文章。中小学体育教师只要刻苦学习，勤于思考，就一定能从备课、上课、课余训练和课外活动等环节中，以及从当今体育教育改革的重点、难点、热点中发现值得研究的问题，找到解决问题的办法。中小学体育教师要在教育理论的指导下，提出解决问题的假设，不断地进行教学改革尝试。成功来源于尝试，没有尝试就没有成功。

李涛积极投身学校和市教研室组织的教科研中，不断提升自己，成为学校和市教研室教科研活动的主力军，并取得丰硕成果。

2004年至2006年，李涛主持的中国体育科学学会全国重点课题“在小班化教学中实施快乐研究”“培养学生终身体育意识的研究”“中山市体育教学改革的研究”分别荣获全国学校体育科研成果一等奖，他主持的“中山市创新教学的研究”获广东省教育创新成果二等奖，他主持的“体育课中培养学生协作能力的探索”“培养毽球世界冠军的探索”获广东省教育创新成果三等奖；2006年12月，其参与主持的“中山市中小学体育课程改革的探索”荣获中山市第四届教育科研成果一等奖；2010年5月，其参与全国教育科学“十一五”规划教育部规划课题“广东省学生体能素质标准与体育教学相结合的研究”，顺利完成研究任务并结题；2011年11月，其主持全国教育科学“十一五”规划国家级课题“高中体育与健康教学质量评价的研究”，顺利完成研究任务并结题；2015年4月，其课题“高考体育术科训练的实效性研究”被批准为广东省教育科研“十二五”规划课题及2014年广东省强师项目。

2004年至今，李涛所撰写的《培养学生终身体育意识的研究》等5篇论文获国家一等奖，《特色体育学校的创建与发展研究》等2篇论文获国家二等奖，《中山市中小学体育课程改革的探索》等3篇论文获广东省一等奖，《中山市学校体育发展现状与对策研究》等7篇论文获广东省二等奖，《体育课向外延伸的研究》等5篇论文获中山市一等奖。2014—2016年，李涛在省级以上刊物上发表论文5篇。

2009年11月，李涛编写的课程“跑”获中山市精品课程评比入选奖；2008年，他应邀参加江西省九年义务教育教材《体育与健身》的编写工作，该教材由江西高校出版社出版发行；2005年10月，李涛所撰写的单元计划“持轻物投准”入选人民教育出版社出版的《全国中小学体育与健康优秀单元计划选编》一书；2014年12月，李涛与他人合著的《中山市体育与健康创新教案与案例》一书由广东教育出版社出版发行。

4. 做一名能引领的教师

近年来，李涛一直关注青年教师的成长，本着“共同学习，一起进步”的理念，经常督促指导培养对象加强业务知识、专业知识、教学基本技能的学习，在进行“传、帮、带”活动中与他们共同成长。2006年至今，李涛每年担任中山教师进修学院的兼职教师为中山市教师职务培训、新教师培训做两个专题讲座，2016年5月，他还担任了东区高中教学顾问。这使得一批青年教师在各级教学比赛中脱颖而出，逐步成为校级、市级骨干教师。

2010年、2012年、2015年，李涛作为教练，指导中山市代表队参加广东省中小学体育教师专业技能大赛，均获团体总分一等奖，共有30名参赛队员获个人一等奖。特别是2012年6月举办的第二届比赛中，李涛作为教练兼队员，其本人还获得个人总分第一名。

2010年11月，李涛指导年轻教师参加全国第四届体育教学比赛荣获一等奖。2013年6月，李涛指导年轻教师参加广东省中等职业学校“创新杯”体育与健康教师信息化教学设计说课大赛荣获一等奖。2015年5月，李涛指导年轻教师参加全国第六届体育教学比赛荣获一等奖。

除了做好本职工作外，李涛还是体育公益事业的“代言人”。他时刻关注中山外来务工人员子弟在学校学习和生活的情况，北京奥运会期间，组织中山15000

名外来务工人员子弟，进行“支持北京奥运万人签名活动”，作为送给北京奥运会的礼物；他还积极参与由中国儿童少年基金会、救助儿童会组织的城市流动青少年体育公益项目活动，以及广州市“乐童成长行动之手拉手关爱流动留守儿童”活动，以此来呼吁社会关注外来务工人员子弟在广东、在中山学习、生活的情况。此外，李涛先后被推选为2008年北京奥运会和2010年广州亚运会火炬手。

三、从自主学习到合作学习，促进体育教师共同发展能力提升

在教育理论和实践领域，20世纪曾被称为“个体的世纪”，这主要源于皮亚杰的认识发生论将学习者视为“孤独的知识探求者”。不借助他人之力独立解决问题是当下自主文化的典型表现。在很长的历史时期内，不少体育教师都是以“经验型教师”的形象出现的。在这种传统的教师形象背后，隐含着对经验的极度依赖。经验型体育教师通常把体育教学视为一种“操作性活动”—— 一种按照既定程序和已有经验进行的简单重复性活动。教学的出发点和归宿始终落在运动技能、技术上，体育教师一直是按照讲解、示范、练习、预防与纠正错误、巩固与提高的过程和模式进行体育教学的。教师把目光局限于应当教学生什么技术，怎样教他们这些技术，操场几乎成了“技术训练场”。不少教师对体育教育问题的思维方式都是对问题情景的一种自主直觉综合，较少进入到抽象或反思理性层面的探究，对体育教学只是知其然，不问其所以然，体育教学完全被当作了一种具体操作和一种单纯的身体活动。[1]当然，体育教师也会交流一些教学问题，集体备课、集体研讨、说课、模拟教学等也是教研的重要形式，但当体育教师展示专业能力的时候，往往是以个人展现出来，备课、上课、选择教学内容，然后将本人或指导学生参加各级别竞赛等成绩作为个人业绩与其他体育教师做比较，这体现了体育教师的专业发展明显具有自主提升的特点。由于体育教育教学情景的复杂性和相对不稳定性，它决定了教师要具有随机应变处理不同问题和突发事件的能力，当身处困境、面临实际问题与困惑时，往往会对同一个问题形成不同的看法，因而解决或处理问题的方式也不尽相同。这些不同的看法和不同的处理问题的方式便形成了个体独特的教学智慧，它是体育教师个体的经验与领悟的产物，

[1] 潘凌云. 从自在自发到自由自觉——体育教师专业发展的突破与超越[J]. 武汉体育学院学报，2008，42（6）：93-96.

当体育教师个体不断地将这种经验与领悟在与同伴进行交流、共享与借鉴时，就产生了体育教师之间相互合作学习的雏形。如果说体育教师个体的经验和教学智慧是一种资源，那么教师合作的目的就是把教师个体的经验与智慧转化成一种可供团体共享的资源，进而实现教育的合力效应。因此，当个体的目标与集体的目标相一致时，当集体中的每一个成员之间能形成一种积极的情感互依时，个体的经验、思想和智慧才能被作为重要的资源来共享，才能转化为集体知识。所以，体育教师专业发展不仅仅在于体育相关专业知识、技术和技能等方面的学习，也在于实践性知识的不断丰富与实践智慧的不断提升。体育教师面对教学中的问题与困境，要通过与他人的交流、互动与反思，再经过实践验证而促进自我专业能力的进步。因此，体育教师应充分认识和利用合作学习，实现体育教师自主发展文化与合作发展文化的共生，在合作学习中促进自身专业发展能力的提升。

【案例分享】

体育教师专业发展案例——记惠州市第二中学徐元治老师

徐元治，惠州市第二中学体育教师，惠州市人民教育家培养对象、惠州市体育学科首席教师、广东省中学体育工作优秀教师、广东省“百千万人才工程”“名教师”培养对象、中小学体育正高级教师。

徐元治坚信教师的生命力在课堂，他一直坚持深入教学第一线，认真上好每一节课。他践行教育不能只面向少数学生，也不能只面向多数学生，而要面向每一个学生，从控制生命转向激扬生命。徐元治积极开展教育教学改革活动，在起始年级武术操（广播操）教学中开展了“互惠式小组合作学习”的教学实验，并积极探索“学、导、练、展、赛”的五环体育教学模式改革，将趣味田径引进体育课堂教学。

通过这些教学改革使他深刻理解到应该让体育回归本源，回归到身体活动，以运动项目为载体，以体育竞赛为手段。在体育课堂上通过竞赛让学生体会成功和失败，体会团队合作，达到强身健体，培育健全人格，落实立德树人。

1. 注重教书育人，树立人格魅力

教师的人格是以德施教、以德立身的有形表现，高尚而富有魅力的教师人格能产生身教重于言教的良好效果。

徐元治注重教书育人，对工作尽心尽职，他以自己的人格魅力感染学生，以自己的爱心、恒心、关心、细心感化学生。他用真情教书，用真心育人。在学生眼里，他既是教师，更是朋友。平日里，徐元治习惯于抽出时间、投入精力与学生交流、谈心，让学生从教师的点滴关爱中找到自尊和自信，更能体会到教师对学生发自内心的真诚的爱。尤其是在课堂上，徐元治会用心创造机会让每一位学生都体验到成功的快乐。

曾经有一位学生从小学就养成了上课讲话、搞恶作剧等毛病。在体育课上，徐元治根据他体能好的特点，先安排他担任体育小组组长，组织同组同学练习。无形中使他产生了自我约束意识，一学期下来逐步改正了上课爱讲话、搞恶作剧的毛病。这位学生在周记中写道："徐老师这么关心学生，上课还不遵守纪律，会真的对不起他。"当徐元治看到这番话，一股暖流涌上心头，觉得自己的付出不仅仅是得到了学生的认可和赞同，更增添了教好学生的力量。

2. 关注课堂生成，注重实际效果

徐元治坚持深入教学第一线，无论是在担任安全办主任还是担任科研处主任以后，每周仍承担10节课的工作量，认真上好每一节课。因为，教育不能只面向少数学生，也不能只面向多数学生，而要面向每一个学生。教学中要充分发挥学生的主体作用，尊重学生的情感和需要，充分发挥学生的积极性，将课堂交给学生，全面依靠学生，从控制生命转向激扬生命，体现"以学生发展为中心"的课程理念。

几年来，徐元治在起始年级武术操教学中开展了"互惠式小组合作学习"的教学实验。首先，开学后在每个班让学生自己组合，6人分成一个小组，教师再进行适当微调，兼顾小组内成员的均衡。在教学环节中采用五步教学法：第一步是健身活动，以简短的热身活动作为课的开始。第二步是课的开始，先复习前面所学的内容，即上一单元或上节课所学的知识、技能，然后提出本节课的目标，并讲解学习目标，教师进行多次示范，帮助学生观察和掌握动作学习的要领。教师提供教学提示，包括语言、视觉、触觉等方面的提示，有效地帮助学生学习。第三步是课的核心——练习，强调教师要提问、引导、帮助学生以小组为单位进行练习，并对学生的练习及时予以评价，引导学生主动负责地进行学习和体验成功。第四步是小组展示，即让学生以小组为单位进行展示。让学生以小组为单位回答教师的提问或被邀请完成动作示范。第五步是课的结束，进行放松和教学回顾，以及布置家庭作业。"互惠式小组合作学习"扩大了学生参与的机会，从而弥补了班级教学制下一般教学的局限性，充分调动了学生学习的积极性，取得了良好的教学效果。

其次，将趣味田径引进体育课堂教学。徐元治在七年级体育教学中进行趣味田径项目实验研究。在快速跑练习中，他采用各种变换方向、变换节奏的跑的练习，激发了学生练习的积极性，提高了学生的练习效果；在耐力跑练习中，他加入各种跨越小栏架、小垫子的练习环节，使学生克服对耐力跑的恐惧心理，同时采用变化路线、变化节奏等各种练习方法发展学生的耐力素质，调动学生学习的积极性，取得了良好效果。

最后，在学生体质下降的情况下，徐元治将目前国内体育教学中的“课课练”延伸为“课课赛”。践行体育与健康课程标准中提出的关注学生体育运动能力、体育道德品质、健康生活能力三个方面的体育素养的达成，使体育与健康课程上升为生命教育，关注学生的一生发展。在教学中则在语言激励的基础上运用竞赛去培养学生的体育道德品质，真正达到以运动项目为载体，竞赛为手段，落实“立德树人”。

2013年11月受惠城区指派，徐元治指导的学校武术队参加由惠州市文明城市局、惠州市精神文明建设委员会、惠州市教育局、惠州市体育局等单位组织的惠州第一届中小学武术操表演大赛，获中学组一等奖（第一名），并代表惠州市参加广东首届中小学武术操表演大赛，荣获广东省优秀奖。

3. 注重专业引领，发挥学科带头人作用

徐元治被聘为惠州市教师培训“专家团队”成员以后，负责全市10名新任体育教师培训工作，参与了惠州市教师培训、惠城区初中体育教师全员培训、惠州市教师网络培训等一系列活动。

（1）在青年体育教师培训工作中，注重做好“传、帮、带”，在职业道德上给予积极影响。

传作风。徐元治言传身教，逐步使青年教师具有“创新、求实、教书、育人”的教风。引导青年教师严于执教，勤于学习和工作，培养他们谦逊、合作、不断进取的作风，做到工作实、作风实、教学效果好。

帮思想。徐元治热情关心青年教师的思想进步，帮助和勉励青年教师热爱教育事业，热爱学生，热爱学校，引导他们树立正确的价值观、质量观和人才观，增强教书育人、以身立教的社会使命感。

带业务。徐元治主动热情地帮助、指导青年教师，无私传授教育教学经验。对课内教育教学活动的组织，给予具体指导；对教学业务上的疑难问题，积极与青年教师切磋、讨论。做好青年教师教学科研的指导工作，鼓励并指导他们在工作中改革、创新，不断提高教学科研能力。

（2）加强教育科研。现代社会要求教师是学者型的，即既有一定的理论功底，又有一定的实践能力，能在理论与实践两个领域贯通。2013年11月，徐元治申报的“中学青年体育教师专业成长路径与策略研究”被广东省教育厅（广东省教育科学规划领导小组办公室）确定为广东省“十二五”规划课题，获广东省“强师工程”1.5万元资助。目前，已经完成开题报告会，课题研究进展顺利。其所著2篇阶段性成果论文发表在国家级刊物上，其中1篇论文获广东省二等奖。

（3）充分利用现代技术，提升培训实效。近年来，徐元治建立了惠州市体育教师微信群、QQ群和个人博客。经常通过博客、电子邮件、微信和QQ发放学习资料和收集作业，通过微信、QQ聊天及时了解新教师的工作情况，在线解答新教师在工作中遇到的问题。通过微信、QQ联系不仅仅局限于培训时间的指导，同时为指导教师与新教师今后的联系和业务提升打下了基础。徐元治在跟岗学习环节采用了观摩录像课的方式，及时对教学过程中出现的问题进行回放、研讨，加深了新教师对教学方法的理解和掌握。

（4）加强学校师资队伍建设。2014年9月，学校行政班子调整，徐元治被学校聘为科研处主任，在新的工作岗位，徐元治在抓好日常工作的同时，积极抓好教师队伍建设，指导了10位教师申报惠州市2015年教育科研课题申报工作。学校通过构建“三机制六平台”，强化师资培训，转变教师教育理念，即建立正确的导向、有效的激励、教研训一体化的师资培训管理机制。组织以科组教研活动为平台的群众性校本培训，以课题研究为平台的专题性校本培训，以教师论坛为平台的交流性校本培训，以师徒结对为平台的互动性校本培训，以校本课程开发为平台的探究性校本培训，以教师阅读为平台的开拓性校本培训，推动教师队伍整体素质和执教能力全面提高。近年来，学校参加区级以上培训教师达172人次，任课教师100%参加校本培训，涌现出国家级骨干教师2人、省级骨干教师3人、市级骨干教师8人。

4. 注重教育教学思想提炼、形成及传播

（1）2012年7月，经过区、市、省严格筛选，徐元治撰写的论文入选广东省第十届中学生运动会科学论文报告会，徐元治并于2012年7月21日在深圳市举行的广东省第十届中学生运动会科学论文报告会上做了“构建中学青年体育教师专业成长的培训模式初探”的专题发言，全省高校体育教育研究专家、22个地级市中学生体育代表团秘书长、部分优秀论文作者以及广东教育学会体育专业委员会部分理事共300人出席了会议。徐元治通过参加本次科学论文报告会为自己提供了展示自我和相互交流的机会，践行了惠州市人民教育家培养对象要走出去，讲起来的培养目标。

（2）2012年5月至2015年6月，徐元治连续四届担任了由惠州市教育局教研室和华罗庚中学主办的惠州市自主高效课堂同课异构教研活动体育学科评课负责人，在组织活动的同时做了“如何打造普通高中体育高效课堂”“异曲同工——打造高效体育课堂”“殊途同归 关注学生”等专题发言，累计600余人参加了研讨活动。

（3）2012年5月，徐元治作为惠城区体育学科带头人协助体育教研员完成了惠城区参加惠州市中小学体育教师教学技能比赛代表队的组织、培训工作。有1名教师获省级二等奖，8名教师获市级一、二等奖。

（4）2012年4月，徐元治参加了惠城区教育局教研室主办的惠城区体育优质课展示教研活动，担任了体育学科评课负责人，对两节初中体育课进行了点评，并做了“青年体育教师专业发展之路”的专题发言。

（5）2014年12月，徐元治分别承担了惠州市体育教师培训班和惠城区初中体育教师全员培训班主讲工作，开设了“中小学田径项目教学训练创新与发展趋势”和“中学体育教育教师专业发展与文件解读”讲座，参加培训的体育教师达400余人。

（6）2013年7月至2015年4月，徐元治连续四次受聘惠州市初中体育教师职务网络培训班级辅导教师，全市参加培训的体育教师达345人。任职期间，他批改作业690人次，批改教学设计反思345人次，推荐优秀研修日志80篇次，推荐优秀作业60篇次，提交培训简报12期。

5. 他山之石，可以攻玉

近年来，惠州市、惠城区教育局和学校为徐元治提供了多次外出学习的机会，使其开阔了视野，提升了能力。

（1）2012年10月，徐元治参加了由惠州市教育局组织的惠州市人民教育家培养对象赴香港培训。虽然只有短短的5天时间，但通过高强度、快节奏的培训，徐元治开阔了视野，增长了见识，学习了先进的教学和管理理念。深入课堂听课以及座谈让其对香港现行的教育体制和香港中小学教师有了进一步的了解。

（2）2012年10月，徐元治参加了“教育部国培计划2012全国初中体育与健康骨干教师培训班”学习。在10天培训中，他更加深刻地理解了吉首大学体育科学学院“做体育文化人”的办学理念的内涵。

（3）2013年4月，徐元治作为惠州市人民教育家培养对象之一，与22名同仁一起来到江苏跟岗学习。在江苏跟岗学习的9天，他逐渐被江苏教育的深厚底蕴和先进实践所感染着、感动着。此次学习使徐元治较为全面地、深入地了解、认识江苏教育。

（4）2014年12月，徐元治在首都体育学院参加了“教育部国培计划2014全国兼职体育教师培训者培训班”学习。首都体育学院的教师对国培学员毫无保留地传授、对体育事业的不倦追求深深地感染着徐元治。他们正践行着首都体育学院的校训：“以挑战者精神拼搏创新！”

在过去的几年里，徐元治是压力与动力并存，忙碌与收获同在。2012年9月，徐元治被惠城区政府评为惠城区首届名教师，被惠州市委组织部评为惠州市第七届首席教师。2013年9月，徐元治被惠城区政府评为惠城区优秀教师。

四、从技术规范化到反思性实践，引导教师专业发展层次升级

从世界各国教师的专业发展历程看，教师的专业化历程经历了“专业化”“反专业化”“新专业化”的过程。与此相应，教师研修的范式经历了行为主义、认知主义与建构主义的发展阶段。[1]从20世纪70年代开始世界盛行的“教师技能训练”就属于行为主义的范式。我国在20世纪90年代初期，也开始倡导基于行为主义的教师技能训练——教师“职业技能训练”，其中包括普通话水平训练、三字一话技能训练、教师说课技能训练等教学基本功技能的训练。此时的教师专业化提升是教师个体的职业技能训练，是以标准化和规范化的培训为主要手段的。这种基于技术规范化的专业提升，其实质是运用技术规范化展开的一种既定目标的实施与评价。

体育教师的教育教学工作是在实践过程中逐步完成的，课堂内的师生因其个体身心特征、技术与技能水平和不可预知的交互性会面临各种各样的变化，而应对这些变化需要的智慧与技能却是无法在常规性的规范化培训与训练中获取的。这就要求体育教师对自我教学实践进行总结与反思。这是一种回忆、思考、评价教学经验的活动过程，是对过去经验的反馈，也是做出新的计划和行动的依据，通过反思性实践过程，体育教师对其专业知识、技能与情感等方面经过评价、实施、再评价、再实施的不断循环实践而促进其专业素质的发展。体育教师的专业发展过程也是一个反思性实践的过程（图8-3）。

[1] 钟启泉.“教师专业化”的误区及其批判[J].教育发展研究，2003（4）：122-123.

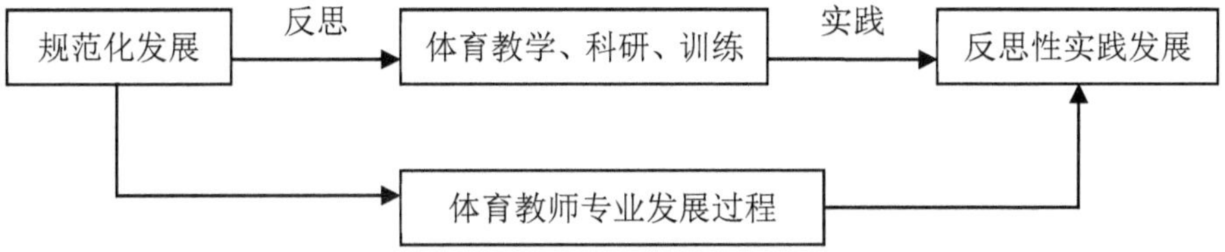

图8-3 体育教师专业发展的反思性实践过程

技术规范化发展是体育教师专业发展的模仿阶段，反思性实践是体育教师专业发展的建构阶段。建构阶段彰显出体育教师作为一名实践者的主观能动性与主体实践价值，是体育教师专业发展的有效途径，其功能的全面发挥有赖于体育教师对反思性实践的准确理解和正确运用。那么，体育教师如何进行反思性实践，怎样成为一名反思性实践者已成为当前体育教师教育改革及其专业发展的重要研究内容。

五、体育教师专业发展与集中新型模式

（一）基于体育教学现场的反思性实践能力培养

基于体育教学现场的反思性实践能力培养模式是根据参与教师的实践性知识水平，以具体的体育课教学案例为载体，组建由指导教师和参与教师组成的学习共同体（简称学习共同体），以民主、互助、探究的学习氛围，展开课例教学设计撰写、观摩名师示范课教学、同课异构教学、课例说课、模拟教学等实践活动，并进行课题研究等一系列实践性教学研究活动，在观摩、反思、行动中运用教育教学理论诊断，解决体育课堂教学的问题，通过提高教学策略，做出教学决策，促进学生发展等教学实践来提升体育教师的反思性实践能力，促进体育教师成为一名反思性实践者。

基于体育教学现场的反思性实践能力提升过程一般包括集中学习、校本研修、总结提升三个阶段。在集中学习前，要求参与学习的体育教师完成教学设计，提供教学线索，有利于参与学习的体育教师了解学习目标、要求，激发教师学习兴趣，做好充分的预设、准备。同时，有利于指导教师了解参与学习的体育教师的学习态度、学习需求及实践性知识水平，为提高学习的针对性与有效性奠定基础。

集中学习阶段，以互动交流的方式进行相关理论知识的学习，借助体育课堂教学案例进行解读，贴近日常的教学实际，为开展体育教学现场学习活动提供诊断、研讨的认知框架。通过观摩体育名师的课堂教学与研讨活动，促进教师观察、学习、借鉴名师的教学策略，感悟、分析名师的教学理念、教学智慧、教学风格与实践知识，为开展后续反思性实践活动提供理论与实践保障。学习共同体通过实施同课异构教学、课例说课、模拟教学等体育教学现场教学研究，引导学习教师走进体育教学现场，回归教学实践；展示个人教学实践的创造性，表达本人对体育教学及实践的见解，交流与分享不同教学风格及学习收获；对教学策略运用、教学策略诊断等存在的问题进行研讨，提出解决问题的对策。以此促进体育教师的教学判断能力、决策能力以及反思性实践能力。

校本研修阶段，依托前期集中研修阶段的相关理论课程、实践课程的学习，体育教师将继续围绕课堂教学案例进行学习，在常态化的体育课堂教学中开展教学研究、课题研究，并撰写研究文章等，促进体育教师开展教学行动研究，在实践中反思，深化集中学习阶段的学习成果，促进体育教师实践性知识的练习、消化、验证、迁移，提高体育教师的教学行动能力、综合实践能力。

总结提升阶段，体育教师通过一系列的体育教学汇报课、汇报交流活动，展示学习成果，分享体育课堂教学、课题研究及论文写作的经验与困惑，发现教学及研究存在的不足之处，促进体育教师实践性知识的内在化、客观化与合理化。潜移默化中，体育教师的实践性知识水平得以持续螺旋上升，逐渐积累形成富有个性的教育实践见解与创意。

实施体育教学现场的反思性实践能力培养，能够有效地提升体育教师在观摩、反思、行动中运用教育教学理论诊断、解决课堂教学中的实际问题的能力，并不断生成体育教师教学实践能力和反思性实践能力，促进体育教师成为一名反思性实践者。

（二）基于个性化的体育教师专业发展

体育教师的专业发展是在“以人为本”的教育理念下对体育教师的生命状态及生存方式的关注和关怀。现实生活中，每个人都是一个独特的生命个体，都作为一个独特的生命体存在。体育教师的成长源于对自身生命成长的追求和需要。体育教师是个性非常丰富的人，其个性既包括个人的尊严及人格，包括个人在生理、心理等诸多方面的独特性，还包括个人的独特见解、创造性思维和能力。体育教师千差万别的个性，决定了每种个性品质的人都有成为一名优秀体育教师的理由和优势；完整的个性类型，构建了体育教师个性发展的多姿多彩世界。所以，每一名体育教师个体的专业成长不可能有统一的模式，终究要以教师为一个独特的个人，有其生命经验，有其自我认同，有其对教育、教学的认知、情感和价值。[1]其教师专业能力的发展过程也必然是一个个性化发展的过程。达成一名体育教师的个性化发展需要多方面的共同努力。

首先，体育教师的个性化发展需要自我塑造，以促进个性自我和角色自我的统一。在此过程中，体育教师要明确自身优势，梳理成长经历，发现自身不足，做出自我规划。在实践中反思，在反思中树立其教育信念和教育理想，形成其个性化发展精神支柱，它源于教师对学生的关爱、对学科的热爱以及对教学艺术的追求，通过不断学习、反思、实践，实现个性化发展，提升自身反思性实践能力。

其次，体育教师要不断丰富、充实知识，提高自我教育实践能力。教师的实践性知识，是指教师在面临实现有目的行为中所具有的课堂情境知识以及与之相关的知识。[2]体育教师要在观察、反思、实践中积累知识与能力来提高自己的教育实践能力，而不是简单的“拿来主义”。一味地“拿来主义”，他们的课堂可能也会精彩，但收获的却是表面华丽，而在“复制”和“粘贴”中，体育教师们渐渐失去了思考的能力，也失去对体育教育教学的个性化追求，最终迷失了自我发展。因此，具备创新意识及能力的个性化发展教师，才能更好地实现自身专业发展。

再次，学校应突显对体育教师发展环境的改造。不同体育教师的性格特点不同，思维方式、语言特点也不同，教学习惯、教态、教学方法各异，学会将个性转化为自身的特色和优势，开展个性化教学，形成个人教学艺术风格，是体育教师个性化发展的突出表现。在此过程中，要求学校了解哪些体育教师擅长教学、擅长带运动队训练，哪些体育教师擅长课题研究等。为每一位体育教师提供个性化选择的机会，尊重每一位体育教师的专业发展的个性和特色，为每一位体育教师的个性发展营造富有朝气、充满激励、鼓励创新的良好发展环境。激励体育教师进行持续和深入的教学与课题研究，在边实践边研究的过程中逐渐萌生、发展和形成自己的个性化发展，提升体育教师的专业发展水平。

[1] 周淑卿. 课程发展与教师专业[M]. 兰州：甘肃文化出版社，2005：106.

[2] 李瑾瑜. 新课程与教师专业发展[M]. 北京：首都师范大学出版社，2003：250.

（三）基于全景式的体育教师专业发展

在体育教师专业发展的学习过程中，集中一段时间对体育教师进行学科知识、教育学知识、心理学知识、教学及科研方法等方面的培训是其最主要的学习方式与内容，这种形式也成为大部分体育教师职业生活的有机组成部分。但这种培训形式与体育教师的文化背景、个体特征和具体工作环境关联不大，它往往是一种普适性培训。教师学习是一种综合的、复杂的、多样的活动状态，并不是“一次性”的习得过程。国外学者通过研究发现，教师的知识及技能等能力获得是通过多样化的学习方式进行的，而且往往是通过非正式学习获得的。美国著名教育研究者马席克和沃特金斯认为，非正式学习是通过正式结构、制度化发起、基于课堂活动以外的经验而进行的学习，常常发生于非常规环境之下，是默会的、隐性的、被视为理所当然的。[1]可见，教师的学习过程并不是被有意识地设计和安排的，也不是为了达到某些特定的目标和能力，而是贯穿于日常工作和经验中，在潜移默化中进行的学习。这些隐性的学习并不能立即显现出来为人们所发现，但是却对教师未来的专业发展有着重要的价值。

体育教师的学习需要多维视角，多方面考量，正式学习强调教师系统知识的获得，强调教师职业的行为规范。但教师不仅需要系统知识，还需要通过非正式学习获得大量富有创造性的知识积淀；不仅需要有行为、技术等方面的规范，还需要通过非正式学习培育体育教师的专业情感、专业信念、专业精神。

1. 为体育教师创造良好的非正式学习的氛围

非正式学习主要靠体育教师的主动，良好的学习氛围对促进非正式学习的开展非常重要。创造良好的非正式学习的氛围包括鼓励、交谈、交流与合作等方式，例如帮助体育教师树立自己学习和发展的目标，提供一定的学习资源（如相关课程学习、手机App学习软件、学习资源网站等），这些学习资源是紧密联系日常工作的，能够很方便地获得或提供给体育教师们；建立促进性评价和激励机制，树立典型，推出榜样，起到示范和激励作用。

2. 搭建促进非正式学习的基础设施，优化非正式学习过程

非正式学习的具体实施过程需要一定的客观支持，搭建促进非正式学习的基础设施非常重要，它能够优化非正式学习的过程，促进非正式学习常规化、有效

[1] MARSICK V J. Toward a unifying framework to support informal learning theory, research and practice[J]. Journal of Workplace Learning, 2009, 21 (4): 265－275.

地开展。这些客观支持具体包括：为非正式学习做预算；提供指导、咨询人员和专家支持；提供学习和研讨场所，订阅相关图书、杂志等；提供跨单位的交流和聚会的机会等。

3. 帮助体育教师提高学习能力

非正式学习的开展除了需要外部环境和条件，更需要体育教师自身具备一定的自主学习的能力，因此帮助体育教师掌握信息时代的学习方法，提高学习能力是一项重要的工作。这包括：教授体育教师学习的方法、技能和策略，与具体生动的实例或个人相结合，并为这些学习能力的培养提供锻炼和实践的机会；建立学习方法和经验分享机制；促进反思，鼓励体育教师分享学习心得和总结。

当前社会对于体育教师正式的教育教学等培训十分关注，投入很大；对教师的非正式学习则关注不够，忽略了教师在与他人的交互中反思和实践所产生的巨大价值。非正式学习与正式学习是相互补充、互相促进的，实践中要根据具体情况灵活选用，要淡化非正式学习与正式学习的界限，树立体育教师正式学习和非正式学习整合的全局观，实现全景式的体育教师专业发展。

【案例分享】

体育教师发展模式之“三位一体”模式
——《广东省中小学骨干教师省级培训（2009—2013年）实施方案》

为进一步加强我省中小学骨干教师队伍建设，造就一支在基础教育改革和发展中能够发挥示范和引领作用的骨干教师队伍，广东省教育厅制定了《广东省中小学骨干教师省级培训（2009—2013年）实施方案》。根据方案部署，2009年8月评选了广东省首批90个中小学教师工作室，2010年5月到2011年4月顺利进行了1000名骨干教师的培训工作。经过一年多的项目周期，我省已建立起高校、教师工作室、市县培训机构“三位一体”的教师培训培养体系，并举办了“南粤名师大讲堂”“中小学教师跟岗学习”等具有开创性的系列教师培训项目。

为进一步认真贯彻落实国家和省教育规划纲要精神，根据教育部《关于大力加强中小学教师培训工作的意见》和省教师教育文件精神，2012年大力推进骨干教师省级培训，将培训学员扩大到2000人。2012年3月16日，省教育厅下发《关于开展广东省2012年中小学骨干教师省级培训的通知》文件，华南师范大学和广东第二师范学院各承担和指导1000名学员的培训工作。

一、培训目标

（一）总目标

中小学骨干教师“三位一体”省级培训的总目标是实现“骨干教师成名”和“名教师更出名”的“双名”目标。

（二）具体目标

1. 教师工作室主持人培训目标

通过培训，使主持人在师德修养、教育素养、学术水平、示范指导能力等方面获得进一步提升，帮助他们成长为省内外知名的专家型、研究型教师。具体目标如下：①师德修养的提升；②人文素养的提升；③教育素养的提升；④专业学术素养和能力的提升；⑤示范指导能力的提升。

2. 骨干教师培训目标

通过培训，使骨干教师在思想政治与职业道德、专业知识与学术水平、教育教学能力与水平等方面有显著提高，为他们发展成为有一定影响的学科带头人和教书育人的专家奠定坚实的基础。具体目标如下：①提升教师职业道德水准；②优化教师知识结构；③提炼教师教学风格；④提高科研意识与科研能力。

二、培训时间

2012年5月—2013年4月，共持续1年时间，分为四个阶段进行。

第一阶段，理论研修。学员集中在高校进行理论学习，同时进行科研选题、立项和开题，时间为10天，于2012年5月—6月进行。

第二阶段，跟岗学习。学员进入教师工作室跟岗学习，时间为20天，于2012年9月—10月进行。

第三阶段，岗位实践和行动研究。学员回原任职学校并在自己的岗位上分散研修，总结教学实践，提炼个人教学风格，并结合个人教学风格开展课题研究，时间为10个月，于2012年11月至2013年2月进行。

第四阶段，成果展示与培训总结。学员参加课题答辩，开展培训成果验收、教学能力展示等活动，时间为5天，于2013年3月—4月进行。

三、培训模块与内容

第一阶段，理论研修。本阶段为期10天。学员分批集中在培训院校进行理论学习、理念更新和专业技能训练。培训内容主要包括教育教学理论前沿、教育教学研究方法、学科新进展、学科技能训练、现代教育技术等。培训形式主要采用专题讲座、参与式研讨和小组合作等方式。其间，学员完成教育教学研究课题的选题和开题（表1）。

表1 骨干教师理论研修课程设置

模块	内容	时间	组织形式
教育类	教育新知识与新技能 教育实践问题与对策 课程改革的反思与评价 专业发展与案例研究	2天	综合
学科专业类	学科专业知识的更新与拓展	1天	分科
学科教学类	教学风格交流活动	1天	分科
	学科新教材研讨、课程设计、教学技能（含现代教育技术）、教学评价、教学反思等	4天	分科
课题研究	选题与研究设计	2天	分科
	课题研究方法指导		
	课题研究计划的制订与交流		

第二阶段，跟岗学习。本阶段为期20天。学员按学段和学科分别进入教师工作室跟岗学习，采用师带徒模式，由工作室主持人进行“传、帮、带”。中心任务是跟师学艺，同时也协助工作室完成一定的教学和研究任务（表2）。

表2 骨干教师跟岗学习内容安排

模块	内容	时间	组织形式
观摩体验	报到，与导师认识、了解	2天	座谈
	领会基地学校办学理念和特色		专题会、参观
	体验导师教育教学各环节		观摩
教学活动	集体备课	10天	综合、分组
	跟班听课		
	说课评课		
	同课异构		
	随班上课（汇报课）		
	班级管理活动		
交流活动	参加基地学校教科研活动	3天	讲座、讨论会
	进行教学案例分析交流		
	文化考察		
教育科研	课题研究	4天	讨论会、个别指导
	专题研讨		
	论文撰写		
总结点评	基地学校、导师总结	1天	总结会
	学员总结、交流跟岗心得		

第三阶段，岗位实践和行动研究。本阶段为期10个月。学员回原任职学校进行岗位实践，自觉进行教学改革，总结教学实践，提炼个人教学风格，结合个人

教学风格继续完成教育教学课题的研究。培训院校指派导师进行远程学习指导。

第四阶段，成果展示与培训总结。本阶段为期5天。学员和教师工作室主持人集中到培训院校进行成果展示，具体活动有论文答辩会、专题学术研讨会、说课比赛或录像课评比等（表3）。

表3　骨干教师成果展示与培训总结课程设置

模块	内容	时间	组织形式
专家点评	分学科进行总结和交流	1天	分科
	专家点评、总结		
专业发展	教师影响力及其提升策略（对骨干教师未来专业发展的引领）	1天	综合
	教师生涯规划与心理调适		
答辩展示	学员论文答辩会	2天	分科
	“我的教学风格”教学案例展示		
结业典礼	项目总结、精彩回放	1天	综合
	颁发证书		

四、各方职责与分工

学员、高校（导师）、工作室（名师）和区县机构四个主体要明确各自在项目实施中的职责。同时学科导师作为项目负责人，要注意对整个培训活动进行规划、指导和检查（表4）。

表4　“三位一体”骨干教师培训模式中主体职责的划分

阶段	学员	高校（导师）	工作室（名师）	区县机构
理论研修（10天）	1. 熟悉培训方案，完成规定课程的学习。 2. 确定子课题的选题和撰写研究计划。 3. 完成阶段小结，协助做好阶段考核。	1. 全面负责本阶段的设计、组织与实施。 2. 解读培训方案，组织理论培训。 3.指导学员进行课题选题和名师开题。 4. 负责对学员进行考核。	1. 视需要为学员开设专题讲座。 2. 进行子课题开题，并为学员提供示范。 3. 指导本组学员做好课题的立项和开题。	指派相关人员对本阶段的培训进行观摩和跟踪。

续表

阶段	学员	高校（导师）	工作室（名师）	区县机构
跟岗学习（20天）	1. 教学实习：听课评课不少于10节，上课每周不少于6节。 2. 课题研究：子课题开题，并开展研究工作。 3. 开发1节优秀课例，写3篇教学反思和2篇读书笔记。	采用现场指导、远程跟踪等方式指导本阶段培训工作： 1. 指导和检查学员的跟岗学习。 2. 指导学员进行课题开题。	1. 全面负责本阶段的设计、组织与实施。 2.负责做好入室学员的接待工作。 3. 确保学员完成跟岗学习任务（含开题报告）。 4.负责对学员进行阶段考核。	协助和指导本阶段培训工作： 1. 负责协调教育局、学校、工作室，三方共同安排好入室学员的食宿和学习活动。 2. 负责对工作室本阶段的工作进行考核。
岗位实践（10个月）	1. 听课评课不少于10节，上课每周不少于6节。 2. 完成子课题研究。 3. 开发2节优秀课例（含录像课），写3篇教学反思和2篇读书笔记。 4. 指导青年教师。	采用现场指导、远程跟踪等方式指导本阶段培训工作： 1. 指导课题研究。 2. 组织策划“名师讲堂”和“名师示范教学”活动。	采用现场指导、远程跟踪等方式指导本阶段培训工作： 1. 指导课题研究。 2. 到学员所在地实施“名师讲堂”和“名师示范教学”活动。	1.主持本阶段培训工作。 2. 组织学员开设公开课。 3. 组织实施本地区的“名师讲堂”和“名师示范教学”活动。
成果展示（5天）	1. 进行说课、录像课展示和优秀课例交流。 2. 提交子课题结题报告，并进行答辩。	1. 全面负责本阶段的设计、组织与实施。 2. 负责对学员进行阶段考核和综合考评。	1. 参与对学员成果展示的观摩和评价工作。 2. 协助做好论文答辩工作。	参与对成果展示的观摩和评价工作。

五、名师工作室的人员组成

名师工作室由三部分人员组成：一是工作室主持人，全面负责工作室的工作，是工作室的责任人；二是工作室成员，由任教科目相同的骨干教师组成，成员不少于5人（其中1人应来自主持人任职学校，兼任主持人助理），协助主持人开展工作；三是学员，进行教育实习和接受培训的各级骨干教师培养对象和青年教师，每期2～10人。

六、名师工作室主持人的考核与评价

名师工作室主持人由省级培训机构、市县教育行政部门、市县教师培训机构、名师工作室成员、工作室主持人所在学校共同对其进行考核。主持人的考核应与名师工作室的考核同步。考核内容如下。

（1）名师工作室的建设情况：①工作室发展规划；②工作室管理制度；③工作

室档案建设，包括公开课或专题讲座材料、教育科研研究材料、学科教学论文、主持人示范课教案、导师听课记录、学员公开课记录、学员评课稿、学员论文等。

（2）指导和培养骨干教师的主要业绩：①每学年为学员上示范课3次以上（含在学员所在地区进行示范课教学），指导学员上研究课每人每学年1次以上；②每学年指导每个学员撰写教学论文1篇；③指导学员积极参加网络教研。

（3）在教学科研中发挥的示范作用：①积极开展课题研究，三年内至少完成省级以上科研课题1个（含子课题），并撰写专业著作1部或在省级以上公开刊物上发表专业论文1篇以上；②建立名师个人博客，定期在博客上发表教育博文或教学业务指导文章；③每学期开设县域以上的公开课或专题讲座1次以上。